经济管理

# 管理学

# Management

主　审　张凤海
主　编　许月奎　钱　堃
副主编　张健东　董姝妍

大连理工大学出版社

**图书在版编目(CIP)数据**

管理学 / 许月奎，钱堃主编. 一 大连 ：大连理工大学出版社，2011.8(2013.9 重印)
高等院校规划教材
ISBN 978-7-5611-6377-1

Ⅰ.①管… Ⅱ.①许… ②钱… Ⅲ.①管理学一高等学校一教材 Ⅳ.①C93

中国版本图书馆 CIP 数据核字(2011)第 149256 号

大连理工大学出版社出版
地址:大连市软件园路 80 号 邮政编码:116023
发行:0411-84708842 邮购:0411-84703636 传真:0411-84701466
E-mail:dutp@dutp.cn URL:http://www.dutp.cn
大连美跃彩色印刷有限公司印刷 大连理工大学出版社发行

幅面尺寸:170mm×240mm 印张:22 字数:429 千字
2011 年 8 月第 1 版 2013 年 9 月第 2 次印刷

责任编辑:汪会武 责任校对:齐 跃
封面设计:波 朗

ISBN 978-7-5611-6377-1 定 价:39.00 元

# 前言

## PREFACE

管理学是经管类专业学生必须掌握和学习的一门专业基础必修课程，也是一门入门课程。但遗憾的是，管理理论的教学无论对教和学来说，都是一个棘手的问题。对教师来讲，它是一门实用性很强的课程，绝大多数老师缺乏丰富的管理实践经验，驾御能力尚待提高；对学生来说，基本上是没有什么社会实践经验的本科生，读管理学如同雾里看花，因为管理理论体系十分庞杂，可学的内容很多但又比较零散，大多数教材的逻辑性又不完善，学生难以把握。国外教材的理论体系比较完善，但其中的一些管理原理和方法与中国的文化背景有一定的差异，翻译引进的管理学基础教学资源内容不能完全适合中国的文化和实践环境，而且教学资源内容不能满足以应用为目的，以就业为导向的应用型教育。管理学的教材大多是通用性教材，专门针对应用型本科生的教材较少，能够和课堂的案例教学和实训教学同步的教材更是稀缺。

基于以上原因，教材编写组教师经过十余年的积累，近三年的前期准备，将教学应用的讲义、教案、案例等积淀和成果形成系统化的教学资源，将之有效整合成为教材。

本书有如下特点：一是按管理职能编排教材的结构体系，将管理职能视为一个完整的管理过程或管理流程，以管理功能即计划、组织、领导和控制为基本理论框架，囊括了管理研究的范畴及现实中管理人员的基本特性。二是强化教材的实用性和艺术性。本教材尽量减少理论内容阐述，增加实际案例的比例，保证每章节至少包含开篇案例和结篇案例。这一方面充分反映了整个高等教育从传授知识为主到多方面培养能力的转变趋势，另一方面案例方法的应用也可视为管理学艺术性的一个具体体现。一个真实的案例，并没有标准的答案，学习者通过学习方法和思路，自己领悟其中的精华，将理论内化为自己的管理思维模式。三是教材构思充满人性化设计因素。本教材借鉴国外的管理学著作的构思编排，充满人性化设计因素，充分地考虑到阅读者学习的方便。在章节安排上，以引导案例开始，先提出问题，然后涉及具体内容，其间穿插讨论题，最后是思考题、结篇案例和实践环节。其特点是，重实际应用且详细，将管理概念的学习融入实际问题中。四是基于近些年来，作为市场参与者主体的公司组织，越来越多的损害利益相关者利益事件的发生，已经严重地影响了公司组织的未来发展，甚至对社会和经济的发展也带来了极端严重的不良影响，由此，作者尝试将企业伦理、公司社会责任等有关理论融入到教材的相关部分，以期管理者们或日后有志于从事管理工作的人们，在自己的管理活动中，谨遵那些能使利益相关者共赢的道德规范，并为公司的未来发展和社会环境的持续向好，做出积极的努力。

全书共分16章，由张健东、许月奎提出编写提纲与框架，集体讨论，分头写作。其中，第1、4、10、12章由张健东编写，第2、3、9、11由董姝妍编写，第5、6、7、8章由许月奎编写，第13、14、15、16章由钱堃编写。许月奎重新编写了第4章开篇与结篇案例、第9章的结篇案例，并对全书进行最后的统编、修改和定稿。毛瑾参与了第7章7.1部分内容的编写。

本书经过全体作者的努力，以及大连理工大学出版社的大力支持和帮助，终于出版了。同时在编写过程中，我们参考、借鉴和引用了大量国内外学者的著作和研究成果，在此一并致以诚挚的谢意！

我们深知，由于自身的知识和水平的限制，加之管理实践理论和方法日新月异的发展变化，在本教材中一定存在着不少的缺憾甚至是错误，敬请广大读者批评指正。

编　者

2011年6月

# 目录

CONTENTS

# 管理学导论

## 第1章

### 开篇案例

#### 迪斯尼的成功

享誉全球的迪斯尼乐园，自1995年7月17日开园以来，每年接待着数百万慕名而来的游客。事实上，其成功之处，不仅在于高科技所提供的娱乐硬件，更在于其服务质量，核心部分在于迪斯尼的经营理念和质量管理模式，包括给游客以欢乐，营造欢乐气氛，把握顾客的要求，提高员工素质和完善服务系统等。

管理者应具备创新能力和高超的领导艺术。领导对未来发展应规划全新的蓝图，并以此激励员工。迪斯尼的管理者努力使员工们懂得：这里所做的一切，都将成为世界娱乐业的主流和里程碑，迪斯尼制定5～10年中长期的人力资源规划，并每年更新一次。在经营管理中，每年都拨出足够的经费预算，进行人员培训。

明确岗位职责。“迪斯尼乐园”中的每一个工作岗位都有详尽的书面职务说明。工作要求明白无误，细致具体，环环相扣，有规可循，同时强调纪律，认真和努力工作。每隔一个周期，严格进行工作考评。

统一服务处事原则。基于迪斯尼“使游客欢乐”的经营理念，公司需要32000名员工学会正确与游客沟通和处事，为此公司提出统一服务处事原则，其要素构成和重要顺序为安全、礼貌、演技、效率。游客安全是第一位的，仅与安全相比礼貌则处于次一等的地位。同样，公司以此原则来考察员工的工作表现。

由游客评论服务质量的优劣。迪斯尼认为：服务质量是时刻可触，可感受，可体现的，并且游客掌握着服务质量优劣的最终评论权。公司指出：游客们根据事先的期望值和服务的体验，加以比较评论，然后确定服务质量。因此，迪斯尼教育员工：员工所提供的服务水平必须努力超过游客的期望值，从而使“迪斯尼乐园”真正成为创造奇迹和梦幻的乐园。

**思考题**

结合案例说明你对管理的理解。

## 1.1 谁是管理者

一般意义而言，定义谁是管理者是一件非常简单的事情。管理者是组织中这样的成员，他告诉别人该做什么以及怎样去做。因此很容易将管理者与管理雇员区分开来，后者是指组织中这样的成员，他们直接从事一项工作和任务，并且没有人向他们报告。但是今天再这样简单地区分管理者与雇员就不行了。组织以及工作正在变化的性质模糊了管理者与雇员之间的界限，许多传统的职位现在都包括管理性的活动。现代的团队管理模式中，大多数的雇员是综合型人才，他们通过岗位轮换，很可能成为团队领导者。

那么我们该怎么样定义谁是管理者呢？管理者(manager)是这样的人，他通过协调和监督其他人的活动达到组织目标。他的工作目标不是取得个人成就，而是帮助他人完成任务。管理者的工作可能意味着协调一个部门的工作，也可能意味着监督几个单独的个人，还可能包含协调一个团队的活动。一个团队是由来自不同部门甚至组织外部的人组成的，比如临时雇员或供应商的雇员。

是否存在对一个组织中的管理者进行分类的其他方法呢？在具有传统结构的组织中(因为基层的雇员比高层多，所以这样的组织被描绘为金字塔的形状(如图 1-1 所示)，管理者往往被划为基层管理者，中层管理者和高层管理者。基层管理者是最低层的管理人员，他们管理着非管理人员所从事的工作，即生产产品和提供服务。这样的管理者通常称为主管，也可以称为工长、班长。中层管理者包括所有处于基层和高层之间的各个管理层次的人，这些管理者管理着基层管理者，通常称为部门经理、地区经理、项目经理、工厂厂长或者事业部经理等。处于或接近组织顶层的是高层管理者(top managers)，他们承担着制定广泛的组织政策，为整个组织制定计划和目标的责任。他们的典型头衔是总裁、责任董事、首席执行官或者

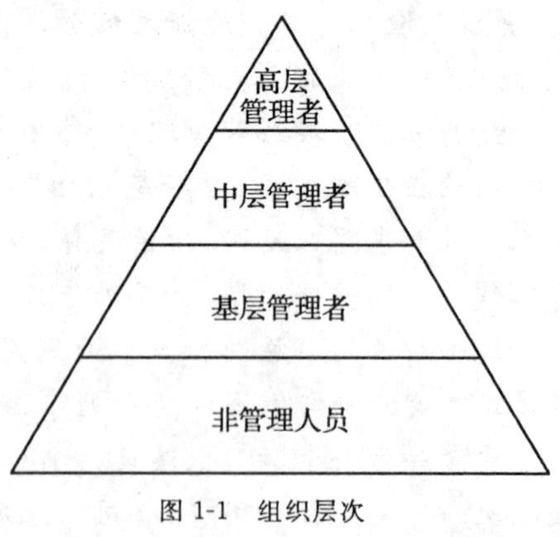


图 1-1 组织层次

董事会主席。

但是，并不是所有组织者都按照金字塔结构工作。例如，在一些具有松散的组织结构中，工作是由不同的员工团队完成的，这些员工根据工作需要转换项目。虽然识别这些组织中的管理者不容易，但我们知道必须要有某个人来扮演这个角色，也就是说需要有人来监督和协调他人的工作，尽管管理者会随着工作任务的变化而更换。

值得一提的是，如果从管理的对象来说，在不同的场所或角色上，每一个人可能是一位管理者，也可能是一位被管理者。比如，一位在政府担任要职的官员，他管理着整个城市，可是回到社区，他要受到社区居委会的管理。角色和场所等因素影响着一个人是管理者或被管理者。

## 1.2 什么是管理

简而言之，管理(management)就是管理者所从事的工作，协调和监督他人的活动使其有效率和有效果地完成工作。我们知道，在组织内部，一般可通过是否处于协调和监督他人的工作来区分管理岗位和非管理岗位，但这并不意味着管理者能随心所欲，相反，管理者要确保工作负责人有效率和有效果地完成任务。

效率是指以尽可能少的投入获得尽可能多的产出。因为管理者处理的是稀缺资源的投入，包括像人员、资金和设备这样稀缺的资源，所以他们必须有效地利用这些资源。效率通常指的是“正确地做事”，即不浪费资源。但是仅仅有效率是不够的，管理当局还应该关注结果，也就是完成活动以便达到组织的目标。效果通常是指“做正确的事”，即所从事的工作和活动有助于达到组织目标。可见，效率是关于做事的方式，而效果涉及结果，或者说达到组织的目标。因此，管理者不能只是关注达到和实现组织目标，也就是关注结果，还要尽可能有效率地完成工作。在成功的组织中高效率和高效果是相辅相成的，而不良的管理既是低效率也是低效果的，或者效率和效果二者缺一。

根据职能的观点，管理者需从事一定的活动以有效率和有效果地协调他人的工作。这些活动或职能是什么呢？20 世纪早期，法国人亨利·法约尔(Henri Fayol)第一次提出管理者都在从事五种管理职能，即计划、组织、指挥、协调和控制。而本书推荐的是罗宾斯提出的计划、组织、领导和控制四种管理职能(图 1-2)。无论是五种职能还是四种职能，都是管理学家们，站在不同的角度，通过总结管理实践之后的结论。

如果你的头脑中没有特定的目的，那么你可以选择任何道路前进，但是如果你打算到达特定的地点，你就要计划最佳的路径到达那里。因为组织的存在，是为了

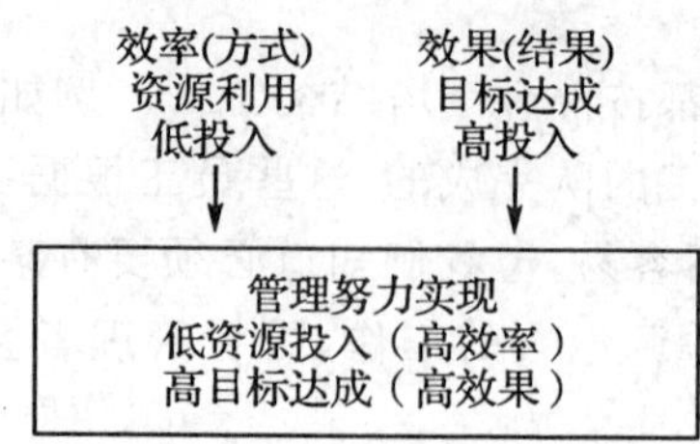


管理职能

| 计划 | 组织 | 领导 | 控制 |
|---|---|---|---|
| 定义目标，制定战略，开发计划以协调活动 | 决定需要做什么，怎么做，谁去做 | 指导和激励所有的群体和个人，解决冲突 | 监控活动以确保它们按计划完成 |

图 1-2　管理职能

达到某些特定的目的，所以就必须有人清晰地定义这些目的以及达到目的的手段。这就是管理者的责任。计划(planning)职能包括定义目标，制定战略以获取目标，以及制定计划和协调活动的过程。

管理者还负有安排工作以实现组织目标的职能，我们称这种职能为组织(organizing)。它包括决定应该从事哪些任务，应该由谁来从事这些任务，这些任务怎么分类和归集，谁向谁报告，以及在哪一级做出决策的过程。

每个组织都是由人组成的，因此管理者的职责就是与别人一起或者通过别人去实现目标，这就是领导(leading)职能。当管理者激励下属，帮助解决群体冲突，影响工作中的个体或团队，选择最有效的沟通渠道，或者以任何方式处理雇员的行为问题时，他们就是在履行领导职能。

最后一个职能就是控制(controlling)。在确定目标以及制定出计划(计划职能)之后，在决定工作任务和组织结构的安排(组织职能)以及雇用人员，培训和采取激励措施(领导职能)之后，还需要评估事情是否按计划进行。为了保证达成目标和工作按照预定的轨道进展，管理者必须监控，评估工作绩效；必须将实际的绩效与预定的目标进行比较，如果存在显著的偏差，管理者就要使工作绩效回到正常的工作轨道上来。这个监控、比较、纠正的过程也就是我们所说的控制职能。

那么管理者总是先计划、组织、领导，然后控制吗？实际上，管理者并非一定严格按照这个次序工作。但是，这并不否认这些职能的重要性。无论工作的次序如何，他们管理时都要进行计划、组织、领导和控制。

## 1.3　管理者角色

亨利·明茨伯格这位杰出的管理研究者，研究了管理者所从事的工作，得出结论:管理者做什么可以通过考察管理者在工作中所扮演的10种不同但高度相关的角色来恰当地描述。所谓管理者角色,是指特定的管理行为类型。(设想一下你所扮演的不同角色以及你所期望的不同行为,这些角色诸如学生、兄弟姐妹、雇员、志愿者以及其他等等。)正如表1-1中所描述的,明茨伯格的10种管理行为可以被进一步组合为人际关系、信息传递和决策制定。

人际关系角色指涉及人与人(组织内部)的关系以及其他具有利益性和象征性职责的角色。人际关系角色包括挂名首脑、领导者和联络者。信息传递角色涉及接受、收集和传播信息。三种信息传递角色包括监听者、传播者和发言人。最后,决策制定角色做出抉择的活动,它包括四种决策制定角色,即企业家、混乱驾驭者、资源分配者和谈判者。

**表1-1　明茨伯格的管理者角色理论**

| 角色 | 描述 | 特征活动 |
|---|---|---|
| 人际关系 | | |
| 1.挂名首脑 | 象征性首脑;必须履行许多法律性和社会性的理性义务 | 迎接来访者;签署法律文件 |
| 2.领导者 | 负责激励下属;承担人员配备、培训以及有关的职责 | 实际上从事所有的有下级参与的活动 |
| 3.联络者 | 维护自行发展起来的外部关系和消息来源,从中得到帮助和信息 | 发感谢信;从事外部委员会的工作;从事其他有外部人员参加的活动 |
| 信息传递 | | |
| 4.监听者 | 寻求和获取各种内部和外部信息,以便透彻地理解组织与环境 | 阅读期刊和报告;与有关人员保持私人接触 |
| 5.传播者 | 将从外部人员和下级那里获取的信息传递给组织其他成员 | 举行信息交流会;用打电话的方式转达信息 |
| 6.发言人 | 向外界发布组织的计划、政策、行动、结果等 | 召开董事会;向媒体发布信息 |
| 决策制定 | | |
| 7.企业家 | 寻求组织和环境中的机会,制定“改进方案”以发起变革 | 组织战略制定和检查会议,以开发新项目 |
| 8.混乱驾驭者 | 当组织面临重大的、意外的混乱时,负责采取纠正行动 | 在组织混乱和危机时的战略制定和检查会议 |
| 9.资源分配者 | 负责分配组织的各种资源——制定和批准所有有关组织决策 | 调度、授权、开展预算活动,安排下级的工作 |
| 10.谈判者 | 在主要的谈判中作为组织代表 | 参加与工会的合同谈判 |

(资料来源:(美)茨因茨,等. 管理学精要——国际化视角. 北京:机械工业出版社,2009)

鉴于管理者扮演着不同角色，明茨伯格认为他们的工作实际上就是与他人、组织、组织外部环境进行相互交流。他也提出，当管理者扮演这些角色时，他们的工作包括思考（周密的想法）和行动（实际的做法）。思考时，他们反复斟酌；行动时，他们采取一定措施，并积极参与执行。

大量的后续研究在不同的组织中和不同的管理层次上来检验明茨伯格角色分类的有效性。研究证据一般都支持管理者角色概念——无论是在何种类型的组织中还是在组织的哪一个层次上——管理者都在履行类似的角色。不过研究表明，管理者角色的强调重点随组织的层次不同而变化。特别是像传播者、挂名首脑、谈判者、联络者和发言人的角色更多地表现在组织的高层，而领导者的角色（按明茨伯格的定义）在低层管理者身上表现得更加明显。

## 1.4 管理技能

管理者的职责是变化和复杂的，管理者需要特定的技能来履行他的职责和活动。那么管理者需要哪些类型的技能呢？管理者需要三种基本的技能或者素质，即技术技能、人际技能和概念技能。技术技能（technical skills）是指熟练完成特定工作需要的特定领域的知识和技术。对于基层的管理者来说，这些技能更重要，因为他们通常管理的是使用工具和技术生产的产品，提供的服务和雇员。正是因为组织基层中这些技能的重要性，拥有卓越技能的雇员往往凭借这些技能晋升为基层管理者。由于管理者直接与人打交道，因此在所有级别的管理工作中，人际技能都至关重要。拥有良好的人际技能的管理者能从别人那里获得更多的东西。他们知道如何沟通、激励、领导、调动热情和信任。最后是概念技能，概念技能是管理者对抽象复杂情况进行思考和概念化的技能。运用这种技能，管理者必须能够将组织看作一个整体，理解各部分之间的关系。想象组织如何适应它所处的广泛的环境。尤其对于高层管理者来说，这种技能是非常重要的。图 1-3 表示了这些技能与管理层次之间的关系。

图 1-3　不同管理层次所需要的技能

## 1.4.1 什么是组织

管理者在组织中工作。那么,什么是组织?组织(organization)是对人员的一种精心的安排,以实现某些特定的目的。如你所在的大学就是一个组织,再有像慈善团体、妇女组织、政府部门、亚马逊公司(Amazon. com)、医院、球队等等,这些都是组织,因为它们都具有三种共同的特征,如图1-4所示。

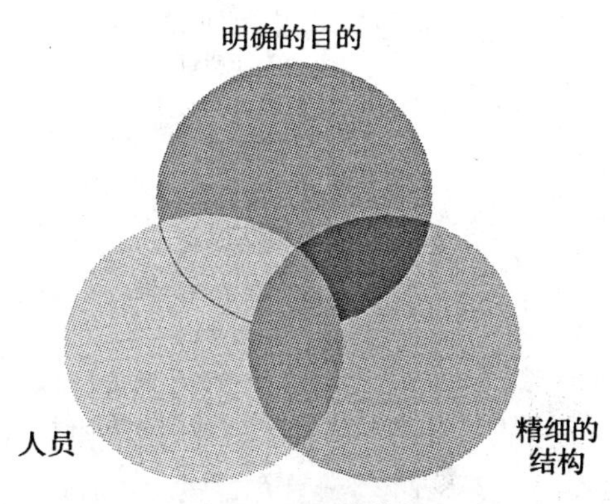

图1-4 组织的特征

首先,每个组织都具有一个明确的目的,这个目的通常是以一个目标或者一组目标来表达的,它反映了组织所希望达到的状态;其次,每一个组织都是由人员组成的,独自一个人工作是不能构成组织的,组织借助人员来完成工作,这对于实现组织目标是必不可少的;最后,所有的组织都发展出一些精细的结构,以便其中的人员能够从事他们的工作。组织的结构也许是开放的或灵活安排的;换句话说,它也许只是简单的或松散的网络关系。另一方面,组织结构也许是更具有传统色彩的清晰定义的规则、规章制度和职位描述,其中的某些职员可能被指定为老板,他们具有凌驾于其他职员之上的权威。但是不管组织结构安排采用哪种类型,都要求具有某些精细的特征,以使组织成员的工作关系是明确的。

虽然这三种特征对于我们定义什么是组织是重要的,但组织的性质正处于变化中。那种假设所有的组织都具有传统结构的观点不再是恰当的,那种认为所有的组织最终都会演变为类似保洁、埃克森美孚、福特汽车等公司的结构,具有清晰定义的分公司、部门以及工作单元的概念已经过时了。相反,今天组织的结构更像Google公司的结构。Google选择了一种扁平的网络结构而不是等级制结构。等级制结构有多层管理,并且决策是由少数职权部门做出的。在Google,数百个大项目同时进行,多数项目由小规模且目标明确的雇员团队负责,这些团队可以立即成立并快速完成任务。像Google一样,现在的组织更倾向于依靠灵活的工作安排、雇员工作团队、开放的沟通系统和供应商联盟。组织的概念正在发生变化,今天的组织正在成为更开放、更灵活和更具有响应性的组织,见表1-2。

表 1-2　　变化中的组织

| 传统组织 | 新型组织 |
|---|---|
| 稳定的 | 动态的 |
| 缺乏灵活性 | 灵活的 |
| 关注职位 | 关注技能 |
| 根据职位定义工作 | 根据任务定义工作 |
| 个人导向 | 团队导向 |
| 永久性职位 | 临时性职位 |
| 命令导向 | 参与导向 |
| 由管理者做决策 | 雇员参与决策决定 |
| 规则导向 | 顾客导向 |
| 相对均值的员工队伍 | 多样化员工队伍 |
| 工作日从上午9时到下午5时 | 工作日长度没有限制 |
| 等级关系 | 横向的和网络化的关系 |
| 在上班时间利用组织设施从事工作 | 在任何地点、任何时间工作 |

(资料来源:(美)罗宾斯,等. 管理学. 9版. 北京:中国人民大学出版社,2008)

为什么组织要不断变化？因为这个世界在不断变化。社会的、经济的、全球的和技术的变革不断改变着组织所处的环境,使得成功的组织必须接受从事工作的新方式。不过,如前所述,即使组织的形式在不断变化,管理者和管理对于一个组织仍然是十分重要的。

## 1.4.2　学习管理的意义

你可能会有疑问,为什么要学习管理？如果你的专业是会计或者市场营销,或者是其他的非管理类专业,你也许不理解为什么学习管理有助于你的职业生涯。通过考察管理的普遍性、工作的现实以及作为一个管理者所面对的挑战和回报,我们来说明学习管理的意义。

**1. 管理的普遍性**

组织对管理需要到什么程度？我们可以说,对于所有的组织,管理都是绝对必要的,无论组织规模的大小,无论组织在哪一个层次上,无论组织的工作领域是什么,无论这个组织位于哪个国家,这一事实称为管理的普遍性(university of management)。在所有上述的组织环境中,管理者都要计划、组织、领导和控制,当然这不是说管理都采用同样的方式,如微软负责软件应用测试设备的管理者所从事的工作就与微软的CEO不一样。尽管如此,这种差别仅仅是程度和强调的重点不同,并非职能不同,因为这两类管理者都在从事计划、组织、领导和控制。

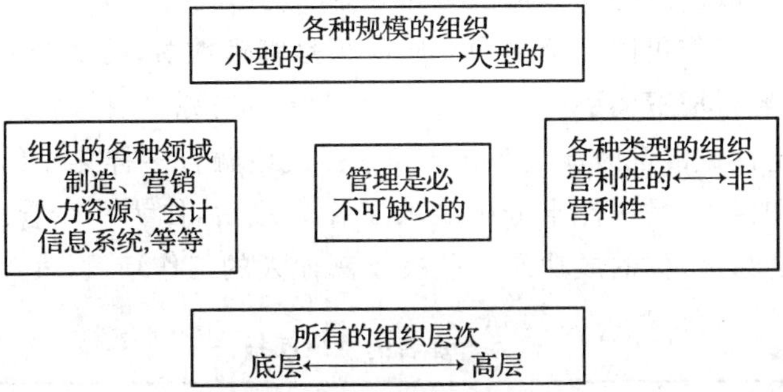

图 1-5　对管理的普遍需要

由于管理是所有组织的普遍需要(图 1-5),因此,我们从切身利益出发,要求组织改进它的管理方式。因为生活中的每一天我们都在与不同的组织打交道。你有过这样的经历吗?当你为了换领驾驶执照而在车辆管理所花费了 3 个小时时,你不感到沮丧吗?当百货商店里没有营业员为你提供帮助时,你不感到气愤吗?这些都是不良的管理所导致的问题。管理良好的组织会发展出忠诚的顾客基础。顾客忠诚,即顾客购买行为的连续性,是指客户对企业产品或服务的依赖和认可、坚持长期购买和使用该企业产品或服务所表现出的在思想和情感上的一种高度信任和忠诚的程度,是客户对企业产品在长期竞争中所表现出的优势的综合评价。比如,当管理处于良好状态时,员工会对顾客和颜悦色、服务良好等,从而让顾客有信赖感,由此,就会不断提高顾客的忠诚度。管理不善的组织,它们的顾客基础萎缩,相应的营业收入也在下降。通过学习管理,能够认识到哪些属于不良的管理,并且采取措施纠正它。此外,你也能够识别优秀的管理并鼓励它,不管这些管理是发生在你与之打交道的组织还是你受雇的组织中。

**2. 工作的现实**

学习管理的另一个原因是我们所处的现实环境。一旦你从大学毕业,开始你的职业生涯,你要么是管理者要么是被管理者。对于那些计划进入管理者行列的人来说,理解管理过程将构成你的管理技能的基础。对那些不想成为管理者的人来说,你仍然要和管理者打交道。假定你将不得不为生活而工作,并且很有可能不得不在某个组织中工作,即使你不是一个管理者,你也可能承担某些管理职责。我们的经验表明,通过学习管理,你能够对你上司的行为有更多的认识,对你所处组织的工作有更深的洞察。我们的观点是,你可以不必渴望成为管理者,但你仍然可以从管理的课程中获得许多有价值的知识。

在讨论学习管理的意义时,我们不能不考察作为一名管理者的挑战和回报。

首先,存在许多挑战。这些工作可能是艰苦和不引人注意的。此外,管理者(特别是基层管理者)的工作更倾向于文书性质而不是管理性质,需要与具有各种性格的人打交道;你要履行职责而手中通常又没有足够的资源;同样具有挑战性的是,你要在面对不确定性或混乱时激励你的员工;有效地融合多样化小组中每个人的知识、技能、抱负和经验,是一件十分困难的工作。最后,作为一个管理者,你不可能完全把握自己的命运,你的成功通常取决于其他人的工作绩效(表 1-3)。

表 1-3　　作为管理者的挑战回报

| 回报 | 挑战 |
| --- | --- |
| 创造一种工作环境使得组织成员充分发挥他们的能力 | 从事困难的工作 |
| 有机会进行创造性的思考和运用想象力 | 可能要承担更倾向于文案而不是管理的职务 |
| 帮助他人发现工作的意义和完成工作 | 需要与各种人打交道 |
| 支持、教导和培养其他人 | 通常只能借助有限的资源完成工作 |
| 与多样化的员工一起工作 | 在混乱和不确定的情况下激励个人 |
| 得到承认和获得组织及社区中的地位 | 成功地融合多样化小组中每个人的知识、技能、抱负和经验 |
| 发挥影响组织产出的作用 | 成功取决于其他人的工作绩效 |
| 得到工资、奖金、股票期权等形式的报酬 | |
| 成为组织需要的优秀管理者 | |

尽管存在挑战,作为一个管理者也是极富报偿性的。你有义务创造一种工作环境,在这种环境下,组织的成员能够充分发挥他们的能力,最有效地从事工作和实现组织的目标。不仅如此,你通常有机会创造性地思考或运用你的想象力,你可以帮助他人发现工作的意义和完成工作,你会以支持、教导和培养的方式帮助组织成员做出正确的决策。此外,作为一个管理者,你有机会和各种人打交道,包括组织内部和外部的人员。作为管理者的回报还包括得到承认和获得组织及社区中的地位,发挥作用从而影响组织的产出,以及获得适当的工资、奖金、股票期权等形式的报酬,成为组织需要的优秀管理者。上述这些回报不是单独发生的,而是在激励和鼓舞员工共同实现组织目标的努力中发生的。作为一个管理者,你会从你所擅长的技能和你所做的努力中获得一种满足感。

## 思考题

1. 知识工作者都是管理者吗?

2. 美国报刊曾刊登一篇采访越南战场上一位青年步兵上尉的报道。记者问:

“在战场混乱的情况下，你如何指挥你的下属?”那位青年步兵上尉回答说：“在那里，我是唯一的负责人。当我的下属在丛林中遭到敌人却不知道怎么行动时，我也因为距离太远无法告诉他们。我的任务，只是训练他们，让他们知道在这种情形下应该如何行动。至于实际上该怎么做，应由他们根据情况加以判断。责任虽然在我，但行动的决策却由战场上的每一个人自己决定。”(《卓有成效的管理者》)

你怎么理解青年步兵上尉的回答?

## 结篇案例

### 升任公司总裁后的思考

郭宁最近被所在的生产机电产品的公司聘为总裁。在准备接任这职位的前一天晚上，他浮想联翩，回忆起他在该公司工作20多年的情况。

他在大学时学的是工业经济管理专业，大学毕业后就到该公司工作，最初担任液压装配单位的助理监督。他当时真不知道该如何工作，因为他对液压装配所知甚少，在管理工作上也没有实际经验，他感到几乎每天都手忙脚乱。可是他非常认真好学，一方面仔细参阅该单位所制定的工作手册，努力学习有关的技术知识；另一方面监督长也对他主动指点，使他渐渐摆脱了困境，胜任了工作。经过半年多时间的努力，他已有能力独担液压装配的监督长工作。可是，当时公司没有提升他为监督长，而是直接提升他为装配部经理，负责包括液压装配在内的四个装配单位的领导工作。

在他当助理监督时，他主要关心的是每日的作业管理，技术性很强。而当他担任装配部经理时，他发现自己不能只关心当天的装配工作状况。他还得做出此后数周乃至数月的规划，还要完成许多报告和参加许多会议，他没有多少时间去从事他过去喜欢的技术工作。当上装配部经理不久，他就发现原有的装配工作手册已基本过时，因为公司已安装了许多新的设备，引入了一些新的技术。于是他花了整整一年时间去修订工作手册，使之切合实际。在修订手册过程中，他发现要让装配工作与整个公司的生产作业协调起来是需要有很多讲究的。他还主动到几个工厂去访问，学到了许多新的工作方法，他也把这些吸收到修订的工作手册中去。由于该公司的生产工艺频繁发生变化，工作手册也不得不经常修订，郭宁对此都完成得很出色。工作了几年后，不但自己学会了这些工作，而且还学会如何把这些工作交给助手去做，教他们如何做好，这样，他可以腾出更多时间用于规划工作和帮助他的下属工作得更好，可以花更多的时间去参加会议、批阅报告和完成自己向上级的工作汇报。

在他担任装配部经理6年之后，正好该公司负责规划工作的副总裁辞职应聘于其他公司，郭宁便主动申请担任这一职务。在同另外5名竞争者较量之后，郭宁被正式提升为规划工作副总裁。他自信拥有担任此一新职位的能力，但由于此高级职务工作的复杂性，仍使他在刚接任时碰到了不少麻烦。例如，他感到很难预测1年之后的产品需求情况。可是一个新工厂的开工，乃至一个新产品的投入生产，一般都需要在数年前做出准备。而且，在新的岗位上他还要不断处理市场营销、财务、人事、生产等部门之间的协调，这些他过去都不熟悉。他在新岗位上越来越感到：越是职位上升，越难于仅仅按标准的工作程序去进行工作。但是，他还是渐渐适应了，做出了成绩，以后又被提升为负责生产工作的副总裁，而这一职位通常是由该公司资历最深的、辈分最高的副总裁担任的。到了现在，郭宁又被提升为总裁。他知道，一个人当上公司最高主管职位之时，他应该自信自己有处理可能出现的任何情况的才能，但他也明白自己尚未达到这样的水平。因此，他不禁想到自己明天就要上任了，今后数月的情况会是怎么样？他不免为此而担忧！

（资料来源：周三金，贾定良．管理学（第二版）习题与案例．北京：高等教育出版社，2005）

### 思考题

1．郭宁担任助理监督、装配部经理、规划工作副总裁和总裁这四个职务，其管理职责各有何不同？能概括其变化的趋势吗？请结合基层、中层、高层管理者的职能进行分析。

2．你认为郭宁要成功地胜任公司总裁的工作，哪些管理技能是最重要的？你觉得他具有这些技能吗？试加以分析。

3．如果你是郭宁，你认为当上公司总裁后自己应该补上哪些欠缺才能使公司取得更好的绩效？

## 实践环节　最糟糕的管理者

1．自己想2名你曾经接触过的管理者，1名最好的，1名最差的。分别用几个句子来描述他们。

2．每4～6个人一组，分享你的经验，每个小组应选出2～3个事例来与大家分享。以小组为单位完成下面的表格。

表 1-4

| | 遵守或违背的管理原则 | 明显具备或缺乏的技能 | 该总结的经验或吸取的教训 | 你给管理者的建议 |
|---|---|---|---|---|
| 最好的管理者 | | | | |
| 最差的管理者 | | | | |

3. 管理者共同存在的问题是什么？
4. 准备一份你愿意提供给管理者的“智慧词汇”清单。

# 管理的昨天与今天

## 第2章

### 开篇案例

美国铁轨为什么是4.85英尺宽

美国铁路铁轨的宽度为什么是4.85英尺？因为美国的铁路是英国铁路设计师设计的，英国铁路就是这么宽。为什么英国铁路是这么宽？因为英国铁路是由设计有轨电车铁轨的人设计的，英国有轨电车的车轨就是4.85英尺。这个尺寸与马车的车轮距离一样宽，因为设计有轨电车的人原来是造马车的。为什么马车的车轮距离是4.85英尺？

美国航天飞机燃料箱两旁有两个火箭推进器，这些推进器制造完后要由火车运送到火箭发射点，运输途中要经过一些隧道，这些隧道的宽度只比铁轨宽一点点。所以，两个火箭推进器之间的距离也是4.85英尺。

原因：古罗马战车由两匹马拉动，而两匹马屁股的宽度就是4.85英尺。你能否想到，美国现代铁路的路轨、最先进的航天飞机和火箭推进器，都与古代战车及马屁股的宽度有关？其实，企业日常的经营管理也不乏这样的事情：有时，员工在工作时机械地执行一些制度或者惯例时，却从来没有思考过这些制度或惯例是怎么形成的，为什么要这样规定。如果我们平时多问几个为什么，就可能发现很多被惯性掩盖起来的问题：行为——惯例——规则——制度！

管理理论来源于实践，管理理论指导实践！

（资料来源：徐海华．比尔·盖茨给青少年的9个人生哲理．北京：群言出版社，2004）

管理起源于人类的共同劳动，凡是有人类生活的地方，就必然有管理。管理活动的出现促使一些人对来自这种活动的经验加以总结，形成了一些朴素、零散的管理思想。所以研究管理首先应从管理的历史入手，从管理的思想、理论和方法的演变中去把握管理的本质和一般规律。

## 2.1 管理学与其他研究领域的关系

管理学本身就是一门边缘科学或者说是一门综合性的科学。其发展一方面是由于管理实践与管理理论自身的创新推动的，另一方面得益于其他学科，特别是与管理学相关的学科，如经济学、数学、社会学、心理学和环境科学等的发展。近年来，管理学与这些学科之间的交叉、融合趋势更加突出。

**1. 管理学与经济学**

管理学与经济学之间存在彼此促进的互动关系。管理学和经济学的发展，都与资本主义制度尤其是工厂制度的出现有关，尽管经济学的历史比管理学的历史长一些，但是管理学对于经济学的实用化有着巨大的促进作用，经济学原理通过管理转化为现实生产力。管理学的参与和融合推动了应用经济学的迅速发展。

经济学与管理学的相互渗透、交叉和融合，使经济管理学和管理经济学等边缘学科相继产生。不仅如此，在经济和管理领域的许多研究如经济计划、经济决策（包括政策）、经济预测、经济调控、经济监督、经济评估，以及公司治理、产业组织、企业竞争力、制度安排、机制设计、结构调整、发展战略及经济激励等大都兼有经济学与管理学的两栖性，几乎难以分清其为纯粹的经济学或是纯粹的管理学问题。尤其是近半个多世纪以来，经济学和管理学的数学化、数量化、公理化和工程化的发展潮流，更使得两者在研究方法上趋于共同。美国管理学家西蒙因对经济组织内的决策程序所进行的开创性研究获得了1978年诺贝尔经济学奖，说明他研究的经济决策问题既属于管理学也属于经济学。

**2. 管理学与社会学**

现代组织理论将整个组织作为分析单元，对组织进行宏观角度的研究，考察人们如何集合部门及组织，如何关注组织的结构和行为差别。可以说，组织理论是关于组织的社会学，而组织行为学则是组织的心理学。另一方面，把组织决策看作由许多部门和各种立场观点的人共同做出的超越个体管理者范畴的集体决策，促进了社会学、心理学、政治学与经济学以及系统科学等研究成果的结合。与此同时，对组织的社会责任进行研究是从社会学的角度研究管理问题的一个重要趋势，也是现代管理理论面临的挑战之一。

**3. 管理学与伦理学**

管理与伦理结合首先是由两者的一致性和相关性决定的。一方面，管理活动离不开伦理准则。组织与利益相关者有着多种多样的联系，要使组织活动取得成效，就必须使组织目标与社会目标相协调，组织的要求与利益相关者的要求相协调，组织内个人目标与组织目标相协调，个人的行动与他人的行动相协调。协调的实质是利益关系的调整，而如何正确处理各种利益关系正是伦理所要回答的问题。从这一意义上讲，商业伦理包括个人、组织内部政策、利益相关者和社会四个层次的问题。另一方面，伦理具有特殊的管理功能。伦理作为一种社会规范，不仅从主观意识上控制和引导着人们的行为符合社会道德，而且在客观上通过社会舆论、习惯、良心和理想等也发挥着管理的作用。不仅如此，人性发展的要求、竞争的加剧和社会压力的增加等更使管理与伦理的结合研究成为一种新的趋势。

**4. 管理学与环境科学**

随着环境污染和破坏的日益加剧以及自然灾害的频繁发生，人们越来越从环境保护的角度认识到管理的重要性。管理学与环境科学研究的相互渗透、相互结合产生了今天的绿色管理。绿色管理的内涵就是组织根据经济社会可持续发展的要求，把生态环境保护的观念融入组织的管理之中，从生产、经营的各个环节控制污染和节约使用资源，以实现经济效益、社会效益和环境保护效益的高度统一。绿色管理以追求人类生态环境的最终改善为根本目标，通过计划、组织、指挥、协调、控制和激励等一切活动，对从设计、原材料采购、加工生产、销售、消费直至消费后的废物处理全过程中废弃物和有毒、有害物质的产生与排放进行严格控制，以求最大限度地减少人类的生产和消费对人类自身及环境的不利影响。

**5. 管理学与心理学**

心理学是一门从事测度、解释和改变人和其他动物行为的科学。心理学研究试图理解个体行为。先后从事管理领域并为之做出贡献的心理学家们包括：学习心理学家、个性理论家、咨询心理学家、语言心理学家和组织心理学家。

**6. 管理学与工程学**

早期的管理工作，特别是20世纪初的20多年中，集中于提高工效、工作的设计和业绩的优化。这时期主要是工业工程做出的贡献。工程师们在改善环境、提高人的能力方面做出了重大贡献。他们通过改善工作设计、工作流程和程序、选择厂址和工厂设计，减轻了人们的疲劳程度，提高了劳动者的效率和劳动生产率。

## 讨论题

管理伦理学是一个什么样的学科？

# 2.2 管理的历史背景

## 2.2.1 人类早期的管理实践和管理思想

**1. 国外早期的管理实践和管理思想**

从历史上看，管理与人类社会活动几乎同时产生。自从有了人类社会，人们的实践活动就表现为集体的协作劳动，而有集体的协作劳动，就会有管理和协调行为。追溯人类早期有效的管理史，我们可以发现当时人类组织大规模集体劳动的成就以及一些有意义的管理思想。

古罗马帝国实行的是一种集权与分权结合起来的连续授权制度，这使它从一个小城市发展成为一个世界性的帝国，于公元2世纪成功地统治了欧洲和北非，并将它的统治延续了几个世纪。

古埃及，在法老之下设置了各级官吏，最高为宰相，辅助法老处理全国政务，总管王室农庄、司法、国家档案，监管公共工程的兴建。宰相之下设有一批大臣，分别管理财政、水利建设以及各地方事务。上自宰相，下至书吏、监工，各有专职，形成了以法老为最高统治者的"金字塔"式的管理机构。埃及法老以这种管理机构为基础，通过严密地组织和管理成千上万人的共同劳动，成功地为自己修建了被后世称为"世界七大奇观"之一的金字塔。根据《圣经旧约全书》中《出埃及记》的记载，希伯来人领袖摩西的岳父，对摩西事必躬亲的做法进行批评，并向他提出了如下管理建议：一要制定法令，昭告民众；二要建立等级，授权委任管理；三要责成专人专责管理，一般问题尽可能处理在基层，只有最重要的政务才提交摩西处理。他的建议已初步体现了管理的授权思想、例外原理等。

古希腊的哲学家对管理有许多独到的见解。苏格拉底在其著作《对话录》中论述了管理的普遍性，他认为管理技能在公共事务和私人事务之间是相通的。亚里士多德不仅指出了管理一个家庭和管理一个国家的相似之处，而且研究了国家制度的各种形式，以及采取各种形式国家制度的原则，描绘了以奴隶制度为基础的"理想城邦"的体制轮廓。色诺芬的《家庭经济》则主要研究如何管理家务和农业，对劳动分工有着精辟的论述，认为一个人只做一件最简单的工作会做得更好。柏拉图对劳动分工原理作了进一步的阐述，认为分工的产生是由于人的需要是多方面的，而人的天赋是单方面的。

欧洲的中世纪延续了近1000年，拥有丰富的管理实践及独有的理解和认识，其中主要的管理实践有封建社会的政治体制与组织结构、城市的兴起和商业的发展、威尼斯造船厂的管理实践等；而管理思想主要体现在托马斯·阿奎、尼古拉·马基雅维利、托马斯·莫尔的管理思想等方面。所有这些都促进了管理思想和管理理论的形成与发展。

**2. 中国早期的管理实践和管理思想**

中国是一个历史悠久的文明古国，在社会实践中形成的管理思想源远流长，丰富多彩。早在奴隶社会，姜尚就著有《六韬》、《三略》，阐述了治理国家和管理臣民的理论。春秋战国时期，杰出的军事家孙武著有《孙子兵法》一书，对于军事管理的职能如计划、组织、指挥、用人等，都有不少精辟见解。孙膑运用运筹学和对策论的思想，帮助田忌在赛马中胜了齐王。战国时期的另一本书《周礼》对封建国家的经济管理的论述和设计也达到了相当高的水平。秦始皇改订李悝《法经》，从规定到实践都体现了中国古代管理思想中的改革和创新精神。宋真宗时期，由于皇城失火，宏伟的昭应宫被烧毁。真宗命令大臣丁渭用 25 年的时间修复它。经过研究，丁渭提出了一个经济高效的系统方案：首先在皇宫前挖出河沟，利用挖沟取出的土烧砖制瓦；同时将京城附近的汴河水引入河沟，利用其运输各种石料和木材；最后，把废墟、残渣填入河中，就地处理碎砖烂瓦，复原大街。这种安排一次性地解决了就地取土、顺利运输、清理废墟的问题，可谓“一举三得”。总之，我国古代的管理思想极其丰富，有不少内容至今仍闪耀着光辉，现代管理中的一些观点和理论也都可以从中找到有益的借鉴并对其进行传承。

### 2.2.2 管理理论的萌芽

随着工业革命和工厂制度的产生，一方面，生产实践给管理提出了许多新的问题；另一方面，人们已经发现管理在工业生产和经济发展中起着极其重要的作用，工厂以及公司的管理需要越来越突出。许多理论家，特别是经济学家，在他们的著作中也越来越多地论及有关管理方面的问题。管理实践者(主要是厂长、经理)则着重总结自己的经验，共同探讨有关管理的技能和管理的规律，规范的管理理论开始形成。

英国重商主义经济学家詹姆斯·斯图亚特在《政治经济学原理研究》一书中提出实行刺激工资、工作方法研究、管理人员与工人之间的分工等重要管理思想。

英国政治经济学家亚当·斯密在 1776 年发表的代表作《国民财富的性质和原因的研究》中，不仅对经济和政治理论有系统的研究，也有不少关于管理思想的论述，其中最具深远影响的是他的劳动分工理论和“经济人”观点。他以制针业为例提出劳动分工能大大地提高劳动生产率，其主要原因在于：一是劳动分工增加了工人的技术熟练程度；二是节省了从一种工作状态转换为另一种工作状态所需要的时间；三是发明了既方便工作又节省劳动时间的机器。他的另一个重要的观点是：人们在经济活动中追求的是个人自身的经济利益，而社会利益是以个人相互之间的利益限制为基础而产生的，这就是所谓的“经济人”观点。

英国著名的数学家查尔斯·巴贝奇对工厂的生产和管理也十分关心。在1837年出版的《论机器和制造业的节约》一书中，对劳动分工的好处和主管人员对设备、物质、人力使用上的具体管理技术进行了较为全面的论述。此外，他还提出了通过建立一种利润分享制度，来正确处理工厂主与工人间的利益分配问题，使工人除固定工资外，还可以得到企业利润奖金与合理化建议奖金，从而建立起劳资双方的和谐关系。

罗伯特·欧文是一位成功的英国企业家和空想社会主义者，最早注意到企业内人力资源的重要性，被称为“人事管理之父”。他通过一系列的试验，提出在生产中要重视人，要缩短工人的工作时间，提高工人工资，改善工人住房和生产条件，认为重视人的作用和尊重人的地位可以使工厂获得更多的利润。

德国军事战略理论家卡尔·冯·克劳塞维茨以军队为对象，论述了管理决策等问题。他明确提出以科学而不是以预感为依据来做决策，以分析而不是以直觉为依据进行管理的思想。

在美国，科学管理的萌芽早在18世纪就已出现，最突出的例子就是发明家和企业家伊莱·惠特尼采用了若干科学管理的方法来经营步枪制造厂。

以上所介绍的是一些有代表性的管理思想和实践，总体来讲，这一时期有关管理问题的论述和研究，还远未能形成系统的管理理论。但人们已经意识到管理在企业中的重要性，预见到管理的地位将不断提高，其管理思想为后来的管理学理论的形成奠定了坚实的基础。

### 讨论题

1. 分工的优缺点是什么？
2. 欧文为什么被称为“人事管理之父”？

## 2.3 古典管理理论

较系统的管理理论的建立始于19世纪末20世纪初，该阶段的管理理论被称为古典管理理论。其主要理论成就有:①美国的泰勒等人以研究工厂内部生产管理为重点,以提高生产效率为中心,提出了生产组织方法科学化和生产程序标准化方面的科学管理理论;②法国的法约尔等人以企业整体为对象,以组织管理为核心,提出了关于管理职能和管理原则的一般管理理论;③德国的韦伯等人以组织结构为对象提出了行政组织理论。

## 2.3.1 科学管理理论

20 世纪初,随着企业的快速扩张和资本的快速累积,劳工的供应速度却比不上前两者的速度,造成了劳动力的严重短缺,因此,如何能提高劳工生产力和劳动效率,成为当时环境下企业关注的焦点。在此时代背景下,出现了专注于改善生产作业效率的科学管理理论,它强调加强对工作方法进行科学研究,用科学方法管理生产过程以提高工人生产率。其代表人物有弗雷德里克·温斯洛·泰勒、弗兰克·吉尔布雷斯和莉莲·吉尔布雷斯夫妇以及亨利·L. 甘特等。

**1. 泰勒与科学管理理论**

(1)泰勒生平简介

泰勒出生于美国费城一个律师家庭。1875 年,他进入一家小机械厂当徒工,1878 年转入费城米德瓦尔钢铁厂当机械工人。在米德瓦尔钢铁厂的工作中,他感到企业管理当局不懂得用科学方法来进行管理,不了解工作程序、劳动节奏和疲劳等因素对劳动生产率的影响。而工人则缺少训练,没有正确的操作方法和适用的工具,这都大大影响了劳动生产率的提高。为了改进管理,泰勒在米德瓦尔钢铁厂进行了多种试验,这便成为他管理研究工作的开端。1898～1901 年,他又受雇于伯利恒钢铁公司,并继续从事管理方面的研究。这一期间,他进行了著名的“搬运生铁试验”。泰勒的特殊经历,使他有可能在生产的第一线系统地研究劳动组织和生产管理问题。1901 年后,他用大部分时间从事咨询、写作和演讲等工作,来宣传他的“科学管理”思想。其目的是要将传统的一切凭经验办事的管理变为一种“科学的”管理,提倡劳资双方忠诚地合作,以确保都能从生产效率的提高中得到好处。泰勒的主张被认为是管理思想史上的一次“革命”,对管理学的发展做出了巨大的贡献,后人称他为“科学管理之父”。其主要著作有:《计件工资制》、《车间管理》、《科学管理原理》。

(2)泰勒科学管理的四大试验

泰勒主要在米德瓦尔钢铁厂和伯利恒钢铁公司等进行了四个实验,具体见表 2-1。

表 2-1　　**泰勒科学管理的四大试验**

| 试验名称 | 主要内容 |
| --- | --- |
| 1. 工时研究试验 | (1)将每一个工作分解成若干个基本的动作，用秒表测工人干每一件活的时间，然后适当地多留出一点时间，就能较精确地确定每个工人一天能干多少活<br>(2)把各个工作的操作标准化，即对工作进行认真研究，找出最合理的工作方法，通过训练后，工人应该按这种方法工作 |
| 2. 搬运生铁试验 | (1)挑选身强体壮的工人，让其按科学的方法搬运和休息，结果该工人一天完成了 47.5 英吨的任务，大约是原来的 4 倍<br>(2)将此标准推广到其他工人 |
| 3. 铁锹试验 | 伯利恒钢铁公司的堆料场雇用了一大批工人铲铁矿石和煤渣，由于材料的比重不同，为了使工人在铲不同的材料时每一锹的负载大致相同，要给工人配置大小不同的铁锹。平均每人每天的操作量从 16 英吨提高到 59 英吨，每英吨的操作成本从 7.2 美分降到 3.3 美分，每个工人的工资从 1.15 美元涨到 1.88 美元 |
| 4. 金属切削试验 | (1)在进行时间研究时泰勒发现，确定机械加工工人的工作时间时，金属切削的速度对时间的影响特别大，于是他就开始进行金属切削试验。这项试验延续了 26 年，进行了 3 万多次，多达 80 多万磅的钢铁被切成铁屑<br>(2)在该试验基础上，泰勒发明了高速钢，并获得专利 |

(3)泰勒科学管理理论的主要内容

泰勒通过试验得出科学管理理论的主要内容，具体见表 2-2。

表 2-2　　**科学管理的主要内容**

| 观点 | 主要内容 |
| --- | --- |
| 1. 中心问题是提高劳动生产率 | 制定有科学依据的"合理的日工作量"，即工作定额原理 |
| 2. 挑选"第一流的工人" | 选择适合于工作又有进取心的人 |
| 3. 标准化原理 | 要使工人掌握标准化的操作方法，使用标准化的工具、机器和材料，并使作用环境标准化 |
| 4. 计件工资制 | 主要是制定出科学的定额和标准，根据完成定额而采用不同的工资率和根据工人的实际工作表现来支付工资 |
| 5. 一场思想上的革命 | 通过科学管理，提高劳动效率，就能使双方把注意力从盈利的分配转到增加盈余上。提高效率是工人能取得较高工资、资本家能获得较多利润的前提 |
| 6. 将计划职能与执行职能分开 | 从事计划职能的人为管理者，执行职能的人为劳动者 |
| 7. 职能管理 | 即将管理的工作予以细分 |
| 8. 例外原则 | 目的是解决总经理职责权限问题。在设置了计划职能与执行职能之后，总经理应避免处理工作中的细小问题，而只有例外的问题才交由他处理，这样，他才会有更多的时间去考虑更重要的问题 |

**2. 其他的贡献者**

除了泰勒外，科学管理观点的主要贡献者还有不少，其中以吉尔布雷斯夫妇、亨利·L.甘特和福特最为著名。

吉尔布雷斯夫妇最有名的研究是砌砖动作研究，他们通过对动作的研究来消除砌砖时不必要的手部与身体的动作，从而使工人的劳动效率提高了两倍多。同时他们还把动作研究推广到其他行业，并通过对动作的拍摄进行分析，保留应该的动作，剔除多余的动作，并重新制定出一系列动作的先后次序和速度大小，最后制定出标准的操作程序，应该说他们的动作研究比泰勒更细致。其研究成果集中反映在 1911 年出版的《动作研究》一书中。

亨利·L.甘特曾是泰勒的同事，其著名的贡献是设计了甘特图。这是一种条形图，其中一轴表示时间，另一轴表示工作计划及目前的进度，常用于编制工作进度计划。同时，他还提出了与泰勒的"计件工资制"不同的"计件奖励工资制"，即除了支付日固定工资外，超额完成定额部分再计件奖励，完不成定额的，只能拿到日固定工资部分。这种制度不但使工人有收入保障，一定程度上还能激发起工作积极性。甘特的研究成果集中反映在《工业的领导》(1916 年版)和《工作组织》(1919 年版)。

福特是世界上将标准化思想应用于现代化大生产的开创者。他将泰勒的单工序动作研究的思想应用到整个生产过程，采用大规模流水作业方式，将"产品标准化、工序作业标准化、工人操作标准化和工具标准化"应用于流水线，结果大获成功，极大地提高了劳动效率，降低了成本。

## 2.3.2 法约尔的一般管理理论

泰勒等人提出的科学管理主要研究生产现场的操作与管理问题，而法约尔则以管理过程为重点进行研究。

**1. 法约尔生平简介**

亨利·法约尔 1860 年毕业于矿业大学后进入矿业公司，1888 年出任公司的总经理，并成功地改善了公司的状况，发展了处于困境中的公司，有着非常丰富的管理大企业的经验，他的一般管理理论于 1916 年发表在法国工业协会公报上，并于 1925 年出版在《工业管理与一般管理》书中。

**2. 法约尔提出的主要理论**

(1)企业六种活动

法约尔认为，一个企业无论大小，其全部活动可以概括为六个方面，如图 2-1 和表 2-3 所示。

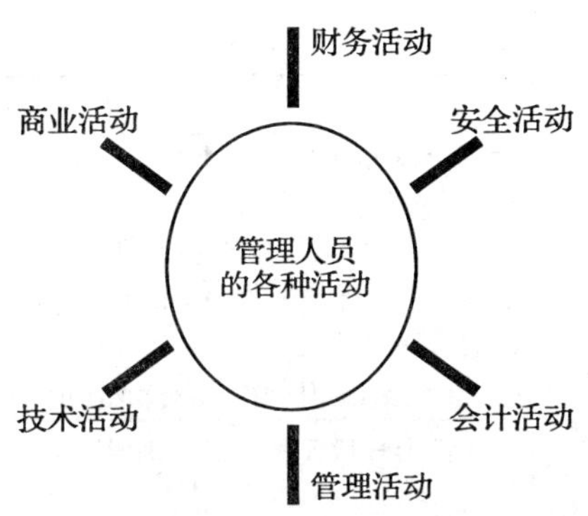


图 2-1　企业中的各种活动

(资料来源:哈罗德·孔茨,海因茨·韦里克. 管理学. 10版. 北京:经济科学出版社,1998:23)

**表 2-3　企业中的各种活动**

| 活动名称 | 主要含义 |
|---|---|
| 技术活动 | 包括生产、制造和加工等 |
| 商业活动 | 包括购买、销售和交换 |
| 财务活动 | 包括筹措和使用资金 |
| 安全活动 | 包括维护设备和保护工作的安全 |
| 会计活动 | 包括编制财产目录和资产负债表、计算成本、进行统计等 |
| 管理活动 | 包括计划、组织、指挥、协调和控制五个要素 |

(2)法约尔的十四条管理原则

法约尔在《工业管理与一般管理》一书中首先提出了非常有名的一般管理的十四条原则:

**表 2-4　法约尔的十四条管理原则**

| 原则名称 | 含义 |
|---|---|
| (1)分工原则 | 专业化分工可以提高劳动生产效率 |
| (2)权力与责任原则 | 特别强调权力和责任的统一 |
| (3)纪律原则 | 纪律实际上是企业领导人同下属人员之间在服从、勤勉、积极、举止和尊敬等方面达成的一种协议 |
| (4)统一命令原则 | 即一个下级只应接受一个上级的命令 |
| (5)统一领导原则 | 一个项目应只有一个人按照一个计划总负责,这样才能保证行动统一 |
| (6)个人利益服从集体利益原则 | 一个组织的利益大于个人利益,组织目标高于个人目标 |
| (7)报酬原则 | 报酬应该尽可能公平合理,且与业绩挂钩,尽可能使员工与公司双方均满意,对贡献大的员工要给予奖励 |
| (8)集中化原则 | 企业的重大决策总是只由少数人做出 |
| (9)等级链原则 | 等级链是企业自上而下的等级系列,显示了执行权力的路线和信息传递的渠道 |

（续表）

| 原则名称 | 含义 |
|---|---|
| (10)秩序原则 | 所谓秩序是指人和物必须各有其位 |
| (11)公平原则 | 每一个人都有平等的愿望，而平等是公平与友好的结果 |
| (12)人员保持稳定原则 | 任何组织都应鼓励职工尤其是管理人员长期为企业服务 |
| (13)首创原则 | 允许雇员参与制定和实施计划能调动他们的热情。所以，应鼓励员工发表意见和主动地开展工作 |
| (14)团结原则 | 团结精神、鼓励团队精神将会在组织中建立起和谐与团结的氛围 |

（资料来源：(法)亨利·法约尔．工业管理与一般管理．北京：机械工业出版社，2001)

(3)跳板原则

法约尔还认识到，完全遵守等级链会带来官僚作风和工作的低效率。为克服该问题，他提出了非常著名的跳板原则：当两个部门的下属有必要发生沟通时，只要他们对应的上司同意就可以进行，不需要更高级的上司的同意，当交往发生后，他们应该也只需要向他们各自的上司汇报即可。这样既保证了等级链，又提高了工作效率。

综上所述，法约尔关于管理职能、原则和过程等方面的研究，从较高层次弥补了泰勒科学管理思想的不足，有关的组织管理理论为后来的管理理论的发展勾勒出了基本的理论框架，为以后管理学教育创造了条件，奠定了基础，使管理具有一般科学性。因此法约尔被称为“管理理论的创始人”。

## 2.3.3 韦伯的行政组织理论

**1. 韦伯生平简介**

韦伯是德国著名的社会学家，一生从事教授、政府顾问、编辑等众多职务。他对管理理论的主要贡献是提出了“理想的行政组织体系”理论。这集中反映在他的代表作《社会组织与经济组织》一书中。

**2. 主要理论观点**

韦伯“理想的行政组织体系”或理想组织形式的特点如图 2-2 所示。

(1)权力论

韦伯认为，组织建立在三种权力之上：一是传统的权力，这是由历史沿袭下来的惯例、习俗而规定的权力，它是以对古老传统的不可侵犯性、按传统执行权力的人的地位的正统性和对过去传统的尊崇为基础的；二是神授的权力，它是以对某人的特殊和超凡的神圣、英雄主义模范品质的崇拜以及对先知启示和超人智慧的迷

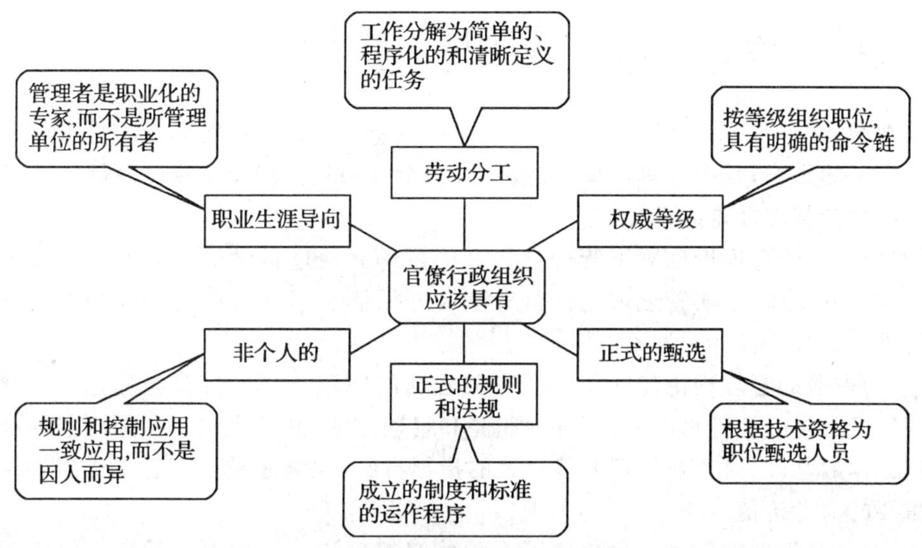


图 2-2　韦伯"理想的行政组织体系"

(资料来源:斯蒂芬·P.罗宾斯. 管理学. 7版. 北京:中国人民大学出版社，2003:35)

信为基础的;三是合理合法的权力,它是以对法律确立的职位或地位权力的服从为基础的。韦伯认为,在这三种权力中,传统权力的效率最差,神授权力则过于带感情色彩且是非理性的,凭前两种权力建立的组织不是科学的理想组织,只有在第三种权力基础上建立的组织,才在绝对纪律性和可靠性等方面比其他任何组织都要优越。他把这种组织称为官僚制组织。

(2)理想的行政体系

韦伯的所谓的"理想的行政体系"是指这种组织体系并不是最合乎需要的,而是组织的"纯粹的"形态。在这里也就是官僚制组织。其主要特征有:

①实现劳动分工,明确规定每个成员的权利和责任,并正式实施,使之合法化;

②各种公职或职位权力等级严密组织起来,形成指挥体系;

③根据正式考试成绩或在培训中取得的技术资格来挑选组织的所有成员;

④公职人员都必须是专职的,并有固定收入保证;

⑤职务上的活动应被认为是私人事务以外的事情,公私有明确界限;

⑥公职人员必须严格遵守纪律,受规则和制度制约,且是毫无例外地适用于各种情况。

总之,韦伯的官僚组织理论,是适应传统封建社会向现代工业社会转变的需要而提出的,它具有里程碑的意义,影响十分深远。

## 2.3.4 对古典管理理论的评价

泰勒、法约尔、韦伯等人开始从事管理的研究，对以后管理理论的形成和发展具有深远的影响，其中许多原理、方法和原则至今仍被人们所重视和沿用。

**1. 古典管理理论的意义**

(1)古典管理理论确立了管理学是一门科学。通过科学研究的方法能发现管理学的普遍规律，古典管理理论使得管理者开始摆脱了凭传统的经验和感觉来进行管理。

(2)古典的管理理论建立了一套有关管理的原理、原则、方法等理论。古典管理理论提出了一些管理的原则、管理职能和管理方法，并且主张这些原则和职能是管理工作的基础，对企业管理有着很大的指导意义，也为总结管理思想史提供了极为重要的参考价值。

(3)古典管理学家同时也建立了有关的组织理论。韦伯提出的官僚组织理论是组织理论的基石，因此，他被人们称为"组织理论之父"。韦伯提出了一种官僚管理体制的设想，而且，他还就如何建立这种组织结构，以及维护这种组织结构的正常运行，提出了一系列的原则。今天，企业管理的组织结构虽然变得更加复杂，但是，古典组织理论设计的基本框架仍未失去其存在的意义。

(4)古典管理理论为后来的行为科学和现代管理学派奠定了管理学理论的基础，当代许多管理技术与管理方法皆来源于古典的管理理论。古典的管理学派所研究的问题有一些仍然是当今管理上所要研究的问题，都是对古典的管理思想的继承和发展。

但是就其产生的历史时期来讲，他们也同时具有一定的局限性。

**2. 古典管理理论存在的问题**

(1)首先是古典管理理论基于当时的社会环境，对人性的研究没有深入进行，对人性的探索仅仅停留在"经济人"的范畴之内。

(2)古典管理理论对组织的理解是静态的，没有认识到组织的本质。

(3)古典管理理论的着重点是组织系统的内部，而对企业外部环境对组织系统的影响考虑得就非常少。

## 讨论题

1. 泰勒的科学管理过时了吗？为什么？

2. 为什么现在有人说韦伯的官僚制组织有个坏名声？

## 2.4 现代管理理论

### 2.4.1 行为科学理论

科学管理思想尽管在提高劳动生产率方面取得了显著的成绩，但由于它片面强调对工人进行严格的控制和动作的规范，把人看做是“经济人”，过分强调提高劳动生产率的主要办法是物质刺激，而忽视了工人的社会需求和感情需求，从而引起了工人的不满和社会的责难。在这种情况下，行为科学管理理论和方法进一步调动了工人的积极性，从而提高劳动生产率。

**1. 人际关系理论**

行为科学由人际关系理论发展而来，它和工业心理学密切相关，后来又融入了人力资源学派。现代管理心理学和组织行为学都是行为科学的主要组成部分。人际关系理论的代表性人物是埃尔顿·梅奥。他参加了在芝加哥附近的西方电气公司的霍桑电话机厂进行的一系列试验——即引起管理学界重视的非常著名的霍桑试验。

(1)霍桑实验

美国哈佛大学心理病理学教授乔治·埃尔顿·梅奥及其霍桑试验对行为科学的形成和发展作出了突出贡献。霍桑试验于 1924 年开始，历时 8 年，当时是根据科学管理理论中关于工人会对不同的工作条件做出相应的反应的假设进行的，目的是找到工作条件对生产效率的影响，以寻求提高劳动生产率的途径。主要的实验内容见表 2-5。

**表 2-5　　霍桑实验内容**

| 试验名称 | 时间 | 试验目的 | 主要内容 | 试验结论 |
|---|---|---|---|---|
| (1)照明试验 | 1924～1927 年 | 目的在于调查和研究工厂的照明强度与生产效率的关系 | 将参加试验的工人分成两组，一组为试验组，一组为参照组。参照组始终在正常的照明强度下工作，而不断变化试验组的照明强度，看照明强度对生产效率的影响 | 发现照明强度的变化对生产效率的影响不明显 |
| (2)继电器装配室试验 | 1927～1932 年 | 旨在试验各种工作条件的变动对小组生产效率的影响 | 试验先增加休息次数、延长休息时间、缩短每日工作时间、实行五天工作制等。然后，又取消这些待遇，恢复为原来的工作状态，并将原来的集体奖励制度改为个人奖励制度 | 生产效率的决定因素不是作业条件，而是职工的情绪。而情绪是由车间的环境，即车间的人群关系决定的 |

（续表）

| 试验名称 | 时间 | 试验目的 | 主要内容 | 试验结论 |
|---|---|---|---|---|
| (3)大规模的访谈与调查 | 1928～1930 年 | 目的是要了解如何获取职工内心真正的感受，倾听他们的诉说，以帮助解决问题，提高生产效率 | 试验者从 1929 年起又在西方电气公司进行了大规模的访谈 | 第一，离开感情就不能理解职工的意见和不满；第二，感情容易伪装；第三，只有对照职工的个人情况和车间环境才能理解职工的感情；第四，解决职工不满的问题将有助于生产效率的提高 |
| (4)接线板接线工作室试验 | 1931～1932 年 | 目的是了解非正式组织的存在对工作绩效的影响 | 以集体计件工资制进行刺激，企图形成“快手”对“慢手”的压力以提高效率 | 非正式组织有时会严重影响工作的效率 |

(2)人际关系理论的主要内容

根据霍桑实验，梅奥于 1933 年出版了《工业文明中人的问题》，在书中他提出了一些与古典管理理论不同的新见解：

①工人是“社会人”，而不是单纯追求金钱收入的“经济人”。作为复杂社会系统的成员，金钱不是刺激积极性的唯一动力。因此，要调动工人的生产积极性，还必须从社会、心理方面去努力。

②企业中除了“正式组织”之外，还存在着“非正式组织”，这是企业成员在共同工作的过程中，由于具有共同的社会感情而形成的非正式团体。这种无形组织有它特殊的感情、规范和倾向，左右着成员的行为，并且同正式组织相互依存，对生产率有很大影响。

③生产率的提高主要取决于工人的工作态度以及他和周围人的关系。梅奥认为提高生产率的主要途径是提高工人的满意度，即工人对社会因素，特别是人际关系的满足程度。如果满足程度高，工作积极性、主动性和协作精神就高，即士气高，生产率就高。

**2. 行为科学的发展**

梅奥的见解提出了管理中一个值得重视的新领域，即人际关系的整合。随后大批研究者，采用更系统的研究方法，从心理学、社会学、人类学和管理学的角度对人际关系进行综合研究，从而建立了关于人的行为及其调控的一般理论。1949 年，美国一些从事人际关系研究的管理学者正式采用“行为科学”一词，并成立了“行为科学高级研究中心”，进一步发展对人的行为规律、社会环境和人际关系与提高工作效率关系的研究。比较著名的主要有：马斯洛在其 1954 年出版的《激励与个性》中提出的需要层次理论。该理论的内容主要有二：第一，人是有需要的动物，其需要取决于他已经得到了什么，还缺少什么。只有尚未满足的需要才能影响行为，已经得到满足的需要不能起到激励作用。第二，人的需要有层次之分，只有较低层次的需要得到满足之后，较高层次的需要才会出现并起到激励作用。美国麻省理工学院教授麦格雷戈于 1957 年首次提出 X 理论和 Y 理论。他在 1960 年出版的《企业的人的方面》一书中，又对两种理论进行了比较。X 理论以否定和悲观的态度看待工人，而 Y 理论以积极的态度看待工人，他认为 Y 理论更适宜于作为管理实践的理论基础。美国心理学家弗雷德里克·赫茨伯格于 1959 年提出双因素理论。美国心理学家维克托·H. 弗鲁姆在 1964 年出版的《工作与激励》一书中提出了期望理论，认为只有当一个人预期某行为会给他带来有吸引力的结果时，他才会采取该行为。美国心理学家戴维·麦克莱兰提出了成就需要理论。认为个人和环境之间存在某种关系从而产生需要，个人在环境因素的影响下产生的三种基本需要是成就的需要、权力的需要和社交的需要。

行为科学从员工个体行为、群体行为和组织行为三个层面展开了各有侧重点，但又相互联系的系统研究，既是对管理实践的总结，又是对管理理论的发展，尤其在提出社会人假设，研究需求因素与激励，关注作业组合和发展领导理论等方面作出了重要贡献。

### 2.4.2 管理理论丛林

随着管理学的不断发展，尤其是在西方古典管理理论和行为科学理论出现以后，产生了许多新的理论和学说，形成了林林总总的管理理论学派。它们相互影响、相互渗透、相互作用、盘根错节、簇叶蔓生。1960 年，哈罗德·孔茨(Harold Koontz)发表著名论文《管理理论丛林》，概括出管理理论的 6 个主要学派：管理过程学派、经验学派、人类行为学派、社会系统学派、决策理论学派和数量学派。1980 年孔茨发表《再论管理理论丛林》一文，将西方的管理理论划分为 11 个学派。

**1. 管理过程学派**

管理过程学派又叫管理职能学派、经营管理学派，是在西方继古典管理理论学派和行为科学学派之后影响最大、历史最悠久的一个学派。法约尔是这个学派的创始人，后来经美国的管理学家哈罗德·孔茨等人发扬光大，成为现代管理理论丛林中的一个主流学派。管理过程学派的基本思想和基本方法主要包括：①管理是一个过程。它的研究对象就是管理的过程和职能，可以通过分析管理人员的职能，从理论上很好地对管理加以剖析。②管理存在共同的基本原理。根据在各种企业中长期从事管理的经验，可以总结出一些基本的管理原理，这些原理对认识和改进管理工作能起到说明启示作用。③可以围绕这些基本原理开展有益的研究，以确定其实际效用，增大其在实践中的作用和适用范围。④这些基本原理只要没有被证明不正确或被修正，就可以为形成一种有用的管理理论提供若干要素。⑤管理是一种可以依靠原理的启示而加以改进的技能。⑥管理有明确的职能和方法。⑦管理人员的环境和任务受到文化、物理、生物等方面的影响，管理理论也从其他学科中汲取有关的知识。

**2. 经验管理学派**

经验管理学派又被称为经理主义学派，强调管理经验的作用，主张通过分析经验(通常为案例)来研究管理问题；强调管理的艺术性，认为管理很难说是一门严密的科学，只能从企业管理的实际出发，以大企业的管理经验作为研究对象，通过对这些管理经验的分析和总结，掌握管理的诀窍，然后传授给管理人员或向经理提出实际的建议。尽管如此，他们并不否认管理存在一些普遍适用的原理和原则。这一学派的代表人物是彼德·德鲁克、欧内斯特·戴尔、威廉·纽曼和艾尔弗雷德·斯隆等人。其主要管理思想包括：①关于管理的性质：管理是对人进行管治的一种技巧，是一个特殊的独立的活动，也是一个独立的知识领域。②关于管理的任务：管理的任务主要有三项，即取得经济成果，使企业具有生产性并使工作人员有成就感，妥善处理企业对社会的影响和承担社会责任。③关于管理的职责：作为企业主要领导的经理，有两项职责是别人不能替代的。一是他必须造成一个生产的统一体，有效调动企业各种资源，尤其是人力资源的作用；二是经理作出一项决策或采取某一行动时，一定要把眼前利益与长远利益协调起来。④关于组织结构：重视组织结构的设计，建立规范的、合理的组织结构。⑤提倡实行目标管理。

**3. 人际关系行为学派**

人际关系行为学派认为管理就是让别人或同别人一起去把事情办好，因此，必须以人与人之间的关系为中心来研究管理问题。它将社会科学方面的有关理论、方法和技术用于研究人与人之间的关系，从人的个性特点到文化关系，范围广泛，无所不包。这一学派注重人的行为的动因研究，把行为的动因看成一种社会心理学现象。其中，有人着重研究人的行为与动机之间的关系，以及激励和领导问题；有些人强调处理人的关系是管理者应该而且能够理解和掌握的一种技巧；但也有些人把“管理者”笼统地看成是“领导者”，甚至认为管理就是领导，把所有的领导工作都当成管理工作。

**4. 群体行为学派**

群体行为学派同人际关系行为学派密切相关。但它关心的主要是一定群体中的人的行为，而不是一般的人际关系和个人行为；它以社会学、人类文化学、社会心理学为基础，而不是以个人心理学为基础。这一学派着重研究各种群体的行为方式，即“组织行为”研究。

**5. 社会系统学派**

社会系统学派是从社会学的角度来分析各类组织，将组织看做一种社会系统，是一种人与人相互关联的协作体系，受到社会环境各方面因素的影响。这个学派的创始人是美国的切斯特·欧文·巴纳德，其代表作是1937年出版的《经理的职能》。其管理思想主要包括：①协作效率和效果，即组织目标能否顺利达成，以及达成目标过程中协作成员损失最小。②正式组织存在的三个条件：协作的意愿、共同的目标和信息联系。③关于权威的新概念。权力不是表现为服从，而是表现为接受；权威的来源不在于“权威者”或发布命令的人，而在于下级接受还是不接受这个权威。④关于管理者责任：规定目标、善于使组织成员为实现组织目标做出贡献、建立和维持一个信息联系系统。

**6. 社会技术系统学派**

社会技术系统学派是由英国的特里斯特及其同事创立的。他们根据对煤矿中“长壁采煤法”研究的结果认为，管理的绩效，以至组织的绩效，不仅取决于人们的行为态度及其相互影响，而且取决于人们工作所处的技术环境。要解决管理问题，只分析社会协作系统是不够的，还必须分析研究技术系统对社会和对个人的心理影响。管理人员的主要任务之一就是确保社会协作系统与技术系统的相互协调。这一学派首次把组织作为一个社会系统和技术系统综合起来考虑，集中研究科学技术对个人和群体行为以及对组织和管理方式等的影响，尤其注重工业工程、“人-机”工程等方面的研究，促进了管理理论和管理实践的发展。

**7. 决策理论学派**

最有名的代表人物是曾获诺贝尔经济学奖的赫伯特·西蒙，其主要观点包括：①管理就是决策。②决策程序应当科学化。③决策以“令人满意”为准则。④组织的决策根据其活动是否反复出现分为程序化决策和非程序化决策。⑤肯定型决策、风险型决策和非肯定型决策。⑥集权与分权：组织中集权和分权的问题是和决策过程联系在一起的，有关整个组织的决策必须是集权的，而由于组织内决策过程本身的性质及个人认识能力的有限，分权也是必需的。

**8. 权变管理学派**

20世纪70年代在美国形成了一种管理理论流派，即权变管理学派。所谓“权变”就是相机而行、随机制宜、随机应变的思想。权变管理学派强调管理的艺术性特征，认为管理者在采取管理行动时，需要根据环境条件的不同而采取相应的管理方式，不可能有放之四海而皆准的所谓管理理论。权变管理实际上是系统管理思想向具体管理行动的延伸应用。其研究的核心是组织的各子系统内部和各子系统之间的相互联系，以及组织和它所处的环境之间的联系，并确定各种变数的关系类型和结构类型。

**9. 经理角色学派**

经理角色学派是20世纪70年代在西方出现的一个管理学派，之所以被称为经理角色学派是由于它以对经理所担任的角色的分析为中心来考察经理的职务和工作，以求提高管理效率。加拿大管理学家亨利·明茨伯格是该学派的主要代表人物。他于1973年出版的代表作《经理工作的性质》是经理角色学派的代表作，主要观点包括：①经理职务的异同：在各种类型的经理职务之间存在着一些区别，也存在着一些基本的共同点，找出这些共同点就可以找到探讨提高经理效率的途径。②经理工作的6个共同特点：工作量大，节奏紧张；活动短暂、多样而琐碎；把现实的活动放在优先的地位，对现实的、具体的和当前大家关心的问题作出积极反应；爱用口头交谈方式；重视同外部和下属的信息联系；责任与权力的结合。③经理的10种角色和6项基本目标：保证他的组织实现基本目标；有效地生产出产品或服务；设计和维持他的自治业务的稳定性；负责组织的战略决策系统，并使组织以一种可控制的方式适应变动的环境；保证组织为那些对组织有积极影响的人服务；在组织环境之间建立起关键的信息联系；负责组织的等级制度运行。④提高经理工作效率的10个要点：与下属共享信息；自觉克服工作中的表面性；在共享信息的基础上，由两三个人分担经理的职务；尽可能地利用各种职责为组织目标服务；摆脱非必要的工作，腾出时间规划未来；以适应具体情况的角色为重点；既要掌握具体情节，又要有全局观点；充分认识自己在组织中的影响；处理好各种对组织有影响力的人和机构的关系；利用管理科学家的知识和才能。

**10. 管理科学学派**

管理科学学派又叫数量学派，它是继科学管理、管理过程与组织、行为科学理论之后，管理实践与管理理论发展的新成果。这一理论源于第二次世界大战，当时，英国人将运筹学应用于组织和管理大规模的军事后勤活动。运筹学发展了新的数学分析和计算技术，例如：统计判断、线性规划、排队论、博弈论、统筹法、模拟法、系统分析等。随着时间的推移，这些成果不断地被广泛应用到管理领域，形成和发展了“管理科学理论”。

**11. 系统管理理论**

系统管理理论由卡斯特(F. E. Kast)、罗森茨韦克(J. E. Rosenzweig) 和约翰逊(R. A. Johnson)等美国管理学家在系统论和控制论的基础之上建立起来，代表作是由约翰逊、卡斯特、罗森茨韦克三人合著的《系统理论与管理》和卡斯特、罗森茨韦克合著的《组织与管理》等。系统管理理论是运用现代系统科学的理论、范畴和一般原理，全面分析研究组织的管理活动和管理过程的管理理论。该理论认为，要进行有效的管理，就要对组织的基本问题进行系统的分析，以便找到关键所在。它重视对组织结构和模式的研究，并建立起系统模型以便于分析。

## 讨论题

动物园里有一头大象。大象还很小的时候，就被管理员用一根绳子拴住了，小象向往着森林里无拘无束的生活，它拼命地挣扎，脖子鲜血淋漓也没能够挣断绳子，于是小象就放弃了。小象在动物园里慢慢长大了。后来，动物园里发生了一场大火，大象也被活活烧死在拴它的柱子上。大象被过去的失败经验限制住了，放弃了逃跑的努力。

问题：拥有经验是重要的吗？那么，取得经验时所处的条件和环境也很重要，是这样吗？

## 2.5 当代管理理论

现代企业处于内外环境的急剧变化之中。为了更好地适应这种变化，理论界和企业界都在探索和尝试新的管理思想、管理理论和方法。这种适应新经营环境而进行的管理创新和活动，目前已经初见端倪，并且已取得了初步的成果。这些成果虽然可能并没有构成一个学派，或者形成一种思潮，但其展露的管理新趋向或揭示的管理新课题，却是值得引起注意的。管理理论是在解决实践中出现的各种新课题中得到推进的。全球一体化步伐的加快、各领域创新的频率与深度的加大、企业所面临的相关利益团体及其要求的复杂化，以及管理着眼点及措施的多样化，再加上现代信息技术的推动，这些都在显示或预示着新的管理理论的诞生。而管理学术界目前在理论研究中出现的务实趋向和管理主体与客体融合研究的趋向，则标志着管理科学已经开始跨入了新的发展阶段。20 世纪 70～90 年代管理理论发展特点的比较见表 2-6。

**表 2-6　20 世纪 70～90 年代管理理论发展特点的比较**

| 时间 | 管理理论发展特点 |
| --- | --- |
| 70 年代 | 出现了“战略热”、“系统热”、“权变热”。 |
| 80 年代 | 注重比较管理学和管理哲学，强调的重点是抓“公司文化”的“软管理”。 |
| 90 年代 | 强调从“硬”、“实”方面来构建企业管理新模式，即企业再造理论。 |

（资料来源：吴照云．管理学．5 版．北京：中国社会科学出版社，2006）

### 2.5.1 战略管理

进入 20 世纪 70 年代前后，由于国际环境的剧变，尤其是石油危机对国际环境产生了重要的影响。管理学界研究重点开始转向如何适应充满危机和动荡的环境，获取竞争优势，谋求企业的生存和发展。来自于战争的词汇——“战略”开始引入管理界，战略管理理论由此产生和发展起来。

**1. 钱德勒的战略管理理论**

美国著名管理学家钱德勒(Chandler)的《战略与结构》(1962)一书的出版，开创了企业战略问题研究之先河。钱德勒在这部著作中，分析了环境、战略和组织结构之间的相互关系。认为，企业经营战略应当适应环境——满足市场需要，而组织结构又必须适应企业战略，随着战略的变化而变化。他因而被认为是研究环境—战略—结构之间关系的第一位管理学家。

**2. 安索夫等人的战略管理理论**

安索夫的《公司战略》(1965)拉开了战略规划的序幕，《战略规划到战略管理》(1975)则标志着现代战略管理理论体系的形成。后者将战略管理明确解释为“企业高层管理者为保证企业的持续生存和发展，通过对企业外部环境与内部条件的分析，对企业全部经营活动所进行的根本性和长远性的规划与指导”。安索夫认为，战略管理与以往经营管理的不同之处在于它面向未来，动态地、连续地完成从决策到实施的过程。

**3. 波特的战略管理理论**

迈克尔·波特的竞争战略理论主要以产业(市场)结构分析为基础，其名著《竞争战略》(1980)把战略管理理论研究推向了高峰。书中许多思想被视为战略管理理论的经典，比如五种竞争力、三种基本战略以及价值链分析等，通过对产业演进的说明和各种基本产业环境的分析，得出不同的战略决策。《竞争战略》与后来的《竞争优势》(1985)以及《国家竞争优势》(1990)成为著名的“波特三部曲”。其思想与理论在全球范围产生了深远的影响。

**4. 核心竞争力理论**

20 世纪 80 年代以后，战略管理研究又发展了以资源、知识为基础的核心竞争力理论。核心竞争力是“组织中的积累性学识，特别是关于如何协调不同的生产技能和有机结合多种技术流的学识”(Prahald&Hamel,1990)。企业经营战略的关键在于培养和发展企业的核心竞争力，而核心竞争力的形成要经历企业内部资源、知识、技术等的积累和整合过程。正是这一系列的有效积累与整合，形成了企业持续的竞争优势，为获取超额利润提供保证。战略管理流派纷呈，极大地开阔了人们的视野，拓宽了管理学的研究思路，在组织文化、交叉文化理论、管理授权和团队建设理论等方面形成新的研究领域，丰富和发展了管理的科学理论。

## 2.5.2 企业再造

企业再造始于 20 世纪 80 年代，该理论的创始人是原美国麻省理工学院教授迈克尔·哈默与詹姆斯·钱皮，他们合著《再造公司——企业革命宣言》一书，他们认为企业应以工作流程为中心，重新设计企业的经营、管理及运作方式。

企业再造，按照哈默与昌佩所下的定义，是指“为了飞速地改善成本、质量、服务、速度等重大的现代企业的运营基准，对工作流程做根本的重新思考与彻底翻新”。这也就是为适应新的世界竞争环境，企业必须抛弃已成惯例的运营模式和工作方法，以工作流程为中心，重新设计企业的经营、管理及运营方式。企业再造理论的最终构架是：现代企业普遍存在着“大企业病”，应变能力极低；企业再造的首要任务是BPR——业务流程重组，它是企业重新获得竞争优势与生存活力的有效途径；BPR的实施又需要两大基础，即现代信息技术与高素质的人才，以BPR为起点的“企业再造”工程将创造出一个全新的工作世界。

## 2.5.3 学习型组织

20世纪90年代末以来，信息化和全球化浪潮迅速席卷全球，顾客的个性化、消费的多元化决定了企业必须适应不断变化的消费者的需要，在全球市场上争得顾客的信任，才有生存和发展的可能。这一时代，管理理论研究主要针对学习型组织而展开。彼得·圣吉编著了《第五项修炼——学习型组织的艺术与实务》一书，他认为建立学习型组织需要进行五项修炼，即自我超越、改善心智模式、建立共同愿景、团体学习、系统思考。五项修炼技能的获得是一个组织的学习过程，是一种观念的改变，一种信念的改变，一种思维方法的改变，是一种趋向知识管理的方法和模式的改变。所以，学习型组织是面向知识经济的组织结构革命。具体五项修炼如下：

**1. 自我超越**

“自我超越”的修炼是学习不断理清并加深个人的真正愿望，集中精力，培养耐心，客观地观察现实。它是学习型组织的精神基础。组织整体的学习愿望和能力，取决于组织成员对于学习的愿望和能力。

**2. 改善心智模式**

“心智模式”是根深蒂固于心中，影响我们如何了解这个世界，以及如何采取行动的许多假设、成见等。把镜子转向自己，是心智模式修炼的起步。心智模式修炼需要有效地表达自己的想法，并以开放的心灵容纳别人的想法。

**3. 建立共同愿景**

“共同愿景”是组织成员衷心共有的目标、价值观和使命等。建立共同愿景，要求组织具有建立一个鼓舞人心、能够凝聚并坚持实现的共同愿景的能力。

**4. 团体学习**

团体的智慧高于个体的智慧，团体拥有整体搭配的行动能力。当团体真正学习的时候，不仅团体整体产生出色的成果，个体成员的成长速度也比其他的学习方式要快。在现代组织中，学习的基本单位是团体而不是个人。

**5. 系统思考**

系统思考是“看见整体”的一项修炼。它是“五项修炼”概念的基石。系统思考为上述四项修炼的实践提供整合的诱因和方法。要做到系统思考，必须进行以下的转变：从看部分转为看整体；从把人们看做无助的反应者，转为把他们看做改变现实的主动参与者；从对现状只作反应，转为创造未来。

学习型组织是通过持续有效的组织学习获得生存与发展机会的组织形式，也是 21 世纪最具竞争优势和最具适应能力的组织形式。学习型组织的组织结构和管理形式完全不同于传统的组织形态，因而其组织的人力资源管理也必须不同于传统的人力资源管理，在职能与作用方面势必发生变化。人力资源管理部门必须有效地组织系统学习，培养系统学习观，整合个人的持续学习，并以建立和完善学习型组织作为其工作的重要领域；同时，组织学习的有效性也将成为衡量人力资源工作绩效的重要标准。

## 讨论题

什么是学习型组织？

## 思考题

1. 科学管理理论的主要内容有哪些？其实质是什么？
2. 泰勒“科学管理”的主要内容及其对管理学发展的贡献有哪些？
3. 韦伯“理想的行政组织体系”具有哪些特点？
4. 结合实际谈谈法约尔的 14 条原则中的哪些原则在今天依然是有效的？
5. 梅奥的人际关系思想与泰勒的科学管理思想有何区别？
6. 人际关系理论的主要内容是什么？
7. 试用表格形式写出管理发展各主要阶段的主要代表人物及主要贡献。
8. 管理发展的新趋势有哪些？

## 结篇案例

### UPS公司的快捷运送体系

美国联合邮包公司(United Parcel Service,UPS)在世界四大快递公司中排名第一,其经营管理有非常独到之处。UPS公司雇用了15万名员工,平均每天将900万个包裹发送到美国各地和180个国家。为了实现他们的宗旨:“在邮运业中办理最快捷的运送”,UPS的管理当局系统地培训他们的员工,使他们以尽可能高的效率从事工作。

UPS的工程师们对每一位司机的行驶路线都进行了时间研究,并对每种送货、暂停和取货活动都设立了标准。这些工程师们记录了红灯、通行、按门铃、穿过院子、上楼梯、中间休息喝咖啡的时间,甚至上厕所的时间,将这些数据输入计算机中,从而给出每一位司机每天工作中的详细时间表。每个员工必须严格遵循工程师设定的程序工作,才能完成每天的定额任务。

这种刻板的时间表是不是有效呢?毫无疑问!生产率家公认,UPS是世界上效率最高的公司之一。比如,联邦捷运公司(Federal Express)平均每人每天不过取送80件包裹,而UPS却是130件!

(资料来源:赵国运,王军华. 管理学原理. 北京:中国社会出版社,2006)

**思考题**

1. UPS在管理中运用了什么类型的管理理论?
2. 试分析这种管理理论在UPS的具体运用。

## 实践环节

我国有多家老字号店,如“同仁堂”药店、富春茶社、“全聚德”、“老通城”等,这些老字号多数已过百年。每个团队找出一个老字号店(国内外均可,但寿命至少在50年以上),探讨其管理思想的演变过程,运用相关的管理理论进行分析与评价,并与其他团队分享你们的成果。

# 环境与企业文化

## 第3章

### 开篇案例

#### 透视:环境力量的影响

20世纪80年代末,400名首席执行官被问及:"与5年前相比,你能说一下个人或机构已获得、失去或保持了对像你们这样的公司的决策影响力吗?"他们的反应见表3-1:

**表3-1**

| 环境力量 | 获得影响(%) | 失去影响(%) | 保持影响(%) | 说不准(%) |
|---|---|---|---|---|
| 持有大份额股份机构 | 47 | 2 | 42 | 9 |
| 投资银行家 | 46 | 13 | 36 | 5 |
| 股票分析者 | 48 | 4 | 43 | 5 |
| 政府管理者 | 41 | 20 | 34 | 5 |
| 环境保护论者 | 37 | 14 | 40 | 9 |
| 消费者集团 | 28 | 14 | 49 | 9 |
| 工会 | 2 | 54 | 34 | 10 |

(资料来源:斯蒂芬·D.罗宾斯.管理学.4版.北京:中国人民大学出版社,1997)

**思考题**

通过上表所列出的因素,分析哪些因素影响力正在加大,哪些因素影响力在逐步减小?

在现实中,每一个组织都存在着制约管理者决策的内部约束力量和外部约束力量,前者主要源于组织的文化,后者则来自于组织的外部环境。图3-1描述了这种影响的大体格局。

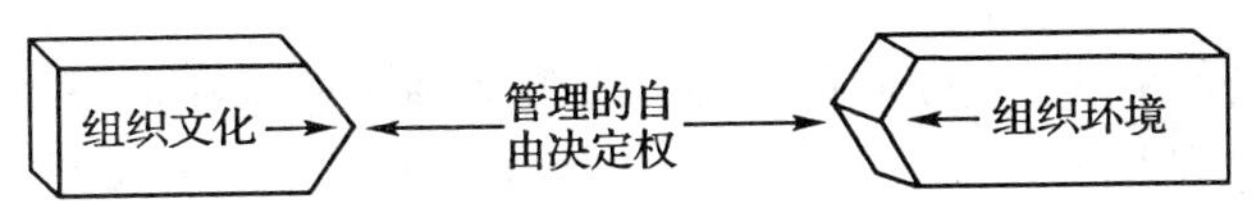


图 3-1 管理的自由决定权参数

(资料来源:斯蒂芬·P.罗宾斯. 管理学. 4版. 北京:中国人民大学出版社,1997:58)

很显然,组织必须同组织环境发生着相互作用:组织依赖其环境作为投入的来源和产出的接受者,它们也必须遵守国家的法律并对向组织行为挑战的集团做出反应。

## 3.1 内外部环境

任何组织都不是独立存在的,而是存在于一定的环境之中的。环境可分为一般环境和具体环境。

### 3.1.1 一般环境

一般环境是指可能对组织的活动产生影响,但与组织的相关性尚不清楚的各种因素。它包括政治、社会文化、经济、技术、自然等环境。

**1. 政治环境**

政治环境包括一个国家的社会制度,执政党的性质,政府的方针、政策、法令等。不同的国家有着不同的社会制度,不同的社会制度对组织活动有着不同的限制和要求。即使社会制度不变的同一个国家,在不同时期,由于执政党不同,其政府的方针特点、政策倾向对组织活动的态度和影响也是不断变化的。对于这些变化,组织可能无法预测,但一旦变化产生后,对组织活动可能产生何种影响,组织则是可以分析的。组织必须通过政治环境研究,了解国家和政府目前禁止组织干什么,允许组织干什么,鼓励组织干什么,从而使组织活动符合社会利益,受到政府的保护和支持。

**2. 社会文化环境**

社会文化环境包括一个国家或地区的居民教育程度和文化水平、宗教信仰、风俗习惯、审美观点、价值观念等,文化水平会影响居民的需求层次;宗教信仰和风俗习惯会禁止或抵制某些活动的进行;价值观念会影响居民对组织目标、组织活动以及组织存在本身的认可与否;审美观点则会影响人们对组织活动内容、活动方式以及活动成功的态度。

**3. 经济环境**

经济环境是影响组织,特别是作为经济组织的企业活动的重要环境因素,它主要包括宏观和微观两个方面的内容:①宏观经济环境。主要是指一个国家的人口数量及其增长趋势,国民收入、国民生产总值及其变化情况以及通过这些指标能够反映的国民经济发展水平和发展速度。人口数量众多,一方面为企业经营提供丰富的劳动力资源,使得总的市场规模庞大,另一方面又可能因其基本生活需求难以充分满足,从而构成经济发展的障碍;经济背景的繁荣显然为企业等经济组织的发展提供了机会,而宏观的衰退则可能给所有经济组织带来生存的困难。②微观经济环境。主要是指企业所在地区或所需服务地区消费者的收入水平、消费偏好、储蓄情况、就业程度等因素。这些因素直接决定着企业目前及未来的市场大小。假定其他条件不变,一个地区的就业越充分,收入越高,那么该地区的购买能力就越高,对某种活动及其产品的需求就越大。一个地区的经济收入水平对其他非经济组织的活动也是有重要影响的。

**4. 技术环境**

任何组织的活动都需要利用一定的物质条件,这些物质条件反映着一定的技术水平。社会的进步会影响这些物质条件的技术水平的先进程度,从而影响利用这些条件的组织活动的效率。技术环境的研究,除了要考察与所处领域的活动直接相关的技术手段的发展变化外,还应及时了解国家对科技开发的投资和支持重点,该领域技术发展动态和研究开发经费总额,技术转移和技术商品化速度,专利及其保护情况等。

**5. 自然环境**

自古以来,我们就强调"天时、地利、人和"。如果说"天时"主要是与国家政策有关的话,那么"地利"则主要取决于地理位置、气候条件及资源状况等自然因素。

## 3.1.2 具体环境

组织不仅在一般环境中生存,而且在特殊领域内活动。一般环境对不同类型的组织均产生某种程度的影响,而与具体领域有关的具体环境则直接、具体地影响着组织的活动。所谓具体环境是指对组织的目标实现有直接影响的因素。通常,管理当局会将大量的注意力集中于组织的这一特定环境,因为它由组织的利益相关者组成,他们是直接地或间接地影响组织实现其目标并受组织决策和行动影响的个人或群体,如图 3-2 所示。

相对地,组织的利益相关者可分为外部利益相关者和内部利益相关者。他们的作用可能会随着组织环境的变迁而改变,管理者在追踪组织行为的各种影响因素并

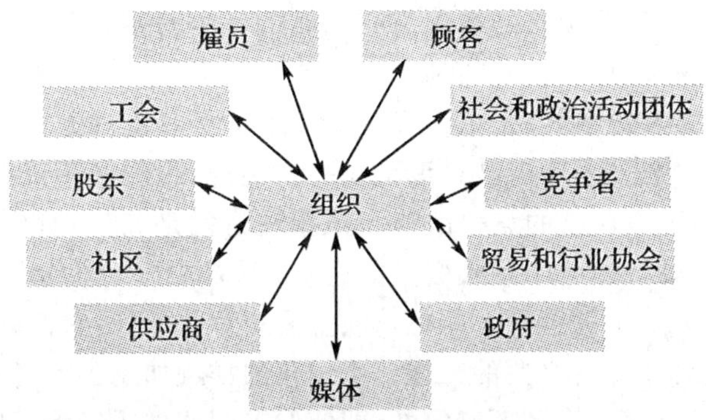


图 3-2 组织的利益相关者

（资料来源：斯蒂芬·P. 罗宾斯. 管理学. 7 版. 北京：中国人民大学出版社，2003：78）

对外部环境变化作出反应时，应充分考虑到这一点。同时，管理者对内部利益相关者的影响可能要大于对外部利益相关者的影响，因为前者是组织成员，而后者不是。

**1. 外部利益相关者**

外部利益相关者包括供应商、顾客、竞争对手、政府、压力集团和金融机构等，他们从组织的外部影响组织的活动。下面介绍几种：

(1)供应商。组织对原料供应商和劳动力有很强的依赖性，并争取从供应商之间的竞争中坐收渔利，获得更低的价格、更高的质量和更快的送货速度。除了供应原料、能源、设备和技术的公司和作为雇员源泉的工会、职业协会及地方劳动力市场外，供应商还包括为其保证持续的资本供给的银行、保险公司和福利基金会等机构。发展与供应商长久、互惠的合作关系不仅能保证组织所需投入的持续稳定供给，而且有助于产品质量的长期稳定。另一方面，库存管理和信息处理技术的革新也正在改变着组织与供应商之间的关系，使之由传统体系中的完全由制造商确定生产所需的库存量变为靠"即时送货"保持零库存，或直接在用户所在地装配和安装终端产品。

(2)顾客。组织是为满足顾客需要而存在的。顾客可以是个人、机构（如学校、医院和政府机关）或公司（如承包商、分销商和制造商），因而销售策略将依据不同的顾客和市场情况而各不相同。营销经理必须分析潜在顾客和市场形势，如小企业可以把目标设在小范围的顾客上，大公司则不一样。顾客或代理商是吸收组织产出的主体，政府组织也是如此，它们向公众提供服务，公众就是顾客，尤其在选举期间，可以投票的方式表达他们对政府的满意程度。对于组织来说，顾客代表着潜在的不确定性，因为顾客的口味会变化。与此同时，信息技术的革命和全球化竞争也正在改变着组织与顾客的关系，管理当局必须不断地寻求新方法，建立和维护与顾客的良好关系。

(3)竞争对手。几乎所有的组织都有自己的竞争对手,即使是垄断组织也不例外。为了扩大市场份额,企业必须利用以下两个机会或其一:增加市场份额或拓展市场规模以争取更多的顾客;击败竞争对手,打入或占领对方的市场。同样,竞争对手也会以类似的方式进攻自己。无论哪一种情况,组织都不能忽视竞争者,而必须分析市场形势,明确自己的竞争战略。值得注意的是,竞争对手不仅包括现有竞争者,而且来自于提供替代产品或服务的企业。如:快速列车公司与航空公司争夺城市之间的运输市场,电视会议公司也与航空公司竞争,因为它们的服务替代了面对面的会议,也就免掉了一些必要的行程。全球化的推进加剧了市场的竞争,增加了组织的竞争对手这一环境因素的不确定性,即使像美国这样的经济强国及其大公司,其霸主地位也越来越受到迅速成长的亚洲国家和地区的强势企业和产品的挑战。

(4)政府。18 世纪兴起的放任自由主义者坚信政府不应插手工商业,而应该限制自己仅仅起维护法律和秩序的作用,放手让自由市场去塑造经济。但进入 20 世纪以来,滥用商业权力的势头迫使各国通过许多法律,建立诸多的政府管理机构,以监控企业行为,保护公众利益,确保市场规则的贯彻。可以说,政府制约着组织能做什么,不能做什么,如反垄断法、反不正当竞争法会直接约束公司的市场行为;电信业受通信委员会的管制,上市公司必须遵守证券交易委员会规定的财务标准,药品生产须经食品和药品管理局审查和批准等等;甚至雇用和解雇员工也要受到限制。当然,政府有时也会行动起来,帮助和保护某些产业。无疑,政府采取的管制会直接影响所有组织的成本,组织必须耗费大量的时间、资金和其他资源来满足政府法规的要求,这会缩小管理者可斟酌决定的范围,限制了可供决策者选择的可行方案。

(5)压力集团。任何组织的管理者都必须意识到在他们周围,各种特殊利益集团试图对组织行为施加影响和压力。特殊利益集团是指这样一些群众团体,它们组织起来用政治程序提高它们在某些特定议题上的地位。现代通讯技术和竞选经费的筹集使特殊利益集团更加兴盛,管理者永远无法确知,会不会突然冒出一个团体,把组织的某个环节树为靶子。所以,管理者在制定组织战略时,必须考虑到当前以及未来的特殊利益集团。其中,除环境保护主义组织外,消费者权益组织、媒体和工会对组织的影响十分突出。

(6)金融机构。组织依赖金融机构,如商业银行、投资银行和保险公司等提供运营或拓展资金。无论是新兴的企业还是历史悠久的组织都需要短期借贷保证当前运转,需要长期借贷建立新设施,采购新设备。所以,金融机构成为组织的重要环境因素,建立和维护这种有效的和良好的工作关系是各类组织的重要任务。

**2. 内部利益相关者**

严格地说,内部利益相关者不能称为组织环境的一部分,因为他们同时又是组织自身的一部分。但从某些特殊的角度来讲,他们构成组织的环境,管理者不能忽视这些。

(1)员工。员工作为环境因素主要从两个方面影响管理决策:一是员工作为劳动力的性质反映了社会的人口因素如出生率、老龄化、平均寿命延长等的变化和影响;二是员工所需的技术随着时代的变化而变化。如当组织发现有必要试行新的质量计划、团队工作法和自我管理的工作组时,它们就会需要受过更好教育、更善于灵活应变的员工。

(2)股票持有者和董事会。近些年来,在发达国家,个人直接持股呈下降趋势,他们更愿意以投资于共同基金会、获取公司成员资格和加入养老金计划等方式持股。这些大块的股票由专家负责管理,更加注重经济效益,并给管理者施压。通用汽车公司的罗伯特·斯坦普等前首席执行官曾被迫辞职,原因包括他们不善于适应变化的环境,不能及时采取相应的变革措施,或不听董事会的指挥等。这其中,机构投资者就起到了推波助澜的作用。另一方面,一些社会活动者团体购买为数不多的股票,目的是在公司年度会议上促成某些有争议问题的表决。拉尔夫·纳达 1969 年发起的“通用汽车运动”,是这项技巧的开路先锋。其策略是先由某个特殊团体购买通用汽车公司的两股股份,旨在团体代表可以在股东大会上发言,针对一些社会和经营问题如发展公共交通的必要性、妇女和少数民族的权利、安全保障产品的设计以及废气排放控制等,向通用公司发动攻势。尽管美国证券交易委员会 1983 年作出的裁决使这些特殊战术很难有用武之地,但是买断股票从而完全控制公司的战略却作为一项常用的商业策略延续了下来,不时发生的恶意并购等不得不使组织的管理者们对此充满戒心。

### 讨论题

企业如何应对环境的影响?

## 3.2 组织与环境的关系

### 3.2.1 组织与环境的关系

**案例**

透视:电子商务时代的管理——管理外部环境

当管理者的工作环境还没有像现在这样紧密相连时,管理者们总是杂务缠身。

如今，供应商和顾客变得触手可及，组织与外部的接触随时都可能发生，一周 7 天，一天 24 小时，此时管理者的任务就更加复杂了！他们遇到的一个关键问题就是组织与顾客、供应商和竞争者之间关系性质的演变，而这些关系正是一个组织具体环境的重要组成部分。过去，对于一个组织而言，顾客、供应商和竞争者有很明确的划分。每一个群体都有它们各自的特征、目标，对存在的经济关系有不同的要求。供应商提供必要的原材料(投入)来生产产品和服务；顾客购买这些产品和服务(产出)；竞争者则争取其他组织的顾客来购买自己的产品和服务。可现在这种简单的划分再也行不通了。在电子商务时代，组织与顾客、供应商和竞争者之间的经济关系变得错综复杂。请记住，组织的存在就是为了满足顾客的需要——换言之，组织需要顾客。在电子商务时代，顾客在经济交换中扮演了更加积极的角色。这是如何体现的呢？顾客对所购买的产品或服务是否满意，可以即时地向组织反馈，也可以通过网络聊天室或论坛向其他人倾诉。组织与顾客结成同盟，甚至有时将顾客发展成它们的销售人员。以当前最大的电子邮件服务供应商 Hotmail 为例(你或许已拥有了一个 Hotmail 的账号)，自从 1995 年创立起，Hotmail 的用户(目前已超过 3400 万)增长超过了任何一家公司。但它花在营销、广告、促销上的钱还不到 50 万美元。它是如何做到这一点的呢？秘诀就是把每一位新用户变成公司的销售人员。Hotmail 的用户每发送一次邮件，就会附送一条 Hotmail 的广告和邮件发送者对 Hotmail 隐含的支持。其他成功的电子商务组织也由于不同的原因与顾客紧密合作：有的是为了生产更加个性化的产品和服务，如戴尔电脑、通用汽车以及各种投资经纪网站；有的是为了建立通畅的供货系统，如联邦快递(FedEx)和联合包裹服务公司(UPS)的邮递服务；有的是为了追求个性化的定价，如 Priceline.com、在线拍卖公司等；有的是为了实现在线产品销售，如亚马逊公司、PC 鲜花礼品公司等等。组织与供应商的关系也颠倒过来。要想在电子商务时代获得成功，组织就必须与其供应商进行无缝整合。为什么？因为速度是互联网经济的关键要素。任何组织的目标都是在合适的时间和地点拥有合适的原材料以生产需要的产品和服务，而电子商务在加速这个过程。电子商务组织要想达到上述目标，就必须与供应商建立紧密和互相依赖的联系。例如，丰田汽车公司为了能够在 5 天之内生产出顾客需要的汽车，与供应商建立了电子链接，以确保能够在合适的时间和地点拥有所需的原材料。其他大大小小的公司也都纷纷与供应商进行网上交易，而抛弃过时的耗时方式——来自各个供应商的销售代表拜访潜在顾客，对采购经理作一番报告，由采购经理确认一家供应商并填好采购单，采购单得到批准后发给供应商，供应商接到采购单后，完成订单并发货给购买方，如此等等。电子商务已将这一过程变得更有效率并更加有效。实际上，众多分析家相信企业与企业间的交易(即 B2B)有可能成为电子商务模式最重要的应用。最后，在电子商务时代，组织

还要与竞争者结成伙伴关系。这听起来有些怪异——与“敌人”合作——但是越来越多的组织发现，在这个日新月异的世界里，要想满足顾客的需要，就必须在某些领域，如产品创新和原材料采购上与竞争者合作。电子商务时代以动态复杂的环境为特征，在这种环境下，与竞争者建立伙伴关系将是组织降低采购成本和促进产品创新的唯一途径。例如，北电网络(Nortel Networks)、IBM、松下电器产业株式会社(Matsushita Electric Industrial)和其他5家公司宣布成立一个名为e2open.com的互联网市场，在这个市场中，电脑生产商和供应商可以买卖电子产品和服务。在宾馆服务业，互为竞争者的万豪酒店(Marriott)和凯悦酒店(Hyatt)结成伙伴关系共同建设房间预订的网上服务系统。的确，管理者会发现他们处在一个与以往截然不同的外部环境中！但是，只要管理者有效地管理所有这些外部关系——与顾客之间的、与供应商之间的以及与竞争者之间的——他们就有可能在急流险滩中游刃有余。在电子商务时代，这无疑是至关重要的。

(资料来源：斯蒂芬·P.罗宾斯.管理学.7版.北京：中国人民大学出版社，2003:71)

**1.组织与环境的互动关系**

组织界线具有的可渗透性特征本身就意味着组织与外部环境之间必然会互相发生影响。但值得注意的是，与内部环境相比，组织的外部环境更复杂、动荡，蕴涵着更多的不确定性，更加难以预测，不可控制的因素更多。这就要求，组织在处理和环境的互动关系上，首先要主动了解、认识环境，在此基础上主动适应环境的变化，寻求和把握组织生存和发展的机会。

但是，组织也不能只是被动地适应环境。环境是多变的，如果组织单纯被动地适应环境，将永远无法跟上环境变化的速度。从环境发生变化到组织识别出这种变化并采取相应的措施，存在着时间差，也就是说，组织采取的措施往往要滞后于环境变化。很多企业发现市场上某种商品畅销，便立即组织力量生产，产品生产出来之后，却发现市场已趋于饱和，结果造成生产能力的大量闲置。因此，组织必须设法主动地选择环境，改变甚至创造适合组织发展所需要的新环境。只有这样，才能在激烈竞争的环境中实现生存与发展。一味的被动适应只能导致组织的消亡，主动进攻才是最好的防守。

组织可以反作用于环境，这并非单纯理论上的推导，现实中许多企业正是这样做的。为提高产品质量，往往不是坐等或毫不挑剔地接受供应商提供的原材料和零部件，而是主动到众多的供应商中间去挑选，甚至主动向供应厂家提供技术管理人才，提供资金援助，进而获得高质量的原材料及零部件。目前，许多企业不惜耗费巨资做广告，目的是激起消费者对本企业产品的需求，改变市场环境。

**2. 环境对组织的影响**

有效管理组织的第一步是认识环境对组织的影响。这包括内、外部环境对组织的影响。

企业内部环境或条件分析目的在于掌握企业历史和目前的状况,明确企业所具有的优势和劣势。它有助于企业制定有针对性的战略,有效地利用自身资源,发挥企业的优势;同时避免企业的劣势,或采取积极的态度改进企业劣势。扬长避短,更有助于百战不殆。

企业外部环境对组织的影响则主要是:首先,外部环境构成组织赖以生存的土壤,其次外部环境影响到组织内部的各种管理工作,最后外部环境对于组织的管理工作质量、效益水平有重要的影响和制约作用。

## 3.2.2 环境评估技术

组织要想选择甚至改变和创造环境,必须加强对环境的管理。评估组织环境是非常重要的工作,下面重点介绍识别环境的不确定性程度模型。

对环境进行管理的核心是环境中蕴涵的不确定性。分析环境首先要识别环境的不确定性程度。美国学者邓肯提出从两个不同的环境层面来确定组织所面临的不确定性程度:一是环境变化的程度:静态(稳定)——动态(不稳定)层面;二是环境复杂性程度:简单——复杂层面。进而得出一个评估环境不确定性程度的模型,如图 3-3 所示。

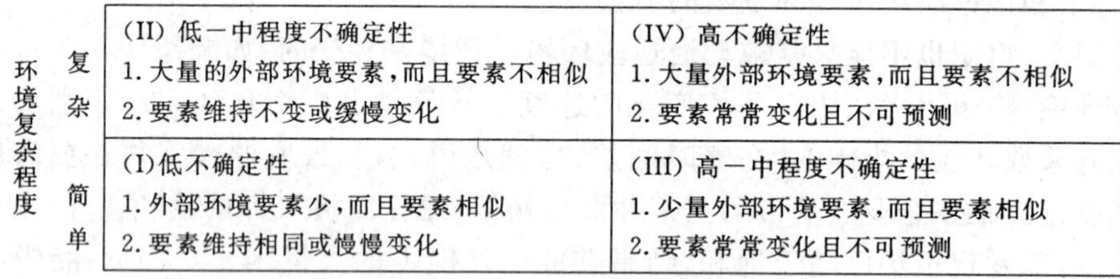


图 3-3 评估环境不确定性模型

(资料来源:饶美蛟,刘忠明. 管理学新论. 商务印书馆, 1996)

如果组织面对常规的需求环境,如为相同或极其相似的顾客生产同一种产品或提供相同的服务,则组织面对的是一个稳定的环境,例如公用事业行业。反之,如果企业面对变化极其快速的环境,而且不同的环境要素都在发生变化,则组织面对的是动态、不稳定的环境,例如计算机行业。

如果一个组织只与很少的外界部门相关，其面临的环境属于简单类型；如果组织必须面对许多外界部门，其面临环境属于复杂环境。

### 讨论题

讨论识别环境的不确定性程度模型。

## 3.3 组织文化

### 案例

#### 企业文化的灌输

松下公司有两种特点鲜明的训练：一种是基本技能的训练。第二种是更基本的一种，是按照松下的价值观进行训练。这种价值观从学徒时期就开始反复灌输直到退休，新雇用的人，要连续地进行灌输。工作小组内的成员至少每隔一个月就要求在小组内做一次10分钟的报告，介绍本公司的价值观，以及它与社会的关系。松下对企业文化灌输的重视，反映在他的这句名言中："如果你因诚实而犯了一个错误，公司是非常宽容的，把这个错误当做一笔学费来对待并从中吸取教训。但是如果你背离了公司的原则，你将受到严厉的批评（这里意指解雇）"。美国迪斯尼公司则把企业文化的灌输称为"第一号传统课"。这堂课一般要进行一整天。在这一天里，要向新应聘来的职工不断地讲解迪斯尼的宗旨和经营方法。从副总裁到入口处收票的业余兼职短工，谁都不许免修这门课。迪斯尼要求这些新雇员要懂得一些关于本公司的历史和成就、管理风格等，然后才真正去开始干活。公司还要求每个人讲明公司各单位——营业、游览场所、饮食、市场经营、财务、商品销售、娱乐等各部门之间的关系，以及这些部门和"前台表演"之间的关系。换句话说，这就是我们大家该怎么一起来把这台戏唱好，也即你在这台戏中要扮演的角色。许多优秀的公司都想方设法保证让它们的员工都适应自己的那套文化传统。美国德尔塔航空公司对于前来申请谋职的人，一开始就进行仔细的长时间筛选。例如，空中小姐就是从上千名申请者中选出来后，经两次面试之后，还要送到公司的心理学家贾纳斯博士那里去做心理测验。贾纳斯说："我设法测定她们的合作感或团队协作精神，在德尔塔，你不仅是参加了一个公司罢了，你是去献身于一目标的。"企业文化的灌输，使员工在精神上同企业连成一体，同心协力，团结合作，与企业同命运，共呼吸。正如一位公司经理所说的："几乎我们所有的人员都是带着把公司作为自己终身事业这种思想来工作的。我们的政策是合理的，绝大多数人在理解这些政策以后都投入这项工作。我们强烈地感受到要把我们的观点教给他们,要把文化上的复杂情况传给他们,不仅需要时间和各种各样的经验,而且还需要他们有学习的愿望。一个希望在公司中终身工作的新雇员很可能有兴趣了解公司的微妙事物。"

不管你是否注意到,文化其实遍布于你的四周。当你每一次去不同的国家、省、城市和村镇,你都可能对当地绝无仅有的风俗习惯、生活方式、行为模式留下印象。同样,不同的组织有不同的文化。比如,当你进入不同的企业,你会感觉到企业所处的氛围,人们是如何打招呼等等;当你进入某个组织,就会感觉到人们相互交往时具有某种约定俗成的行为规则,人们在工作时具有应用于某一工作群体的规范,这个组织具有某种占主导地位的价值观等等。这种反映组织个性的东西,我们称之为组织文化。

## 3.3.1 组织文化的含义、特征与功能

### 1. 组织文化的含义

"文化"一词是从拉丁文 culture 演化而来的,含有耕种、居住、练习、留心或注意等多种含义。19 世纪中叶,一些新的人文学科如人类学、社会学、民族学等在西方的兴起,文化的概念也随之发生改变,开始具有现代意义。最先把文化作为具有现代的含义的专门术语来使用的是英国的"人类学之父"泰勒,他在 1871 年发表的《原始文化》一书中,把文化定义为"一个复杂的总体,包括知识、信仰、艺术、道德、法律、风俗以及人类在社会里所有一切的能力与习惯",从中可以看出,文化具有复杂的含义和广泛的内容。

关于组织文化的含义,有着许多种不同的说法和意见。较为全面的一种解释是:组织文化是组织成员在较长时期的生产经营实践中逐步形成的共有价值观、信念、行为准则及具有相应特色的行为方式、物质表现的总称。

组织文化包含以下四个方面的内容:第一,最高目标和价值观。这里的最高目标不是指组织运行的物质成果,而是指激励全体成员为之奋斗的理想和精神。第二,组织中人员特别是领导者和所谓英雄人物的作风,包括领导作风、事业心和献身精神的典型事例等。最高目标和价值观不是空洞的东西,正是通过这些作风和典型事例而体现出来,成为组织中全体成员的楷模并流传下去。第三,保证最高目标和价值观得以实现的组织和制度。这里面既包括正式的组织机构,也包括群众自愿结合的非正式组织;既包括明文规定的规章制度,也包括不成文的传统习惯和做法。第四,有助于体现和实现最高目标和价值观的物质设施。如能体现组织成员精神面貌的美好环境,能体现组织成员文明生产的物质设备以及体现组织对

职工关心的物质设施等。

**2. 组织文化的特征**

(1)实践性。每个组织的文化,都不是凭空产生或依靠空洞的说教就能够建立起来的,它只能在组织中在人们的社会实践过程中有目的地培养而形成。同时,组织文化又反过来指导、影响人们的实践活动。因此,离开了实践过程,只是通过几个口号或短期的教育来建设组织文化是不可能的。

(2)独特性。每个组织都有自己的历史、类型、性质、规模、心理背景、人员素质等等因素。因为这些内在因素各不相同,组织运行和发展过程中必然会形成具有本组织特色的价值观、经营准则、经营作风、道德规范、发展目标等。在一定条件下,这种独特性越明显,其内聚力就越强。因此,在建设组织文化的过程中,一定要形成组织的独特性。

(3)可塑性。组织文化的形成,虽然受到组织传统因素的影响,但也受到现实的管理环境和管理过程的影响。因此,只要充分发挥能动性、创造性,积极倡导新准则、精神、道德和作风,就能够对传统的精神因素择优汰劣,从而形成新的组织文化。

(4)综合性。组织文化包括价值观念、经营准则、道德规范、传统作风等精神因素。这些因素不是单纯地在组织内发挥作用,而是经过综合地系统地分析、加工,使其融合成为一个有机的整体,形成整体的文化意识。

**3. 组织文化的功能**

组织文化在组织管理中发挥着重要功能,主要表现在:

(1)组织文化的导向功能

组织文化的导向功能,使组织文化能对组织整体和组织每个成员的价值取向及行为取向起引导作用,使之符合组织所确定的目标。组织文化之所以会有导向功能,是因为一个组织的组织文化一旦形成,就会建立起自身系统的价值和规范标准。当组织群体价值取向和行为取向与组织文化的系统标准产生悖逆现象时,组织文化将发挥导向作用。但这种导向是通过组织文化的塑造来引导员工的行为心理,使人们在潜移默化中接受共同的价值观念,自觉地把组织目标作为自己追求的目标。

(2)组织文化的约束功能

组织文化的约束功能,使组织文化对每个组织成员的思想、心理和行为具有约束和规范的作用。组织文化的约束不是制度式的硬约束,而是一种软约束,这种软约束即是组织中弥漫的组织文化氛围、群体行为准则和道德规范。群体意识、社会舆论、共同的习俗和风尚等精神文化内容,造成强大的使个体行为从群化的群体心理压力和动力,使组织成员产生心理共鸣,继而产生行为的自我控制。

(3)组织文化的凝聚功能

组织文化的凝聚功能，是指当一种价值观被该组织员工共同认可之后，它就会成为一种粘合剂，从各个方面把其成员团结起来，从而产生一种巨大的向心力和凝聚力。组织文化是组织全体员工共同创造的群体意识，它所包含的价值观、组织精神、组织目标、道德规范、行为准则等内容，均寄托了组织成员的理想、希望和要求，关系到他们的命运和前途。组织成员由此产生了“认同感”，使他们感到个人的工作、学习、生活等任何事情都离不开组织这个集体，将组织视为自己的家园，认识到组织利益是大家共存共荣的根本利益，从而以组织的生存和发展为己任，愿意与组织同甘共苦。组织文化的凝聚功能还反映在组织文化的排外性上。对外排斥可以使个体凝聚在群体之中形成命运共同体，日本国内组织的竞争力强与弱与此不无关系。

(4)组织文化的激励功能

组织文化的激励功能，是指组织文化具有使组织成员从内心产生一种高昂情绪和发奋进取精神的效应。组织文化强调以人为中心的管理方法。它对人的激励不是一种外在的推动而是一种内在引导，它不是被动消极地满足人们对实现自身价值的心理需求，而是通过组织文化的塑造，使每个组织成员从内心深处产生为组织拼搏的献身精神。

积极向上的组织精神及文化传统本身，就是一把员工自我激励的标尺，员工通过它对照自己的行为，找出差距，可以产生改进工作的驱动力。同时，组织和团体内共同的价值观、信念及行为准则又是一种强大的精神支柱，它能使人产生认同感、归属感及安全感，起到相互激励的作用。

(5)组织文化的辐射功能

组织文化的辐射功能，是指组织文化一旦形成较为固定的模式，不仅会在组织内发挥作用，对本组织员工产生影响，而且也会通过各种渠道对社会产生影响。组织文化对社会有辐射作用，其主要通过利用各种宣传手段和个人交往两种途径。一方面，组织文化的辐射功能可以树立组织在公众中的形象；另一方面，组织文化对促进社会文化的发展有较大的影响。

## 3.3.2 组织文化的结构和内容

**1.组织文化的结构**

所谓结构就是各个组成部分的搭配和排列。研究组织文化的机构就是把组织文化作为一种独特的文化，找出各个组成部分的关系及相互影响。揭示组织文化的结构有助于我们认识组织文化作为一个有机整体和各个部分之间的关系，以便对各个具体内容进行研究。对组织文化实质认识的差异性，使得对组织文化结构的认识也存在着差异性。

组织文化不仅包括组织的精神文化，还包括精神文化的外化。这些组成部分分为以下三个层次：

(1)物质层

物质层是组织中凝聚着本组织精神文化的生产经营过程和产品的总和，包括实体性的文化设施，如带有本组织文化色彩的生产环境、生产经营技巧、图书馆、俱乐部、公园等。物质层是组织文化中的最表层的部分，人们可以直接感受到，是从直观上把握不同组织文化的依据。

(2)制度层

制度层是具有本组织文化特色的各种规章制度、道德规范和职工行为准则的总和，包括厂规、厂纪、厂服、厂徽，以及生产经营过程中的交往方式、行为准则等。制度层是组织文化的第二层或中介层，它构成了各个组织在管理上的文化个性特征。

(3)精神层

精神层是本组织职工共同的意识活动，包括：生产经营哲学、以人为本的价值观念、美学意识、管理思维方式等。它是组织文化的最深层结构，是组织文化的源泉，是组织文化比较稳定的内核。

物质层、制度层、精神层由外到内的分布就形成了组织文化的结构，这种结构不是静止的，它们之间存在着相互联系和作用。第一，精神层决定了制度层和物质层。精神层是组织文化中相对稳定的层次，它的形成是受社会、政治、经济、文化以及本组织的实际情况所影响的，如世界经济状况的影响、组织管理理论的影响等。精神层一经形成，就处于较为稳定的状态。精神层是组织文化的决定因素，有什么样的精神层就有什么样的物质层。第二，制度层是精神层和物质层的中介。精神层直接影响到制度层，并通过制度层而影响物质层。基于领导者和职工的组织哲学、价值观念、道德规范等，使他们制定或形成一系列的规章制度、行为准则来实现他们的目的，来体现他们特有的精神层的内容。可见，精神层对制度层的影响是最直接的。在推行和实施这些规章制度和行为准则的过程中，组织的领导和成员又会创造出一定的工作环境、文化设施等，从而形成独特的物质层。可见，精神层对物质层的影响是间接的。制度层的中介作用，使得许多卓越的组织家都非常重视制度层的建设，使它成为本组织的重要特色。第三，物质层和制度层是精神层的体现。精神层虽然决定着物质层和制度层，但精神层具有隐性的特征，它隐藏在显性内容的后面，必须通过一定的表现形式来体现。就组织的领导者和全体成员来说，他们的精神活动也必须付诸实践，因此，组织文化的物质层和制度层就是精神层的体现和实践。物质层和制度层以其外在的形式体现了组织文化的水平、规模和特色，体现了特有的组织哲学、价值观念、道德规范等方面的内容。因此，当我们看到一个组织的工作环境、文化设施、规章制度，就可以想象出该组织的文化精髓。组织文化的物质层和制度层除了体现精神层的作用以外，还能直接影响职工的工作情绪，直接促进组织哲学、价值观念、道德规范的进一步成熟和定型。所以，许多成功的组织都十分重视组织文化中物质层、制度层的建设，明确组织的特征和标志，完善组织制度的建设和规范的形成，从而以文化的手段激发职工的自觉性，实现组织的目标。总之，组织文化的物质层、制度层和精神层是密不可分的，它们相互影响、相互作用，共同构成组织文化的完整体系。其中，组织的精神层是最根本的，它决定着组织文化的其他两个方面。因此，我们在研究组织文化的时候，要紧紧抓住精神层的内容，只要抓住了精神层，组织文化的其他内容就顺理成章地揭示出来。

**2. 组织文化的内容**

(1)组织文化的显性内容

研究组织文化的内容要结合组织文化的实质和特征，从组织文化的“三层结构”来分析。组织文化的实质就是以人为本，以文化为手段，以激发职工的积极性为目的，包括物质层、制度层和精神层三个层次，它们都是以文化的形式出现的。符合这些条件的都是组织文化的内容。

从组织文化的形式看，其内容可以分为显性和隐性两大类。所谓显性内容就是指那些以精神的物化产品和行为为表现形式的、人通过直观的视听器官能够感受到的又符合组织文化实质的内容。它包括组织标志、工作环境、规章制度和管理行为等几部分。

①组织标志。组织标志是指以标志性的外化形态，来表示本组织的组织文化特色，并且和其他组织明显地区别开来的内容，以企业为例，如企业的厂牌、厂服、厂徽、厂旗、厂歌、商标、标志性建筑等。在许多先进的组织中，都有一整套的组织标志，这些组织标志的形成是为了明显而形象地概括组织文化的独特色彩，使人们能很快地找出本组织和其他组织的区别。因此，组织标志不是可有可无的，它有助于组织文化其他方面的建设，有助于组织形象的塑造，有助于激发职工的自豪感和责任感，使全体职工自觉地维护本组织的形象。因此，现在许多组织都越来越重视组织标志的建设，组织标志已成为组织最表层但又不可缺少的重要组成部分。

②工作环境。工作环境是指职工在组织中办公、生产、休息的场所，包括办公楼、厂房、俱乐部、图书馆等。过去组织往往只重视职工在严格的规章制度下的生产经营活动，而忽视了工作环境对职工积极性的影响。当以人为本的组织哲学确立以后，工作环境就成了组织文化的一个重要内容。一方面，良好的工作环境是组织领导爱护职工、保障职工权利的表现；另一方面，良好的工作环境能激发职工热

爱组织、积极工作的自觉性。因此，以改善职工工作环境为主要内容的环境建设是组织文化的一个组成部分。

③规章制度。并非组织所有的规章制度都是组织文化的内容，只有那些激发职工积极性和自觉性的规章制度，才是组织文化的内容，其中最主要的就是民主管理制度。过去组织制定的往往是一些对职工的生产经营活动严格要求的规章制度，这些规章制度对职工虽然能起到约束作用，使职工按既定的要求进行生产经营活动，但是这些规章制度无助于职工积极性和自觉性的发挥，这仅仅是一种硬性的约束。组织文化的理论更侧重于软约束的作用，它要求在组织中建立起一套有利于领导和职工之间的沟通，有利于职工畅所欲言，鼓励职工发明创造的民主管理制度和其他有关制度。组织的这些规章制度是组织以人为本的组织哲学的直接体现，是使职工自觉维护组织利益的重要手段。

④管理行为。同样，并非组织所有的管理行为都是组织文化的内容。我们知道，文化包括精神性的行为，而组织文化所包含的一部分内容就是在以人为本的管理哲学的指导下的领导行为，和以全体职工共同意志为基础的各种自觉的活动。如企业组织的思想政治工作、在生产中以“质量第一”为核心的生产活动、在销售中以“顾客至上”为宗旨的推销活动、内部以“建立良好的人际关系”为目标的公共关系活动等等。这些行为都是组织哲学、价值观念、道德规范的具体实施，是它们的直接体现，也是这些精神活动取得成果的桥梁。再好的组织哲学或价值观念，如果不能有效地付诸实施，就无法被职工所接受，也就无法成为组织文化。组织文化总是在观念－实践－观念的过程中形成的，脱离了实践活动，组织文化就成为空中楼阁，失去了实际作用。

组织文化的显性内容主要表现为以上四个方面，它们是组织文化的重要组成部分，但它们毕竟是精神的外化，还不是组织文化的根本内容，因此，我们必须进一步研究组织文化的隐性内容。

(2)组织文化的隐性内容

组织文化的隐性内容是组织文化的根本，是最重要的部分。它虽然隐藏在显性内容的背后，但它直接表现为精神活动，直接具有文化的特质，而且它在组织文化中起着根本的决定性作用。因此，我们在研究组织文化的内容时，要牢牢抓住这些隐性内容，作为根本点和出发点。当然我们要避免把组织文化的内容仅仅局限于隐性内容的片面认识。

组织文化的隐性内容主要包括组织哲学、价值观念、道德规范、组织精神等几个方面。这些内容都是在组织长期的生产经营活动中形成的，存在于人们的观念中，成为一种精神文化，它们必须通过一定的方式表现出来。这些内容的整合性使其直接影响组织的各项活动，给组织带来高效率和高效益，使组织充满生机和活力。

①组织哲学。组织哲学和其他哲学一样，是组织理论化和系统化的世界观和方法论。它是一个组织中全体成员所共有的对世界事物的一般看法，用它指导组织的生产、经营、管理等活动，处理人际关系等，便成为方法论的原则。因此，组织哲学是对贯穿于组织各种活动的统一规律的认识。从一定意义上讲，组织哲学是组织最高层次的文化，它主导、制约着组织文化其他内容的发展方向。组织哲学不同，组织的建设和发展也必然不同，它是组织人格化的基础，是组织的灵魂和中枢。从根本上说，组织哲学是对组织总体设计、总体信息选择的综合方法，是组织一切行为的逻辑起点。

从组织管理史角度看，组织哲学已经经历了“以物为中心”到“以人为中心”的转变。泰勒是第一个提出建立组织哲学的人，他认为管理人员不应该是一个执鞭驱策别人的人，而应该提出一套新的管理哲学和方法，确立金钱刺激原则。行为科学理论则使理性主义哲学开始向人本主义哲学转化，他们注重人或人的行为对组织行为的影响，注意主体在组织中的决定作用，形成了全面肯定人的需求、心理满足的“科学的人道主义”组织哲学。第二次世界大战以后，随着新技术的发明和新科学的建立，理性和科学的方法再次被管理界视为根本的方法。西方现代管理学派确立了实行系统化、定量化、自动化管理的组织哲学。进入 20 世纪 80 年代，组织文化理论使组织哲学再次发生变革，形成了我们今天要大力提倡的组织哲学，这就是以人为本，以文化的手段激发职工自觉性的人本主义哲学。

②价值观念。观念，泛指客观世界在人脑中的反映即意识，价值观念是人们对客观事物的一种评价标准，是对客观事物和人是否具有价值以及价值大小的总的看法和根本观点。它包括组织存在的意义和目的、组织各项规章制度的价值和作用，以及组织中人的各种行为和组织利益的关系等等。价值观念是组织文化的重要组成部分，它为组织的生存和发展提供了基本的方向和行动指南，为组织成员形成共同的行为标准奠定了基础。组织哲学的不同，导致了组织价值观念不同，以物为本的组织哲学，就会形成一切以有利于物的发展为标准的评价体系，而以人为本的组织哲学就会形成一切以有利于人的自觉性发挥的评价体系，这种评价体系的不同就是价值观念的不同。它又会导致组织管理行为的不同，前者只重视通过硬性的管理手段，迫使职工高效率地工作，而后者则注重通过文化的手段激发职工的自觉性，从而提高效率。因此，价值观念对职工的行为起着直接的支配作用，职工在共同的价值观念支配下，能自觉地从事各种活动，这是硬性管理所达不到的。

③道德规范。“道德”在拉丁文中意即“风气”、“习俗”，在我国一般是指人的品质和人们的行为准则，而规范就是人们行为的依据或标准。道德规范可以理解为人们在品行方面的准则，而这种准则是自然形成的，它的实现也是靠人们的自觉行为，它的监督是靠舆论的力量。组织的道德规范是组织在长期的活动中形成的，人

们自觉遵守的道德风气和习俗，包括是非界限、善恶标准和荣辱观念等等。道德规范是调节人们行为的一种手段，它是和组织的规章制度相对应的，它们的区别就在于规章制度是显性的，是硬性的管理，是靠约束力来保证实施的，而道德规范是隐性的，是软性的约束，是靠人们的自觉性来保证实施的。道德规范是通过影响职工的思想观念，确立明确的是非观念，从而导致职工的自觉行为，因此，组织道德规范的作用是不容忽视的。我们说道德规范是自然形成的，并不是说人不能影响或引导它。道德规范的形成主要取决于组织哲学和价值观念的作用，有什么样的组织哲学和价值观念，就会形成什么样的道德规范。因此许多成功的组织都通过树立优秀的组织哲学和价值观念来引导组织形成良好的道德规范。良好的组织道德规范有利于维护组织的运行秩序和安定和谐的人际关系，有利于提高组织成员的劳动积极性和劳动效率。可见，道德规范也是组织文化的重要内容。良好的道德规范主要体现在：尊重知识、尊重人才、友好相处、自觉工作、与组织共命运等，其核心作用还是激发人们的自觉性。组织文化以组织的道德规范为重要内容，是区别于其他管理理论的一个主要表现。

④组织精神。组织精神是指组织群体的共同心理定势和价值取向。它是对组织的组织哲学、价值观念、道德规范的综合体现和高度概括，反映了全体职工的共同追求和共同的认识。组织精神是组织职工在长期的各项活动中，在组织哲学、价值观念和道德规范的影响下形成的。由于这些影响因素的不同，形成了各具特色的组织精神，如大庆的“铁人精神”、鞍钢的“孟泰精神”、日立制作所的“和”字精神等等，这些组织精神虽然千差万别，但其核心内容都是激发职工的工作热情，发挥自觉性，明确责任感。其主要包括创业精神、奉献精神、主人翁精神、集体主义精神、创新精神、竞争精神、民主精神、服务精神等。这些组织精神都是对组织哲学、价值观念、道德规范的提炼和概括，并把它上升为一种精神。组织精神的这种概括性和精神性，使它具有了巨大的鼓舞作用和强烈的凝聚力。一方面，它使职工更加明确组织的追求，建立起和组织一致的目标；另一方面，它又成为职工的精神支柱，激发职工的工作热情。组织精神的这种鼓舞作用是组织文化的其他内容难以达到的。因此，现在许多组织都注意把本组织的组织文化加以总结和概括，挖掘出其中最有代表性的内核，并把它升华为一种精神，从而激励全体成员为之奋斗。组织精神的形成是比较容易的，而要真正使每个职工以组织精神为精神支柱却不是一天两天所能实现的，这就需要领导者和全体成员的不懈努力。

以上就是组织文化的四个主要隐性内容。除此之外，组织文化的隐性内容还包括组织的美学意识、组织心理、组织的管理思维方式等内容，这些都是我们在进行更深入的研究时需要加以注意的。

## 3.3.3 组织文化的类型

组织文化是在一定的社会文化背景下，在组织成长、变革、发展的长期实践中，在社会文化与组织文化的长期渗透与融会之中形成的。因此，不同的社会文化背景、不同的生产实践过程，其组织文化呈现出不同的特点。

组织文化可从不同的角度划分。例如美国两位学者艾伦·迪尔和阿伦·肯尼迪，以美国企业组织为研究对象，从产业角度出发，对不同产业中的企业组织文化（即企业文化）进行归类，把企业文化分成四种不同类型：硬汉、胆汁型文化，如建筑业、广告业等；努力工作、尽情玩乐型文化，如汽车销售等销售业中的企业文化；孤注一掷型文化，如石油开采业、航空业和电脑产业中的企业组织；按部就班型文化，如银行、电力等产业中的企业文化。日本学者河野丰弘教授以日本的企业组织为研究对象，在对大量日本企业组织文化进行调查的基础上，从企业组织的管理风格和灵活性的角度，把组织文化分为有活力的企业文化、追随独裁者且有活力的企业文化，官僚的企业文化、僵化的企业文化以及追随独裁者且僵化的企业文化。美籍日裔教授威廉·大内把美国大部分企业的文化称为A型文化，把日本企业的文化称为J型文化，而把美国少数几个企业（如IBM公司、P&G公司等）自然发展起来的，与J型具有许多相似特点的企业文化，称为Z型文化。达夫特教授依据文化与战略和环境之间的匹配，把组织文化分为：适应型/企业家型文化、使命型文化、部落型文化、官僚制文化。下面重点介绍后两种分类方法：

**1. A型文化、J型文化和Z型文化**

1980年，美籍日裔教授威廉·大内出版了《Z理论——美国企业界怎样迎接日本的挑战》一书。在该书中，他把美国、日本企业绩效的差异归结为文化的差异，他把美国大部分企业的文化称为A型文化，把日本企业的文化称为J型文化，而把美国少数几个企业（如IBM公司、P&G公司等）自然发展起来的，与J型具有许多相似特点的企业文化，称为Z型文化。进而他认为美国企业要提高绩效，必须将其A型文化转变成Z型文化。

(1)A型文化

A型文化的特点为：

①短期雇用；

②迅速的评价和升级，即绩效考核期短，员工得到回报快；

③专业化的经历道路，造成员工过分局限于自己的专业，但对整个企业并不了解很多；

④明确的控制；

⑤个人决策过程,不利于诱发员工的聪明才智和创造精神;

⑥个人负责,任何事情都有明确的责任人;

⑦局部关系。

(2)J型文化

J型文化的特点为:

①实行长期或终身雇用制度,使员工与企业同甘苦、共命运;

②对员工实行长期考核和逐步提升制度;

③非专业化的专业化道路,培养适应各种工作环境的多专多能人才;

④管理过程既要运用统计报表、数字信息等清晰鲜明的控制手段,又注重对人的经验和潜能进行细致而积极的启发诱导;

⑤采取集体研究的决策过程;

⑥对一件工作集体负责;

⑦树立牢固的整体观念,员工之间平等相待,每个人对事物均可作出判断,并能独立工作,以自我指挥代替等级指挥。

(3)Z型文化

Z型文化的特点为:

①长期雇用制;

②制定一种缓慢的评价和提升制度,目的是要培育职工的长期观点与协作态度;

③扩大职业发展道路,有计划地实行横向职务轮换,以培养人的多种才能;

④主张在企业内部建设高度一致的文化,用自我指挥取代等级指挥,从而实行彻底内在的控制;

⑤找出可以让基层雇员参与的领域,实行参与管理;

⑥提倡强化共同目标,使每个人都能自觉对集体作出的决定负责,从而避免紧张状态;

⑦建立员工个人和组织的全面整体关系。

威廉·大内把一个国家的全部企业组织的文化看做一种统一的文化,主要是从跨文化的管理角度出发,但这种企业组织文化划分未免过于粗糙。

**2. 适应型/企业家型文化、使命型文化、部落型文化和官僚制文化**

达夫特教授认为,组织的战略和外部环境对组织的文化影响很大。组织的文化应该体现出组织在其环境中有效运作所需要的一切。组织的文化与组织战略以及环境之间适宜的关系,能够提高组织的绩效。因此,他认为,依据文化与战略和环境之间的匹配,来进行组织文化的分类,是比较恰当的。他在其影响广泛的教材《组织理论与设计》(第六版)中,引用了一些学者的理论如丹尼森等的组织文化分类模型,如图3-4所示。

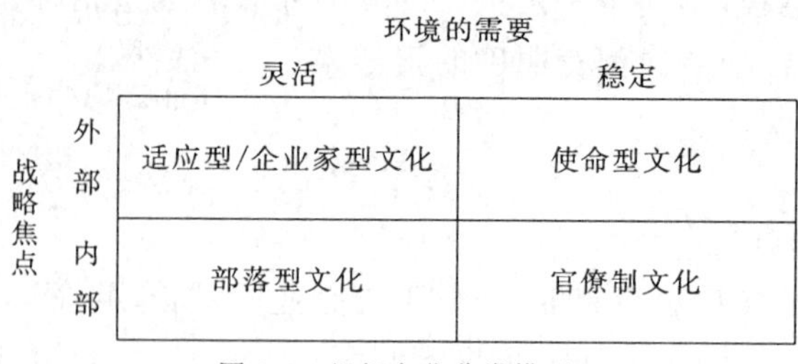


图 3-4 组织文化分类模型

(1)适应型/企业家型文化

适应型/企业家型文化强调通过灵活性和变革以适应顾客需求,战略重点集中于外部环境上。这种类型的公司并不只是快速地对环境变化作出反应,而是积极地创造变化。革新、创造性和风险性行为被高度评价并得到奖励。

适应型/企业家型文化的一个例子是3M公司,该公司的价值观重视个人的首创精神和企业家精神。所有的新雇员都要参加关于风险行为的课程,在课堂上他们被告知去追求实现自己的理念,即使这意味着冒犯自己的上司。市场营销、电子、化妆品公司也可以采用这种类型的文化,因为它们都必须迅速地行动以满足顾客的需要。

(2)使命型文化

使命型文化集中关注组织目标的清晰、愿景和特定目标的达成。使命型文化的特征是着重于对组织目标的一种清晰认知和完成,诸如销售额增长、利润率或市场份额提高,以帮助组织达到目标。管理者通过建立愿景和传达一种组织的期望来塑造雇员行为。因为环境是稳定的,他们可以把愿景转换成为可度量的目标,并且评价雇员达到这些设定目标的业绩。在某些情况下,使命型文化反映了一种高水平的竞争力和一种利润导向的方针确定模式。

(3)部落型文化

部落型文化主要强调组织成员的参与、共享和外部环境所传达的快速变化的期望。这种文化中最重要的价值观是关心员工。只有这样做组织才可以适应竞争激烈和不断改变的市场。时装业和零售业的公司可以运用这种文化类型,因为这种文化可以发挥雇员的创造力,以对市场作出反应。

(4)官僚制文化

官僚制文化以内向式的关注、一致性导向来应对稳定的环境。在这种文化中,个人参与在某种程度上有所降低,但被员工间高水平的一致性、简洁性、合作性所弥补。这种组织因依赖高度整合性和高效率而获得成功。

## 3.3.4 组织文化的建设

**1.制约组织文化建设的因素**

组织文化建设是组织内、外部环境诸因素共同作用的结果。所以,当我们进行组织文化建设时,应当首先明确影响组织文化的各种因素及其强度,以及各种因素的作用方式。

(1)经济体制

国家的经济体制既是影响组织经营管理制度的重要因素,又是影响组织文化发展完善的重要因素。我国目前仍然处于社会主义初级阶段,这个历史阶段的中心任务是大力发展社会生产力。与此任务相适应,我国实行的是有中国特色的社会主义市场经济。这样,围绕着改革开放、搞活经济,国家从宏观上实施一系列相应的调控政策和措施。作为国民经济基本单位的组织,势必也要从经营战略基本构思上考虑如何配合与适应整个国民经济发展的要求。因此,组织文化建设必须围绕国民经济大环境的要求,为促进国家经济体制改革服务。

(2)政治体制

当我们具体地观察每一个组织的文化特征时,就会发现:任何组织文化中都体现着一定的政治性,绝对超然的组织文化事实上是不存在的。亦即政治因素对组织文化有着普遍影响。在社会主义制度下,组织文化体现着国家、集体和个人三者利益的有机结合,重视工人阶级的主人翁地位和作用。而资本主义制度下的组织文化,归根到底是维护资本家集团的权益和地位的。当然,任何国度中的组织文化中都含有科学、合理、有利于促进生产力发展的人类文明的进步因素。然而,当我们研究并着手实施组织文化建设时,则必须考虑如何体现当时的政治环境并为当时的政治任务服务。例如,我国国有大中型组织是社会主义国民经济的主体,是体现社会主义现代化建设的骨干力量,每一家国营组织(或国有股占主导地位的组织)都必须坚持社会主义精神文明建设而批判资本主义腐朽思想对组织员工队伍的影响。

(3)社会文化

组织是在社会文化环境中生存和发展的,组织的文化建设必然接受并服从它所在的环境的影响和要求。从我国组织现存的文化状态考察,就会看到诸如中庸、人伦等几千年一直沿袭下来的封建文化仍然在组织员工队伍中发挥不同程度的影响作用。这说明,社会文化是组织文化的影响因素之一。当然,社会文化本身就是多因素的统一。我国组织文化的主流是生产资料公有制决定了社会主义文化居主导地位。随着我国对外开放政策的长期稳定的实施,不可避免地会流入西方文化因素。国外文化的流入，无论对我国社会还是对组织，都有两方面的影响，即积极的影响和消极的影响，我们的原则是本着批判地吸收，以我为主、博采众长、融合提炼、自成一家的原则正确地、积极地对待。

(4)科学技术与生产力发展水平

科学技术与生产力发展水平是影响组织文化的重要因素。这两种因素推动着社会文化的进步，改变着人们的生活方式、交往方式和生产经营方式。在一定意义上说，科学技术和生产力水平是组织文化建设的决定因素，原因就在于这两者都是组织发展壮大的基础。

(5)行业技术经济特点

行业不同，其生产、经营的业务作业必然不同，该行业中的组织文化也必然带有明显的行业特征。例如，铁路运输业和航空运输业，在任何国家几乎都纪律严明，近似于军队；相对而言，森林工业中的林场营林作业就显得纪律松弛。不同行业之间，其分工协作关系与特点不同，工艺特征不同，人工作业过程与自然力发挥作用的结合关系不同，各道工序、环节乃至各组织之间的供求关系的表现形式不同，就导致行业经济技术特点不同。而行业经济技术也是科技文化内容的组成部分，所以，其影响组织文化建设的方式、程度都有所不同。我们必须紧密结合本行业组织业务(作业)必然运用的经济技术去研究组织文化的具体内容。

(6)组织所在的地理位置

任何组织及其所属单位都占据一定的空间位置。不同的空间位置承载着不同的社会环境、民族习俗、市场发达程度、生产力布局特征等等组织存在条件，从而直接或间接地成为影响组织文化的重要因素。例如，我国的上海、广州、天津等地交通发达，它们又是工商组织业发达的地区，更容易接触发达国家的新事物、新技术、新观念。因此这些地区文化就更加带有开放性。地处这样一些空间位置的组织的文化、风气就必然更加带有开放性。事实上，当代世界各国都存在着因发展不平衡而加深了地区之间先进与落后的矛盾性问题。这种空间地理位置上带有的矛盾性直接影响组织文化，使同行业但处于不同地域的组织在经营上具有差异性。

(7)组织基本员工的特点

市场经济条件下的组织员工因人才市场和劳务市场的不断健全、完善而处于相对流动状态。但组织的管理又在客观上需要员工队伍中有相对稳定的一大部分人员长期在本组织供职，确保组织总是拥有一支骨干性的基本员工队伍。这支队伍在人口统计学方面的各种构成因素，以及因较长时间在本组织工作接受企业影响的程度等等，都将形成员工队伍特征，这种特征是组织员工普遍带有的某种风气和习惯。而这些基本员工普遍都有的某种风气或习惯是事实上已经影响组织成长的旧文化基础。当我们在建设或改革组织文化时，就必须重视这个基础。它可能

是对新文化有积极作用的，也可能是对新文化有阻碍作用的。人是构成生产力的最活跃的因素，一般而言，人都具有可塑性，尤其是年轻人。所以，组织文化建设中要考虑员工的特征，其实质是指要因人员队伍的具体情况而制宜，通过恰当的思想、文化、道德教育或宣传工作，去引导培养和提高组织全体员工的素质。这一工作过程在老职工中可能难度更大一些，而在年轻的新职工中可能会顺利一些。但不论组织员工队伍构成状况如何，针对基本员工的再教育工作则是个根本性的任务。

(8)组织的历史传统

任何一个组织，只要是经历了一定时期的成长、发展过程，都会使其成员形成种种约定俗成的价值观念、工作习惯和生活习惯，从而表现为组织传统。这种传统会一代代地传下去，并在相传的历史过程中，越来越加以成型化或者叫做凝固化。但它有两重性，或者因其始终是优良传统而有利于组织的生存和发展，或者因其逐渐地与生产力发展水平、生产方式变革的进程相比而越来越成为保守、落后的传统，使组织的发展受到限制。因此，组织的历史传统是建设或更新组织文化时必须认真调研并严肃对待的因素。

**2. 组织文化建设的程序和方法**

(1)组织文化建设的程序

①研究设立阶段。这个阶段首先要调查研究组织的历史和现状，在此基础上，有针对性地提出组织文化建设目标的初步设想，经各有关部门审议之后，向组织中全体职工发起组织文化建设的倡议，并动员广大职工积极参加组织的文化建设活动。

② 培育强化阶段。这一阶段是将组织文化建设的总任务分解成组织内部各部门各业务环节中明确的工作任务，是各部门根据自己特点而有意识激励本部门职工形成特有的精神风貌和行为规范，把组织文化建设变成具体的行动。

③分析评价阶段。这个阶段首先是根据信息反馈将整个组织文化建设工作开展以来的工作成绩和存在问题进行剖析，研讨深层次的原因，评价前阶段的成功与失误，具体内容应该看组织文化建设的目标和内容是否适合本组织实际需求，各基层机构的风气、精神面貌是否体现了组织文化建设的宗旨。

④确立与巩固阶段。这个阶段的工作包括处理问题与归纳成效两部分内容。前者是在评价基础上摒弃原来组织文化中违背时代精神的内容；后者是将符合时代精神的组织文化建设经验加以总结，并加工成通俗易懂的、有激励作用的文字形式，用以进一步推广。

⑤跟踪反馈阶段。随着组织经营环境的改变，组织文化的内容也要适应这种变化。这是意识形态上应变的需要。然而，现有的业已确立的组织文化是否能及

时地迎合环境变化，不应该依靠组织管理者的主观判断，而应依靠来源于基层实际情况的反映，这就是反馈信息。但检验组织文化适应性的反馈信息必须是经常性和系统性的。所以，组织文化建设程序的第五阶段，或者说某一循环期的最后阶段的工作是有布置的信息跟踪。这种有意安排的跟踪，一方面能保证及时解决组织文化应变问题，同时也是组织文化建设下一轮循环的基础和起点。

(2)建设组织文化的方法

在上述五个阶段的组织文化建设过程中，还需要有适当的具体塑造方法。塑造组织文化的方法有多种，一般而言，有成效的方法是：

①示范法。通过总结宣传先进模范人物的事迹，发挥党员、干部的模范带头作用，表扬好人好事等方法给广大职工提供直观性强的学习榜样。这些榜样的事迹和行为，就是组织文化中关于道德规范与行为准则的具体样板。做好这种工作，就是把组织所要建立的文化意识告诉给广大职工。

②激励法。运用精神的与物质的鼓励，包括开展竞赛活动、攻业务技术难关活动、提口号、提目标、提要求、评先进等，使职工感到自己的事业进取心将有满足的机会，从而主动努力工作，并把自己工作能否有成绩的基础，认定是自己的工作岗位、自己的组织。与此同时，还必须从生活方面关心职工，通过不断改革分配制度去满足职工物质利益上的合理要求。

③感染法。运用一系列的文艺活动、体育活动和读书活动等，培养职工的自豪感和向心力，使之在潜移默化的过程中形成集体凝聚力。

④自我教育法。运用谈心活动、演讲比赛、达标活动、征文活动等形式让职工对照组织的要求找差距，进行自我教育，转变价值观念和行为。

⑤灌输法。通过讲课、报告会、研讨会等宣传手段进行宣教活动，把组织想要建立的文化目标与内容直接灌输给职工。

⑥定向引导法。有目的地举行各种活动引导职工树立新的价值观念，并创造出新价值观念氛围。

## 讨论题

你认为如何进行组织文化的塑造？

## 思考题

1. 一般环境包括哪些因素？

2. 具体环境包括哪些因素？

3. 简述组织与环境的关系。
4. 评估组织环境的技术有哪些?
5. 简述组织文化的功能。
6. 简述组织文化的结构。
7. 简述 A、J、Z 型组织文化的特点。
8. 简述组织文化建设的程序和方法。

## 结篇案例

### 墨西哥施乐公司

保罗·亨特在休斯敦长大,并于 1986 年在德克萨斯 A&M 取得工商管理学位。毕业后,保罗作为一位人事专家在达拉斯的施乐公司供职。在头两年,他将时间分配于在大学校园里招聘新员工及设立维修工程师培训项目。1988 年,保罗被提升为西部地区人力资源经理助理。然后公司将他派到美国西部地区丹佛的办事处工作。

保罗每年的绩效评定都是很出色的。公司相信他有很大的发展潜力。尽管保罗很有抱负,并且无意隐藏自己进入更高管理层的欲望,但当 1992 年 4 月,他被招到施乐公司的康涅狄格总部,宣布将任命他为墨西哥施乐公司人力资源部主任时,他还是感到有点吃惊。如果保罗接受这一职位,他将监督墨西哥城的 20 名职员,并负责人力资源部的全部活动(雇用、报酬、劳资关系等),对公司在墨西哥的经营负责。他被告知,因为他显著的工作绩效和他的西班牙语能力(保罗在高中学过 4 年西班牙语,在大学还修过 12 小时西班牙语高级课程),所以公司决定提升他。

保罗接受了这一任命。干嘛不呢! 这是一次重要的提升,它意味着工资大幅度提高,并提供了一个在国外生活的机会。

(资料来源:吴照云. 管理学. 5 版. 北京:中国社会科学出版社, 2006)

**思考题**

1. 描述墨西哥的民族文化。
2. 墨西哥文化与保罗成长的地区的文化相比有什么不同?

## 实践环节　一个家电企业的 SWOT 分析

这是一个家电企业面对企业外部市场环境和企业内部条件进行的优势、劣势、机会和威胁的 SWOT 分析。

· 优势

——健康的整体形象，较强的品牌渗透力。

——理想的预购率。

——良好的服务口碑，具有竞争优势。

——产品线宽，利于组合促销。

——新品开发能力较强。

——物流管理先进，便于迅速反映市场需求。

· 劣势

——价格相对偏高，往往超出预购者的心理价位。

——IT 产品缺乏技术上的竞争力。

——缺乏真正的核心技术。

——管理、市场、技术人才与跨国企业存在差距。

· 机会

——入世后，消费者持币待购心理削弱，换购需求加大。

——马太效应使消费信心向强势品牌集中，企业品牌优势显露。

——家庭收入提高而家电产品价格回落，家电换购更新速度加快。

——产品同质化使家电消费日趋感性，为促销和差异化行销手段提供更多机会。

· 威胁

——关税下降造成的进口家电价格回落，使企业产品的高价位问题更为突出。

——部分小品牌为求生存，不得不进一步降价，引发价格恶战，造成行业性灾难。

——供大于求的市场现状及内外交困的竞争压力对国产品牌提出的是实力和耐力的考验。

【问题】 以该 SWOT 分析为模板，做另一家企业的 SWOT 分析。

# 全球化环境中的管理

## 第4章

### 开篇案例

#### 中信公司跨国经营的开展

中国国际信托投资公司(以下简称中信)是中国改革开放的产物,是中国最早获得海外投资和经营权的企业之一,也是中国最早开始跨国经营活动并取得成功的企业。

中信公司的创始人是荣毅仁先生。公司诞生后,如何开展跨国经营是当时面临的主要问题。作为一个国际信托公司,中信公司业务从开始就向国际化发展,至今为止已经经历了四个阶段:

第一阶段(1979～1983年),这一阶段主要市场是国际融资和租赁。

(1)海外发行债券。为了解决江苏仪征化纤工程的资金短缺问题,中信公司于1982年1月在日本发行100亿日元债券。这是中国首次在海外发行债券,从此,这种方式成为中国筹集外资的一个重要手段。

(2)融资租赁和国际咨询。1980年和1981年,中信公司相继组建了中外合资的东方租赁公司和国内合资的中国租赁公司,在中国开创了融资租赁业务,为中国企业租赁各种技术装备。1981年成立了中国第一家从事国际经济技术咨询的机构——中国国际经济咨询公司。

第二阶段(1984～1986年)开始海外直接投资。

1984年,中信公司进行了第一项海外直接投资:在美国西雅图与一家美国公司合资组建西林公司,从事林业和木材加工,中信投资4000万人民币。1986年,中信公司购入对方股份,西林公司成为独资子公司。

1986年中信公司进行了两项大型海外直接投资:一是投资6200万加元,购入加拿大塞尔加纸浆厂50%股权，另一项是投资1亿多美元购入澳大利亚波特兰铝厂10%的股份。同时分别成立了中信加拿大公司和中信澳大利亚公司。这期间中信海外投资主要是以获取自然资源为目的。

第三阶段(1987～1989年)，交通电信业大投资。

1987年2月，香港中信以23亿港元收购香港国泰航空公司12.5%股权；1989年初，又出资2.5亿港元购入澳门电讯公司20%股权；同年末，斥资3.9亿港元购入港龙航空公司38.3%股权，同时宣布动用101亿港元巨资买入香港电讯20%的股权。

在此期间，中信于1988年在美国特拉华州收购一家钢厂，将其更名为中信美国钢铁公司。1988年中信与英国大东公司、中国香港和黄通讯公司合资组建了亚洲卫星公司，中信占33%股份；亚洲卫星公司于1990年4月成功发射了“亚洲一号”通讯卫星。

第四阶段，1990年至今，发展混合控股公司阶段。

1990年初，香港中信公司斥资4.5亿港元收购了在香港上市的泰富发展公司51%股权，终于拥有了一家上市公司，并随后陆续将一些资产(港龙、国泰等)注入该公司，使其资产额迅速扩大。1991年8月到1992年1月，香港中信又筹资51亿港元，通过中信泰富分两次收购了恒昌行公司97.12%股份。通过上述一系列收购活动，香港中信从一个中小型的纯粹控股公司发展成为大型混合控股公司。从1993年开始，中信澳大利亚公司也开始向混合控股公司的方向发展。

(资料来源：周三多，贾定良. 管理学(第二版)习题与案例. 北京：高等教育出版社，2005)

**思考题**

1. 中信公司是如何开展跨国经营的？有何启示？
2. 你认为中信公司开展跨国经营有什么问题？
3. 中信公司要进一步拓展跨国经营还应怎样做？

## 4.1 国际管理和跨国公司

国际管理问题的研究主要集中在国际企业在东道国中的经营，主要涉及人员、产品与资本流动的管理问题，意在研究跨越国界情况下如何更好地管理企业。

## 4.1.1 国际企业的性质和目的

尽管企业从事国际化经营由来已久，但近年来由于大型跨国公司的增长，国际企业才崭露头角，获得了高度重视。国际企业从事跨越国界的交易活动，包括商品、服务、技术、管理知识以及资本向其他国家的转移。

本国企业同东道国打交道可以采取多种方式，商品和服务的出口是其中之一。另一种方式是旨在获取在其他国家生产产品的许可证协议。公司也可通过签署管理合同方式经营外国公司。还有一种方式是同东道国的公司组建合资企业。战略联盟是一种合资的形式，旨在扩大市场的份额、增加产品或服务的市场规模。最后，跨国公司可以建立独资的子公司或分公司，在东道国建立生产设施。因此，国际企业在制定全球化战略时有多种选择。

母公司与东道国之间的交往有时受多种因素的影响，其中有些因素是一致的，有些因素则可能造成冲突。

(1)一致性效应

当母公司向东道国子公司提供并与它共享技术和管理诀窍，从而支持子公司的人力资源和物质资源开发时，交往便产生一致性的影响。在这种情况下，组建一个全球性、一体化的组织结构对母公司和子公司双方都有好处。不论双方如何交往，政策必须讲究平等，使母公司和东道国子公司都能获益，只有这样才能有望保持长期的合作关系。

(2)潜在冲突

许多因素导致母公司与东道国之间的冲突。民族主义的自私自利会使双方合作所取得的好处大打折扣，同样，社会文化方面的差异也会导致沟通上的断裂，从而造成误解。一家大型跨国企业对一个小国可能会造成极其强大的经济影响，以致东道国感到地位被弱化。有些国际公司因暴利或从当地企业挖走优秀人才以及违背社会习俗的经营而受到指控。国际公司必须增强管理人员的社交技能，以便避免诸如此类的冲突，并解决那些不可避免地要发生的冲突。

## 4.1.2 跨国公司

跨国公司的总部设在某一国家，而在许多国家从事经营活动。按照2010年的销售额排名，《财富》世界500强企业排名前十的企业依次是：沃尔玛、荷兰皇家壳牌、美国埃克森美孚石油公司、英国石油公司、丰田汽车、日本邮政控股、中国石油化工集团公司、中国国家电网、安盛集团和中国石油天然气集团公司。

**1. 从民族中心导向到全球中心导向**

从早期阶段，国际企业的经营活动是以民族为中心的导向来进行的。也就是说，海外子公司的经营方式应根据母公司的导向而定。另一方面，以当地为中心导向认为，当地公民最了解本国的环境，国际企业应给予东道国所在地子公司相当大的管理自主权，雇用当地员工，这是最佳方针。以区域为中心导向赞成海外经营人员的招聘应以区域为基础。现代跨国公司采用全球为中心导向，视整个组织为一个在许多国家中经营的相互依存的系统。公司总部与下属子公司之间保持合作关系和双向沟通，不同国籍的人员担任经理等重要职务。总之，跨国公司的导向纯属国际性的，超越了那种狭隘的民族主义观点。

**2. 跨国公司的优势**

跨国公司有着内向型企业不可比拟的若干优势。跨国公司能够利用许多不同国家中的商业机会，也能在全球范围内筹措资金。此外，跨国公司能够在生产产品最有效率和效益的国家建立生产设施从中获利。有时，从事全球经营的公司较之国内企业更易于获得自然资源和原材料。最后，大型跨国公司还能够从全球劳动力资源储备中招聘管理人才和其他人员。

**3. 跨国公司的挑战**

有必要把跨国经营的有利因素与在国外环境经营中所遇到的挑战、风险加以权衡比较。许多国家中日益高涨的民族主义即是其中的一个问题。多年以前，发展中国家缺乏管理、市场营销和技术等技能，因此，他们欢迎跨国公司。但随着发展中国家的人员逐渐掌握了这些技能，情况正在发生变化。此外，这些国家不仅充分意识到其自然资源的价值，而且在国际商务谈判方面也变得更加成熟。最后一点，跨国公司必须同东道国保持良好关系，但由于东道国政府的不断更迭，公司必须适应并且应对这些变化。

### 4.1.3 从多国公司到全球化公司或从跨国公司到全球化公司的过渡

对大公司而言，只在不同国家的市场经营还不够，像埃克森美孚石油公司和通用汽车公司一样，在其他国家建立生产制造厂不足以具备国际市场上的竞争力。转变的趋势会朝着全球化公司和跨国公司的方向发展，进而将整个世界视为一个大市场。当然，这也意味着这些公司要适应国际市场甚至当地市场的需求。20 世纪 80 年代末，福特汽车公司决定成为一家全球化公司，在此之前，公司曾尝试着生产一种名为“雅士”的“世界级轿车”，但并没成功。后来，公司通过购买马自达公司 25%的股权，之后增加为 33.4%成为控股公司，同时聘请亨利 · 华莱士为总裁，成为日本历史上第一位领导大型日本公司的外籍人士。

全球化公司要面向世界开发产品,制定战略决策,在考虑整个世界的同时,具体决策的实施要按照国别和当地市场的情况进行调整。在人力资源方面,要给外籍人员提供进入高层管理班子的机会。在无法进入的国家,全球化公司可能需要同当地公司建立战略联盟。全球化的4个阶段见表4-1。

表4-1 全球化的4个阶段

| | 战略地位 | 发展阶段 | 文化敏感性 | 管理者假定 |
|---|---|---|---|---|
| 1.国内的 | 国内导向的 | 起初外资参与 | 几乎不重要 | "一种最佳方式" |
| 2.国际的 | 出口导向的,多国的 | 竞争性的布局 | 很重要 | "许多好办法" |
| 3.跨国的 | 跨国的 | 国际经营激增 | 有点儿重要 | "成本最低的方式" |
| 4.全球的 | 全球的 | 全球的 | 至关重要 | "许多好办法" |

## 4.2 国家联盟和地区化经济

管理不再受国界的制约。各种规模和类型组织的管理者正面临着管理全球环境的机遇和挑战。全球环境是怎样的呢?管理者必须了解的两个全球环境的重要特征是区域性贸易联盟和不同类型的全球组织。

仅在几年前,国际竞争还被描绘成国家对国家的形式——美国与日本、法国与德国、墨西哥与加拿大。现在,由于产生了区域性贸易和合作协议,全球竞争已经发生了变化。这些协议包括欧盟(EU)、北美自由贸易协定(NAFTA)和东南亚国家联盟(ASEAN)。

**1.欧盟**

欧盟,欧洲联盟的简称,是由欧洲共同体(European Communities,又称欧洲共同市场)发展而来的,是一个集政治实体和经济实体于一身、在世界上具有重要影响的区域一体化组织。1991年12月,欧洲共同体马斯特里赫特首脑会议通过《欧洲联盟条约》,通称《马斯特里赫特条约》(简称《马约》)。1993年11月1日,《马约》正式生效,欧盟正式诞生。

欧盟现有27个成员国和近5亿人口(2007年1月),总部设在比利时首都布鲁塞尔。欧盟的宗旨是"通过建立无内部边界的空间,加强经济、社会的协调发展和建立最终实行统一货币的经济货币联盟,促进成员国经济和社会的均衡发展","通过实行共同外交和安全政策,在国际舞台上弘扬联盟的个性"。欧盟27国总面积432.2万平方公里。

欧洲统一思潮存在已久,在第二次世界大战后进入高潮。1946年9月,英国首相丘吉尔曾提议建立"欧洲合众国"。1950年5月9日,法国外长罗伯特·舒曼提出欧洲煤钢共同体计划(即舒曼计划),旨在约束德国。1951年4月18日,法、意、联邦德国、荷、比、卢六国签订了为期 50 年的《关于建立欧洲煤钢共同体的条约》。1955 年 6 月 1 日，参加欧洲煤钢共同体的六国外长在意大利墨西拿举行会议，建议将煤钢共同体的原则推广到其他经济领域，并建立共同市场。1957 年 3 月 25 日，六国外长在罗马签订了建立欧洲经济共同体与欧洲原子能共同体的两个条约，即《罗马条约》，于 1958 年 1 月 1 日生效。1965 年 4 月 8 日，六国签订了《布鲁塞尔条约》，决定将欧洲煤钢共同体、欧洲原子能共同体和欧洲经济共同体统一起来，统称欧洲共同体，条约于 1967 年 7 月 1 日生效。欧共体总部设在比利时布鲁塞尔。1991 年 12 月 11 日，欧共体马斯特里赫特首脑会议通过了建立“欧洲经济货币联盟”和“欧洲政治联盟”的《欧洲联盟条约》(通称马斯特里赫特条约，简称“马约”)。1992 年 2 月 1 日，各国外长正式签署马约。经欧共体各成员国批准，马约于 1993 年 11 月 1 日正式生效，欧共体开始向欧洲联盟过渡。1993 年 11 月 1 日“马约”正式生效，欧共体更名为欧盟。这标志着欧共体从经济实体向经济政治实体过渡。1995 年，奥地利、瑞典和芬兰加入，使欧盟成员国扩大到 15 个。欧盟于 1999 年向完全统一迈出了一大步，15 个国家中的 11 个国家加入了 EMU——其正式的名称为经济和货币联盟。在这个体制中，各成员国共同使用单一的货币——欧元。2002 年以后，马克、里拉以及其他成员国的货币退出流通领域。

这些欧洲国家联盟的主要动因是针对美国和日本的实力它们需要以此来重新确立自己的经济地位。按照互设壁垒的单个国家的机制运行，欧洲工业不可能实现美国和日本企业的效率。

随着欧盟的发展，它可以凭借世界上最富有的一个市场而保持其经济实力。欧洲企业将继续在全球市场上发挥举足轻重的作用。例如，英国的联合利华公司是消费品市场一股不可忽视的力量；德国的戴姆勒——克莱斯勒公司是汽车工业强有力的竞争者；而芬兰的诺基亚在无线电技术中居于主导地位。

欧盟成立后，经济快速发展，1995 年至 2000 年间经济增速达 3%，人均国内生产总值由 1997 年的 1.9 万美元上升到 1999 年的 2.06 万美元。欧盟的经济总量从 1993 年的约 6.7 万亿美元增长到 2002 年的近 10 万亿美元。

在欧盟成立之前，这些国家中的任何一国都设有边境控制，边境税、边境补贴、国家政策和各自的保护工业，现在，作为一个单一的市场，旅行、雇用、投资和贸易已经没有国家壁垒了。

2002 年 11 月，欧盟 15 国外长会议决定邀请塞浦路斯、匈牙利、捷克、爱沙尼亚、拉脱维亚、立陶宛、马耳他、波兰、斯洛伐克和斯洛文尼亚 10 个中东欧国家入盟。2003 年 4 月 16 日，在希腊首都雅典举行的欧盟首脑会议上，上述 10 国正式签署入盟协议。2004 年 5 月 1 日，这 10 个国家正式成为欧盟的成员国。这是欧盟历史上的第五次扩大，也是规模最大的一次扩大。2007 年 1 月，罗马尼亚和保加利

亚两国加入欧盟，欧盟经历了6次扩大，成为一个涵盖27个国家总人口超过4.8亿的当今世界上经济实力最强、一体化程度最高的国家联合体。

**2. 北美自由贸易协定**

1989年，美国和加拿大两国签署了《美加自由贸易协定》(North American Free Trade Agreement)。1991年2月5日，美、加、墨三国总统同时宣布，三国政府代表从同年6月开始就一项三边自由贸易协定正式展开谈判。经过14个月的谈判，1992年8月12日，美国、加拿大及墨西哥三国签署了一项三边自由贸易协定——北美自由贸易协定。1994年1月1日，该协定正式生效。协定决定自生效之日起在15年内逐步消除贸易壁垒、实施商品和劳务的自由流通，以形成一个拥有3.6亿消费者，每年国民生产总值超过6万亿美元的世界最大的自由贸易集团。

该协定的总则规定，除墨西哥的石油业、加拿大的文化产业以及美国的航空与无线电通讯外，取消绝大多数产业部门的投资限制。对白领工人的流动将予放宽，但移民仍将受到限制。任何一成员国在6个月前通知其他成员国后，即可脱离该协定；协定还允许接纳附加成员国。总则还规定各成员国政府的采购将在10年内实现全面开放，由于墨西哥为本国的公司保留了一些合同，因此，该协定将对墨西哥产生主要影响。此外，协定还规定由执行协定而产生的争执，将交付由独立仲裁员组成的专门小组解决；如果大量进口损害一国国内的工业，将允许该国重新征收一定的关税。在产业方面，该协定规定，美墨之间大部分农产品的关税将立即取消，其余6%的产品包括玉米、糖、某些水果和蔬菜的关税，将在15年后全部取消，进口配额在10年内消除。对于加拿大，现有的与美国签定的协议全部适用，汽车工业10年后将取消关税，美加在1998年之前取消相互间的全部关税。在能源方面，墨西哥方面对私营部门进行勘探的限制继续有效，但国营石油公司的采购将向美国与加拿大开放。在金融服务方面，墨西哥将逐步对美国与加拿大投资开放其金融部门，最终到2007年取消壁垒。关于纺织品，协定将用10年时间取消美、墨、加之间的关税，在北美地区的纺织品制成的服装可免于征税。到2000年，北美地区的卡车可行驶到三个国家中的任何地区。该协定还对环境、劳工等问题制定了附加协定。根据协定，美国与墨西哥将建立一个北美开发银行以帮助美国边境的财务税收获利。同时，美国将需要在协定生效后最初的18个月中花费9千万美元重新培训因协议而失业的工人。

**3. 东南亚国家联盟**

东南亚国家联盟，简称东盟。1967年8月28、29日，马、泰、菲三国在吉隆坡举行部长级会议，决定由东南亚国家联盟取代东南亚联盟。

截至2011年8月，文莱(1984年)、柬埔寨(1999年)、印度尼西亚、老挝(1997年)、马来西亚、缅甸(1997年)、菲律宾、新加坡、泰国、越南(1995年)等国也先后加入。

美国与俄罗斯于2011年加入东盟领导的东亚峰会。

总面积约446万平方公里,人口约5.6亿。

观察员国:巴布亚新几内亚。

候选成员国:东帝汶。

东盟十国总面积444万平方公里,人口5.76亿,国内生产总值(GDP)达15062亿美元,是一个具有相当影响力的区域性组织。

## 4.3 在全球化环境中的管理

组织如何决定由谁担任全球性职务?通常会基于员工甄选标准来制定决策,而公司在全球运营方面的经验和投入会影响这些标准。表4-2列出了澳大利亚、美国、英国、加拿大、法国、新西兰和亚洲一些全球公司在全球雇员甄选决策中使用的一些具体标准。显然,技术能力对于胜任全球性职务具有举足轻重的意义,但是其他技能,如流利的语言、灵活性以及家庭的适应能力同样也很重要。你可以在这个表中发现,技术和人性方面的因素往往都会加以考虑。未兼顾两方面因素的组织可能在委派雇员全球性职务时遭遇失败。

一旦选择一个雇员作为一个全球性职位的候选人,就可以根据几项个人的和组织的因素来确定该候选人能否进行有效的调整,以适应这一全球性职务,如图4-1所示。

**表4-2　全球雇员甄选标准的重要性排序**

| | 澳大利亚经理人员 N=47 | 外派经理人员 N=52 | 亚洲的经理人员 N=15 |
|---|---|---|---|
| 01. 适应能力 | 1 | 1 | 2 |
| 02. 技术能力 | 2 | 3 | 1 |
| 03. 配偶及家庭的适应能力 | 3 | 2 | 4 |
| 04. 处理人际关系的能力 | 4 | 4 | 3 |
| 05. 海外工作的意愿 | 5 | 5 | 5 |
| 06. 以往的海外经验 | 6 | 7 | 7 |
| 07. 对东道国文化的了解 | 7 | 6 | 6 |
| 08. 受教育程度 | 8 | 8 | 8 |
| 09. 语言能力 | 9 | 9 | 9 |
| 10. 对母国文化的了解 | 10 | 10 | 10 |

外派经理人员指在国外为某一家多国公司工作的美国、英国、加拿大、法国、新西兰的经理人员。

说明:1=最重要;10=最不重要。

(资料来源:R. J. Stone. Expatriate Selection and Failure. Human Resource Planning, 14, No. 1 (1991), p. 10. Used with permission.)

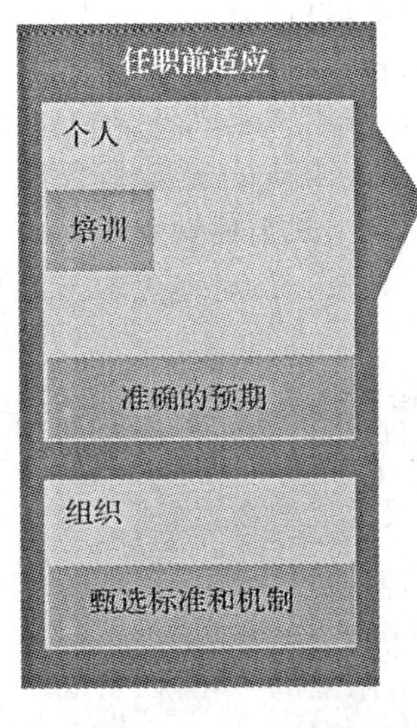


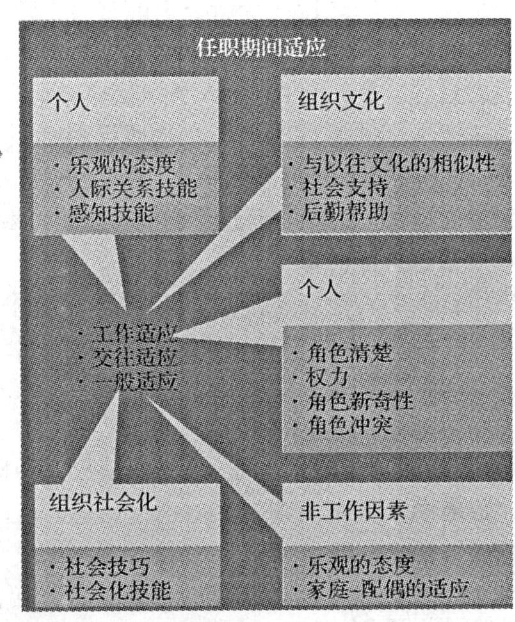


图 4-1 影响全球适应性的因素

(资料来源:Adapted from J. S. Black, M. Mendenhall, and G. Oddou, "Toward a Comprehensive Model of International Adjustment: An Integration of Multiple Theoretical Perspectives," Academy of Management Rrview, April 1991, p. 303.)

如图 4-1 所示,候选人在出国时主要有两种类型的调整:任职前调整和任职期间调整。任职前的调整期受到诸多因素的影响。首先,候选人在接受全球性职务前,对此项工作及所在国家的实际情况有准确的预期是很重要的。候选人的预期会受到就职前培训以及以往在所派往的国家或相似文化中的经验的影响。就职前培训包括那些提供有关文化和工作生活信息的跨文化研讨会或专题讨论会,此项培训有助于候选人更轻松地度过过渡期。此外,对那些曾经接触过所派往国家的文化(或相似的文化)的人来说,要比那些没有任何类似经验的人更容易进行调整。

组织同样可以采取一些行动使任职前的调整更简单一些。例如,组织应当具有适用于选拔全球雇员的适当的甄选标准和机制。通过慎重地选拔担任全球性职务的雇员,组织可以消除大量的过渡问题。

外派人员在到达目的地之后,会出现一段任职调整期,这一调整同样会涉及个人的和组织的因素。个人因素包括下述各方面的个人能力:①在压力重重的新环境中也能保持乐观、积极和创造性的能力;②与东道国的同事进行有效沟通的能力;③准确地感知和适应东道国文化价值观与准则的能力。

使过渡更简单的组织因素包括外派人员将要从事的工作、组织文化以及组织社会化的程度。成功适应一个新国家的重要工作因素包括:清楚的工作预期、个人拥有的制定决策的权力、对工作活动的熟悉程度以及存在的角色冲突。如果没有适当地考虑这些工作因素,外派人员可能要经历很长的调整期或是永远无法适应。

成功过渡所必须考虑的组织文化因素包括:组织文化与外派人员曾经接触的文化的相近程度、当前组织文化提供的社会支持,以及组织为使调整更容易而提供的帮助程度。同样,如果没有适当地考虑这些因素,外派人员可能无法迅速或成功地成为一个创造价值的雇员。

决定候选人能否适应全球性职务的另一个因素是他在组织社会化(organizational socialization)方面的技能。所谓组织社会化,是指雇员适应组织文化所经历的过程。如果社会化过程是适当的,而且个人能够很快地学会"当地行为处事的方式",过渡将更加简单。

最后,我们要郑重提醒大家,非工作因素也会影响候选人适应全球性职务的成败。这些因素包括候选人自己如何进行调整,以适应陌生的文化,以及他的家庭和配偶如何适应陌生文化。家庭—配偶的适应是众多问题的一个主要因素。在不同的文化领域生活,一些简单的事情,如购买日常用品、驾车或是看电影都可能出现各种麻烦,这些情况会给外派人员及其家庭带来压力。文化冲击是事实存在的一种正常反应。研究表明,如果外派人员可以在调整初期渡过文化冲击,那么多数人在大约4～6个月之后就会成功适应新文化。

## 思考题

1. 一个组织应如何决定在该组织中担任全球性职务的人选?
2. 影响全球性职位的候选人适应性的因素有哪些?
3. 谈谈影响全球性职位候选人任职期间适应性因素。

## 结篇案例

### 出人意料

仅仅在一年前,一切看起来还是无比迷人——由于欧洲人开始利用手机在网上冲浪,一个迅捷的数字手机新时代好像指日可待了。作为世界最大和盈利能力最强的移动电话制造商——芬兰诺基亚公司的首席执行官约玛·奥利拉(Jorma Ollia)对此深信不疑,没有谁比他更狂热地期盼这个时代的到来。

然而,2001年6月12日,诺基亚发出的利润警报使投资者们目瞪口呆——预计第二季度销售增长率只有从前的一半，也就是10%。销售订单的减少使诺基亚在一天之内损失了310亿美元。沮丧的奥利拉抱怨“经济形势的不稳定，持续的技术变迁和缺少强势的营销”导致诺基亚栽了这个大跟头。

言下之意，欧洲的经济情况比预期的还要糟糕，诺基亚以及和它的对手——瑞典的爱立信公司曾寄予厚望的移动数据传输技术现在也被证明失败。网络服务商提供的gee-whiz服务没有兑现，最早还要等到夏季才能运行。看来，手机时代还不会很快到来。在欧洲，需要普通移动电话的人才会拥有一部手机。

在奥利拉公开诺基亚的状况之前，股票持有者还设想着若诺基亚通过某种手段可能会逃脱像爱立信和摩托罗拉公司那样的悲惨命运。直到2001年，诺基亚还预期，移动电话的全球销售量每年约为5.5亿部，诺基亚最终还要达到总销量的40%。而现在，诺基亚把全球需求量缩减为4.05亿部，而美林公司的分析师则估计需求量更有可能在3.9亿部左右。

诺基亚承认，它前期的过度乐观是因为仅仅看到了第一季度的销售情况，而没有预期到美国的问题会这么快地传到欧洲来。伦敦Schroder Salomon Barney通信设备研究机构的主管马克·戴维斯·琼斯认为，这次逆转“对于诺基亚的声誉是一个打击”。诺基亚的计划延迟也是移动网络萎靡不振的原因之一，公司为下一阶段准备的2.5G手机也迟迟不见身影。分析专家预测，诺基亚利润将下降12%，如果销售总额为2亿美元，利润损失大约为4亿美元。

随着压力逐渐增大，欧洲的很多移动电话运营商都在巨额债务之下苦苦挣扎，开始削减对移动网络的销售过多收费的补贴。同时，欧洲市场对于手机需求量的下降将导致诺基亚更加依赖像中国这样的市场。此外，在通信设备业务领域，诺基亚还面临着潜在的赔偿消费者手机问题的责任。诺基亚承认自己的基础设备销售只会随着市场的增长而增长，对于投资者来说，这无疑又是当头一棒。

为了增加利润，诺基亚开始把一些生产活动转移到成本比较低的国家，比如墨西哥和中国。但是，关键之处不在于此，诺基亚最需要做的是开发前景广阔的移动网络服务体系。只有这样，这家芬兰公司才有希望获得它的显赫地位。

（资料来源：（美）加雷斯·琼斯，珍妮弗·乔治. 当代管理学. 北京：人民邮电出版社，2005）

### 思考题

1. 全球环境中的哪些因素对诺基亚公司的管理者们产生了冲击？
2. 诺基亚的管理者们又是如何应对这些因素的？

## 实践环节 清道夫搜寻:全球经济

为了了解全球经济的渗透力,要求你找一些话题,带到班上和同学一起讨论。

1. 4～6人为一组。
2. 每个小组从下面的"清道夫搜寻清单"中选择题目,找寻后到班上讨论。
3. 每个小组选择最难或者最感兴趣的题目做2分钟的陈述。
4. 最后查看一下你所在小组的题目涉及几个国家,全班一共涉及多少国家。

**清道夫搜寻清单**

1. 查找4家跨国公司的年度财务报表。
2. 收集3家本地企业从事国际业务的证据。
3. 找一家只出售"中国制造"商品的零售商店。
4. 列举10个不同国家的食品。
5. 列举10个不同国家的服饰。
6. 列举一个由外国人主演的10部影片。
7. 拜访2位外国人,列举他们在中国喜欢和不喜欢的5件事情。
8. 列举使用除汉语之外的其他语言的地点。

# 商业伦理与企业社会责任

## 第5章

## 开篇案例

### 巴塔工业有限公司

1894年,托马斯·巴塔在捷克斯洛伐克创建了巴塔工业有限公司。公司以制鞋为主,直到1939年法西斯德国占领捷克斯洛伐克,公司的业绩一直很好。今天,公司的总部已搬到加拿大。在70个国家和地区拥有工厂71家,商店7000家,员工67000人。在1991年一年中,公司鞋子的销量达到了2.7亿双。

巴塔工业有限公司在加拿大相当知名,且受人尊敬。公司长期以来一直注意对社会的贡献。在安大略巴塔洼的生产厂生产皮鞋和合成材料的鞋。生产鞋子的过程中,工厂制造了大量液态废料,如废涂漆、溶剂、油料和聚氯乙烯氯化物。这些废料在交给有营业执照的废物处理公司之前,通常分开存放在不同的容器中。

由于一些原因,废物处理不能如期完成。1990年,安大略环境部发现工厂在厂外放置着200桶未处理的液态工业废料,而且,他们发现一些盛废料的容器有被腐蚀和破裂的迹象。进一步的调查中还发现,其中一些废料已存放在工厂外达六年之久。环境部的一位法官杰里·赫利希指出,一位调查人员曾发现"废料桶中只剩下一些固体废料,废料桶被腐蚀,桶周围的地面上有斑渍"。很明显,液态废料已经渗入周围的土地中了。很快,巴塔公司被指控对液态工业废料不负责任,影响了当地地下水和附近特伦特河水。管理不善的废料中包含了物质苯和聚氯乙烯氯化物,这两种物质以前是允许向周围排放的。

事实上,1986年,巴塔公司的副总裁、工厂总经理基思·维斯顿先生已经知道废料存放在桶中。而且,当时公司可以花45万加元运送这些桶和废料。1989年,巴塔公司总裁道格拉斯·马钱特先生也得知了废料储存的问题。但是他们两人都未采取措施解决这一问题。最后,公司花费了45万加元研究环境问题和废物清理。经过27天的审判,巴塔公司被罚款12万加元,维斯顿和马钱特两位先生被罚款12000加元。

（资料来源：（美）戴维·J.弗里切.商业伦理.北京：机械工业出版社，1999）

**思考题**

1.本案涉及哪些利益相关者？巴塔公司违背了哪些商业伦理的原则？

2.为什么巴塔公司这样以对社会负责而著称的公司也会出现这种问题？

一个组织的决策者拥有什么样的价值观念，一个组织遵循什么样的道德规范、是否有社会责任意识，以及拥有什么样的社会责任意识，等等，对该组织在整个管理过程中的各项决策及其最终结果，都会产生巨大的影响，并由此可能会影响到该组织未来的生存与发展。

## 5.1 商业伦理的内涵

在世界范围内，公司规模无论大小，无论生产何种产品或提供何种服务，它们的决策者在进行决策时，都可能会面临诸多的道德困境；或者在决策时，因违背了一般公众所遵循的道德标准，从而造成对利益相关者利益的损害，或对他们或社会的长远利益的损害，由此给企业管理活动带来了非常大的消极影响，有时，这一影响甚至超过了某一严重事件给公众造成的打击，如安然公司和世通公司丑闻，花旗集团、摩根大通、美洲银行财务欺诈等，不仅导致了这些公司或破产倒闭，或产生巨大损失，这些事件或丑闻对美国公众信心的打击，甚至超过了9·11事件对美国的打击。

而导致这些问题产生的一个重要原因，就是它们的决策都违背了社会一般的道德标准。

**1.商业伦理**

商业伦理（business ethics），又可翻译成管理伦理、企业伦理、经济伦理等，它是“研究如何将个人道德规范运用到商业企业的行为和目标之中。它不是单一的道德标准，而是研究企业如何影响代表企业的个人针对特定问题的立场”。管理者在管理实践中会遇到大量的伦理困境，即针对什么是公认的对错之类的准则没有准确定义，或者在可选择的决策中没有一项是符合伦理标准的。由此，一些管理者在决策中因考虑道德因素而无所适从，或是因未能采用适当的道德标准而使决策或其结果，损害了利益相关者的利益，并遭到人们的谴责。

所以，管理者在决策时，需要考虑适当的道德标准，学会从伦理的角度思考问题、进行推理并采取符合伦理规范的行动，这样，有助于人们首先意识到并承认潜

在的伦理问题;之后,人们就能在采取行动之前先评价自己和别人对这一问题的价值观、假设前提和判断标准;最后,当人们面临重要的道德困境或道德危机时,当伦理理论难以或无法为人们提供答案时,在此种情况下,采取适当的、负责任的行动仍不失为一个重要的选择。

需要注意的是,被社会广泛认可的道德标准,有时并非是正确的。

**2. 管理中的伦理问题**

管理活动中所产生的伦理问题,覆盖范围很宽泛,有很多是在处理如下一些关系中发生的:与利益相关者关系、短期利益与长远利益关系、企业发展与环境的关系——对资源的破坏或浪费,等等。

上述这些关系,大致分为两大类:内部的和外部的。就外部而言,利益相关者的基本权利应该得到尊重,侵犯他们的这些权利是违背相关商业伦理标准的:股东有权知道有关自己投资的及时而准确的信息;顾客有权充分了解自己购买的产品或服务的安全性,向他们隐瞒这些信息也是不符合商业伦理规范的;供应商和分销商有权要求合同得到尊重,从而保证他们根据合同而应得到的权益;竞争对手也同样有权要求公司尊重符合商业伦理规范的竞争;社区和一般公众,包括他们的利益的代表——政府,有权要求公司尊重社会公认的道德规范,公司决策和/或其后果,对当地经济、社会、人们的道德意识、环境保护等方面的影响,应该符合公众公认的道德规范,如不得向环境排放有毒有害物质等。就内部而言,员工有权要求他们确切的工作条件、环境的安全性、所从事工作的薪酬福利,以及被公正地对待。

**3. 管理活动中不道德行为产生的根源**

一些管理者为什么会有不道德行为?是什么让他们违背公认的道德规范,甚至违反法律?通过研究、总结和分析大量的不道德行为,下面的一些原因,可能是这些管理者管理行为中产生不道德行为的重要因素。

第一,管理者个人道德规范不完全符合公认的道德标准。管理者个人伦理规范对组织的商业行为有着深远而重要的影响,因为组织文化、制度、行为方式等,都渗透着管理者尤其是高层管理者的个人价值观念和他们所遵循的道德规范。当一名管理者在进行管理活动时——包括从组织文化的建设、核心价值观的倡行,到组织相关制度的制定和日常管理活动等等——如果他的价值观和道德观念有问题,那么,就可能给他和他的下属留下违反道德规范的空隙。

第二,管理者在决策时,未能将道德规范纳入到决策方案的评估体系之中。决策时,更多使用成本-收益的分析方式:在他们的方案评估体系中,更多体现的是决策本身的收益,而对收益之外的、决策本身及其后果,是否符合相关的道德规范,对利益相关者的权益或环境保护可能产生的影响、影响程度,等等,缺乏甚至根本就不加考虑。当然,有时候这并非都是管理者故意的:仅仅因为在他们的潜意识中、决策评估指标体系中,缺乏相应的道德标准。

第三,管理者缺乏在组织内部创造一种鼓励成员在决策或其他行为中仔细考虑伦理影响的氛围。由此导致的结果是:组织文化缺少商业伦理规范,决策基本建立在经济因素之上。

第四,来自于高层管理者要求的、难以实现的绩效目标的压力。公司绩效评价系统也往往将这一压力体现出来,从而导致公司只关注短期绩效的"高压文化"氛围。如此,在通过正常途径难以实现这些目标的情况下,也只有采取不道德的手段或途径,于是,大量的不道德行为便会产生。

从安然公司大量的严重的不道德管理行为中,我们看到:组织文化可以将按照社会道德标准衡量属于不道德的行为合法化,特别是这种文化又渗透着对不切实际的目标的关注,比如不惜代价也要将公司短期经济绩效最大化。在这样一种文化氛围中,基于短期目标的巨大压力,管理者很有可能让自己的个人道德规范屈从于只关注短期绩效的组织规范。

**4. 有关商业伦理的几个错误观念**

并非所有的人都认为商业活动与伦理行为有关,甚至有人认为"商业伦理"本身就是个自相矛盾的词。之所以不关注商业伦理,可能与下述的几个错误观念有关。

第一,伦理是个人的事情,而不是公众的或是可以拿来讨论的事情。

这一观念认为个人伦理建立在个人价值观和宗教信仰基础之上,个人根据自己的良知来判断事情的对错,与公众无关。著名经济学家密尔顿·弗里德曼支持这一观点。他认为,将职业人员认真的、职业化的处理问题的举动视为商业伦理的表现并不合适,因为他们并没有接受商业伦理方面的专门训练,所以,他们的行为只是出于"社会责任感",而不是商业伦理。

但因为人是生活在群体中的,所以,他们并非独自做出选择。在现实生活(包括商业活动)中,人们必须而且确实要面临道德选择。在大多数情况下,人们的伦理选择常常是在讨论、交谈和集体辩论的情况下做出的,并受其影响:人们常常依赖于组织和团体来决定事情的意义、方向和目标。此外,个人本身也是组织文化的一部分,而组织内部有各种规范、价值观、行为准则和行为标准来判断哪些行为是可以接受的,哪些行为是不能接受的。因此,将与商业活动有关的伦理问题仅仅或主要视作个人道德选择,实际是贬低了组织在塑造和影响个人态度、认识和行为时所起的作用,商业伦理并不仅仅是个人问题。

研究表明,缺乏社会责任感的公司往往会由于不道德的商业行为受到惩罚。所以,管理学家们都提倡将伦理观念融入到战略管理过程之中——如行为符合道德规范才能表现卓越。而将伦理观念融入到战略管理之中的做法既合理又能创造利润:对社会负责任的行为能够改善公司的业绩。

第二,商业与伦理不相干。

这一观念认为,既然商业活动是在自由市场经济体系中开展的,那么,只要符合市场经济的法则即可,从根本上讲与道德无关——不一定不道德,而是道德中性;管理是建立在科学原理基础之上的,而不是建立在宗教或伦理之上的,所以,谈不上道德不道德。

但是,伴随着在商业和管理活动中,诸如存在安全问题的产品、商业贿赂与欺骗、石油泄漏、有毒物品的排放、空气与水等严重的环境污染以及非法挪用公共财产等问题的泛滥,这些事件都动摇了人们对"美国式纯科学的"特别是缺乏价值观的自由市场经济体系的狂热追捧,有关道德伦理与商业和管理活动无关的说法也逐渐有所改变。

之所以说"商业与伦理不相干"是一种错误观念,是因为它忽视了人们所处的商业环境。商业活动归根到底属于人的活动,而不能只是简单地说成是科学因而可以规避道德规范。假如参与商业活动的所有人都无视道德规范或违反道德,则伪科学的商业将导致商业体系的崩溃,如是,会导致:员工可以公开偷盗公司财物、雇主可以随心所欲地解雇员工、合同签署者可以公然违约,如此等等。

即便是科学,也需要遵从相应的道德规范。

第三,商业伦理是相对而言的。

这是最流行的一种错误观念。它认为商业行为本身不存在对错,而是人们认为它对或错,伦理道德不存在绝对真理。

但是,伦理道德是相对的这一提法显然与人们日常经验相矛盾,认为某人或社会相信某事是正确的就认为它是符合道德规范的这一逻辑是经不起推敲的。例如,很多地方都曾出现过奴隶制并曾经认为它是正确的,那么,当个人或企业在推行奴隶制的地方从事商业和管理活动时,是否也意味着个人和企业也必须保护并执行奴隶制呢?

如果将"伦理与商业是相对而言的"这一逻辑推至极限,则人们不会对道德问题达成任何共识,因为每个人的价值观都是对自己有利。另外,按照这个逻辑得出的结论就是:个人和社会法则没有对错之分。如此,人与人之间的联系、交流、贸易和谈判将无法进行。

第四,好企业意味着伦理水平高。

这一观念认为,能保持良好形象,公正平等地对待顾客和员工以及用合法手段获取利润的企业和企业管理者的行为就是符合道德规范的行为。因此,这些企业没有必要在工作场所的伦理问题上花费特别的精力,只需努力、公正地做好日常工作就行,而日常工作有其自身的道德标准和善恶报应。

这一观念的错误在于，伦理并不总能为商业活动中诸如市场营销、会计、财务、研发、生产等问题提供解决方案。

还有人提出“优秀”企业创立了一套以人为本的价值体系，其企业文化的核心是对原公司的关心超过了对利润的追求。在这一情况下，其实优秀更大程度上是指做好客户服务、与公众和员工保持良好关系以及加强诚信经营而不仅仅是盈利目标。

问题在于伦理并不是强加在商业活动上的东西，而是成功经营的核心的、必要的和不可或缺的因素。

第五，信息技术和计算机技术是道德中性的。

这一观念认为，信息技术和计算机技术既不属于道德范畴，也不属于不道德范畴，而是一个与道德无关的中性词，他们处于“灰色地带”，伦理问题并不明确。这一观念的问题在于，没有意识到信息技术和计算机技术的负面作用，即对这两种技术的滥用，其中所包含的伦理问题却被掩盖了：在信息时代，仍需捍卫信息的真实性和准确性。

**5. 伦理规范的哲学基础**

在讨论如何使管理者的行为符合伦理规范之前，我们需要先了解一下一般伦理规范分析所使用的理论工具，它们可以为管理者如何走出伦理困境提供指导，以使他们的决策及其执行更符合道德规范要求。

(1)功利主义

功利主义，又叫最大幸福原则，它的行为评价原则是：一个行动或行为，只有当它产生出或有利于产生出全体利益相关者的最大的幸福，它才是道德的，在道德上是正确的。这一理论认为，行为的道德价值取决于它们所带来的后果。

根据最大幸福原则，评价一个行为是否道德的程序是：①针对某个具体问题做出一种以上的选择；②分别预测这几种选择的各自后果；③比较这几种不同结果：结果最有利于最大多数人的利益的行为就是道德的行为，而其他相对不利于最大多数人的利益的行为就是不道德的行为。

因此，功利主义的基本观点又可概括为：①终极的善或者说人生的目的就是最大多数人的最大幸福或快乐；②正当的行为就是能促进这种终极的善或最大多数人的最大幸福的行为。

作为管理伦理的哲学基础，该理论主要关注权衡某一商业或管理行为的所有社会收益及其成本，以及对利益大于成本的行为的实施。企业在决策时常常使用成本-收益分析或风险评估的方法，都起源于功利主义的哲学思想。管理者通常会在决策或执行一个决策之前要对其收益和成本进行权衡，以使其选择能为全体利益相关者带来最大收益的方案。例如，考虑是否在D市建立一家生产剧毒化工产品的企业时，管理者就要在生产和提高产品产量和质量、增加就业机会所带来的收

益,与脆弱的城市生态系统中造成的环境污染、当地公众的身体健康等方面所产生的成本之间进行权衡,之后做出最终的决策。

功利主义的主要优点是,它符合一般具有健全理智的人的观念与思维。一方面,它强调了个人幸福在伦理道德中的首要地位,以及包含于其中的各种基本自由,强调了效用和效率;另一方面,它又强调了人的精神追求在幸福中的地位而避免了快乐主义的庸俗,因强调了包含某种平等原则和利他主义的最大多数人的最大幸福原则而避免了利己主义;第三,与其他伦理学说相比较,它具有简单、通俗易懂的特点,易于被接受。

它的主要缺陷是:第一,通常要预见到一个商业或管理决策的全部后果是极其困难的;第二,许多决策的后果难以衡量,而且通常缺少普遍的衡量标准,因为个人的效用函数不同,而且有些东西也无法用货币或金钱加以衡量;第四,效用最大化可能会对一些人造成很大危害。

(2)义务论

功利主义属于目的论伦理学,它强调个人的幸福和效用,比较符合常人的思维和行为方式,但存在难以克服的缺陷。于是,另一种研究伦理学的途径便形成了,即义务论。义务论主张应该评判行为的目的而不应是结果。判定一个行为是否在道德上正确,从而能否成为一个道德规范,并不是去看它的结果,而是看行为本身是否符合某些基于理性的规则,或者说是否遵循了某些义务。根据对义务的不同解释,义务论分为两种:基于权利的义务论和基于正义的义务论。

①基于权利的义务论

基于权利的义务论是用来说明义务的。权利表示一种应当予以满足、他人不得加以干涉的要求,一个人的权利本身便意味着他人的义务。基于权利的义务论对一个行为是否道德的评判原则是:一个行为,只有它是出于对个人正当权利的尊重或者说是出于义务的时候,它在道德上才是正确的或是正当的。所谓对个人正当权利的尊重,是指每个人都有义务维护自己的不可侵犯的正当权利并且不侵犯他人的正当权利。

近现代最有影响的义务论理论之一是康德的伦理学,一般认为,康德伦理学的实质是基于权利的义务论。

康德的绝对命令理论,强调采取行动时要考虑道德权威,要考虑个人对其他任何人的义务。绝对命令由两部分组成。第一部分是,当且只有当人愿意考虑地球上的其他每一个人时,才能选择采取行动,在同样情况下,不偏不倚地以哪种方式采取行动。这个理论是绝对的,不允许有不同情形。第二部分是,一个人的行为应该尊重所有其他有关的人,并将其他有关的人同时当做手段与目标来对待,而不能仅仅当作手段。

康德伦理学的主要优点是，在很大程度上克服了目的论的功利主义的缺陷：要对一个行为的所有后果做出预测的难题，以及为了善意的目的可以不择手段而可能导致的恶果。这就从根本上说明了目的论没有阐明的道德公平。

但是，康德伦理学也有自身的缺陷。第一，难以应用：人们在遇到伦理困境做出选择时每次都考虑所有人是非常困难的；第二，运用一个要平等对待所有人的标准很难解决利益冲突。但它提醒人们：应将对人类及人性的考虑放在利害关系、权利或行为后果之上。第三，如果决策者的义务在伦理困境中相互冲突，康德的绝对命令就无能为力了。因为绝对命令不允许对义务进行优先排序。如对公司的利益相关者分析的主要目的，就是对相互冲突的义务——即对竞争对手、客户、员工、供应商、所有者、媒体、公众等的义务——按优先顺序排序，但根据康德的理论，这一问题无法解决。

②基于正义的义务论

基于正义的义务论，简称正义论，是用正义或公平来说明义务的。它的行为评价原则是：一个行为只有当它符合正义或公平的时候，在道德上才是正确的或正当的。在这里，正义的主要含义是尊重或不侵犯他人的各种个人权利。因此，基于正义的义务论的主要内容，便是对各种正当权利的说明和论证，是对基于权利的义务论的一种深化和发展。

用正义或公平对道德规范做出说明的现代最著名的代表之一，就是著名哲学家约翰·罗尔斯。在他看来，作为制度的行为规范道德的基础是正义或公平，就此而言，伦理学的主要问题就是要说明什么是正义或公平，而正义或公平的主要内容在于分配。

罗尔斯认为公平或正义的分配应当是平等或平均分配：所有社会价值——自由和机会、收入和财富——都要平等分配，除非对其中的一种价值或所有价值的一种不平等分配合乎每一个人的利益。具体来说，这条根本的公平分配原理又体现为两条基本的公平分配原则：第一，每个人对与其他人所拥有的最广泛的基本自由体系相容的类似自由体系都应有一种平等的权利；第二，社会的和经济的不平等应该这样安排，使它们被合理地期望并适合于每一个人的利益，并且依据地位和职务向所有人开放。他相信，只要可以惠及每一个人，他说的那种不公平分配也可以是正义的。

罗尔斯正义论的主要优点是，它符合现代人的平等观念。主要缺点是它的绝对主义，即相信存在着基于理性的超历史的永恒不变的公平正义。如果说公平正义在于尊重和不侵犯个人的正当权利，显然，它的具体内容便取决于对个人正当权利的规定。而现实中的个人权利从来都是社会各阶层利益博弈的结果，是随着社会的变迁而变化的，由具体的个人权利所确定的公平正义也是随着历史的变化而变化的。

**6. 管理活动中需要伦理思维**

在管理活动中使用伦理思维，有以下几个主要原因：

第一，许多时候，法律并不健全，也不能涵盖问题的所有方面或是存在“灰色地带”。此时就需要管理者在管理活动中，从伦理的角度去思考：道德规范有可能会帮助管理者们在管理活动中最大限度地增进利益相关者的利益，或是最大限度地减少对他们权益的损害。

第二，当企业所有者和管理者遇到涉及影响深远的伦理问题的复杂事件危机时，市场经济体制无法有效地告诉他们该怎样处理。此时，他们的决策就需要道德规范加以指引。

第三，复杂的道德问题要求当事人能凭直觉或学着理解并关注公平、公正，以及对人、组织和社团采用适当的程序等。公司政策和程序往往局限于商业活动中涉及的人、环境和社会成本。当一家公司的管理行为难以从法律角度加以界定是否合法的时候，道德就会在这样的商业活动中起到重要作用，因为法律在许多时候是无法去指导人们的行为的。

**7. 以价值观为基础的管理**

以价值观为基础的管理，是管理者建立、推行和实践组织共享价值观的一种管理方式。一个组织的价值观，反映了该组织以管理者为代表的全体成员在道德观念方面对是非善恶等标准的赞同或反对的态度。共享的组织价值观，构成了组织文化并为组织目标服务，对组织管理者的决策及其他行为产生影响。如“做得更好”，即寻找做得更好的方法——不管是为顾客生产优质产品，开展社区服务活动，设计员工培训计划，还是找出让公司生产或包装更环保的方法。虽然简单，但却会让公司员工感受到自己受到的期望和被重视。

组织共享价值观对组织而言，至少有如下几方面的作用：

第一，对管理决策具有指导作用。如“我们相信不同的人给团队带来不同的才能和观点，而一个强大的团队赖以建立的基础正是各种各样的才能”这一观点，向管理者表达了多样化的价值观——观点的多样化、能力的多样化，并为管理者管理员工团队提供了指导。

第二，表现为对员工行为的塑造以及沟通组织对其成员的期望。当员工工作的时候，组织共享价值观会让员工知道自己应该做什么以及如何去做。

另外，共享价值观还会影响到公司市场营销的成效。当一家公司通过自己的行为表现出对社会问题的强烈关注度时，常常会引起社会公众的好感，这对塑造公司良好的形象会带来积极的影响，自然也会对它的营销业绩产生积极的影响：因为消费者大多会选择声望好的公司的产品或服务。

第三，共享价值观是组织建立团队精神的一种途径。当组织成员接受了公司价值观时，就会对自己的工作做出更多投入的个人承诺，并感到有义务对自己的行动负责：因为共享价值观不仅影响成员的道德判断，还会影响工作方式方法，所以，雇员会更热情地按照团队方式进行协作，从而支持他们坚信的价值观；共享价值观还会使成员团结一致，共同努力去实现组织目标。

## 5.2 伦理抉择的影响因素

一名管理者的行为是否合乎道德，要受到包括管理者个人道德发展阶段与个人特征、组织结构设计、组织文化和道德问题强度等诸多复杂的相互作用的因素的影响。通常情况下，缺乏强烈道德感的人，如果为那些反对不道德行为的规则、政策、职务说明或强文化准则所约束，做错事的可能性就会小很多。相反，非常有道德的人，可以被一个组织的结构和允许或鼓励不道德行为的文化所腐蚀。因为行为的道德性是由许多因素共同影响的，如图 5-1 所示。

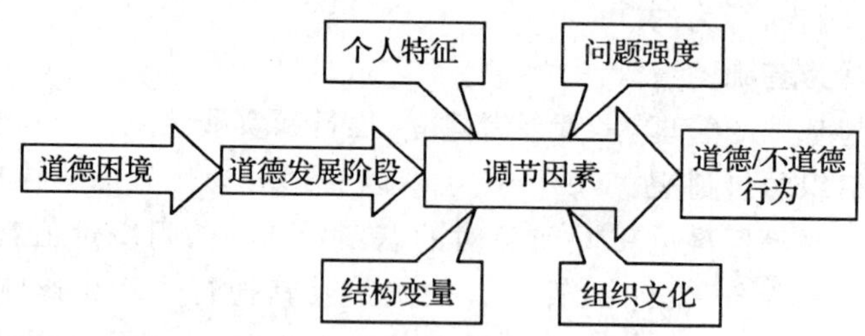


图 5-1 影响行为道德性的因素

### 5.2.1 道德发展阶段

美国的教育心理学家科尔伯格和他的同事经过 20 多年的实证研究（即从 20 世纪 50 年代中期到 80 年代），提出了人类品德发展的顺序原则及数百种特征。由此发现：道德思维能力是内在于个体身上，并随着个体的成熟而发展的。这就从根本上改变了认为品德仅仅是社会进行道德灌输结果的传统观点。品德具有个体的主体特征，个体的道德品质是个体主动与环境互动的结果。这一发现表明，社会道德与个体道德不是简单合一的或同一的，而是对立统一的。

研究表明，个人道德发展可以分为“三个层次、六个阶段”：

层次一：前传统的

第一阶段——有形后果决定行为正确与否。做正确的行为是为了避免惩罚。

第二阶段——满足个人需要的就是正确的。做正确的行为是为了满足自己的需要。

层次二:传统的

第三阶段——得到他人同意的就是正确的。做正确的行为是为了让他人认为自己是个好人。

第四阶段——合法的就是正确的。做正确的行为是为了遵守法律和权威。

层次三:后传统的

第五阶段——尊重个人权利和社会契约的就是正确的。做正确的行为是为了遵守社会契约。

第六阶段——普遍原则决定什么是正确的。正确的行为符合公正原则、公平原则和普遍人权原则。

在层次一的水平上,表明一个人的是非选择建立在物质惩罚、报酬或互相帮助等个人后果的基础上;当道德水平处于层次二时,表明道德价值存在于维护传统的秩序以及不辜负他人的期望中;在层次三的水平上,个人做出明确的努力,摆脱他们所属的群体或一般社会权威,明确自己的道德原则。

由道德发展阶段可以得到如下几个结论:

第一,不存在道德层次持续发展的保障,一个人的道德发展可以停留在任何一个层次上;

第二,大部分成年人处于第四阶段上:他们局限于遵守社会准则和法律,其行为往往是符合道德的。

有研究表明,小公司的经理或自己创业的人一般在比大中型公司经理更高的阶段上思考问题;另一个值得注意的问题是,对不道德难题进行思考判断的层次不同:有些难题的道德决断在较低层次进行,有些难题的道德决断则在较高层次进行。

### 5.2.2 个人特征

伦理水准是通过决策者解决环境中出现的伦理问题时的行为而揭示的。这些行为源自对产生问题的环境条件的态度。决策者的个人价值观体系是其个人态度的基础,所以,价值观是个人行为的先导。而决策的最初影响来自决策者的个人价值观。根据罗基奇(Rokeach)价值观调查的研究,个人价值观包括两个方面:最终价值观和工具价值观。最终价值观是指关于最终目标或希望的最终生活状态的观念或概念;工具价值观是指“关于希望的行为模式的观念或概念,这一行为有助于获得最终生存状态”。研究发现,虽然决策者的个人价值观左右私人生活中的伦理决策,但在职业生活中,个人价值观被组织结构中的其他力量中和了,这些力量能改变个人价值观在决策中的作用。

有三种个人特征在决策中影响着个人价值观的作用，它们是：自我强度、环境依赖性和控制点。

**1. 自我强度**

自我强度是衡量个人自信心强度的一种个性尺度。自我强度很高的人比自我强度较低的人更大程度上依赖个人观念，更多地依靠自己的个人价值观和是非观念，受他人影响较少，更可能做出他们认为是正确的事情。

**2. 环境依赖性**

当情况不清楚时，环境依赖性较强的人更多地用他人提供的信息来确定问题，而不依赖环境的人则依靠自己拥有的信息和自己开发的信息。在组织环境中，因为前一种人在决策中接受并使用组织内其他人提供的信息，所以，往往在应对伦理难题时很大程度上受组织内其他人的影响，其在组织内的决策与其在组织外无法获得他人信息的情况下的决策有很大差异；而后一种人，在决策中使用的信息往往只限于自己拥有的信息——不管是在事前、事中还是事后，都是由自己收集的，其决策更大程度上依赖于自己的个人价值观，因此，往往与其在组织外进行的决策的偏差很小。

**3. 控制点**

控制点是衡量人们相信自己、掌握自己命运程度的个性特征。“外部控制”的人认为生命中的事件是由命运或运气控制的；“内部控制”的人认为他们自己控制着自己的命运。外控的人不大可能对他们的行为后果负个人责任，他们可能依赖外部力量，而内控的人更可能对其行为后果承担责任，并依据自己内在的是非标准来指导自己的行为。内控的人比外控的人在道德判断和道德行为之间表现出更强的一致性。

个人道德观念的性质似乎是与个人价值观结构联系在一起的：不是所有的人都将某个特定价值观看作同等重要。不同价值结构会产生不同的价值观，而不同价值观又会影响到个人行为。

## 5.2.3 结构变量

组织的结构设计对管理者行为的道德性有影响。有些结构提供了强有力的指导，有些结构则可能只是给管理者制造道德困境。结构设计如果能够使模糊性和不确定性最小，并不断提醒管理者什么是道德的，就更有可能促进道德行为。

其他影响道德的组织机制包括目标的使用、绩效评估系统和报酬分配程序。

在组织管理中，目标用来指导和激励员工，但它的使用也可能会带来一些问

题,特别是当它与不道德行为有关联时。如果没有达到组织设定的目标,他们就很有可能从事不道德行为,甚至在不管是否有利益驱动的情况下,他们都有可能会这样做。

组织的绩效评估系统也能影响组织和组织成员行为的道德性。有的组织的绩效评估系统仅仅集中在成果上:如果仅仅以成果评价管理者,他们就可能因为较大的压力而不择手段地追求成果。追求成果,有可能会成为不道德行为的理由。尤其是当管理者对成功员工的不道德行为采取宽容态度时,则其他员工在“示范”作用下也会如此。

组织成员的报酬分配方式或奖惩,一般是与组织的评价体系密切相关的。通常情况下,报酬分配方式或奖惩越是依赖于具体的目标成果,管理者实现那些目标并在道德标准上妥协的压力就越大。虽然这些结构因素对员工有重要影响,但还有对员工影响更大的因素:上级管理者的行为。上级管理者的行为对个人在道德或不道德行为的选择上具有最强有力的影响:成员关注管理当局在做什么,并以此作为什么是可接受的和期望的行为标准。

## 5.2.4 组织文化

组织文化的内容和力量也会影响到组织成员行为的道德性。最有可能形成高道德标准的组织文化,是一种高风险承受力、高度控制并对冲突高度宽容的文化。处在这种文化中的员工,将被鼓励进取和创新,会意识到不道德的行为会被揭露,并对他们认为不现实的或不理想的期望自由地提出公开挑战。

一般来说,强文化比弱文化对管理者的影响更大。如果文化的力量很强并且支持高道德标准,它会对管理者在道德和不道德行为之间的决策产生非常强烈和积极的影响。

另一个重要因素就是价值观——决策者的价值观、同级的价值观以及上级的价值观。可以说,同级的道德行为和最高管理层的道德观念是预测决策者行为道德性的有效工具。这有以下几个理由:

第一,决策者至少在工作环境中会接受与其联系最密切的人(同级和最高管理层)的道德价值观。可以观察到,与上级价值观相比,销售人员更容易接纳同级价值观;

第二,与决策者组织距离越远的关系人对决策者道德价值观影响越小;

第三,某一上级对决策者的权威越大,决策者越容易接受其道德价值观。

### 5.2.5 问题强度

这是影响管理者行为道德性的另一个重要因素。

与问题强度有关的六个因素(图 5-2)是:危害的严重性、对不道德的舆论、危害的可能性、后果的直接性、与受害者的接近程度及影响的集中性。这些因素决定了问题的道德性对一个人的重要程度。

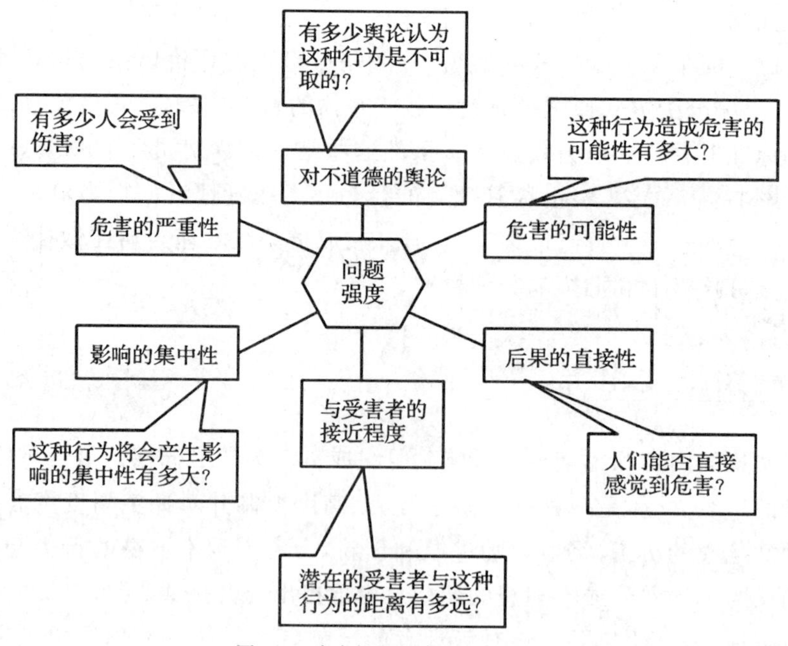


图 5-2 决定问题强度的六个因素

根据这些因素,受到伤害的人越多,认为该行为是不可取的舆论越强,该行为造成的危害可能越大,人们越是能够直接地感到该行为的后果,观察者感受与受害者越接近,该行为对受害者的影响越集中,问题强度就越大。当一个道德问题很重要时,即问题强度越大,就更有理由期望管理者采取道德的行为。

## 5.3 符合伦理规范的管理行为

对管理者来说,若真想减少组织中的不道德行为,可以在管理活动中做很多事情,从很多方面确保伦理因素被纳入到决策及其执行过程中。比如,他们可以挑选道德标准更高的人进入组织;制定符合标准的道德准则和决策规则;通过模范来影

响大家；提供道德培训，实施社会审计；向面临道德困境的人提供支持，等等。若把这些行为看成是互不相关的孤立的行为，那它们可能不会产生太大的影响，但如果把它们的全部或大部分作为综合计划的一部分加以实施时，便具有明显改善组织道德风气的潜力。尽管有不少公司或跨国公司有类似的做法或规则却没能完全杜绝不道德的行为，但这样做，还是有助于减少管理中的不道德行为。管理者至少可以在以下几个方面来确保其符合基本的伦理准则，以及在决策中应考虑到的伦理因素，如图 5-3 所示。

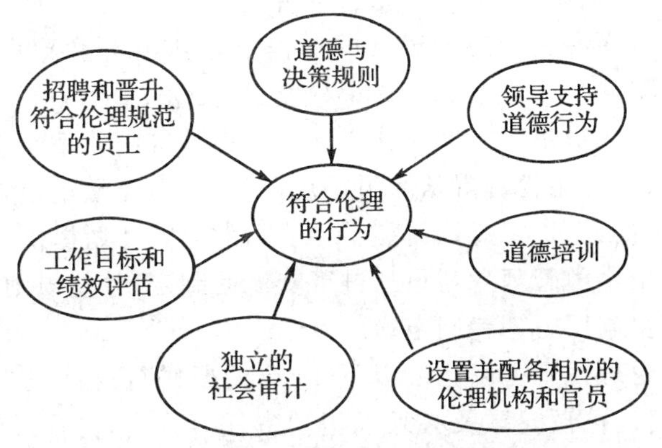


图 5-3　促使管理行为更符合伦理规范的因素

## 5.3.1　招聘与晋升

通常情况下，每个人都处于不同的道德发展阶段并拥有不同的个人价值体系和个性，组织可以在成员甄选过程的相关环节中，把在道德上不符合组织伦理规范要求的应聘者筛选剔除。因为甄选过程可以看成是了解个人道德发展水平、个人价值观、自我强度和控制中心的一个机会。

当然，对于不符合公认的伦理规范标准的员工，组织不应该给予其晋升机会，甚至在必要的情况下将其解聘。

## 5.3.2　道德与决策规则

对公司雇员来说，很多人都可能遇到是非不清的道德困境。这种情况下，就需要对其解决道德困境有重要指导作用的道德规则加以指导，以使其顺利走出这一困境。道德困境，是指一种左右为难的情形——各种道德标准相互矛盾，而任何一种都不能偏废；而道德规则，就是在道德上人们必须遵守的规则，它是用来限制或禁止的，它为每个人设定了必须承担的道德义务，是每个人都必须公正无偏地遵守的行为规范。[①] 组织的道德规则，表明的是组织期望雇员遵守的基本价值和道德规范。

那什么样的道德规则对成员行为有指导作用呢？它应该包含以下几方面内容：从原则上说，首先它应当尽量具体，从而向雇员表明组织期望其应该以何种精神进行工作或活动；其次，它应当足够宽松，以允许雇员有自己判断的自由。从内容上说，第一，做可靠的组织公民；第二，不做任何损害组织的不合法或不恰当的事情；第三，为他人着想。

而要使组织规则发挥应有的作用，管理者需要在以下几方面采取相应的措施。

第一，组织领导者在树立道德风气的过程中起到相当重要的作用。他们通过模仿恰当的行为，奖励工作上道德的人来树立道德风气。

第二，各级管理人员都应当支持并不断重申道德准则的重要性，同时还要坚决惩罚违反准则的人。如果管理者认为道德规则很重要，经常重申它的内容，并公开谴责那些违反规则的人，道德规则就能够为公司的道德计划提供一个坚实的基础。公司的道德规则，应当由管理者与员工进行交流后制定，并使规则在他们中得到强化，而不应当仅仅由高层管理者制定。

第三，组织的伦理规则可以围绕以下 12 个问题进行设计，这些问题能够帮助管理者个人公开讨论伦理问题及必须承担的责任，可以作为指导管理者制定决策时处理道德问题的决策规则。这 12 个问题是：

(1)你是否已经准确地给问题下了定义？

(2)如果站在对方的立场上，你如何对问题进行定义？

(3)这种情况最初是怎样发生的？

(4)作为个人的同时也作为公司成员，你对谁忠诚？对什么忠诚？

(5)你做出这一决策的意图是什么？

(6)这一决策的意图与可能的结果相符合的程度如何？

(7)你的决策或行动会伤害到谁？

(8)在进行决策前你能否与受影响方一起讨论可能产生的问题？

(9)你是否确信自己的观点经过长时间的检验仍然和现在一样正确？

(10)你能否毫无疑虑地将你的决策或行为告诉你的老板、首席执行官、董事会、家人或全社会？

(11)如果你的行动被人理解了，会有什么潜在的影响？如果被人误解了，又将如何？

(12)在什么条件下允许你的观点中出现例外情况？

---

① 《布莱克威尔商业伦理学百科辞典(中文版)》. 对外经济贸易大学出版社. 刘宝成，译，461，473

## 5.3.3 高层管理者的指导

道德规则要求高层管理者要以身作则，因为他们确立了组织文化的价值取向，在言行上，他们是表率，尤其是他们的行动比其道德指导更为重要。他们在组织内部的言行，通常具有暗示作用。当高层管理者将公司某些资源据为己用、扩大其费用支出，给予朋友优待，如此等等，将会暗示其他人：在公司内部这样做是可以接受的。他们还可以通过对某些行为的奖惩来建立或确认文化的价值取向：选择谁或什么事作为加薪奖励或晋升的对象，表明高层管理者在道德上赞同或反对什么。对组织中做错事的成员进行惩罚，并予以公布，传达的是希望强调道德行为的管理者这样的一种意图：做错事情就要付出代价，行为不道德不是员工的利益所在。

## 5.3.4 工作目标和绩效评估

对于员工来说，如果目标定得过高，将会对他们产生较大的压力，由此，可能导致他们产生不道德的行为。尤其在不现实的目标压力下，即便讲道德的员工也会觉得除了不择手段才能达到目标之外他们别无选择。

另外，绩效评估中也有一个个人能否实现其工作目标的重要问题。当绩效评估只关注经济或利润目标时，结果就可能使手段“合理化”。如果一个组织期望它的雇员保持高水准的道德标准，它就必须在其绩效评估指标体系中包含道德评估的内容。

## 5.3.5 道德培训

现在，有越来越多的公司正在设立诸如研讨会、专题讲座与讨论等形式的道德培训项目，以此来鼓励员工的道德行为。所以要进行道德培训的原因是，一个人的价值观可以通过儿童之后的学习来获得；教授解决道德问题的方法会促使道德行为产生实质性的差别，提高个人道德发展水平；此外，即使没有任何结果，这种道德培训至少也增强了对经营道德问题的意识。

进行道德培训的好处有：可以灌输组织行为的标准；它们是那些希望雇员在制定决策时考虑到的问题的高层管理者的一个有力的工具；它们可以阐明什么行为是可以接受的，什么是不可以接受的；这种强化能够在他们必须采取让人不快但却符合道德规范时，增强他们的自信。

## 5.3.6 独立的社会审计

独立的社会审计，即按照组织的道德规则评价决策和管理行为。它可以提高发现不道德的行为的可能性。这种审计是一种常规性评价，定期实施，或是在没有事先通知的情况下随机抽查。为了保证诚实正直，审计人员应对公司董事会负责，并直接将涉及结果呈交给董事会，这就赋予了审计人员一种特权，并可减少其被报复的可能性。

## 5.3.7 设置并配备相应的伦理机构和官员

为了确保企业行为符合伦理标准，有大量的企业都设置了伦理机构并配备一名高层管理者负责组织管理中的伦理问题的解决。其职责是确保所有的员工都被培训得具有伦理意识，进行商业决策时考虑伦理因素，以及贯彻公司的伦理守则。

除上述几点之外，当管理者遇到不同的道德标准或规范之间发生冲突的情况时，就需要采取优先顺序来逐步解决该问题。以下步骤可供管理者在遇到并解决此类问题时加以参考。

第一，对于仅在社团内部发生的交易，如果对他人或社会没有较大的不利影响，应该由该社团的规范支配。例如，德国一家公司的总裁到中国与一家中国企业洽谈合资合同时，他应该在谈判中遵守中国的道德规范。

第二，只要对其他人或社团无较大的不利影响，解决优先权问题的社团规范就应该适用。这家德国公司一旦签署了合资合同并开始雇用中国雇员，就应该在其雇用行为中遵守机会平等的规范（这是德国公司本地的社团规范，但对中国人无不利影响）。

第三，作为规范来源的社团规模越大、越开放，其规范的优先权越大。这家中德合资公司应该满足目前发达国家对公司要求的防火标准、安全标准和卫生标准。发达国家的规范为较国际化的社团提供了参考。

第四，维护交易所处的经济环境所必需的规范优先于有可能破坏这种环境的规范。这家中德合资公司的工资应该符合中国的公平工资水平，而不应与德国的水平看齐，因为用德国的工资水平会扭曲中国现有的经济关系，产生不可预计的后果。

第五，当存在多种互相矛盾的规范时，各规范间的一致性典范提供了确定优先权的基础。雇用童工在一些国家是允许的，而且能提高利润水平，但合资企业应该拒绝这种做法，因为所有发达国家和大多数发展中国家都禁止雇用童工。这点便

是规范的一致性。

第六,明确的规范通常应该优先于不太明确的较笼统的规范。

建立的这家中德合资公司应遵循德国制造公司应该遵守的烟囱排放标准,因为中国目前标准的严格程度远低于德国。

## 5.4 社会责任与组织的利益相关者

比柯制品有限公司位于纽约的利物浦,生产有线电视的配套用品。在 1985 年,出于劳动力价格低的考虑,这家公司决定在韩国的 Buchun 市新开设一个生产厂,雇用 300 名员工,其中绝大多数是已经成家的中年妇女,每小时支付给她们大约 80 美分的工资。劳动力的低成本给比柯公司的产品带来了很大的成本优势。

在 1988 年,这些工人成立了工会。当年 11 月,该工会与公司管理当局达成了联合竞价协议。该协议规定:从 1989 年起,工人的最低工资不得低于每日 6.85 美元。这是韩国有史以来第一个关于最低工资的协议。协议还规定,如果工厂倒闭,管理当局必须支付 35 万美元作为遣散费。

在 1989 年 3 月 3 日,工人代表和最高管理层的例会上,管理当局没有人出席。等了很长时间以后,工人决定回去工作。他们一直像往常一样工作着,直到几天以后供应商减少了供货量。当时,管理当局仍没有任何反应,但催款的账单却堆积如山。工人们决定借助汉城的美国贸易会来寻找公司的老板。贸易会的成员听说了比柯公司的妇女们要来汉城,便在她们到来前就离开了贸易会大楼。当妇女们来到贸易会的办公大楼,她们根本无法找到人来帮助她们。于是,她们决定静坐罢工。警察很快赶到,并把妇女们赶到车上运离汉城。

从此,比柯公司的员工再也没有见到公司的管理当局。管理层的美国人已经关闭了在韩国的比柯公司,回到了美国,更没有人支付 35 万美元的遣散费。显然,韩国比柯公司的管理当局是为了不支付遣散费而从韩国逃回了美国。①

比柯公司的经历证明了一个基本的商业规则:追求利润最大化不应该仅仅受到法律的约束,还应该受到伦理规范的约束。现实中,有人主张企业中的管理者应该以采取使股东长期价值最大化的行动为目标,而实现目标的最好途径是使企业的长期利益最大化。但在这里,我们将明确提出:管理人员必须在实现组织目标的过程中遵守伦理规范,并承担起应有的社会责任。他们必须这样做,是因为这样做是在做正确的事情,也因为这样做有助于公司维持并强化自己在关键顾客或利益相关者中的声誉,这些个人或团体的支持对于公司的生存与发展具有举足轻重的作用。

---

① (美)戴维·J.弗里切.商业伦理.北京:机械工业出版社,1999

## 5.4.1 企业的社会责任

世界上有太多的公司,为了自己的经济利益而对自己的行为进行辩护。很多公司都存在大量的不负责任的行为。现在的管理者经常面临着需要考虑社会责任的决策问题,诸如雇员关系、定价问题、环境保护、产品质量与安全、慈善事业等等,那么管理者面对这些有关社会责任的问题,该如何决策呢?首先让我们了解一下有关社会责任的代表性观点。

**1. 有关社会责任的两种对立的观点**

一个是有关社会责任的古典观点,它主张管理者唯一的社会责任就是利润最大化。其代表人物是米尔顿·弗里德曼。他认为管理者不是不需要承担社会责任,但他们的主要责任就是从股东(公司真正的所有者)的最佳利益出发来从事经营活动,这个"最佳利益",就是股东唯一关心的参股方面的回报;他还认为,不管什么时候,只要管理者自作主张将组织资源用于社会利益,就是在增加经营成本,而这些成本或者通过高价格转嫁给消费者,或者通过降低回报由股东承担。

另一种社会经济学观点认为管理者的社会责任不只是创造利润,还包括保护和增进社会福利。公司并非只是对股东负责的独立实体,它们还要对社会负责,因为社会通过各种法律法规认可了公司的建立,并通过购买产品和服务对其提供支持;企业也不仅仅是经济机构;社会接受并鼓励企业参与社会的、政治的和法律的事务。

**2. 企业社会责任观念及其变化**

1924年,英国学者谢尔顿在其著作《管理的哲学》(*The Philosophy of Management*,Oliver Sheldon)最早提出了"企业的社会责任"(corporate social responsibility)的概念。此后几十年,关于企业社会责任的理论不断发展延伸。

20世纪70年代初,在社会议题管理领域,特别是在企业应当承担何种社会责任的讨论中出现了两派针锋相对的观点。一方是获得诺贝尔奖的美国著名经济学家米尔顿·费里德曼,他代表了经济学的传统观点,即认为企业的唯一责任是为股东创造利润;而另一方,沿袭霍华德·博文于1953年在《企业家的社会责任》中所提出的"企业应该自愿地承担社会责任"的观点。

艾尔斯和沃顿(Eels and Walton,1961)进一步丰富了社会责任的内涵,他们的社会责任观是:"当人们谈及公司的社会责任时,他们所考虑的是由于企业对社会的影响所产生的问题,以及应该如何确立适当的伦理原则来约束公司和社会的关系。"戴维斯和布罗穆卓姆(Davis and Blostrom,1975)则指出:"社会责任就是决策

制定者在追求自身利益的同时，也有义务采取措施保护和促进社会整体的福利。”他们建议企业应采取两种行为来唤醒其社会责任感。第一，企业应该保护社会福利，这意味着避免社会的消极影响。第二，企业应该改善社会福利，这意味着为社会创造积极的利益。麦克盖尔(McGuire,1963)提出，企业应该把自己的社会责任视同经济和法律的义务："根据社会责任的观点，公司不仅负有经济和法律的义务，它们还应该在这些义务之外对社会承担一定的责任。”但是麦克盖尔并没有明确指出在这些经济和法律义务之外的责任到底是什么。塞西(Sethi,1975)对此做了补充，他认为社会责任：意味着把企业行为提高到一个符合普遍的社会规范、价值和期望的层次上。

为了使企业的经济责任和社会责任协调一致，在麦克盖尔和塞西的定义基础上，卡罗尔(Carrol,1979)提出了一种定义，试图把两种责任结合起来，他指出："企业的社会责任包括在某一时间点上社会对企业的经济、法律、伦理和合理期望。”这个定义为人们理解社会责任提供了定性的标准，以确定企业对社会承担义务的本质和类别。

首先，企业要对社会负有经济责任。企业有责任提供社会所需要的商品和服务。与此同时，企业可以获取一定的利润，因为只有企业具有经济实力，才可能履行其他的社会责任。为了履行经济责任，企业必须提高效率，做出明智的战略决策。

企业社会责任的另一个主要部分是法律责任。企业在追求经济效益的同时，还必须遵守法律。社会经济制度允许企业在一定的利润水平上提供商品和服务，同样社会也制定了企业必须遵守的商业规则——法律和法规。这些法规对商业决策、行为和实践的某些期望设置了“强制性的伦理规范”。

企业社会责任的第三种形式是伦理责任。虽然在企业的经济和法律责任中也有道德的成分，但是伦理责任还不止这些，它还另外确定了一些社会成员所期望或禁止的活动和实践的义务，虽然这些活动和实践也许并没有变成法律条文。因此，伦理责任体现了有关商业行为的规范、标准或期望的范围，它反映了对主要的利益相关者，如消费者、雇员、团体、业主及其他人是否公平或公正。

企业社会责任的第四部分是慈善责任。社会希望企业通过商业经营或慈善事业来为社会的繁荣做贡献，从而成为一个优秀的企业公民。如为慈善事业捐款捐物；在社区内推行企业家贷款；为吸毒者开展戒毒运动；赞助民间活动，等等。

企业社会责任(Corporate Social Responsibility,CSR)，国际上对CSR概念的表述差异很大，至今仍未形成统一的定义。一般是指企业在创造利润、对股东承担法律责任的同时，还要承担对员工、消费者、社区和环境的责任。企业的社会责任要求企业必须超越把利润作为唯一目标的传统理念，强调要在生产过程中对人的价值的关注，及对消费者、环境、社会的贡献。

目前比较流行的是由社会责任国际组织(Social Accountability International，SAI)所确立的表述：CSR 区别于商业责任，它是指企业除了对股东负责，即创造财富之外，还应对社会承担责任，一般包括遵守商业道德、保护劳工权利、保护环境、发展慈善事业、捐赠公益事业、保护弱势群体等等。SAI 推出了 SA8000 。

综合国内外学者对企业社会责任所下的定义，基本可分为两类：一种是狭义的社会责任，即企业的社会责任是专指经济和法律责任以外的道德的社会责任；另一种则是广义的社会责任，即将经济与法律责任纳入企业社会责任的范畴，视为企业社会责任的一部分。

**3. 企业社会责任对企业地位的作用**

首先，企业社会责任的履行有助于解决就业问题和企业经营长远目标的实现。除通过增加投资、新增项目、扩大就业外，最重要的是提倡企业科学安排劳动力，扩大就业门路，创造不减员而能增效的方法，尽量减少把人员推向社会而加大就业压力。过去只有 ISO9000 和 ISO140000 国际认证，现在对企业社会责任也有了一个旨在解决劳动力问题，保证工人工作条件和工作环境的国际认证标准体系。这一标准明确规定了企业需保证工人工作的环境干净卫生，消除工作安全隐患，不得雇用童工，等等，切实保障了工人的切身利益。现在众多企业积极履行社会责任，努力获得 SA8000 国际认证，不仅可以吸引劳动力资源，激励他们创造更多的价值，更重要的是通过这种管理可以树立良好的企业形象，获得美誉度和信任度，从而实现企业长远的经营目标。

其次，企业社会责任的履行有助于保护资源和环境，实现可持续发展。企业作为社会公民对资源和环境的可持续发展负有不可推卸的责任，而企业履行社会责任，通过技术革新可首先减少生产活动各个环节对环境可能造成的污染，同时也可以降低能耗，节约资源，降低企业生产成本，从而使产品价格更具竞争力。企业还可通过公益事业与社区共同建设环保设施，以净化环境，保护社区及其他公民的利益。这将有助于缓解城市尤其是工业企业集中的城市经济发展与环境污染严重，人居环境恶化间的矛盾。

第三，企业履行社会责任有助于缓解贫富差距，消除社会不安定的隐患。一方面，大中型企业可集中资本优势、管理优势和人力资源优势对贫困地区的资源进行开发，既可扩展自己的生产和经营，获得新的增长点，又可弥补贫困地区资金的不足，解决当地劳动力和资源闲置的问题，帮助当地脱贫致富。另一方面，企业也可通过慈善公益行为帮助落后地区的人民发展教育、社会保障和医疗卫生事业，既解决当地政府因资金困难而无力投资的问题,帮助落后地区逐步发展社会事业,又通过公益事业达到无与伦比的广告效应,提升企业的形象和消费者的认可程度,提高市场占有率。

另外,在全球化的企业责任浪潮浸润之下,企业社会责任的发展必将带来管理理念新的变革。

**4. 企业如何构建社会责任战略**

企业应该从以下方面着手建立社会责任战略:

第一,企业应该建立明确的流程,确保社会问题以及新兴社会力量在最高级别得到充分探讨,并纳入公司战略规划中,从公司总体发展战略出发,将企业的社会责任贯穿到公司整体经营活动中。

第二,企业应该设置专门的机构来负责社会责任的推行,并设置相应的社会责任考核指标。

第三,培养企业员工的社会责任意识,使企业的每个员工在实际的日常行为中处处履行社会责任。

第四,持续定期发放企业社会责任报告,全面真实地展现企业公民形象。

**5. 企业如何开展社会责任管理**

第一步:提供领导

企业社会责任能否得到领导认同是能否成功的关键。没有强势的领导,企业社会责任将不会得到应有的重视和资源,企业也不能达到预期的回报。因此,当领导层未相信企业社会责任时,管理层需要一个合理的商业理由争取领导的承诺。集体的领导具有影响力,因此企业应利用现存的企业社会责任商业网络。

第二步:将企业社会责任融入组织的策略和营运中

为了把企业社会责任融入公司,可以从如图 5-4 所示的四个阶段开始。

第三步:相关利益者的参与

相关利益者包括雇员、投资者、客户、供应商、政府、社区和非营利机构,他们的诉求对企业的业务运作有着重大的影响,因此对相关利益者的参与需要小心处理。相关利益者参与的形式很多,可以是面对面非正式或正式的对话,单对单或一组的以电话或以平邮或电邮的书面形式。企业在与相关利益者对话时应遵循相应的原则。

第四步:传达企业社会责任的信息

传达企业社会责任信息的益处很多,企业必须弄清对外的最佳沟通方式,在大多数经营管理中,都会有一系列传达企业社会责任信息的方式,见表 5-1。

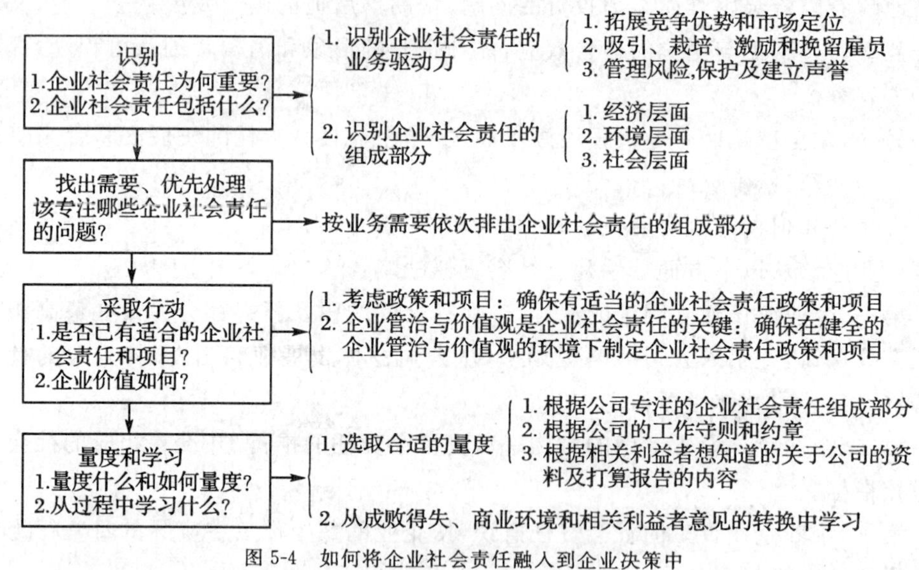

图 5-4 如何将企业社会责任融入到企业决策中

表 5-1 企业传达社会责任的信息方式

| 对内 | 对外 |
|---|---|
| 团队简报 | 年报 |
| 训练课程 | 网站 |
| 对内杂志 | 企业社会责任报告 |
| 内部新规或审核报告 | 可持续性报告 |
| 内联网 | 环境报告 |
| 告示板 | 综合报告 |
| 特定地点报告 | 周年大会 |
| | 不同媒体 |
| | 高级经理人员的讲话 |

## 5.4.2 利益相关者及其管理

利益相关者,是指能影响组织行为、决策、政策、活动或目标的人或团体,或是受组织行为、决策、政策、活动或目标影响的人或团体。通常,主要指组织外部环境中受组织决策和行动影响的任何群体,包括经常与组织直接进行交易的那些人或团体,如员工、顾客、供应商、分销商、股东和债权人;还包括和组织利益关系不是最紧密但仍有利害关系的那些个人或团体,如政府、当地社区和一般公众,等等,如图5-5 所示。

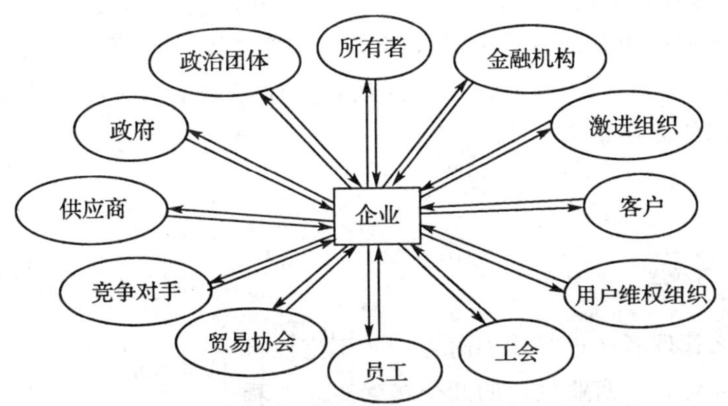


图 5-5　组织主要利益相关者

利益相关群体与组织息息相关。外部利益共担关系的性质是环境中影响管理者的另一条途径:这些关系越清晰、稳定,管理者对组织的影响力就越大。

这些相关群体或是组织决策和行为对他们产生重大影响,或是他们反过来影响组织。具体来看,对利益相关群体管理的重要性主要表现在以下几个方面:

第一,它会影响到组织的绩效,可以为组织带来其他的成果。如环境变化可预测性的改善、更成功的创新、利益相关群体信任度的提高和更强的组织柔性,从而减少环境变化所带来的对组织的冲击。

第二,这是应该做的正确的事情。即组织依赖这些外部群体作为投入(资源)的输入端,并作为产出(产品和服务)的输出端,那么,作为管理者在决策和行动时,就应当考虑他们的利益。

如何管理与这些利益相关群体的关系呢?管理组织外部利益相关群体关系大致分为以下几个步骤:

第一,确定谁是组织的利益相关群体。组织的外部群体多而繁杂,要确定哪个或哪些群体可能受到管理者决策的影响,哪个或哪些群体可能会影响到管理者的决策,从而才能使管理者的决策更符合利益相关群体的要求。这就需要首先确认受到组织决策影响并可能影响组织决策的群体,他们就是组织的利益相关群体。

第二,由管理者确定这些利益相关群体的特殊利益或利害关系及其性质是什么,比如是财务管理问题?环境保护?产品质量?还是工作条件?

第三,管理者必须确定每一个或一组利益相关群体对于组织决策和行动来说的关键性——多少及其程度,即管理者在计划、组织、领导和控制时,考虑该利益相关群体具有何种程度的关键意义。因为对组织的"关键性"不同,组织需要投入的资源及采取的管理方式也会不同。

第四，管理者决定通过什么具体的方式管理外部利益相关群体关系。这一决策取决于外部利益相关群体的关键程度以及环境的不确定性程度：利益相关群体越关键，环境越不确定，管理者越是需要依赖与他们建立明确的伙伴关系，而不仅仅是承认他们的存在。

## 思考题

1. 为什么管理者在进行管理时会产生不道德行为？
2. 谈谈你对有关商业伦理的几个错误观念的看法。
3. 功利主义有哪些基本观点？其优缺点各是什么？
4. 简述义务论两种基本观点的主要内容。
5. 为什么说管理活动中也需要伦理思维？
6. 组织的共享价值观有哪些作用？
7. 有哪些因素影响组织行为道德性？
8. 怎样使组织的管理更符合道德规范？
9. 承担社会责任对企业有何意义？企业如何开展社会责任管理？
10. 管理利益相关者关系对企业有何重要影响？如何管理？

## 结篇案例

### 他该如何选择？

汤姆在美国一家大型城市银行工作，一天，有一位新顾客进入银行。数月前，该顾客曾开过一个户头，但却没有进行任何业务。现在，他将两个腰圆膀粗的人留在门口，独自走了进来；将钱箱存放在柜台上，要求在他自己的户头上存入一大笔钱（10 万美金）。几个星期之前，有关他的流言蜚语已经传到了汤姆的耳朵，据说他曾主谋了一次大型抢劫，好几个无辜者受了轻伤。到现在为止，这些还只是谣传，尚未得到证实。这个案件发生在 80 年代初，美国还没有从法律上禁止可能性的嫌疑犯进行银行业务。此外，汤姆的银行也不愿意针对洗钱制定出相关政策。就在本周开始，银行当地负责人仍在坚持宣传“顾客第一”的思想，这就是说，应该接受一切存款，而不问其来路，只要不引起公愤，因为“生意毕竟是生意”。

（资料来源：P. 普拉利. 商业伦理. 北京：中信出版社，1999。经编者整理）

**思考题**

1. 汤姆接不接受这笔存款？

2. 汤姆如何对待这位顾客所提供的信息？

## 实践环节

请你寻找一家最近有严重违反伦理规范的企业，并对其行为进行道德评析。

# 计划与目标管理

## 第6章

### 开篇案例

#### 金帝酒业怎么了?

不久前,为最大限度节约成本增加利润,金帝酒业公司决定在整个公司内实施目标管理,根据目标实施和完成情况,一年进行一次绩效评估。

事实上,他们在此之前为销售部门制定奖金系统时已经用了这种方法。公司通过对比实际销售额与目标销售额,支付给销售人员相应的奖金。这样,销售人员的实际薪资就包括基本工资和一定比例的个人销售奖金两部分。

销售大幅度提上去了,但是却苦了生产部门,他们很难及时完成交货计划。因此,销售部总是抱怨生产部不能按时交货。于是,公司高层管理者决定为所有部门和员工建立一个目标设定流程。生产部门的目标包括按时交货和库存成本两个部分。

为了实施这个新的方法,他们需要用到绩效评估系统。他们请了一家咨询公司指导管理人员设计新的绩效评估系统,并就现有的薪资结构提出改变建议。他们付给咨询顾问高昂的费用修改基本薪资结构,包括岗位分析和工作描述。还请咨询顾问参与制定奖金系统,该系统与年度目标的实现程度密切相连。他们指导经理们如何组织目标设定的讨论和绩效回顾流程。

总经理期待着很快能够提高业绩。

然而,不幸的是,业绩不但没有上升,反而下滑了。部门间的矛盾加剧,尤其是销售部和生产部。生产部埋怨销售部销售预测准确性太差,而销售部埋怨生产部无法按时交货。每个部门都指责其他部门存在的问题。客户满意度下降,利润也在急剧下滑。

(资料来源:余敬,刁凤琴. 武汉:中国地质大学出版社,2006)

**思考题**

案例中的问题可能出在哪里？为什么设定目标(并与工资挂钩)反而导致了矛盾加剧和利润下滑？

## 6.1 计划与目标概述

### 6.1.1 计划的概念

计划经常被称为管理的首要职能，因为它为管理的其他职能，即组织、领导和控制，打下了基础。那么，计划这一概念的含义是什么？计划包括定义组织的目的和目标，制定为达到这些目标的总体战略，以及建立一套综合的计划体系来整合与协调行动。它涉及目标——做什么，也涉及手段——怎么做。

计划工作可以是正式的，也可以是非正式的。所有的管理者都在某种程度上参与了计划工作，但是，他们的计划工作可能是非正式的。在非正式的计划工作中，从来不把计划写下来，也很少或几乎不与组织其他成员讨论目标，这种类型的计划工作通常是在一些小企业中才这样做。在这些企业中，只有担当所有者兼管理者的人才对企业的愿景以及如何实现这一愿景有所了解，非正式的计划工作通常缺乏连续性。不过，在大型组织中也有编制非正式计划的，在许多小企业中也有编制非常复杂的正式计划的。

本书中提到“计划工作”这一概念时，指的都是正式的计划工作。在正式计划中，每一个时期的具体目标都会有明确的界定。这些目标以书面形式记录下来并告知组织成员。有了这些目标，管理者就可以制定明确的计划，清楚地界定组织想要实现目标的途径。

### 6.1.2 管理者制定计划的原因

设立目标，制定战略以实现目标，开发一系列的计划以整合和协调组织活动，这是一系列的复杂活动。管理者制定计划至少有以下几个理由，如图 6-1 所示。

第一，计划工作可以为员工提供指导。

第二，计划工作能够将管理者为应对变化而采取的行动清晰地表现出来。所以，管理者在一个复杂环境中最需要开展计划工作。

第三,计划工作能够减少浪费和重复。事前协调可以及时发现浪费和沉赘,而且,当手段与目标都非常清晰时效率低下部分就会显现出来。

第四,计划工作所建立起来的目标或标准有利于管理中的控制。如果组织成员不清楚应达到什么样的目标,计划可以告诉他们;管理者在计划工作中指定目标和计划,而在控制职能中,他们会判断计划是否得到贯彻,目标是否达到。一旦识别出明显的偏差,就可以进行纠正。因此,若没有计划工作,绩效就无法与目标相对照,也很难进行控制。

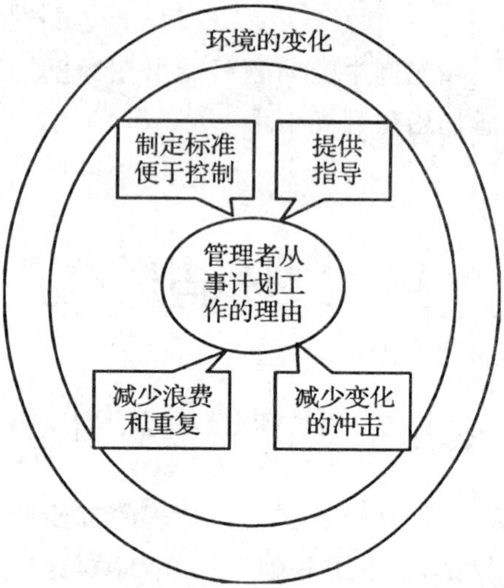

图 6-1　从事计划工作的理由

### 6.1.3　计划对绩效的影响

组织制定计划对绩效的影响通常是积极的,但不能说有正式计划的组织总是比没有正式计划的组织绩效更好。计划对组织绩效通常有如下的一些影响。

第一,一般地说,如果外部环境没有发生大的变化,则正式的计划工作通常能带来更高的绩效、更高的资产回报率,以及其他实实在在的财务绩效。

第二,计划工作的质量以及实现计划的适当措施,可能比计划本身带来的绩效更高。

第三,正式的计划并不必然导致高绩效,外部环境的影响通常是更关键的。例如,政府的管制、难以预见的经济挑战,以及其他环境因素等的约束,使管理者没有更多的选择空间,由此就限制了计划对绩效更大的影响。

第四,计划和绩效之间的关系,还受到计划的时间结构的影响。一般组织要改进它的绩效,需要足够期限的系统性的正式计划。

## 6.2　组织的目标与目标管理

计划工作包括两个重要的方面:确定目标和制订实现这一目标的行动方案。目标,是指个体、群体或整个组织期望的结果或产出。它提供了所有管理决策的方向,构成了衡量标准,参照这些标准就可以度量实际工作的完成情况。不过,对于组织中定性的目标,需要通过关键事件技术来衡量。关键事件技术(Critical Incidents Technique,CIT),就是通过搜集故事或关键事件,用以识别各种工作环境下工作绩效的关键性因素的一种工作分析技术方法。它所提供的信息并不是客观的数字，而是主观的意见和印象，该理论是一种识别人力绩效关键性因素的手段。它所关注的，是曾经导致任何成功或失败的事件，通过从熟悉某项工作的人那里搜集一些关键性的事件，来形成绩效评估的内容条目。这些事件，通常以描绘成功或不成功的工作行为的故事、轶事的形式被搜集起来，然后，再浓缩成一个单一的、能抓住事件本质的行为陈述。这就是人们将目标称为计划工作的基础的原因。因此，在制定计划之前，管理者必须知道所期望的目标或结果是什么。计划，是关于如何实现目标的书面表述，它描述了资源分配、预算、进度安排和其他实现目标的必需的行动。

从计划的概念中我们知道，计划首先需要确定出组织的目标。所以，我们首先要对目标进行了解。

## 6.2.1 组织目标的类型及其设定

组织的目标乍一看上去似乎是单一的:对企业而言，目标是获得利润；对于非营利性组织而言，其目标是满足某些群体或公众的需要。但事实上，所有的组织目标都是多重的。例如，企业的目标包括提高市场份额、维持员工积极性，或者是降低管理成本、提高财务回报率，等等；非营利组织，如慈善机构，不仅仅要开展筹措善款活动，同时，它也致力于帮助社区经济困难的弱势群体。对组织而言，不应当只强调单一的目标而忽略衡量组织成功与否的其他目标。因为采用单一目标，如利润，有可能会因为管理者由此忽略其职责的其他重要方面而导致不道德的活动。

需要注意的一点是:虽然生存没有作为一个目标被特别提到，但它对所有组织来说都是最重要的。

**1. 目标的类型**

因分类方法的不同而使目标的种类也有很多种。

(1)陈述目标与真实目标。大多数公司的目标可分为战略目标和财务目标。财务目标是与组织的财务绩效相关的目标，例如，肯德基可以确定自己的财务目标是年均销售额和收入增长5%～8%，营业收入年均增长7%～10%；而战略目标是除了财务目标之外的其他所有与组织绩效相关的目标。如“上海通用”CEO要求该公司在中国中高端汽车市场的份额超越“上海大众”。这些目标是“陈述目标”——组织所表述的以及它希望其利益相关者相信的正式声明。这一目标可以从组织的章程、年度报告、公告，或管理者的公开陈述中找到。但是，这些目标之间可能相互矛盾，并且受到利益相关者对组织期望的影响:因为利益相关者对组织评价的标准不同；另外，这些目标往往很模糊，可能更大程度上代表了管理者的公关能力，而不是组织想要达成目标的有效指导，它在很大程度上是由组织的利益相关者群体的期望偏好决定的。

如果想了解一个组织的真实目标——一个组织实际追求的目标——是什么，你就必须仔细地观察组织成员正在干什么，行动是对目标的最好定义。

了解组织的真实目标与陈述目标之间的不同对于理解组织的不一致行为非常重要。

(2)主要目标与次要目标。就企业来说，它的生存、盈利和发展作为其三个最为重要的目标同时存在，相辅相成，缺一不可。围绕总目标，企业通常还要在以下几个方面设立分目标：市场地位、创新与技术进步、生产率、物资与财力资源、利润率、主管人员的绩效和发展、员工的工作质量和劳动态度，以及社会责任等。

次要目标，是有助于实现主要目标的目标。例如，营销目标作为次要目标，寻求的是确保产品设计能够始终符合顾客的需求并保持实现预期的利润，从而使顾客长期重复购买。它与企业的总目标是一致的，也是实现主要目标所必需的。

需要注意的是，目标并非越多越好，通常应尽量减少次要目标并突出主要目标；其次，每一个次要目标及其实现，都必须与主要目标保持一致并有助于主要目标的实现。

(3)长期目标与短期目标。从目标实现所需要的时间跨度来划分，目标可以分为长期目标和短期目标。一般来说，把时间跨度达五年以上的目标称为长期目标，要求一年以内实现的目标称为短期目标。

由于长期目标历时较长，中间发生变动的因素很多，因此，长期目标在实施的过程中，随着时间的推移，需要不断地进行调整。而短期目标则是长期目标的基础：任何长期目标的实现都首先依赖于短期目标的实现，短期目标必须与长期目标保持一致并体现出和有助于长期目标的实现。

(4)定量目标与定性目标。提起目标，人们就会联想起一系列数字，如销售额、回款额、产量、废品率之类，通常我们把这些能够用数字表达的目标称为定量目标，它的优点就是直观、量化、清晰，便于监督考核；而不足的地方就是没有主导方向，在鱼和熊掌不能兼得时，不能做出清晰的判断和抉择。如销售额和回款额、产量和废品率出现矛盾时，是保销售还是保回款？是要产量还是要质量？这就要取决于公司的定性目标，定性目标是指企业的发展方向或企业定位，它是企业目标的本质。是追求稳定发展还是确保市场份额，如果追求稳定和可持续性，就要选择回款和质量；如果追求市场占有率，则要选择销售和产量，这就是由定性目标所决定的，所以定性目标决定了定量目标的方向和重点，从某种程度上讲，定性目标决定了企业的成败。原因就在于，清晰而远大的定性目标会引导企业持续发展，模糊或短浅的定性目标易导致企业停滞搁浅。

**2. 目标的设定**

目标能够为管理决策和行动指明方向，是对实施结果的衡量标准。组织成员所做的所有事情都应当以达到目标为导向。目标的设定，可以通过传统的目标设定或用目标管理来完成。

在传统的目标设定中，目标是由最高管理者设定的，然后自上而下贯穿整个组织，分解为每一个组织层次的子目标，如图 6-2 所示。

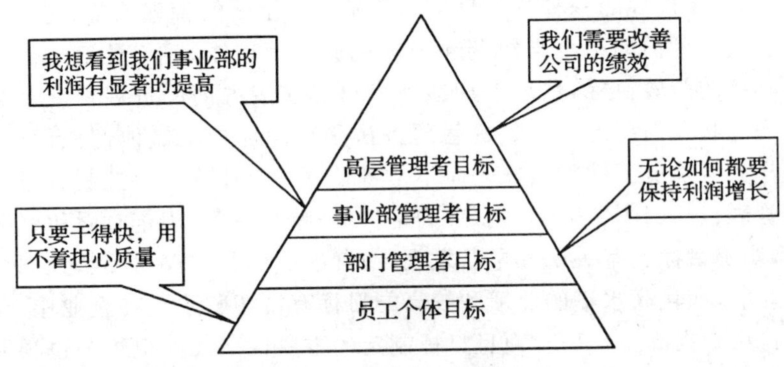


图 6-2　传统的目标设定

这一目标设定方法有个前提假设：最高层管理者因为具有更广阔的视野，所以，知道什么是最佳的目标和方式。目标也是由最高层设立并逐级下达到组织的各个层次，以指导和在某种程度上约束每个员工的工作行为。员工的工作目的，就是实现他们所在职责领域分派的目标。目标传递到每一个层级时都以书面形式来明确该层级的责任，然后，在未来的某个时间里，评估各个层级的绩效以确定所设立的目标是否已经完成。由此，就导致了传统的目标设定方法存在如下的问题：

第一，将组织庞大的战略目标分解成组织各个层次、部门、团队甚至是个人的目标，是非常困难的，而且可能导致较高的计划工作或计划执行的成本，特别是对大型公司而言更是如此。

第二，如果高层管理者确定的目标比较宽泛或模糊，则目标在逐层向下分解时，可能会使每个层次上的管理者确定的具体目标失去清晰性和一致性：更加模糊和偏离原来设定的方向。因为他们是基于自己对组织目标的理解或偏见来确定具体目标的。当然，这点并非必然发生。

当组织目标的层次结构明确时，它就构成了一个一体化的目标网络，或是一条“手段-目的链”：上一层的目标与下一层的目标相联系，后者成为前者的手段，基层目标是实现上一层目标的手段，依此类推，直至组织的顶层。这就是传统的目标设定运作过程。

与传统目标设定不同，许多组织都采用“目标管理”方法。

## 6.2.2 目标管理

### 1. 目标管理及其特点

目标管理(Management By Objects,MBO),是一个组织成员共同确定组织目标并依据这些目标的实现与否来评估员工绩效的过程,是由美国管理学家彼得·德鲁克于 1954 年倡导的一种管理哲学。它是一个全面的管理系统,它用系统的方法使许多关键管理活动结合与协调起来。在这一管理体系下,员工与他的管理者共同确定具体的绩效目标,然后定期地评审目标实现方面的进展情况。奖励是基于目标实现的状况而制定的。目标管理方法是要确保员工做他们该做的事情,同时把它们作为激励员工的方法——而不是将目标仅仅作为一种控制方法。

目标管理包括四个要素,它们是:确定目标、参与决策、规定时限和评价绩效。

第一,明确目标。有关研究早已发现:明确的目标要比仅仅要求人们尽力去做有更高的业绩,而且高水平的业绩和较高的目标有密切联系。在企业中,目标技能的改善会持续地提高生产率。而且目标制定的重要性在公共组织中也很明显。在许多公共组织中,对管理人员来说的一个重要困难就是目标的含糊不清。

第二,参与决策。MBO 中的目标设定,是采用参与的方式,由上、下级共同参与制定各对应层次的目标,即通过上下级协商,逐级制定出整体组织目标、经营单位目标、部门目标,直至个人目标。这为组织的各个层级管理者和全体成员为实现组织目标而保持一致性奠定了基础。

第三,规定时限。MBO 强调时间性:制定的每一个目标都有明确的时间期限要求,如一个月、一年、三年、五年等。在大多数情况下,目标实现的期限可与年度预算或主要项目的完成期限相一致。但并非必须一致,而只要依据实际情况来确定。某些目标应该安排在较短时间内完成,而另一些目标则可以安排在更长的时间内完成。一般地说,组织的层次越低,为达到目标而设定的时间期限就越短。

第四,评价绩效。MBO 寻求不断地将实现目标的进展情况反馈给个人,以便他们能够及时了解情况并调整自己的行动。即下属人员承担为自己设置具体的个人绩效目标的责任,同时还具有同他们的上司一起检查这些目标的责任。由此,每个人对他们所在部门的贡献就变得非常明确清晰。尤其重要的是,管理人员要努力并积极参与吸引下属对照预先设定的目标来评价业绩,以此创建一种有效的激励环境。

### 2. 目标管理的过程与步骤

从过程来看,目标管理大致经过以下四个步骤:

第一步,建立目标体系。实行目标管理,首先要建立一套完整的目标体系。这一工作通常是由上而下逐级确定的。对最高管理者来说，制定目标的第一步，是确定在未来某个特定时期内企业的宗旨或使命和更重要的目标是什么。而当由下级拟定出整个可考核的目标系列时，应由上下级一起进行暂定目标的协商与修改。目标体系应与组织结构相结合，使每个部门都有清晰明确的目标。

第二步，明确责任。在管理中，有时会遇到，在实现目标的过程中，所期望的结果和责任之间的关系被忽视。实施目标管理最重要的一点，就是要尽可能做到每个目标和子目标都有具体的责任人负责。

第三步，组织实施。当高层管理者对目标管理高度负责并亲自参与实施过程的时候，组织的生产率大幅度提高，如果是低度的承诺和参与，则生产率平均改进幅度很有限。在组织实施的时候，高层管理者要注意以下两点：一是他的管理要多体现在指导、协助、提出问题、提供信息情报，以及创造良好的工作环境方面；二是要把更多的权力分配给下级成员，充分信赖并依靠下级成员的自我控制来完成目标任务。

第四步，考评与反馈。对各级目标完成情况，采取定期检查、考核的办法是比较有效的。检查的依据或标准就是事先确定的目标。对最终结果，应当根据目标的完成情况进行评价，并将评价结果及时反馈。反馈对目标实施者有积极的影响。经过评价和反馈，使得目标管理进入下一个循环过程。

让我们再来看一下典型目标管理的步骤。

典型的目标管理步骤如下：

(1)制定组织的全局目标和战略；

(2)在事业部和职能部之间分解目标；

(3)部门管理者与其下属单位的管理者共同设定他们的目标；

(4)单位管理者与该单位全体成员共同设定每个人的具体目标；

(5)在管理者与员工之间就如何实现目标的具体行动计划达成协议；

(6)实施行动计划；

(7)定期检查目标实现的进展情况，并提供反馈；

(8)目标的成功实现得到基于绩效奖励的强化。

**3. 目标管理的评价**

目标管理的流行，说明了它的优点已经被广泛认可。它有助于提高员工的绩效和组织的生产率，同时，作为一种管理方法，确立和实现目标的过程其实也是对员工的一种极其有效的激励方法：在适当的条件下，它会导致更高的工作业绩。

当然，它也存在一些难题：

第一，缺乏灵活性。目标管理要求外部环境的相对稳定，由此员工才能够实现预先确定的目标。但目标是面向未来的，而未来又存在着许多不确定的因素。如果由于环境的改变需要在很短的时间内不断地去修改目标，一方面使员工没有足够的时间去实现修改后的目标，也很难对员工的努力做出恰当的评价；另一方面，此时的管理人员往往会表现出迟疑和犹豫不决。因为如果目标经常被修改就说明它不是经过深思熟虑和周密计划的结果，并且修订一个目标体系，可能会使企业付出更大的成本。

第二，员工可能会过分关注自己的目标，而不考虑或较少考虑工作单位内其他人或其他部门的目标，这可能对提高生产率产生消极影响。为解决这一问题，管理者必须与部门内所有成员密切合作，以确保所有员工工作在具有一致性的目标之下。

第三，可能导致短期行为。通常情况下，管理者制定目标管理计划很少会设定超过一年的。所确定的目标往往是一个季度或更短的短期目标，这就不可避免地导致组织的短期行为。强调短期目标所导致的短期行为对长期目标的安排可能会带来不利的影响，这就要求高层管理者对各级目标制定加以指导，以确保短期目标与长期目标的一致性，并有助于长期目标的实现。

第四，如果目标管理方法被简单地看成是一项年度的例行工作，只是填填表格，那么它就不会对员工产生激励作用。

**4. 设计良好目标的特征**

第一，一个设计良好的目标应当是以结果而不是以行为表述的。因为期望的最终结果是目标的最重要的要素，所以，目标应当是以结果来表征的。

第二，目标应该是可度量的和定量化的。目标只有可度量才可以很容易地确定它是否到达了。对于那些难以定量化的领域，也应当尽力找到衡量目标是否实现的具体标准。

第三，应该具有清晰规定的时间框架。因为没有时间期限约束的目标，会使管理者不能确定何时算是到达目标而使组织缺乏灵活性。

第四，目标应该具有挑战性，但又是可以实现的。目标的实现太容易，或拼尽全力也难以实现，都不具有激励性。

第五，应该是以书面的形式表达的。以书面形式表达目标的过程会迫使管理者去仔细思考，并且因为以书面形式表达的目标是有形的和可见的，它会随时提醒并激励人们为目标的实现而努力。

第六，应该是与组织有关成员充分沟通过的目标。因为沟通是为了理解，而理解目标则是确保他们实现目标的必要条件。

**5. 目标设定的步骤**

进行目标管理，管理者首先要设定目标。管理者在设定目标时应该遵循哪些步骤？概括起来，大致有以下几个步骤。

(1)审视组织的使命,也就是审视组织的目的。使命是对组织目的的一种广泛的陈述,它是对组织成员如何思考问题的一个重要指南。因为组织目标反映了一个组织的使命,所以,在确定目标之前审视组织使命陈述是十分重要的。

(2)评估可获得的资源。尽管目标应该具有挑战性,但它首先必须具有现实性:如果没有相应的资源,无论如何努力都不可能实现目标。所以,管理者不应该超越组织可获得的资源,设定不可能实现的目标。

(3)制定目标的同时考虑其他相关因素。目标要反映希望的结果,同时应该与组织的使命和其他领域的目标相协调;目标还应该是可度量的、具体的、写明完成期限的,等等。

(4)以书面形式陈述目标,并且与相关人员充分沟通。

(5)评估结果以判断目标是否实现。如果没有实现,则要对目标进行调整。

组织一旦设定了目标,形成书面文件,并经过充分沟通,那么,管理者就需要制定如何实现目标的计划了。

**6. 目标管理系统的设定**

目标管理是系统整体的管理。为了提高目标管理的整体效应,应在管理组织系统内建立起结构科学、合理、有序的目标管理系统,并组织专门(或兼职)的班子,如目标管理领导小组或目标管理办公室,来协调目标管理体制中各系统的正常运行。通常,目标管理系统应包括以下几个组成部分:

(1)目标系统。即根据本单位的基本任务、上级目标及各种主客观因素而建立起来的目标网络体系,既包括空间结构,也包括时间结构。空间结构是由总体目标按纵向和横向分解展开构成的有机整体,通过它能反映一个单位在一定时间范围内整体目标的内容和要求。时间结构是按长、中、短期目标及按时序展开的目标实施进度建立起来的目标时序网络体系,通过它能反映目标随时间变化的内容和要求。当前,有些单位推行目标管理时,对目标的时间结构体系研究和重视不够。这是造成目标的连续性、稳定性差,易受外界干扰的主要原因。

(2)目标考评系统。目标考评系统是为检查、考核目标实施情况而建立起来的。其基本依据是目标体系的具体内容、要求及可能采取的检查、评价方法。它包括三个方面的内容:一是目标考评标准体系,如数量、质量、时限等要求,项目划分,权数规定,计分标准等。二是目标考评方法体系,如分项记分、综合评定法、名次排列法、成果发表考评法等。通过建立目标考评方法体系,使目标考评实现科学化。三是目标考评制度体系,如考评程序、权责划分、奖惩办法等。

(3)目标保障系统。就是为保障目标实现而制定的对策措施、极限及资源分配、信息工作,协调控制的总和。它包括:

目标责权系统。在纵向上,实行首长(主官)目标负责制;在横向上,实行部门目标项目负责制等。

目标管理信息系统。确定信息的内容、范围、分类、收集方式，规定信息流通渠道，确定信息处理与存储方法等。

目标对等系统。例如人力、物力、财力的应变措施，目标计划的调整预案，协调、控制手段等。

目标管理方法系统。这是为顺利开展目标管理而运用的各种管理方法的总称。如目标决策论证方法，目标展开方法，目标实施中的协调、控制方法等。

以上三个部分(可称子系统)互相联系，互相制约，缺一不可。

**7. 目标管理中领导者的主要任务**

领导者是管理的主体，其工作绩效的好坏，直接关系到目标管理的成败。目标管理过程中的主要工作都是领导者应着力抓好的。概括起来，各级领导者的主要任务包括以下几个方面：

(1)把握住目标方向。目标一经确定，就成为组织和协调一切管理活动的依据。组织目标决定着一个单位各项工作的方向，规定着各部门的基本任务和预期成果，制约着全体人员的行动。因此，必须保证目标方向的正确。如果目标方向有错误，使的劲越大，管理绩效就会越差。领导者要把握住目标的方向，首先应确定上级的要求，从全局出发，使本单位/部门目标成为保证上级目标实现的有效措施；其次，要使目标体现本单位/部门的基本任务；再次，要在确定长期战略目标的前提下，制定分期目标，不能走一步，看一步，或只靠上级的指令办事。

(2)落实目标责任。一是将目标分解并落实到岗位、个人，保证整体目标的实现。为此，领导者要做到让在一定的职位的人承担相应的目标责任；又要避免各目标项人才产生内耗；“有位无人”，则将造成目标无人负责的现象。二是“能位”相应。就是要量才用人、合理用人，所用之人的素质(品德、才能等)应与其在组织系统中所处的职位相适应。“位高能低”，难以实现目标；“位低能高”，则造成人才浪费。三是责任对应。要根据每个人担负目标责任的大小，授予相应的权力，使其权责相应。有职有权，利于目标的实现。

(3)调动部属的积极性。充分调动部属的积极性、创造性，是提高管理绩效的根本途径。领导者的责任就在于用人、做好人的工作，采取有效的激励措施，开发、培养和提高部属的能力。在目标管理中，如果人们的才干得不到充分发挥，能力得不到很快提高，领导者的目标也是难以实现的。

(4)搞好协调、控制。目标管理强调自主管理和自我控制，但领导者绝不能放弃检查、指导的责任。因此，当目标责任制实施以后，领导者要深入下去，调查研究，掌握目标实施进度。发现问题了，或提醒目标责任者自行纠正，或直接干预，采取纠正措施。领导者还要组织好那些互有目标关联的部门或个人之间的协作，使

各个环节上的目标都能均衡地发展。

(5)处理好例外事项。推行目标管理过程中,会有不少随机性例外事项,环境干扰也较大,领导者要认真处理好这些工作和目标之间的关系,及时调配人力、物力等资源,必要时修正原定目标,积极排除环境干扰。这样才能使目标管理顺利进行。

## 6.3 计划的类型及特点

管理者需要计划来帮助他实现目标。但不同类型的计划之间有很大差别,并且会影响到管理者实现目标时的资源配置效率。所以,首先需要了解不同类型的计划及特点。

从所涉及的范围来划分,计划可以分为战略计划和运营计划。战略计划,应用于组织整体,其任务在于建立组织的全局目标和寻求组织在环境中的定位,它倾向于覆盖较长期限——通常为五年甚至更长,和较宽的领域——包括组织整体,并包含目标的设定;而具体规定如何实现组织全局目标的细节的计划称为运营计划,它要界定实现目标的途径,倾向于覆盖较短的期限,如月、周,甚至是日。运营计划是假定目标已经明确,只是提供一个行动方案。

从实现目标期限的长短来划分,计划分为长期计划和短期计划。不过,由于组织环境的不确定性越来越大,导致长期计划的期限也相应缩短。一般把五年以上的计划称为长期计划,一年以内的计划称为短期计划。不过,长期计划与短期计划的划分是相对的。一般来说,短期计划必须依赖于长期计划所确定的目标和阶段性任务来加以制定,短期计划的完成是为长期计划的实现服务的。

按照明确程度的不同,可以将计划分为指导性计划和具体计划。指导性计划,只规定一般性的指导原则,不把管理限定在具体的目标或是特定的行动方案上。这种计划为组织指明了行动方向,但不提供实际的操作路径,具有内在的灵活性;而具体计划,则具有明确规定的目标和一套可实行的操作方案。组织通常根据面临的不确定性和可预见性程度的不同,选择制定这两种不同类型的计划。

按照使用的频次不同,计划分为一次性计划和持续性计划。一次性计划,是指为满足特定情况需要而设计的计划。一个计划只为了解决一个专门的问题,伴随问题的解决,计划就结束了。持续性计划,包括政策、规划和程序,它们不是伴随某个特定问题的解决而结束,而是给管理者持续很长时间的指导。

按照组织职能的不同,计划还可分为生产计划、营销计划、财务计划和人力资源计划等。企业组织要进行生产管理、营销管理、财务管理和人力资源管理等,就要相应地为这些活动和职能部门制定计划。

在表现形式上，计划又可分为宗旨、目标、战略、政策、规则、程序、规划和预算等类型，在本书其他相关章节已讲，这里就不一一赘述了。

# 6.4 管理者如何制定计划

## 6.4.1 计划工作的权变因素

前面我们已经了解到，计划有不同类型。那么，哪些条件决定了这些计划的不同类型呢？影响计划工作的权变因素有三种，它们是组织的层次、环境的不确定性以及未来投入的持续时间。

图 6-3 说明了管理者在组织中所处的层次与计划类型之间的一般关系。在大多数情况下，较低层次的管理者主要是制定运营计划，随着组织层次的升高，计划就越带有战略导向。

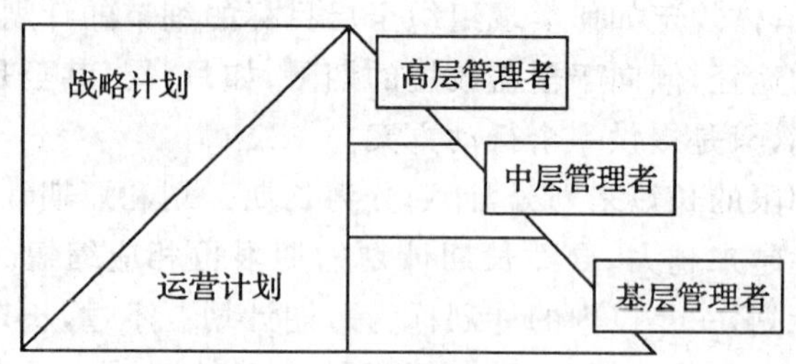


图 6-3 组织层次与计划类型的关系

影响计划类型的第二个因素是环境的不确定性程度。当环境具有较高的不确定性时，计划就应当是具体而又灵活的，管理者必须准备在实施计划的过程中修订计划。对管理者来说，在环境不确定的情况下坚持正式计划工作是非常重要的，因为使这种计划对组织绩效产生积极影响至少需要四年左右。

影响计划工作最后一个因素涉及计划工作的时间框架。当前的计划越是影响到未来的承诺和投入，管理者设立的计划时间框架就应当越长。承诺原则，即计划包含的期限应尽可能地延长，以最大限度地预测未来，使得在该期限内能够实现当前的承诺。

## 6.4.2 计划工作的方法

一个组织怎样制定计划，只要考察一下是谁在制定计划就清楚了。

按照传统的方法，计划完全是由组织最高层管理者在正式计划部门的辅助下制定的，一组专职的计划专家负责制定各种各样的计划。在这种方法下，计划是由最高层管理者开发的，然后按照组织层次逐级向下分解。当计划由上到下逐级制定时，组织各级的计划通常按照特定需要进行。虽然这种制定方法具有使管理计划更完备、更具有系统性和协调性等特点，但这种方法更多地关注如何开发计划而不是制定一个具有可操作性的计划，结果使计划充满了大量无意义的信息而少有人问津。虽然还有很多组织的计划仍然采用这种自上而下的传统制定方法，但只有当管理者认识到制定具有可操作性计划的重要性时它才是有效的。有效的计划应当为组织成员指出实际的努力方向，并对实施提供指导。

另一种计划的制定方法是吸收更多的组织成员参与计划过程：吸收组织的各个层次和各个相关部门的人员共同制定，以满足某些特定的需要。例如，在戴尔公司，生产部门、供应部门、渠道管理部门的员工每周召开会议，讨论当前产品的供求情况，并以此为基础制定计划；同时各个部门制定各自的日常安排，并跟进各自的进展情况。如果其中一个团队跟不上进度，那么该团队的员工就要相应地修改计划以赶上进度。

当组织成员更积极地参与计划，他们就会体会到：计划是用来指导和协调工作的，而不是用来纸上谈兵的。

## 6.4.3 制定计划的步骤

虽然各类组织的性质不同，编制的计划内容差别也很大，但编制计划所遵循的程序和步骤却具有普遍性。管理者在编制完整的计划时，实际上都要遵循图 6-4 所示的步骤。即使是编制一些小型的简单计划，也应该按照下述的完整的思路去构想整个计划。

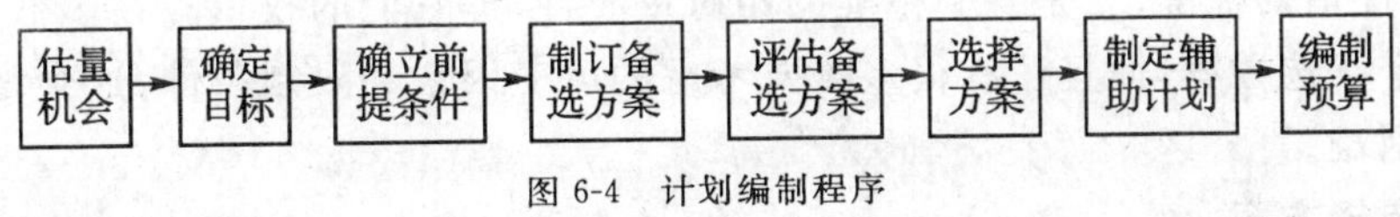


图 6-4 计划编制程序

**1. 估量机会**

严格地说，估量机会不属于编制计划过程的组成部分，要在编制实际计划之前进行。但是，关注外部环境中的和组织内部的机会是编制计划的真正起点。管理者应该考虑未来可能出现的机会，并对这些机会进行全面了解，管理者应该了解组织长、短处及组织的期望。这些都是确定切合实际的组织目标所必须考虑的问题。如果是公司，应了解市场上的各种因素、竞争状况和顾客需求及其变动趋势、企业自身的强弱项等。估量机会就是根据环境和组织的现实状况对可能存在的机会做出现实的判断。

**2. 确定目标**

确定目标，就是确定计划预期的结果，并且要确定为实现这一目标需要做哪些工作，重点何在，如何运用战略、政策、程序、规则、预算等计划工具去完成计划工作。

目标的选择是计划工作极其关键的内容。一个成功的计划不可能出现目标上的偏差。在目标设定上，首先要注意它的价值。各类计划设立的目标应该与组织的使命和总目标有价值上的一致性，这是对计划目标的基本要求。其次，要注意目标的内容及其优先顺序。有时组织中会有几个共存的目标，它们的“轻重缓急”是不同的，由此将导致不同的行动内容和资源配置的先后顺序差别，结果就会有差异。因此，恰当地确定哪些目标优先，是目标确立过程的重要内容。最后，目标应有明确的衡量标准，并尽可能量化，以便度量和控制。

**3. 确立前提条件**

确立前提条件，就是要确立整个计划未来所处的环境。计划是对未来条件的一种“情景模拟”，这种“模拟”能够在多大程度上贴近现实，则取决于对它未来所处环境和状态预测符合现实的程度，也就是取决于确定前提条件这一工作的质量。

**4. 制订备选方案**

编制计划时，在可能的条件下，需要寻求和检查尽可能多的可供选择的行动方案。这就需要集思广益、开拓思路。但有时问题不是寻求尽可能多的可供选择的方案，而是减少这些方案的数量，以利于管理者确认和选择最有希望的方案。

**5. 评估备选方案**

在找出了各种备选方案和检查了它们的优缺点后，下一步就是根据计划的目标和前提条件，权衡利弊，对各个备选方案进行评估。评估备选方案的尺度有两个：一是评估的标准；二是各个标准的相对重要性，即它们的权重。在多数情况下，存在多个备选方案，而且还有很多需要考虑的可变因素和限制条件，这会增加评估比较的困难。

**6. 选择方案**

这是采用计划的关键一步。做出正确的选择需要建立在前述工作的基础上。为了保持计划的灵活性，选择的结果可能是两个或更多的方案，并且决定哪个方案被选定，哪些方案需要细化和完善，作为后备方案。

**7. 制定辅助计划**

方案选定以后，计划工作并没有最后完成，还需要在选定方案的基础上，为涉及计划内容的各个部门制定支持该方案的辅助计划。完成辅助计划是实施总计划

的基础。例如，南方航空公司为了获得规模竞争优势而计划新购一批客机，这一基本计划就需要制定相应的辅助计划作为支持：它要制定相应的雇用和培训各类乘务人员的计划、维修设施计划、飞行时刻表计划，以及保险、广告和筹资计划等辅助性计划。

**8. 编制预算**

这是计划编制的最后一步，即把计划转变为预算，使计划数字化。预算是汇总组织各种计划的一种手段，将各类计划数字化汇总，才能更有效地配置好组织资源。企业的全面预算是体现收入和支出的总额、所获得的利润或者盈余，以及主要资产负债项目的预算。如果预算编得好，可以成为衡量计划完成进度的重要标志。

### 6.4.4 计划的经济性分析

计划的经济性分析，就是应用经济学中的经济效果的概念来确定一个计划对组织目标实现所做贡献的程度。应用这个概念作为管理工具是以如下两个基本假设为依据的。

假设1：工商企业管理主要是一种经济活动。经济学的原理和方法应该是可以应用并能转化为管理的原则和方法。经济一词的含义就是指对资源的有效利用。

假设2：任何组织单位的主要目标都是以最小的消耗（投入）取得最大化的收益（产出）。这个前提是从广义上说的，因为最大化的收益这一概念，不仅适用于投资、销售或生产方面，也可以用于慈善机构等非营利组织。

经济分析的方法有如下两种：

第一种是有关资源有效利用的边际分析。主要是借助于边际收益与边际成本这两个概念。边际分析法体现向前看的决策思想，是寻求最优解的核心工具。边际成本、边际收益，表示的是一种确定与产生增量有关的投入增量的效果，它反映了计划对资源利用的有效性状况：企业在判断一项经济活动对企业的利弊时，不是依据它的全部成本，而是依据它所引起的边际收益与边际成本的比较。只要边际收益大于边际成本，这种经济活动就是可取的；在无约束条件下，边际利润值为0（即：边际收益＝边际成本）时，资源的投入量最优（利润最大）。在任何组织管理上，必须不断地探寻其行动或拟定的计划在实现目标时是否使其资源的有效利用处于最优。计划工作中的经济效益，将导出通过有效地利用现有资源而能最大限度地达到公司目标的计划。这一方法为选择适当的计划提供了一个有效的工具。

另一种分析方法是成本收益分析。它主要适用于那些难以用经济效果来评估计划的非营利组织，如政府部门、宗教团体和慈善机构等。成本收益分析方法的前提是追求效益的最大化,是一种量入为出的经济理念,它要求对未来行动有预期目标,并对预期目标的几率有所把握。它可用于以下情形:难以衡量效益的价值或效益的分配的时候,以及在制定一个计划的成本中难以确定哪些成本应当被包含在内、哪些应该排除在外的时候。例如,可以用这一方法来评估城市建设规划、地方政府在四年制本科高校和三年制职业学院之间的财政分配。

## 6.4.5 如何在动态环境下制定有效的计划

动态环境已经成为一种常态而非特例。那么,管理者如何在不确定的环境下,使计划更有效?至少需要做好以下几方面:

第一,管理者开发的计划应当是既具体又灵活的。环境不确定性要求只有使计划更具体些才更具有操作性。具体不是僵化。管理者必须认识到:计划工作是一个持续的过程。尽管目标可能会因为动态的市场环境的变化而改变,但计划依然发挥着"路线图"的指引作用。如果环境需要改变计划,那么管理者就应该随时改变行动的方向,即保持计划的灵活性。

同时,管理者还应当准备在环境发生变化时改变前进的方向,保持这种灵活性在计划的执行过程中是非常重要的。

第二,管理者需要对环境保持高度关注,因为环境可能影响计划的执行,计划需要根据环境的变化及其趋势做出调整。即便在高度不确定的环境中,仍然需要继续制定正式计划,因为正式计划能影响组织绩效,持续地制定计划有助于显著地提高组织绩效。

第三,在动态环境中开展有效的计划工作意味着需要将组织结构扁平化。这意味着允许较低的组织层次设定目标和制定计划,因为从组织的上层往下传递公司的目标会花费很多时间,所以,低层次的管理者就要承担起设立目标和开发计划的职责。

第四,管理者必须在设定目标和制定计划方面对雇员进行培训,并相信他们有能力完成这些任务。

## 6.4.6 情景计划

情景计划又称为权变计划,是管理者对未来情况进行多重预测并分析如何有效应对各种可能出现的情况,从而得到一系列如何应对不同情形的方案。情景计划也是常用的计划方法之一。

计划试图对未来进行预测,目的是为了能够对未来可能出现的机遇或威胁提早做好准备。然而，未来本质上是不可预知的。那么，管理者如何才能游刃有余地应对这种不可知性呢？这是曾位列世界第三大石油公司——荷兰皇家壳牌公司的管理者在20世纪80年代最关注的问题。1984年，石油的价格为每桶30美元，包括壳牌公司在内的大多数分析家和管理者都认为到1990年石油价格将上涨到每桶50美元。尽管有这样的乐观预测，壳牌公司仍然在管理者中间进行了一项情景计划训练。壳牌公司的管理者被要求运用情景计划对石油市场未来可能出现的各种状况进行分析，然后制定出一套计划，详细说明一旦未来真出现了所预测到的某种状况，他们应当如何应对其中的机遇和威胁。

情景之一，就是假设石油价格将下降到每桶15美元，管理者必须决定在这种情况下应该采取何种对策。公司的管理者们开始致力于制定一项由一系列建议组成的计划。最终形成的计划包括各种不同提议，如通过自主开发或者从外引进新技术来削弱石油开采成本，增加对成本效益高的炼油设备投资，撤销不盈利的加油站等等。在审查这些建议过程中，高层管理者得出这样的结论：即使石油价格继续上涨，上述那些措施同样能够增加公司的利润。于是，他们决定把这些计划付诸实施。事有凑巧，20世纪80年代中期，石油价格真下跌到了每桶15美元。与其他竞争者不同，由于壳牌公司已经采取了相应的措施，所以在低迷的世界石油市场上仍然获得了相当大的利润。当然，2000年石油价格再次回升到了每桶30美元以上的时候，壳牌公司理所当然地获得了有史以来最丰厚的利润。

由于未来是不可预知的，进行计划的唯一合理的办法，就是首先要对未来可能出现的各种状况进行假设，并在此基础上形成一组"多样未来"或者未来的情景，然后制定出各种各样的计划，详细描述一旦假设的任何一种未来情景果真出现时企业该如何做。

情景计划的优点不仅仅在于能够形成有用的计划，还能够促使各级管理人员清醒地认识到公司所处环境的动态特征和复杂性，以及可供公司采用的战略多样性；其次，情景计划还是一种学习工具，它能够保持计划过程的质量，并为一个组织带来实际的利益；最后，情景计划的最大优势在于，它不仅能够对充满了不确定性的未来可能出现的挑战进行预测，还能够激励管理者从战略角度对未来进行思考。

因此，应用情景计划的公司越来越多。

## 6.5 分配资源的技术

组织一旦确定了它的目标，计划工作的一个重要方面，就要决定怎样去实现目标。为了实现目标，管理者必须拥有相应的资源。资源，就是一个组织所拥有的资产，包括财务资源、物质资源、人力资源、无形资产等。如何有效地配置这些资源，以满足实现组织目标的要求，是管理者必须解决的问题。有关资源分配的技术有很多(这些技术在其他一些课程中，如会计、财务、运营管理等课程中多有涉及)，本部分仅介绍以下几种。

## 6.5.1 预算

预算，是一种数字性的计划，用以对待特定的活动分配资源。它在组织中被广泛应用：管理者通常要为收入、费用和大规模资本支出(如设备等)制定预算；另外，组织有时还用非金额的数字预算来改进时间、空间和材料的利用，如人工小时、能力利用率或单位产量等。它被广泛应用，至少是因为以下几个方面的原因：

第一，它适用于各种类型的组织以及组织中的各种活动。在一个国家之内的各类行业、企业，或者组织的各个层次上，应用货币化的预算是唯一可行的。

第二，预算几乎是所有管理者都要使用的一种计划技术：不管它处于组织的哪一个层次上。

第三，预算还是一种重要的管理活动。因为它强制性地在整个组织范围内推行财务的纪律和结构。

但是许多管理者仍因为感觉它浪费时间、不灵活和缺乏效率与效果而不太喜欢预算。所以，管理者需要改进他们的预算。为此，管理者需要：坚持合作与交流；保持灵活性；在整个组织范围内协调预算；在适当的条件下应用预算软件；记住是目标推动预算而不是相反；预算只是一种工具；利润来自机智的管理，而不是预算框住了它们。

预算的类型如图 6-5 所示。

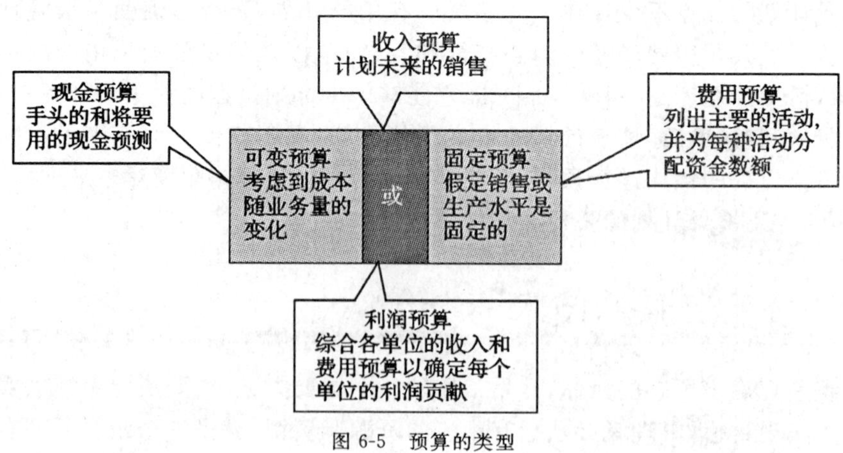


图 6-5 预算的类型

## 6.5.2 排程

如果拿出几天时间去观察一下组织的管理者，你就会发现他们都在定期制定详细的资源分配计划，如分派谁从事什么活动；哪些订单需要完成，由谁来完成，何时完成，等等。这些管理者在做的就是“排程”——将任务分配至资源的过程。下面分别介绍几种排程工具。

**1. 甘特图**

甘特图也称为条状图，它是20世纪初由泰勒的助手——亨利·甘特开发的，是以图示的方式通过活动列表和时间刻度形象地表示出任何特定项目的活动顺序与持续时间。

图6-6是某出版社针对某图书制定的甘特图，横轴表示时间，纵轴表示活动（项目），线条表示在整个期间内计划和实际的活动完成情况。它直观地表明任务计划在什么时候进行，及实际进展与计划要求的对比。

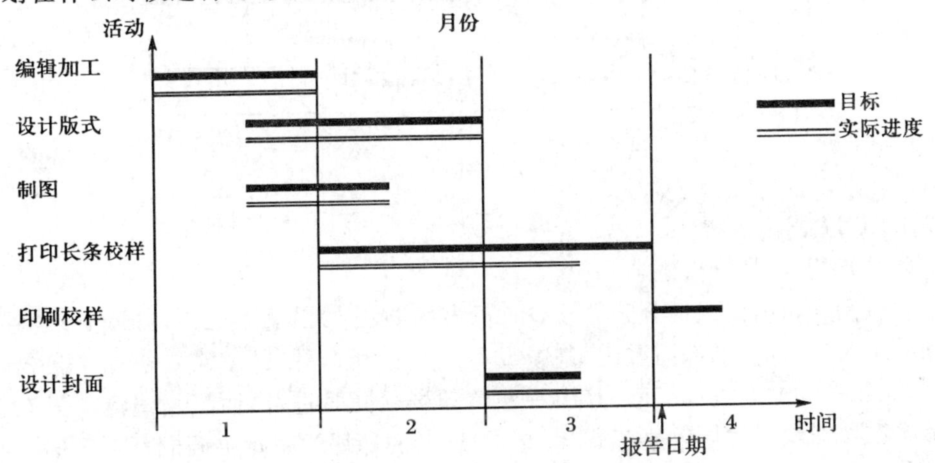


图6-6 甘特图示例

管理者由此可以极为便利地弄清一项任务（项目）还剩下哪些工作要做，并可评估工作是提前还是滞后，抑或正常进行。

甘特图是对简单项目进行计划与排序的一种常用工具。用于解决负荷和排序问题时较为直观，它能使管理者先为项目各项活动做好进度安排，然后再随着时间的推移，对比计划进度与实际进度，进行监控工作。调整注意力到最需要加快速度的地方，使整个项目按期完成。

甘特图具有简单、醒目和便于编制等特点，在企业管理工作中，尤其在现代的项目管理中被广泛地应用。

**2. 负荷图**

负荷图是一种改进了的甘特图,它不是在纵轴列出活动,而是列出整个部门或某些特定的资源。通过检查负荷图中的负荷情况,可以使管理者明了哪些资源是满负荷的,哪些资源未得到充分使用,还可以加载工作量。负荷图可以使管理者计划和控制生产能力的利用情况,对各工作区的能力进行排程。例如,图 6-7 是某出版公司 6 个责任编辑的负荷图,每个责任编辑负责一定数量书籍的编辑和设计。通过检查他们的负荷情况,管理 6 个责任编辑的执行编辑可以看出,谁有空闲的时间可以编辑其他的图书。

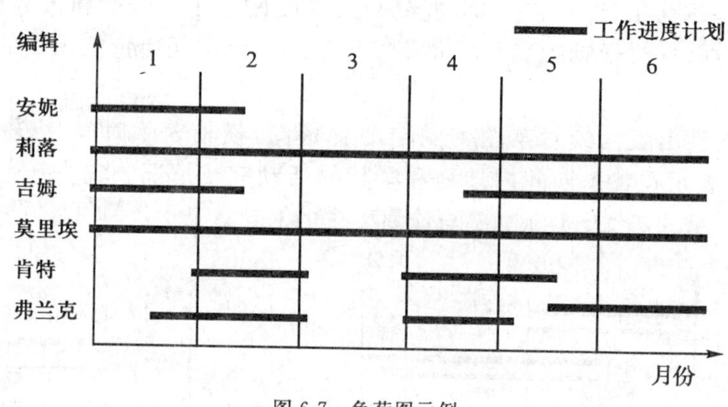


图 6-7　负荷图示例

**3. PERT 网络分析**

(1)PERT 网络分析概念

甘特图与负荷图只适合于数量少而又相互独立的活动。但是,如果管理者要计划一个大型项目,如部门重组、削减成本或开发新产品,那就需要协调来自公司的市场、制造和产品设计部门,其中一些活动必须同时进行,而另一些活动只有在它前一衔接活动完成后才能开始,由此,管理者的计划就需要协调成百上千的这些不同的活动。此时,就需要用到 PERT 网络分析技术对这一复杂活动进行排序。PERT(Program Evaluation and Review Technique),即计划评审技术,最早是由美国海军在计划和控制北极星导弹的研制时发展起来的。PERT 技术使原先估计的、研制北极星潜艇的时间缩短了两年。简单地说,PERT 是利用网络分析制定计划以及对计划予以评价的技术。它能协调整个计划的各道工序,合理安排人力、物力、时间、资金,加速计划的完成。在现代计划的编制和分析手段上,PERT 被广泛使用,是现代化管理的重要手段和方法。

PERT 网络是一种类似流程图的箭线图,它描绘出项目包含的各种活动的先后次序,标明每项活动的时间或相关的成本。对于 PERT 网络,项目管理者必须考

虑要做哪些工作，确定时间之间的依赖关系，辨认出潜在的可能出问题的环节。借助PERT网络还可以方便地比较不同行动方案在进度和成本方面的效果。因此，PERT网络使得管理者能够监控项目的进度，识别可能的瓶颈，必要时调动资源使项目按计划进行。

构造PERT网络，需要明确四个概念：事件、活动、松弛时间和关键路径。

①事件(events)，表示主要活动结束的那一点；

②活动(activities)，表示从一个事件到另一个事件之间的过程，它需要花费时间和耗费资源；

③松弛时间(slack time)，是单个活动在不影响整个项目完工期的前提下可能被推迟完成的最大时间；

④关键路径(critical path)，是PERT网络中花费时间最长的一系列相互衔接的事件和活动的序列。处于关键路径上的事件，其完成时间的任何延迟都将使整个项目完成时间被推迟。换句话说，关键路径上活动的松弛时间为零。

在PERT网络中，假设各项工作的持续时间服从β分布，近似地用"三时"估计法估算出三个时间值，即最短、最长和最可能持续时间，再加权平均算出一个期望值作为工作的持续时间。在编制PERT网络计划时，把风险因素引入到PERT中，人们不得不考虑按PERT网络计划在指定的工期下，完成工程任务的可能性有多大，即计划的成功概率(计划的可靠度)，这就必须对工程计划进行风险估计。

在绘制网络图时必须将非肯定型转化为肯定型，把"三时"估计变为单一时间估计，其计算公式为：

$$t_i=\frac{a_i+4c_i+b_i}{6}$$

式中：$t_i$ 为 $i$ 工作的平均持续时间；$a_i$ 为 $i$ 工作最短持续时间(亦称乐观估计时间)；$b_i$ 为 $i$ 工作最长持续时间(亦称悲观估计时间)；$c_i$ 为 $i$ 工作正常持续时间，可由施工定额估算。

其中，$a_i$ 和 $b_i$ 两种工作的持续时间一般由统计方法进行估算。

"三时"估计法把非肯定型问题转化为肯定型问题来计算，用概率论的观点分析，其偏差仍不可避免，但趋向总是有明显的参考价值，当然，这并不排斥每个估计都尽可能做到精确的程度。

(2)PERT网络分析法的工作步骤

开发一个PERT网络要求管理者确定完成项目所需的所有关键活动，按照活动之间的依赖关系排列它们之间的先后次序，以及估计完成每项活动的时间。这些工作可以归纳为5个步骤。

①确定完成项目必须进行的每一项有意义的活动，每项活动的完成导致一系

列的事件或结果。

②确定活动完成的先后次序。

③绘制活动从开始到结束的流程图，明确表示出每项活动及与其他活动的关系，用圆圈表示事件，用箭线表示活动，结果得到一幅箭线流程图，人们称之为PERT网络。

④估计和计算每项活动的完成时间。

⑤借助包含活动时间估计的网络图，决定每项活动及整个项目开始和结束日期的进度计划。在关键路径上没有松弛时间，沿关键路径的任何延迟都会直接推迟整个项目的完成期限。

绝大多数PERT项目都是复杂的、包含大量的活动。让我们通过一个例子来加深对PERT网络的理解。

假设你负责管理一座教学大楼的建造，那你就必须决定完成这座大楼需要多长时间。你已经确定了具体的活动和事件。表6-1列出了这一建筑项目的主要事件，以及你对每项活动期望时间的估计。根据表6-1的数据，图6-8描绘了PERT网络。

表6-1　　建造教学大楼相关数据

| 事件 | 描述 | 期望时间（周） | 前一衔接活动 |
|---|---|---|---|
| A | 批准设计和得到开工许可 | 10 | |
| B | 挖地下车库 | 6 | A |
| C | 搭脚手架和外墙板 | 14 | B |
| D | 砌墙 | 6 | C |
| E | 安装窗户 | 3 | C |
| F | 吊装屋顶 | 3 | C |
| G | 内部布线 | 5 | D,E,F |
| H | 安装电梯 | 5 | G |
| I | 铺地板 | 4 | D |
| J | 上门和内部装修 | 3 | I,H |
| K | 与大楼物业管理部门办理移交 | 1 | J |

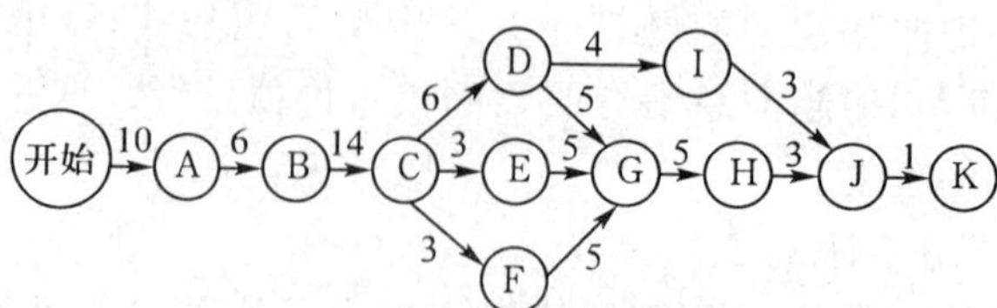


图6-8　建造教学大楼的PERT网络

现在，你可以计算出每一条活动路线的时间长度了，它们依次为：

A—B—C—D—I—J—K——44周

A—B—C—D—G—H—J—K——50 周

A—B—C—E—G—H—J—K——47 周

A—B—C—F—G—H—J—K——47 周

这一 PERT 网络表明：如果每项活动都按照计划进行，则整个项目的完成时间为 50 周，沿着项目的关键路径（最长的一系列活动）A—B—C—D—G—H—J—K，把关键路径上各项活动的时间加起来，就可以得到这一结果。如果你需要缩短 50 周的项目完成时间，就需要关注关键路径上的活动，看看它们能不能完成得更快一些：你可以考虑能否从具有松弛时间的非关键路径活动中，抽调资源来支持关键路径上的活动。

由于 PERT 的有效性，使它在大型复杂项目管理中得到了广泛应用。但是，在应用这一技术时，有以下几点需要注意：

①标识出项目的关键路径，以明确项目活动的重点，便于优化对项目活动的资源分配。

②当管理者计划缩短项目完成时间，节省成本时，就要把考虑的重点放在关键路径上。

③在资源分配发生矛盾时，可适当调动非关键路径上的活动资源去支持关键路径上的活动，以最有效地保证项目的完成进度。

④采用 PERT 网络分析法所获结果的质量很大程度上取决于事先对活动事件的预测，若能对各项活动的先后次序和完成时间都有较为准确的预测，则通过 PERT 网络分析法可大大缩短项目完成的时间。

### 6.5.3 盈亏平衡分析

盈亏平衡分析的计算很简单，如图 6-9 所示。但是它对管理者却很有价值，因为它指出了收入、成本和利润之间的关系。盈亏平衡分析是通过盈亏平衡点（BE）分析项目成本与收益的平衡关系的一种方法，即假设在某一价格水平下全部产品都能销售出去，那么，当生产/销售多少数量的产品时，全部收入恰好等于全部成本。各种不确定因素（如投资、成本、销售量、产品价格、项目寿命期等）的变化会影响投资方案的经济效果，当这些因素的变化达到某一临界值时，就会影响方案的取舍。盈亏平衡分析的目的就是找出这种临界值，即盈亏平衡点，判断投资方案对不确定因素变化的承受能力，为决策提供依据。

盈亏平衡点越低，说明项目盈利的可能性越大，亏损的可能性越小，因而项目有较大的抗经营风险能力。因为盈亏平衡分析是分析产量（销量）、成本与利润的关系，所以又称量本利分析。

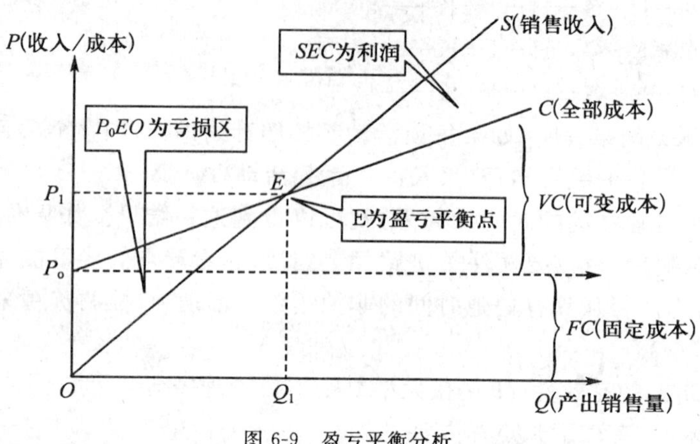


图 6-9 盈亏平衡分析

为了计算盈亏平衡点,管理者需要知道产品的单位价格(P)、单位可变成本(VC),以及全部固定成本(TFC)。当一个组织的全部收入与全部成本相等时就达到了盈亏平衡。全部成本为固定成本与可变成本之和。可变成本,指总额随产量的增减而成正比例关系变化的成本,主要包括原材料和计件工资,就单件产品而言,变动成本部分是不变的;固定成本(TFC),是指总额在一定期间和一定业务量范围内不随产量的增减而变动的成本,主要是指固定资产折旧和管理费用。根据盈亏平衡分析的含义,当盈亏平衡时,总收入 = 总成本,即总成本$(C) = FC + VC \times Q$,总收入$(S) = P \times Q$,列出平衡方程:$C = S$,即 $P \times Q = FC + VC \times Q = P \times Q$。

盈亏平衡点:$BE = TFC/(P - VC)$

## 6.6 现代计划技术

今天的管理者面临的环境,比以往任何时候都更加复杂和不确定。如何在这样的环境条件下应用更好的方法,以制定出更有效的计划,是一个非常重要的问题。这里,介绍几种现代条件下制定计划的方法。

### 6.6.1 滚动计划法

滚动计划法是一种动态编制计划的方法。它不像静态分布那样,等计划全部执行完了之后再重新编制下一个时期的计划,而是在每次编制或调整计划时,均将计划按时间顺序向前推进一个计划期,即向前滚动一次。根据这一方法,对于距离现在较远时期的计划编制得较粗，只是概括性的，便于以后根据计划因素的变化而调整和修正，而对时期较近的计划要求比较详细和具体。图 6-10 表明了滚动计划法的基本原理。

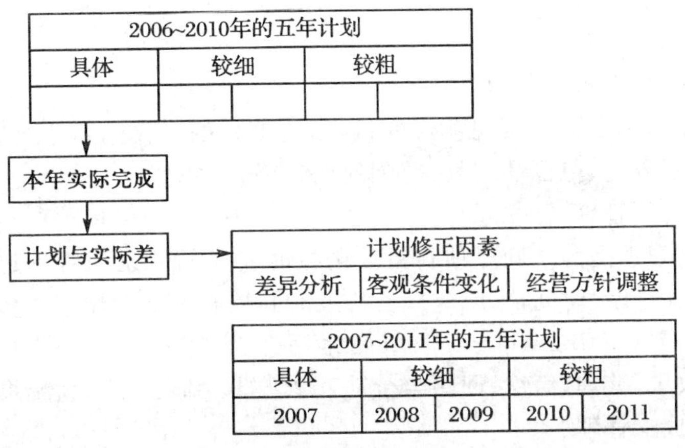


图 6-10 滚动计划法的基本原理

可见，滚动计划法能够根据变化了的组织环境及时调整和修正组织计划，体现了计划的动态适应性；而且，它可使中长期计划与年度计划紧密衔接起来。

滚动式计划法还可用于编制年度计划或月度作业计划。采用滚动计划法编制年度计划时，一般将计划期向前推进一个季度，计划年度中第一个季度的任务比较具体，到第一个季度末，编制第二个季度的计划时，要根据第一季度计划的执行结果和客观情况的变化及经营方针的调整，对原先制定的年度计划做相应的调整，并在此基础上将计划期向前推进一个季度。采用滚动计划法编制月度计划，一般可将计划期向前推进十天，这样，就可省去每月月末预计、月初修改计划等工作，有利于提高计划的准确性。

## 6.6.2 项目管理

项目是指一系列独特的、复杂的并相互关联的活动，这些活动有着一个明确的目标或目的，必须在特定的时间、预算、资源限定内，依据规范完成。项目参数包括项目范围、质量、成本、时间、资源。项目管理，(Project Management，PM)就是项目的管理者，在有限的资源约束下，运用系统的观点、方法和理论，对项目涉及的全部工作进行有效的管理。即从项目的投资决策开始到项目结束的全过程进行计划、组织、领导、控制和评价，以实现项目的目标。

越来越多的组织运用项目管理，因为这种方法更适合柔性和迅速响应市场机会的要求。当组织实施的项目具有独特性、有具体的截止日期、任务之间包含复杂的相互关系、要求特殊的技能以及具有临时的性质时，项目通常不能照搬适用于正式组织例行活动的计划程序，而是要用项目管理来有效地实现项目目标。

那么，项目管理包括哪些内容呢？主要包括以下几个方面：

**1. 项目管理内容**

(1)项目范围管理

项目范围管理是为了实现项目的目标，对项目的工作内容进行控制的管理过程，包括范围的界定、范围的规划、范围的调整等。

(2)项目时间管理

项目时间管理是为了确保项目最终的按时完成的一系列管理过程，包括具体活动界定、活动排序、时间估计、进度安排及时间控制等项工作。很多人把GTD时间管理(GDT是Getting Things Done的缩写，意为“把事情做好”，GDT的具体做法可以分成收集、整理、组织、回顾与行动五个步骤)引入其中，大幅提高工作效率。

(3)项目成本管理

项目成本管理是为了保证完成项目的实际成本、费用不超过预算成本、费用的管理过程，包括资源的配置、成本和费用的预算以及费用的控制等项工作。

(4)项目质量管理

项目质量管理是为了确保项目达到客户所规定的质量要求所实施的一系列管理过程，包括质量规划、质量控制和质量保证等。

(5)人力资源管理

人力资源管理是为了保证所有项目关系人的能力和积极性都得到最有效的发挥和利用所做的一系列管理措施，包括组织的规划、团队的建设、人员的选聘和项目班子的建设等一系列工作。

(6)项目沟通管理

项目沟通管理是为了确保项目信息的合理收集和传输所需要实施的一系列措施，包括沟通规划、信息传输和进度报告等。

(7)项目风险管理

项目风险管理涉及项目可能遇到各种不确定因素，包括风险识别、风险量化、制定对策和风险控制等。

(8)项目采购管理

项目采购管理是为了从项目实施组织之外获得所需资源或服务所采取的一系列管理措施，包括采购计划、采购与征购、资源的选择以及合同的管理等项目工作。

(9)项目集成管理

项目集成管理是指为确保项目各项工作能够有机地协调和配合所展开的综合

性和全局性的项目管理工作和过程，包括项目集成计划的制定、项目集成计划的实施、项目变动的总体控制等。

**2. 项目管理过程**

在典型的项目中，工作是由团队实施的，团队成员来自不同的工作领域，他们向项目经理报告，项目经理协调各个部门参与项目的活动。当完成了项目目标以后项目团队就解散，团队成员又转移到其他项目上，或者返回到他们原来的工作领域。

项目管理过程的基本特征反映在图 6-11 中。

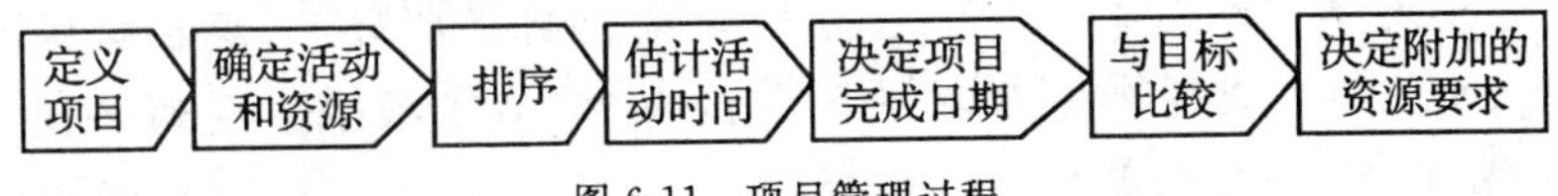


图 6-11　项目管理过程

第一步，过程开始于清晰的定义项目的目标，这一步的必要性在于，管理者和团队成员需要清楚组织对他们的期望。

第二步，需要确定完成项目的活动和需要哪些材料、人力和其他资源，这一步可能要花费较多的时间，也是比较复杂的，特别是当项目是独特的和没有历史经验可借鉴时更是如此。一旦活动和资源得到确认，就进入下一步。

第三步，需要决定活动完成顺序，哪些活动必须在其他活动之前开始，哪些活动可以同时进行。在此阶段，通常可以借助流程图类型的图形，如前述的甘特图、PERT 网络作为辅助来进行。

第四步，进度安排，即排程。此时需要对每项活动的时间进行估计，并将这些时间参数用于编制整个项目的进度计划和完成日期。

第五步，将项目进度计划与目标进行比较，做出必要的调整。如果项目完成时间太长，管理者可能需要在关键活动上分派更多的资源，以使它们更快完成。

## 思考题

1. 何为计划？管理者为什么要制定计划？
2. 你如何理解目标管理？它有什么特点？
3. 目标管理都需要经过哪些步骤？你如何评价目标管理？
4. 计划制定要经过哪些步骤？
5. 如何在动态环境条件下制定有效的计划？
6. 谈谈对情景计划的理解。
7. 何为项目管理？进行项目管理，要经过怎样的过程？

## 结篇案例

### 10分钟提高效率

美国某钢铁公司总裁舒瓦普向一位效率专家利请教："如何更好地执行计划？"利声称可以给舒瓦普一样东西，在10分钟内能把他的公司业绩提高50%。接着，利递给舒瓦普一张白纸，说："请在这张纸上写下你明天要做的6件最重要的事情。"舒瓦普花了5分钟时间写完。利接着说："现在用数字表明每件事情对于你和公司的重要性次序。"舒瓦普又花了5分钟做完。利说："好了，现在这张纸就是我要给你的。明天早上第1件事是把纸条拿出来，做第1项最重要的事情。不看其他的，只做第1项，直到完成为止。然后，用同样的办法对付第2项、第3项……直到下班为止。即使只做完一件事也不要紧，因为你总在做最重要的事情。你可以试着每天这样做，直到你相信这个方法有价值时，请以你认为的价值寄给我支票。"

一个月后，舒瓦普给利寄去一张2.5万美元的支票，并在他的员工中普及这种方法。5年后，当年这个不为人知的小钢铁公司成为世界最大钢铁公司之一。

（资料来源：余敬，刁凤琴．管理学案例精析．武汉：中国地质大学出版社，2006）

**思考题**

1.效率专家利认为："即使只做完一件事也不要紧，因为你总在做最重要的事情"，你认为制定计划光是做最重要的事情够吗？

2.效率专家利执行计划的方法使这个不为人知的小钢铁公司成为世界最大钢铁公司之一：计划为什么能有这么大的作用？

# 战略管理

## 第7章

## 开篇案例

### Swan 公司为何申请破产

Swan 于 1895 年在芝加哥创办了 Swan 自行车公司，后来成长为世界最大的自行车制造商。20 世纪 60 年代，Swan 公司占有美国自行车市场 25%份额。

小 Swan 是创始人的长孙，1979 年他接过公司的控制权，那时，问题已经出现，而糟糕的计划和决策又使问题雪上加霜。

在 70 年代，Swan 公司不断投资于它强大的零售分销网络和品牌，以便主宰 10 挡变速车市场。但是，进入 80 年代，市场转移了，山地车取代了 10 挡变速车成为销量最大的车型，而且，轻型的、高技术的、外国生产的自行车在成年的自行车爱好者中日益普及。Swan 公司错过了这两次市场转型机会。对市场的变化反应太慢，管理当局专注于削减成本而不是创新。结果，Swan 公司的市场份额开始迅速地被更富有远见的自行车制造商夺走，这些制造商销售的品牌有特莱克、坎农戴尔、巨人和钻石。

或许，Swan 公司最大的错误是没有把握住自行车是一种全球产品，公司迟迟未能开发海外市场和利用外国的生产条件。一直拖到 70 年代末，Swan 公司才开始加入国外竞争，把大量的自行车转移到日本进行生产。但到那时，不断扩张的中国台湾地区的自行车产业已经在价格上击败了日本生产厂家。作为对付这种竞争的一种策略，Swan 公司开始少量进口中国台湾制造的巨人牌自行车，然后贴上 Swan 商标在美国市场上销售。

1981 年，当 Swan 公司设在芝加哥的主要工厂的工人举行罢工时，公司采取了也许是最愚蠢的行动——管理当局不是与工人谈判解决问题，而是关闭了工厂，将工程师和工厂设备迁往中国台湾地区的巨人公司自行车工厂。作为与巨人公司合伙关系的一部分,Swan 公司将所有的一切,包括技术、工程、生产能力都交给了巨人公司,这正是巨人公司要成为占统治地位的自行车制造商所求之不得的。作为交换条件,Swan 公司进口和在美国市场上以 Swan 商标经销巨人公司的自行车。正如一家美国竞争者所言:"Swan 将特许权盛在银盘上奉送给巨人公司。"

到 1984 年,巨人公司每年交付给 Swan 公司 70 万辆自行车,以 Swan 商标销售,占 Swan 公司销售额的 90%。几年后,巨人公司利用从 Swan 公司那里获得的知识,在美国市场上建立了自己的商标。

到 1992 年,巨人公司和中国内地的自行车公司,已经在世界市场上占据了统治地位。巨人公司销售的每 10 辆自行车中就有 7 辆是以自己的商标出售的,而 Swan 公司怎样了呢?当它的市场份额在 1992 年 10 月跌到 5%时,公司开始申请破产了。

(资料来源:余敬,刁凤琴. 管理学案例精析. 武汉:中国地质大学出版社,2006)

**思考题**

公司应该进行怎样的战略管理来挽救自己的命运?

## 7.1 战略性思考

"三年发展靠机遇,十年发展靠战略",一个只想赚一些钱的企业只要抓住一次好的机遇就足够了,但是对于一个想在十年时间内连续取得成功的企业,没有正确的战略指引是非常困难的。

战略有多远,我们就能走多远!

让我们看一看下面一件小事。第二次世界大战结束后,战胜国决定成立一个处理世界事务的组织——联合国。可是在什么地方建立这个组织总部,一时间颇费思量。地点应当选在一座繁华城市,可是在任何一座繁华城市购买建立庞大楼宇的土地都是需要很大一笔资金的。就在各国首脑们商量来商量去的时候,洛克菲勒家族听说了这件事他们立刻出资 870 万美元在纽约买下一块地皮,在人们的惊诧中无条件地捐赠给联合国。他们在买下捐赠给联合国的那块地皮时也买下了与这块地皮毗连的全部地皮。等到联合国大楼建起来后四周的地皮价格立即飞涨起来。现在没有人能够计算出洛克菲勒家族凭借毗连联合国的地皮获得了多少个 870 万美元。从以上事件中你能感觉到什么?是他们的先见之明,还是他们有过人之处？他们具有长远的利益观念，不为眼前的小利而患得患失。即从长远的角度来考虑问题，即人们现在所说的企业的战略管理。

企业战略管理是一种不同于传统职能管理的崭新管理思想和管理模式。传统的企业管理内容仅局限于对不同职能活动进行管理，如生产管理、成本管理等。由职能管理走向战略管理是现代企业管理的一次飞跃。1970 年美国学者桑恩和豪斯历时 7 年对 6 个不同行业的 8 对大中型企业运用战略管理的情况进行过考察，每一对企业都由一家运用了正式战略规划系统的企业与一家没有运用正式战略规划系统的企业组成。经过比较研究发现，在石油、食品、医药、钢铁、化工和机械行业中，运用了正式战略规划的企业在投资收益率、股权资本收益率和每股收益等财务指标上都明显好于没有正式战略规划的企业。同时发现，企业采用正式战略规划以后，其经济效益要比没有战略规划的年代的效益有较大幅度的改善。哈罗德又用了 4 年时间，对医药和化工行业进行了专题研究，不仅再一次证明了这一结论的正确性，而且指出企业有无正式战略规划的经济效益差距在不断扩大。

战略管理是管理者工作的大部分。大部分管理者都认识到了其在组织绩效中发挥的重要作用。

## 7.1.1 战略与战略管理

战略，从不同角度看，它的含义是有别的。加拿大麦吉尔大学教授明茨伯格(H. Mintzberg)指出，人们在生产经营活动中不同的场合以不同的方式赋予企业战略不同的内涵，说明人们可以根据需要接受多样化的战略定义。同时提出企业战略是由五种规范的定义阐述的：从企业未来发展的角度来看，战略表现为一种计划(plan)；从企业过去发展历程的角度来看，战略则表现为一种模式(pattern)；如果从产业层次来看，战略表现为一种定位(position)；而从企业层次来看，战略则表现为一种观念(perspective)，此外，战略也表现为企业在竞争中采用的一种计谋(ploy)。这是关于企业战略比较全面的看法，即著名的 5P 模型(图 7-1)。

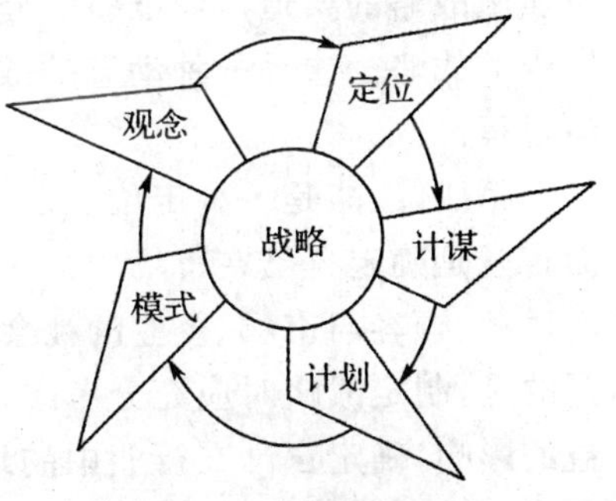

图 7-1 关于战略的含义

企业战略 5P 的具体内容：

第一，战略是一种计划。是指战略是一种有意识、有预计、有组织的行动程序，是解决一个企业如何从现在的状态达到将来位置的问题。战略主要为企业提供发展方向和途径，包括一系列处理某种特定情况的方针政策，属于企业“行动之前的概念”。

根据这个定义，战略具有两个本质属性：战略是在企业发生经营活动之前制定的，以备人们使用；战略是作为一种计划写进企业正式文件中的，当然不排除有些不公开的、只为少数人了解的企业战略。

第二，战略是一种计谋。是指战略不仅仅是行动之前的计划，还可以在特定的环境下成为行动过程中的手段和策略，一种在竞争博弈中威胁和战胜竞争对手的工具。例如，得知竞争对手想要扩大生产能力时，企业便提出自己的战略是扩大厂房面积和生产能力。由于该企业资金雄厚、产品质量优异，竞争对手自知无力竞争，便会放弃扩大生产能力的设想。然而，一旦对手放弃了原计划，企业却并不一定要将该战略付诸实施。因此，这种战略只能称为一种威胁竞争对手的计谋。

第三，战略是一种模式。是指战略可以体现为企业一系列的具体行动和现实结果，而不仅仅是行动前的计划或手段。即，无论企业是否事先制定了战略，只要有具体的经营行为，就有事实上的战略。

如福特汽车公司总裁亨利·福特要求"T型"福特汽车漆成黑色的行为，就可以理解为一种战略。企业行为模式是在历史中形成的，因此，在制定企业战略过程中就必须了解企业发展史，在选择战略时要充分考虑并尊重企业原有的行为模式，因为它会在很大程度上决定企业未来战略的选择和战略实施的有效性。若要改变企业的行为模式，首先必须充分认识到推行这种变革的难度。

明茨伯格认为，战略作为计划或模式的两种定义是相互独立的。实践中，计划往往没有实施，而模式却可能在事先并未计划的情况下形成。因此，战略可能是人类行为的结果，而不是设计的结果。因此，定义为"计划"的战略是设计的战略，而定义为"模式"的战略是已实现的战略，战略实际上是一种从计划向实现流动的结果。那些不能实现的战略在战略设计结束之后，通过一个单独的渠道消失，脱离准备实施战略的渠道。而准备实施的战略与自发的战略则通过各自的渠道，流向已实现的战略。这是一种动态的战略观点，它将整个战略看成是一种"行为流"的运动过程。

第四，战略是一种定位。是指战略是一个组织在其所处环境中的位置，对企业而言就是确定自己在市场中的位置。企业战略涉及的领域很广，可以包括产品生产过程、顾客与市场、企业的社会责任与自我利益等任何经营活动及行为。但最重要的是，制定战略时应充分考虑到外部环境，尤其是行业竞争结构对企业行为和效益的影响，确定自己在行业中的地位和达到该地位所应采取的各种措施。把战略看成一种定位就是要通过正确地配置企业资源，形成有力的竞争优势。

第五，战略是一种观念。是指战略表达了企业对客观世界固有的认知方式，体现了企业对环境的价值取向和组织中人们对客观世界固有的看法，进而反映了企业战略决策者的价值观念。企业战略决策者在对企业外部环境及企业内部条件进

行分析后作出的主观判断就是战略，因此，战略是主观而不是客观的产物。当企业战略决策者的主观判断符合企业内外部环境的实际情况时所制定的战略就是正确的；反之，当其主观判断不符合环境现实时，企业战略就是错误的。

战略是一种观念的定义，强调了战略的抽象性。其实质在于，同价值观、文化和理想等精神内容为组织成员所共有一样，战略观念要通过组织成员的期望和行为而形成共享，个人的期望和行为是通过集体的期望和行为反映出来的。因此，研究一个组织的战略，要了解和掌握该组织的期望如何在成员间分享，以及如何在共同一致的基础上采取行动。

本章中的战略、战略管理，都是指组织而言的。所谓的组织战略，指决定组织长期绩效的决策和行动。战略管理，指管理者为制定组织战略而做的工作。通过战略管理，管理者制定了有关组织如何开展业务、怎样在竞争中取胜、如何吸引顾客并使他们满意最终达到目标的行动方案或路线(战略)。这是管理者的一项重要工作，它需要用到包括计划、组织、领导和控制几乎所有的基本管理职能。

在战略管理中常用到“商业模式”这一概念，它是一种战略设计，指导公司如何从战略、工作流程、工作活动中获利。公司商业模式的重点有两个方面：第一，顾客是否会重视公司提供的产品和服务；第二，公司能否从中获利。管理者在考虑公司的业务战略时，还应当考虑商业模式在经济上是否可行。

### 7.1.2 战略管理的重要性

20 世界 70 年代之前，企业赖以生存的环境是一个相对稳定的环境，而且，当时制定长期计划的管理者们通常假设未来的时代将比现在更好，因此，面向未来的计划只需将过去的计划向前自然延伸即可。但是，进入到 70 年代以后，企业面临的环境发生了根本性的变化，环境变得越来越不确定：科学技术日新月异；新技术、新产品层出不穷；市场需求变化日益加快，并朝着多样化、个性化方向发展；社会、政治、经济环境复杂多变。面对这样的环境，企业如果依然依靠过去传统的计划方法来制定未来的计划显然不合时宜，必须高瞻远瞩，审时度势地对外部环境的可能变化做出预测与判断，并在此基础上确定企业的生存与发展方向和目标。80 年代，日本轿车在国际市场上夺魁是最突出的例子。在 70 年代出现了世界性能源危机情况下，日本汽车厂家根据对国际市场的调查和预测，不失时机地选择了“轻便”、“节能型”、“小型”的汽车发展战略，终于击败了曾称雄于世界的美国小汽车，登上了世界轿车市场的霸主地位。而美国通用、福特、克莱斯勒三大巨头却在 1980 年严重亏损，克莱斯勒更是溃不成军，最后靠美国政府的“救援”才免遭破产的厄运。

管理者们发现，在变幻莫测的环境中，效率并不完全等于效益，若企业的发展方向错了，效率越高反而效益越低。因此，对企业来说，管理者们除了要高瞻远瞩之外还要纵观全局，为企业正确地做出涵盖企业整体的、长远的发展谋划，并为此合理配置相应的资源。这其实就是企业的战略管理。在战略管理中，战略的成功才是企业最大的成功，而战略的失败，则是企业最大的失败。企业要谋求长远的生存与发展，就必须审时度势，准确地把握未来，制定出正确的战略计划，并加以有效的实施与管理。

战略管理如此重要的主要原因有以下几个方面：

第一，战略管理会影响到公司的业绩。综观国际上一些大公司的成败得失，我们会发现很多公司成功了，但也有很多公司失败了。50 年前的世界 500 强今天依然留在 500 强里面的公司，为数不多。那么，那些失败或业绩不佳的公司，为什么在面临同一环境条件的时候，绩效水平大幅下滑而遭到失败的厄运？对影响组织绩效的因素研究表明：战略和绩效之间呈正相关关系，即运用了战略管理的公司具有较高的业绩水平。

第二，所有的组织或公司都面临着复杂和不断变化的形势。无论变化大小，管理者都必须采取措施应对它们。管理者通过战略管理过程，就可以检查和决定与组织生存和发展有关的因素，以及决定是否采取行动和采取何种行动，以此来减少环境的不确定性对组织的冲击，提高组织的绩效。

第三，战略管理可以协调组织内的不同部门、职能和工作活动，以使组织把注意力集中到如何实现组织的目标上。

第四，战略管理涉及制定许多决策，它能够为管理者提供特定的目标，并使组织的管理人员有一个一致性的愿望。

现在，战略管理已经超出了营利性企业的范围，正在被越来越多的诸如政府机构、医院和其他非营利组织广泛采用。虽然对非营利组织如何更好地进行战略管理的研究尚显不足，但同样重要。

## 7.2 公司的战略类型

公司战略，分为公司层战略和经营层（业务）战略，二者是有很大差异的。对公司层战略和经营层战略两个概念，进行明确区分的是霍福尔和斯库迪尔（Hofer and Schendel）。他们在《战略形成：分析的概念》（*Strategy Formulation：Analytical Concepts*）中作出结论：公司层战略的主要内容是确定经营活动的范围及其资源配置，而经营层战略则聚焦于如何在一个特定的产业或产品市场中开展竞争。这一区分，为公司战略的层次划分了一道鲜明的分界线。几年以后，波特在《从竞争优势到公司战略》一文中对组织战略作出了区分："公司战略是从事多角化经营的公司的总体规划，它关注两个不同的问题：公司应从事哪些业务和公司管理层应该怎样管理大量的业务单位；竞争战略关注在每一个参与市场竞争的业务领域内公司如何创造竞争优势。"①

基于管理者在组织中的管理层次的差异，组织战略可分为以下层次，如图 7-2 所示。

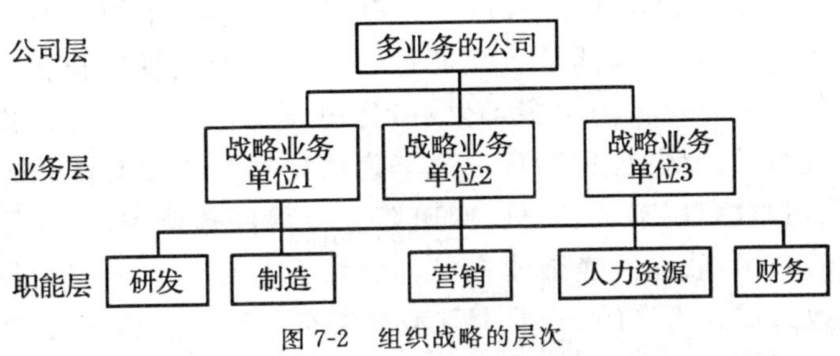


图 7-2　组织战略的层次

## 7.2.1　公司层战略

如果一个公司有两个或更多的业务，那么它将需要一种公司层战略。公司层战略有时称为总体战略。它决定了公司所开展的、应当开展的或希望开展的业务以及开展这些业务所要做的工作，它建立在组织的使命、目标和组织业务单元将发挥的作用的基础上。

可供公司层选择的战略有两种类型。第一种类型包括三种：增长战略、稳定性战略和更新战略。

基于公司向市场提供的产品与服务的差异、目标市场范围的不同、行业竞争状况以及自己的行业地位、各自面临的环境的不同，等等，从而使他们选择最合适的公司层战略。

(1)增长战略。当一个组织想要通过现有的业务扩大它所提供的产品和市场范围来谋求发展时，它就要用到增长战略。增长战略的结果可能使组织增加了销售收入和雇员的数量，提高了市场占有率和其他数量指标。组织可通过集中化、一体化和多元化实现增长。

当一个组织集中于其主营业务，并通过扩大主营业务中所提供的产品数量和所服务的市场范围来促进公司发展时，可利用集中化实现增长。即公司选择通过

① 郭朝阳. 公司层战略：基本内涵及其演变轨迹. 厦门大学学报：哲社版，2005(2)：34-41

增加自己的业务的方式促进发展。公司也可以选择纵向一体化的方式实现增长，也就是试图对输入(后向一体化)、输出(前向一体化)或同时对二者进行控制。对于后向一体化，组织试图控制它的输入从而拥有自己的供应商。而在前向一体化中，组织通过分销控制了产出(产品和服务)。公司还可以通过合并同一产业的其他组织的方式实现增长，即合并竞争对手的业务，这叫横向一体化。由于横向一体化可以迅速增加自己的经营规模、减少行业竞争对手，故而有走向行业垄断的趋向，所以，很多国家的企业实行这一战略时，都需要得到本国政府的批准。

增长战略中的最后一个，就是组织通过多元化发展实现增长。多元化包括相关多元化和非相关多元化。相关多元化，指公司通过合并或收购相关产业不同业务的公司而实现增长。例如，我国第一汽车集团公司是一家有多种车辆生产业务的公司，包括乘用车、商用车、发动机、变速箱和零部件等业务，它利用自己所拥有的汽车生产核心技术，收购大连柴油机厂，之后，又与德国道依茨股份公司合资把大连柴油机厂改造成为自己的、各类中重型载货车、轻型车、客车、工程机械等动力平台。非相关多元化，是指公司通过收购和兼并不同产业、不同业务的公司而实现增长。

有许多公司都采用上述三种策略来实现增长，无论是制造业的还是餐饮服务业的公司，都可以使用这些发展战略。

(2)稳定性战略。稳定性战略，就是对公司现有业务不做重大的战略性变革。如通过提供同样的产品和服务持续不断地服务于同样的客户，保持市场份额，维持公司现有业务，等等，都属于这一战略。

组织采取稳定性战略，可能是由于组织的资源与核心竞争力达到了极限，进一步扩展业务可能不利于它未来的发展。所以，管理者需要在合适的时候采取稳定性战略。一般情况下，管理者在下述几种情形下可能会考虑采取稳定性战略。

第一，行业处于巨变时期，外部力量急剧变化，使得未来不确定。此时，管理者可能会认为，采取审慎的行动就是静观其变。

第二，行业遭遇低增长或零增长的时候，管理者可能会决定在采取任何战略行动之前，以当前水平保持组织的运转为宜。管理者在这段稳定的时期内，有充足的时间来分析公司的战略选择。

第三，小企业所有者和管理者往往都是有目的地采取稳定性战略。可能是因为他们已经觉得公司已经很成功了，已经充分实现了他们的个人目标，尤其是，他们不想让企业在发展中遇到困难。

(3)更新战略。20 世纪 70 年代，由于经济危机，欧美许多大公司也受到严重冲击。正当各个公司在苦苦挣扎的时候，80 年代初，杰克・韦尔奇正式入驻通用电气公司，成为通用公司历史上最年轻的董事长和 CEO。而此时，这家拥有 117

年历史的公司机构臃肿，等级森严，对市场反应迟钝，在全球竞争中正走下坡路。入驻通用以后，韦尔奇大刀阔斧，将拖累通用业绩和发展的业务砍掉了25%，卖掉了价值近100亿美元的资产。

当一个组织陷入困境时，管理者就需要采取一些措施，制定战略，消除导致公司绩效下降的组织劣势。这些战略就被称为更新战略。更新战略主要有两种类型：紧缩战略和扭转战略。紧缩战略，是在绩效问题并不严重的情况下使用的一种短期更新战略。许多公司都使用了紧缩战略。当公司面临绩效困境时，紧缩战略有助于稳定经营，激活组织资源，并重新使其恢复竞争力。如果一个组织没有利润，甚至是亏损，那就需要采取扭转战略，即在组织的绩效问题更严重的时候使用的一种更新战略。在这两种战略中，管理者都会削减成本，重组公司业务。

可供公司层选择的战略的第二种类型，即业务组合分析。当组织的公司层战略包含多种业务时，管理者可以运用公司业务组合矩阵来对公司业务进行管理。一个被广泛应用的业务组合矩阵称为BCG矩阵。它是由波士顿咨询集团开发的，如图7-3所示。将企业所有产品从预期市场增长率和市场占有率角度进行再组合。在坐标图上，以纵轴表示预期市场增长率，从高到低；横轴表示企业市场份额，也是从高到低。如此，将坐标图划分为四个象限，依次为“明星”、“问号”、“金牛”、“瘦狗”四大类业务或产品。企业可将产品按各自的销售增长率和市场占有率归入不同象限，使企业现有产品组合一目了然，同时便于对处于不同象限的产品作出不同的发展决策。

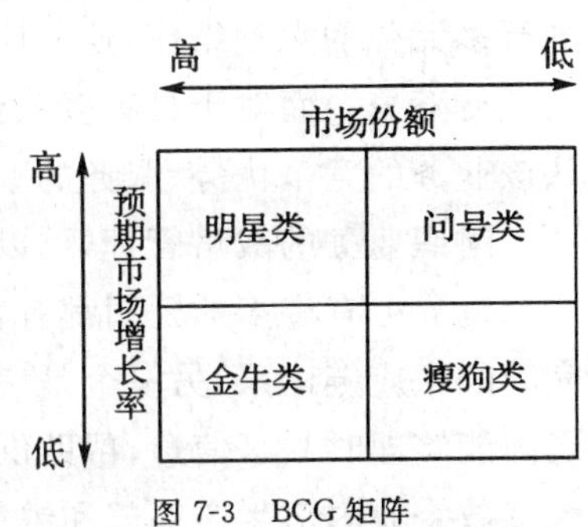

图7-3　BCG矩阵

·明星类业务——高增长、高市场份额。这些业务处于快速增长的市场中，并占有主导的市场份额，它们对现金流的贡献取决于投入的资源。

·问号类业务——高增长、低市场份额。这些业务处于有吸引力的市场中，但市场份额较小。

·金牛类业务——低增长、高市场份额。这个象限的业务可以产生大量的现金流，但未来增长潜力有限。

·瘦狗类业务——低增长、低市场份额。处于这个范畴的业务不产生或不消耗大量的现金，但也难以提高绩效。

BCG矩阵的分析，有助于管理者对公司业务进行战略决策：他们应该尽可能多地从金牛类业务上收获现金，而限制在这些业务上的新投资；将从金牛类业务上获得的大量现金投资于明星类业务和问号类业务，因为这两类业务具有增长潜力。对明星类业务的大量投资将有助于这些业务的增长和保持较高的市场份额，当然，明星类业务也会随着市场的成熟和销售速度的放缓而演变为金牛类业务。问号类业务是管理者最难做出决策的业务,通过仔细认真的分析,部分业务可能被保留而转为明星类业务,部分业务可能被淘汰。对于瘦狗类业务,因为它们的市场份额低、增长潜力也不大,所以,将被出售或清算。

### 7.2.2 业务层战略

如果说公司层战略决定了公司整体所开展的、应当开展的或希望开展的业务以及开展这些业务所要做的工作的话,那么,业务层战略则注重的是,组织应该怎样在已确定的每项业务上展开竞争。如果公司是只有一项业务的小型组织和没有进行多元化的大型组织,业务层的竞争性战略也只是关于公司如何在它的主要市场进行竞争。而对于具有多项业务的组织,每一项业务都应该有它自己的战略:确认该业务的竞争优势、服务的顾客以及应该提供的产品和服务。

组织业务的战略管理,可以为组织创造出竞争优势,或具有竞争优势的能力。

世界上有许多的公司都有自己独特的竞争优势,如沃尔玛的竞争优势:一是它完善的供应链体系,另一个是它的电子数据交换系统——使沃尔玛和它的供应商之间能够即时共享信息,帮助供应商计划未来生产和送货的日程,这种合作关系比大多数企业内部生产部门和销售部门之间的合作甚至还要默契和有效率。这种优势又转化为它的价格竞争优势。中国华南橡胶轮胎有限公司领先国际技术所开发的 WANLI(万力)牌高性能轿车子午胎、雪地轮胎和缺气保用轮胎,特别是缺气保用轮胎,汽车装上这种轮胎后,不但安全性大大提高,而且不再需要随车携带备用轮胎,非常安全方便。开发有效的业务层竞争战略要求理解竞争优势,这是战略管理的一个关键概念。竞争优势,就是使组织别具一格、与众不同的特色,这种特色来自于组织的核心能力。而组织的核心能力,就是组织能做到而其竞争对手做不到的事情,或是比竞争对手做得更好。竞争优势可以来自于组织的很多领域,如戴尔公司源于快速响应顾客需要而形成的竞争优势;海尔公司对顾客服务需求的快速反应、英特尔公司独特的研发能力,都成为它们各自的竞争优势。当然,竞争优势有时还可以来源于组织所独有的资产和资源,如我国贵州茅台酒股份有限公司所独有的全球知名品牌与商标,它凭借这种优势就可以创造出商品的溢价。

如果做得合适,高质量的产品和服务,也可以成为组织创造持久竞争优势的一种方式。

创造竞争优势是一件非常困难的事情,而要长久地维持这一竞争优势,则更加困难。我们经常可以看到:很多组织都有资源和能力,但竞争的结果,却使其中的

一些公司表现得更成功，总是出现在“最好”或“最受尊敬”公司名单中，而另一些公司则从来没能进去过，或者进去后很快就出来了。事实表明：虽然每个公司都有开展业务的资源（资产）和能力（如何完成工作），但并不是所有的组织都能有效利用其资源，开发能为其带来竞争优势的核心能力；而且，对于一个组织来说，仅仅创造竞争优势还不够，还必须在充满竞争和发展变化的行业中长期保持这种优势。但市场的不稳定性、新技术和其他重要但无法预料的变化要求管理者要努力创建长期的、可持续的竞争优势，这对管理者来说却是一件比较困难的事情。不过，通过运用战略管理，可以使组织获得这种优势。

人们可以通过迈克尔·波特的竞争战略理论来了解采用何种竞争战略可以使组织获得竞争优势。他的竞争战略框架阐明了管理者可以选择的三种一般竞争战略。根据他的理论，组织成功与否取决于能否选择正确的竞争战略，即所选择的战略与企业的竞争优势和产业特性是否匹配。

该理论认为，某些产业比其他产业具有内在的高营利性，从而吸引更多的新加入者，但是，即使是在不活跃的产业中，公司仍然可以创造出大量的利润，而在“富有魅力”的产业中，公司也可能亏损。这其中的关键是如何开发竞争优势。

它认为，在任何产业中，都存在着五种竞争力量并左右着产业竞争规则，这五种力量共同决定了产业的吸引力和营利性。管理者可以通过如下的五个因素来评估一个产业的吸引力，如图 7-4 所示。

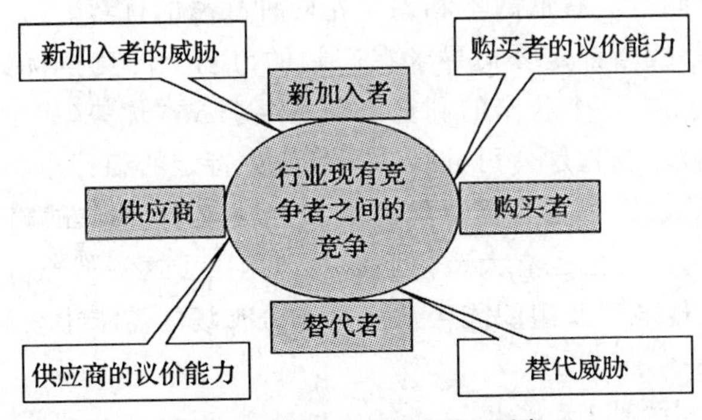


图 7-4　评价产业吸引力的五因素

(1)新加入者的威胁——新竞争者进入行业的可能性有多大？

(2)替代威胁——其他行业的产品代替本行业的产品的可能性有多大？

(3)购买者的议价能力——购买者(顾客)讨价还价的能力有多大？

(4)供应商的议价能力——供应商的讨价还价的能力有多大？

(5)行业现有的竞争者之间的竞争——目前行业竞争者的竞争强度有多大？

当管理者评估完了五种竞争力量并确认了存在的威胁和机会后，就可以选择适当的竞争战略，即选择与组织竞争优势（资源与能力）和行业特性相匹配的战略。他认为没有任何一家公司可以在所有的行业中都获得成功，所以，管理者应该选择能够给企业带来竞争优势的战略，从而获得成功。他还认为，竞争优势来自于或者是比竞争对手的成本更低，或者是与竞争对手形成明显的差异。所以，管理者应该根据组织的优势与核心能力，以及竞争对手的劣势，选择如下三种战略中的一种：低成本战略、差异化战略和聚焦战略。

在低成本战略下，管理者试图通过集中所有分布于职能部门的努力，使本公司的成本低于行业所有竞争对手的成本，从而获得竞争优势。寻求低成本的公司，积极寻求在生产、营销和其他运营领域中的高效率，制造费用也保持在尽可能低的水平上，企业想方设法削减成本。但他们所销售的产品或服务在质量上必须不低于竞争对手，至少能够为消费者所接受。

差异化战略，就是寻求提供与竞争对手不同的产品或服务并得到顾客广泛认同的战略。构成差异化的，可以是与众不同的质量、独特的服务、创新的设计、技术的潜在能力或者是杰出的品牌形象。差异化战略的关键，在于产品和服务的属性必须使公司有别于它的竞争对手，并且可以创造出超过差异化所增加的成本的溢价。

如果组织能够同时保持低成本并始终把握住与竞争对手的差异化资源，那么，经过努力，就可以同时具有低成本和差异化两种战略的优势。

上述两种竞争战略都是公司寻求在广阔的市场上的竞争优势。但是，公司也可以选择聚焦战略：在一个狭窄的利基市场上寻求成本优势（成本聚焦），或差异化优势（差异化聚焦）。也就是公司可以选择产业中特定的细分市场或顾客群而不是试图服务于广阔的市场。基于资源的有限和规模较小，聚焦战略可能是规模较小的公司的最有效选择。但也有大型企业成功地运用了这一战略。这一战略是否可行，取决于部门的规模以及组织能否从满足细分市场的需求中获利。

### 7.2.3 职能层战略

职能层战略，就是组织不同的职能部门用来支持业务层或公司层的战略。它要回答的问题是：为支持和配合业务层战略或公司层战略，本职能部门应该采取什么行动？如果业务层确定了在哪一个领域开展业务，那么，它的各个职能部门，如营销部、生产部、人力资源部和财务部等有关职能部门，都必须开发出支持与配合业务层战略的本职能部门的战略计划。

## 7.3 战略管理过程

战略管理过程大致是一个分为五个或六个步骤的过程，如图7-5所示，其中包括制定战略计划、实施和评估。需要注意的是，实施、评估与计划制定过程同样重要：如果管理者不能恰当地实施与评估，即使有最佳的战略也可能失败。

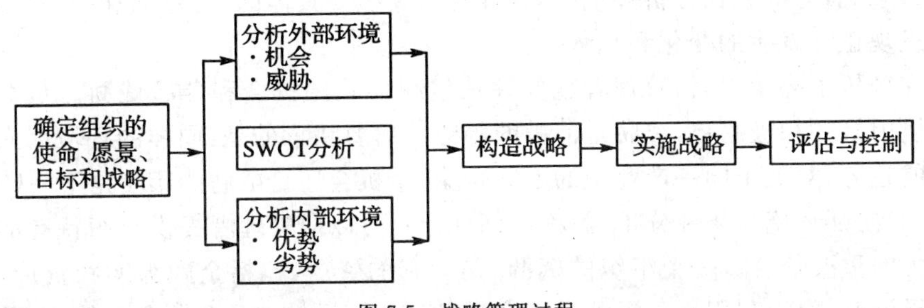


图7-5 战略管理过程

**1.确定组织的使命、愿景、目标和战略**

企业成立之初，首先要思考企业存在的目的和理由，并期望未来达到的景象，这就是企业的使命和愿景。使命是对组织目的的陈述，是企业对自身生存发展目的的定位，阐明了企业的基本性质与存在的理由，是企业的终极目标。愿景则描绘了企业的长远目标，能够激发员工热诚并形成一种共识，成为指引企业方向、汇集力量、推动其发展的巨大力量。

企业在确定自己的使命与愿景前需要问自己4个问题：①企业存在的目的是什么？②我们的业务是什么，谁是我们的顾客，我们为顾客提供什么样的产品和服务？③我们从事的领域是什么，我们要在这个领域内处于什么样的地位？④我们期望我们的企业是什么样的？这4个问题搞清楚了，企业的使命与愿景也就明确了。

国内和国际诸强企业都有其明确的使命与愿景。比如INTEL公司的使命：为计算机工业提供芯片、主板、系统和软件，为计算机用户创造先进的计算系统。愿景：成为世界新计算机工业最优秀的模块供应商。比如华为公司的使命：聚焦客户关注的挑战与压力，提供有竞争力的通信解决方案和服务，持续为客户创造价值。愿景：丰富人们的沟通和生活。比如OTIS电梯的使命是向全世界的用户提供具有比任何同类企业更高可靠性的短距离内向上、向下和过道的载人、载物方式。

对于管理者来说，明了组织当前的目标和战略也很重要。因为目标是计划的基础，公司目标也是制定绩效目标的依据；管理者也可能会根据形势与需要对公司战略进行修改。

**2. SWOT 分析**

战略环境分析，包括对组织外部环境分析和对内部环境与条件的分析。

(1)外部环境，作为一种重要的约束，对管理者行动有重要影响。分析外部环境是战略管理过程的一个重要步骤。因为组织的环境在很大程度上限定了管理者的选择范围。成功的战略是与外部环境相匹配的战略。每一个组织的管理者都需要分析外部环境。如管理者需要了解行业竞争情况、拟议中的法律将会对组织产生什么影响，等等。在分析环境时，管理者需要检查具体的、特定的和一般的环境，以便发现正在发生的变化和趋势。

在分析了环境以后，管理者就要评估组织面临的机会和(或)威胁。机会是外部环境因素的积极趋势，威胁是消极的趋势。需要注意的是：同样的环境因素或其变化的趋势，对处于同一产业中的不同企业，是机会还是威胁的影响是不一样的。

(2)内部环境与条件分析(简称内部分析)，可以向管理者提供组织特有的资源和能力的重要信息。一个组织的资源，是指它的资产，包括金融与实物资产、人员和无形资产，组织利用这些资源为顾客开发、生产、提供产品和服务。能力，是开展组织工作所需要的技能。组织创造价值的主要能力和技能就是核心竞争力。资源与核心竞争力决定组织的竞争手段。

内部分析完成之后，管理者应当要识别组织的优势与劣势。优势，是由组织擅长的活动或专有的资源所构成的；劣势，是由组织不擅长的活动或非专有资源构成的，这些资源虽然是竞争所需要的，但组织并不独占它。通过这一分析，可让管理者意识到：不管组织有多大的规模或多么的成功，它依然会受到自身所拥有的资源与能力的限制。

在对内部分析时需要注意：对公司的无形资产(如员工技术、能力和知识)、数据库和其他 IT 资产、组织文化等的分析或许会有相当的挑战性。例如，对组织文化的分析，经常会成为被忽视的一个关键部分，而组织文化是至关重要的。因为文化的强弱会对组织战略产生不同程度的影响，文化的内涵也会对组织所追求的战略有重大影响；另外，组织文化对战略的实施还可能产生阻碍或推进的作用：文化与战略相适应的公司，其绩效往往高于文化与战略缺乏适应性的公司的绩效。所以，组织需要一种与其战略相适应的文化。另一个需要谨慎对待而又极为重要的无形资产就是企业声誉，因为声誉对绩效有正面影响。

内外部分析的结合就是所谓的 SWOT 分析法，即它是对组织的优势(strength)、劣势(weakness)、机会(opportunity)和威胁(threats)的分析。因此，SWOT 分析实际上是将对组织内外部条件各方面内容进行综合和概括，进而分析组织的优劣势、面临的机会和威胁的一种方法。

**3. 构造战略**

在完成 SWOT 分析进行战略制定时，管理者必须考虑外部环境和他们所能使用的资源、能力的现实情况，制定出能帮助组织达到目标的合适的战略，即所制定的战略应该利用组织的优势和外部机会，减少或消除外部威胁，弥补组织的主要劣势。管理者可以选择的战略类型，主要有三种：公司层战略、业务层战略和职能层战略。这些前面已有所述，在此不再赘述。

**4. 实施战略**

战略制定出来以后，必须得到实施，一个成功的战略最后是否能取得预期成果，取决于战略能否成功地实施：不管战略制定得多么好，如果不能成功地实施则等于纸上谈兵。战略的实施是按照既定的战略方案，有条不紊、循序渐进地推进战略，使其从纸上的东西逐步转化为实际的良好的战略目标成果。战略实施包括战略实施准备、战略实施推进。

(1)战略实施准备

为了保证制定的战略能更好地实施，组织需要做好以下几方面工作：

第一，编制经营战略，实施行动计划。重点考虑：由谁来执行这一计划？在执行过程中必须做好什么？等等。并且，要把企业各项日常经营业务与战略计划的实施直接、清晰地联系起来，使企业战略与企业运行融为一体，做到既可适应战略性质与变动的需要，又能保证企业日常经营管理的正常运行，从而顺利地实现企业的总体目标。

第二，满足战略要求的组织结构的调整。包括：开发或调整能够响应战略需要的组织结构模式，为关键职位配置合适的人选等。

第三，进行资源配置。包括：人力资源的选择与安排、战略项目规划与预算、强调重点战略目标的资源分配等。

(2)战略实施推进

它是指在战略实施过程中，按照制定的战略实施计划，向战略目标不断逼近的过程。战略推进是战略实施阶段的攻坚环节，事关战略成败。战略实施推进阶段将有大量日常管理工作，主要包括：营造一个良好的战略实施的内部环境，动员全体成员积极投入，建立适应战略实施的内部管理支持系统，等等。

营造一个良好的战略实施环境，是企业战略实施推进的条件。这个环境，主要是指和谐一致的企业文化。本章前述部分已经指出过企业文化对企业战略管理的影响：组织需要一种与其战略相适应的文化。管理者由此需要注意的是：需要解决组织文化与战略可能存在的不一致性问题，以保证战略实施的成功。

建立适应战略实施的内部管理支持系统是战略实施推进的重要手段。内部管理支持系统，是指围绕战略实施推进所进行的日常管理工作的集合，主要包括战略政策指导、战略实施推进的方式与程序，以及保证战略实施推进的合适与畅通的信息网络系统。

**5. 评估与控制**

评估与控制是指战略管理者为保证战略计划有效实施，按预定标准，采取一系列行动，并通过不断评审和信息反馈，对战略进行修正、纠偏，使实际工作与战略计划尽可能保持一致，以达到预期目的的活动。这是战略实施过程中的一项重要工作，是一个动态过程。它分为五个阶段：①列出战略计划期望的结果；②根据这一结果确定相应的标准；③根据标准对工作作出评价；④由战略评审者进行评审，找出偏差，分析原因；⑤针对偏差采取行动进行纠正。

战略实施的控制方法，主要有事前控制、事中控制和事后控制，具体内容，将在后面有关章节说明，不在此一一赘述。

## 思考题

1. 你如何理解明茨伯格提出的有关战略的5P模型？
2. 哪些原因导致了管理者越来越重视企业战略管理？
3. BCG矩阵是如何向管理者提供公司业务分析框架的？对管理者有何作用？
4. 试分析决定一个行业吸引力和营利性的因素。
5. 可供组织选择的基本竞争战略有哪些？
6. 简述战略管理过程。
7. 试对你自己进行个人职业生涯的SWOT分析。

## 结篇案例

### 格兰仕的战略管理

经过激烈的市场竞争，格兰仕攻占国内市场60%以上的份额，成为中国微波炉市场的代名词。在国家质量检测部门历次全国质量抽查中，格兰仕几乎是唯一全部合格的品牌。1998年，格兰仕投入上亿元技术开发费用，获得了几十项国家专利和专有技术；今年，将继续加大投入，使技术水平始终保持世界前列。

由于格兰仕的价格挤压，近几年微波炉的利润空间降到了低谷。1999年春节前夕，甚至出现个别韩国品牌售价低于300元的情况，堪称世界微波炉最低价格。国内品牌的主要竞争对手一直是韩国产品，它们由于起步早曾经一度占据先机。在后来的竞争中，韩国品牌落在了下风。韩国公司在我国的微波炉生产企业，屡次在一些重要指标上被查出不合标准，并且屡遭投诉，这在注重质量管理的韩国公司是不多见的。业内人士认为,200 多元的价格水平不正常,是一种明显的倾销行为。它有两种可能:一是韩国受金融危机影响,急需扩大出口,向外转嫁经济危机;二是抛库套现,做退出前的准备。

面对洋品牌可能的大退却,格兰仕不是进攻而是选择了暂时退却。格兰仕总部发出指令,有秩序地减少东北地区的市场宣传,巩固和发展其他市场。这一决策直接导致了春节前后一批中小企业进军东北,争夺沈阳及天津市场。

这些地区已经平息的微波炉大战,有重新开始的趋势。格兰仕经理层在解释这种战略性退让时指出,其目的在于让出部分市场,培养民族品牌,使它们能够利用目前韩国个别品牌由于质量问题引起信誉危机的有利时机,在某一区域获得跟洋品牌直接对抗的实力,形成相对的针对洋品牌的统一战线,消除那些搞不正当竞争的进口品牌。

从长远看,格兰仕保持一些竞争对手,也是对自己今后的鼓励和鞭策。格兰仕的目标是打出国门。1998 年,格兰仕微波炉出口额 5000 万美元,比上年增长两倍,在国内家电行业名列前茅,其国际市场价格平均高于韩国同类产品的 25%。在世界最高水平的德国科隆家电展中,第二次参展的格兰仕不仅获得大批订单,而且赢得了世界微波炉经销商的广泛关注。1999 年格兰仕的出口目标是再翻一番。

为继续扩大规模,格兰仕将有选择地在国内微波炉企业中展开收购工作。1998 年收购安宝路未果后,公司总结了经验教训,将重点联合政府部门实现新的目标。鉴于亚洲金融危机的影响短期内可能不会消除,格兰仕表示,并购工作时对海外品牌企业一视同仁。

(资料来源:吴健安,王旭.《市场营销学(第三版)》学习指南与练习. 北京:高等教育出版社, 2007)

**思考题**

1. 试分析格兰仕微波炉面临的战略环境。
2. 评价格兰仕微波炉的一般性竞争战略及其特点。

# 决 策

## 第8章

### 开篇案例

#### 准确决策

禹州市建筑卫生陶瓷厂是一家国有中型企业，由于种种原因，1995 年停产近一年，亏损 250 万元，濒临倒闭。1996 年初，郑炳坤出任厂长。面对停水、停电、停工资的严重局面，他认真分析了厂情，果断决策：治厂先从人事制度改革入手，把科室及分厂的管理人员剪掉了四分之三，充实到生产第一线，形成一人多用、一专多能的治厂队伍。他还推行了“一厂多制”的经营方式：对生产主导产品的一、二分厂，采取“四统一”(统一计划、采购、销售、财务)的管理方法；对墙地砖分厂，实行股份制改造；对特种耐火材料厂实行租赁承包。

改制后的企业像加足马力的列车急速运行，却逐渐显示了规模跟不上市场的劣势，从而严重束缚了企业的发展。有人主张贷巨款上大项目；有人建议投资上千万再建一条大规模的辊道窑生产线，显示一下新班子的政绩。郑炳坤根据职工代表大会的建议，果断决定将生产成本高、劳动强度大、产品质量最差的 86 米明焰煤烧隧道窑扒掉，建成 98 米隔焰煤烧隧道，并对一分厂的两条老窑进行技术改造，结果仅花费不到 200 万元，便使其生产能力提高了一倍。该厂形成年产 80 万件卫生瓷、20 万平方米墙地砖、5000 吨特种耐火材料三大系列 200 多个品种的生产能力。1996 年，国内生产厂家纷纷上高档卫生瓷，厂内外也有不少人建议郑炳坤赶上“潮流”。对此郑炳坤没有盲目决策，而是冷静地分析了行情，经过认真调查论证，认为中低档瓷的国内市场潜力很大。于是，经过市场考察，该厂上了 20 多个中低档卫生瓷产品。这些产品一投入市场，便成了紧俏货。2000 年前后，新产品产值的比重已提高到60%以上。

(资料来源:周三多,贯定良. 管理学(第二版)习题与案例. 北京:高等教育出版社, 2005)

**思考题**

通过案例,你认为决策的关键步骤是什么?

## 8.1 决策的概念及其分类

### 8.1.1 决策的概念

决策是管理活动中的一项重要内容,在一定意义上就是为了解决问题而采取的对策。美国著名管理学家 Herbert Simon 认为“管理就是决策”;也有学者认为“决策是指从两个或两个以上的可行方案中选择一个合理方案的分析判断过程”、“决策是组织的决策者以其知识、经验、掌握的信息为依据,遵循决策的原理原则,采用科学的方法,确定组织未来的行动目标,并从两个以上可能实现目标的行动方案中选择一个较为满意的方案的分析决断过程”,等等。这些说法从决策的不同角度说出了一定的道理。综合以上观点,我们认为,决策是人们通过分析具体的目标和行动方案并最终做出决定以应对他们所面临的机遇或威胁的过程。

从决策的概念看,决策具有下列特点:

(1)决策是行动的基础。任何一项管理活动都要预先明确该项活动要解决什么问题,达到何种目的,为达到预期目的,有哪些方法可以利用,哪种方法好,怎样做,何时做等问题。决策要对每个可行方案进行综合的分析与评价,按照一定的准则选择一个较优方案,并以此作为实施的方案。因此,决策是行动的基础。

(2)决策具有超前性。决策所涉及的问题一般都与未来有关,是为了解决目前面临的、待解决的新问题以及将来可能出现的任何问题,找出各种可行的解决方案。任何决策都是针对未来行动的,所以决策是未来行动的基础,具有超前性。这就要求决策者具有超前意识、思维敏锐,能预见到事物的发展变化,适时地作出正确的决策。

(3)决策具有明确的目的性。决策是为了解决一定的问题,达到一定的目标。在对行动方案作出选择前,首先要有明确的目的。如果没有目的或目的不明,决策就没有方向,往往会导致决策无效甚至失误。

(4)决策方案的可选择性。决策必须有两个以上的方案可供选择,如果不存在两个以上方案,或无法制订方案或只有一个可行方案,也就不存在选择,那就无所谓决策。

(5)决策的过程性。决策在本质上是一个多阶段、多步骤的分析判断过程,而不是一个"瞬间"作出的决定。决策是一个提出问题、分析问题和解决问题的系统分析过程。在进行决策时,决策者首先需要做大量的调查分析和预测工作,然后确定行动目标,找出可行方案,并进行判断、权衡、选择,最后结合起来组成一个完整的决策过程。无论决策的复杂程度如何,决策都有一个过程。

科学决策并非易事,决策是否正确及时,对组织活动的成败有着决定性的影响。科学的决策要求决策者有知识、经验和能力,掌握充分而准确的信息,遵循决策的原理原则,采用科学的决策方法,做出符合事物发展规律的决策。因此,决策技术日益受到管理阶层的重视。科学性并不否认决策有失误,善于从失误中总结经验教训,正是增强科学性的有效手段。

## 8.1.2 决策的类型

决策贯穿于整个组织活动的全过程,涉及各方面的内容。因此,根据不同的要求,从不同的角度对决策过程加以分类,将有助于决策者把握各类决策的特点,根据决策问题的特征,按不同的决策种类,采用相应的方法,进行有效的决策。

(1)按决策影响的时间长短,可以分为长期决策和短期决策。

长期决策是指有关组织今后发展方向的长远性、全局性的重大决策,又称长期战略决策,如投资方向选择、组织规模确定等问题的决策。短期决策则是实现长期战略目标所采取的短期策略手段,又称短期战术决策,如企业的日常营销决策等。

(2)按照决策的重要程度划分,可以分为战略决策、战术决策及业务决策三种。

战略决策,是所有决策问题中最重要的决策,是指全局性的、长期性的、作用大和影响深远的决策。例如企业长期发展战略、企业营销战略、产品开发战略、技术改造和引进,组织机构改革等,均属此类。战略决策一般需要经过较长时期才能看出决策结果,所需解决的问题复杂,环境变动性较大,往往并不过分依赖复杂的数学模式及技术,定量分析与定性分析并重,对决策者的洞察力、判断力有很高的要求。在战略决策中,找出关键问题比利用复杂计算更为重要。

战术决策,又称管理决策,属于执行战略性决策过程中的具体决策。例如,销售、生产等专业计划制定,产品开发方案制订,职工招收与工资水平,更新设备的选择等方面的决策,均属此类。战术决策旨在实现组织内部各环节活动的高度协调和资源的合理利用,以提高经济效率和管理效能。它不直接决定组织的命运,但其正确与否，也将在很大程度上影响组织目标的实现程度和工作效率的高低。

业务决策，又称执行性决策，是日常活动中有关提高效率和效益的决策，一般由中、下层管理人员作出。例如生产管理、销售管理、劳动力调配、个别工作程序和方法的变动、企业内的库存控制、材料采购等，均属此类。

上述三类决策的重要性不同，各级领导层应有所侧重。高层领导者显然应侧重战略决策，并吸收部分中层和基层领导者参加；中层领导者应侧重战术决策；而基层领导者则应侧重业务决策。

(3)按照决策目标数量划分，可分为单目标决策与多目标决策。

在单目标决策中，决策行动只力求实现一种目标，因而是相对比较简单的决策。多目标决策，顾名思义，就是决策行动力图实现多个目标。比如，私人购买小汽车的决策，就需考虑购价、性能、舒适性、耐用性、操作便利性、维修情况等。这些多重目标很难在某一品牌车型中完全实现，所以，购买者作出购车决策时需要妥善地处理多目标的冲突问题。给每一个目标规定相对重要的程度，即权重，然后进行加权平均，这是处理多目标决策的一种常用方法。比如，购买“经济车”与购买“豪华车”的人，前者肯定会给车的“购价”以更高的权重，后者则会更注重车的“舒适性”等。不难看出，权重的确定实际上也体现了决策者的价值判断成分。

(4)按决策所要解决的问题的重复程度来划分，可分为程序化决策和非程序化决策两种。

程序化决策是按原来规定的程序、处理方法和标准去解决管理中经常出现的问题，又称常规决策、重复性决策、例行决策。这类决策问题比较明确，可利用一套固定的程序处理。如任务的日常安排、常用物资的订货与采购、定期的会计与统计报表的编制和分析等，均属此类。由于程序化决策所涉及的变量比较稳定，可以预先建立数学模型，编成计算机处理程序，由计算机辅助作出决策。在管理工作中，约有 80%的决策属于程序化决策。

非程序化决策是解决以往无先例可循的新问题，具有极大的偶然性和随机性，很少发生重复，又称非常规决策、例外决策。其决策步骤和方法难以程序化、标准化，不能重复使用。战略性决策一般都是非程序化的，例如，新材料和新生产方法的采用、企业的合并与重组等问题。由于非程序化决策需要考虑内外部条件变动及其他不可量化的因素，除采用定量分析外，决策者个人的经验、知识、洞察力和直觉、价值观等因素对决策有很大的影响。

本部分内容，详见后述“问题与决策类型”。

(5)按决策问题的可控程度来划分，可分为确定型决策、风险型决策和非确定型决策三种。

确定型决策是指决策所面临的条件和因素是确定的，每一个方案只有一种确定的结果。如把资金存入银行,利率根据存款期限长短是固定的。在实际工作中,确定型决策是非常少见的。

风险型决策也称随机决策,即决策方案未来的自然状态不能预先确定,可能有几种状态,但每种自然状态发生的概率是可以作出客观估计的,所以不管哪个决策方案都是有风险的。这类决策选择的关键在于衡量各备选方案成败的可能性(概率),权衡各自的利弊。

非确定型决策所面临的条件和因素是不确定的,每一种行动方案的结果是不可知的,也无法确定其概率。例如,我国上市的股份有限责任公司的股票市场价格受到各种因素(包括国家政策、供求关系、股民心理、公司的前景、股票每股税后利润和每股净资产的多少等因素)的影响,投资者无法确定一年后股票价格变动幅度和变动方向。

(6)按决策的主体分,决策可分为(群体)组织决策和个人决策两种。

(群体)组织决策是由一个或几个群体来完成的决策。由于决策是一件非常复杂的工作,大部分的决策都是由一个或几个群体来完成的。个人决策是由一个决策者完成的决策。

群体决策和个人决策有所不同,与个人决策相比较,具有下列优点:①集思广益。群体可能比任何单个成员具有更广泛的知识领域、更丰富的经验、更多的创意,可以更全面地观察问题,搜集更丰富的信息,拟订更多可供选择的方案,并可对不同方案发表各自不同的意见,对每一种意见进行争论,更合理、客观地评价每一方案,做出更加合理的决策。②有利于决策的执行。群体决策吸收了更多的组织成员参与,对组织成员的意见进行广泛的讨论,并取得大部分组织成员的一致看法,对决策的问题具有较深刻的理解,增加了每一个组织成员对决策承诺的可能性,有利于决策的执行。③更能承担风险。由于组织成员共同参与决策,决策的风险责任分散,更可能作出比较有风险的决策。当然,这里并不排除由于缺乏对风险的认识,而具有更大的冒险性。

群体决策与个人决策相比较,具有下列缺点:①决策速度慢。群体决策所花费时间和费用一般都比较高,对每一个意见都进行争论,甚至可能转移话题,使一项决策常常是悬而不决,拖延时间。②责任不明。群体决策常常由群体的成员表决通过,责任分散,责任大小不明确。③可能产生个人对群体操纵的情况。群体成员可能由于惧怕权威而放弃自己的观点,没有真正发挥群体的作用,常常是最高权威宣布决定,群体成员举手通过。④个人屈服于群体的压力。个人的创见常常是与众不同的,而个人由于群体的压力而放弃自己的观点,或采取折中的办法。

与群体决策相反,个人决策速度快、责任明确,但比较容易产生决策失误,决策在执行中阻力较大。因此，在决策过程中，应根据问题的性质来确定决策的方式。详细内容参见后文的“群体决策”相关内容。

(7)按决策需要解决的问题来划分，决策可分为初始决策和追踪决策两种。

初始决策是指组织对从事某种活动或从事某种活动的方案所进行的初次选择。追踪决策则是在初始决策的基础上对组织活动方向、内容或方式的重新调整。如果说，初始决策是在对内外环境的某种认识的基础上作出的话，追踪决策则是由于这种环境发生了变化，或者是由于组织对环境特点的认识发生了变化而引起的。显然，组织中的大部分决策当属追踪决策。

与初始决策相比，追踪决策具有如下特征：

(1)回溯分析。初始决策是在分析当时条件与预测未来的基础上进行的。而追踪决策是在原有决策业已实施但发现环境条件有了重大变化或与原先的认识有重大差异的情况下进行的。因此追踪决策必须从回溯分析开始。回溯分析，就是对初始决策的形成机制与环境条件进行客观分析，列出需要改变决策的原因，以便有针对性地采取调整措施。当然，追踪决策也是一个扬弃的过程，对初始决策的“合理内容”还应加以保留。换句话说，回溯分析应着力挖掘初始决策中的合理因素，以其作为调整或改变的基础，而不应全盘放弃。

(2)非零起点。初始决策是在有关活动尚未进行从而对内外环境没有产生任何影响的前提下进行的。追踪决策则不然。它所面临的条件与对象已经不是处于初始状态，而是随着初始决策的实施受到了某种程度的改变、干扰和影响。这种影响主要表现在两个方面：第一，随着初始决策的实施，组织与外部协作单位已经建立了一定的关系，比如，企业为了开发某种产品，已经组织了原料供货渠道，并向有关厂家订购了生产这种产品必需的某种设备，等等。第二，随着初始决策的实施，组织内部的有关部门和人员已经开展了相应活动。在这些活动开展中，有关部门和人员不仅对自己的劳动成果或初步的劳动成果以及对这种劳动本身产生了一定的感情，而且他们在组织中的命运也可能在很大程度上与这些活动的继续进行联系在一起了。组织如果要改变原来的决策，就会在不同程度上遭到外部协作单位以及内部执行部门的反对。由于这种反对，这些单位和部门可能在追踪决策时提供并非客观的情报和信息。因此，追踪决策就不免要受到过去决策的影响。

(3)双重优化。初始决策是在已知的备选方案中择优，而追踪决策则需要双重优化，也就是说，追踪决策所选的方案，不仅要优于初始决策——因为只有在原来的基础上有所改善，追踪决策才有意义，而且要在能够改善初始决策实施效果的各种可行方案中，选择最优或最满意的决策方案。可以说，第一重优化是追踪决策最低的基本要求，第二重优化则是追踪决策应力求实现的根本目标。

## 8.2 决策理论的演进

### 8.2.1 古典决策理论

古典决策理论又称规范决策理论，主要盛行于20世纪50年代以前。该理论是基于“经济人”假设提出来的。该理论认为，应该从经济的角度来看待决策问题，即决策的目的在于为组织获取最大的经济利益。

古典决策理论假设：作为决策者的管理者是完全理性的；决策环境条件的稳定与否是可以被改变的；在决策者充分了解有关信息情报的情况下，是完全可以做出完成组织目标的最佳决策的。

为此，古典决策理论提出：

(1)组织要实现的目标是明确的、组织一致同意的。问题可以识别并精确地陈述。

(2)决策者可以收集完全信息，从而使决策状态成为确定性的。所有可行性方案和可能的结果都是可以量化和评估的。

(3)方案评估标准是明确的或可以确定的。决策者选择能够使组织利益最大化的方案。

(4)决策者是理性的。他合乎逻辑地评估标准和偏好(权重)，评估每一方案，并做出使组织利益最大化的决策。

该理论对决策者有如下要求：

(1)决策者必须全面掌握有关决策环境的信息情报。

(2)决策者要充分了解有关备选方案的情况。

(3)决策者应建立一个合理的自上而下的执行命令的组织体系。

(4)决策者进行决策的目的始终都是使本组织获取最大的经济利益。

古典决策理论模型描述了决策者应该怎样做出决策，但不能告诉我们管理者实际上是如何制定决策的。该模型的价值在于它促使管理者在制定决策时具有理性。例如，过去许多高级管理人员仅仅依靠个人的知觉和偏好来制定决策。近年来，由于定量决策技术的发展，古典决策理论模型得到了广泛应用。

古典决策理论模型代表一种理想的决策模型。在程序化决策、确定性决策与风险性决策中，古典模型具有很强的应用价值。但它忽视了非经济因素在决策中的作用，这种理论不一定能指导实际的决策活动，从而逐渐被更为全面的行为决策理论代替。

## 8.2.2 行为决策理论

行为决策理论的发展始于20世纪50年代。代表人物是赫伯特·西蒙，他在《管理行为》一书中指出，理性的和经济的标准都无法确切说明管理的决策过程，进而提出"有限理性"标准和"满意度"原则。其他学者对决策者行为作了进一步的研究，他们在研究中也发现，影响决策者进行决策的不仅有经济因素，还有其个人的行为表现，如态度、情感、经验和动机等。

行为决策理论的主要内容有：

(1)人的理性介于完全理性和非理性之间，即人是有限理性的，这是因为在高度不确定和极其复杂的现实决策环境中，人的知识、想象力和计算力是有限的。

(2)决策者在识别和发现问题中容易受知觉上的偏差的影响，而在对未来的状况作出判断时，直觉的运用往往多于逻辑分析方法的运用。所谓知觉上的偏差，是指由于认知能力的有限，决策者仅把问题的部分信息当作认知对象。

(3)由于受决策时间和可利用资源的限制，决策者即使充分了解和掌握有关决策环境的信息情报，也只能做到尽量了解各种备选方案的情况，而不可能做到全部了解，决策者选择的理性是相对的。

(4)在风险型决策中，与经济利益的考虑相比，决策者对待风险的态度起着更为重要的作用。决策者往往厌恶风险，倾向于接受风险较小的方案，尽管风险较大的方案可能带来较为可观的收益。

(5)决策者在决策中往往只求满意的结果，而不愿费力寻求最佳方案。导致这一现象的原因有多种：决策者不注意发挥自己和别人继续进行研究的积极性，只满足于在现有的可行方案中进行选择；决策者本身缺乏有关能力，在有些情况下，出于个人某些因素的考虑而做出自己的选择；评估所有的方案并选择其中的最佳方案，需要花费大量的时间和金钱，这可能得不偿失。

行为决策理论抨击了把决策视为定量方法和固定步骤的片面性，主张把决策视为一种文化现象。例如，日裔美籍学者威廉·大内在其对美日两国企业在决策方面的差异所进行的比较研究中发现，东西方文化的差异是导致这种决策差异的一种不容忽视的原因，从而开创了决策的跨文化比较研究。

除了西蒙的"有限理性"模式，林德布洛姆的"渐进决策"模式也对"完全理性"模式提出了挑战。林德布洛姆认为决策过程应是一个渐进过程，而不应大起大落(当然，这种渐进过程积累到一定程度也会形成一次变革)，否则会危及社会稳定，给组织带来组织结构、心理倾向和习惯等的震荡和资金困难，也使决策者不可能了解和思考全部方案并弄清每种方案的结果(这是由于时间的紧迫和资源的匮乏)。

因此,“按部就班、修修补补的渐进主义决策者,似乎不是一位‘叱咤风云’的英雄人物,而实际上是能够清醒地认识到自己是在与无边无际的宇宙进行搏斗的足智多谋的解决问题的决策者”。这说明,决策不能只遵循一种固定的程序,而应根据组织内外环境的变化进行适时的调整和补充。

### 8.2.3 当代决策理论

继古典决策理论和行为决策理论之后,决策理论有了进一步的发展,即产生了当代决策理论。当代决策理论的核心内容是:决策贯穿于整个管理过程,决策程序就是整个管理过程。

组织是由作为决策者的个人及其下属、同事组成的系统。整个决策过程从研究组织的内外环境开始,继而确定组织目标、设计可达到该目标的各种可行方案、比较和评估这些方案进而进行方案选择(即做出择优决策),最后实施决策方案,并进行追踪检查和控制,以确保预定目标的实现。这种决策理论对决策的过程、决策的原则、程序化决策和非程序化决策、组织机构的建立同决策过程的联系等作了精辟的论述。

对当今的决策者来说,在决策过程中应广泛采用现代化的手段和规范化的程序,并以系统理论、运筹学和电子计算机为工具,辅之以行为科学的有关理论。这就是说,当代决策理论把古典决策理论和行为决策理论有机地结合起来,它所概括的一套科学行为准则和工作程序,既重视科学的理论、方法和手段的应用,又重视人的积极作用。

## 8.3 问题与决策类型

管理者在决策情景下所面对的问题类型,通常会决定问题如何解决。本节针对问题和决策进行分类,然后,阐明管理者采用的决策类型是怎样反映问题特征的。

### 8.3.1 结构良好问题与程序化决策

**1. 结构良好问题**

管理者在履行职责时将会遇到各种类型的问题,采用何种类型的决策取决于他们所面临问题的性质与类型。有些问题看上去很直观,一目了然,决策者的目标是清楚的,问题是熟悉的,与有关问题的信息是清晰的、完整的,这类问题被称为结构良好问题。如大学对学生申请资助的处理，报社需要对突发而且快速传播的新闻事件的反应，等等。通常，处理这类结构良好问题都有一些标准的程序，即程序化决策，所谓程序化决策，就是那些带有常规性、反复性的例行决策，可以制定出一套例行程序来处理的决策。比如，为普通顾客的订货单标价，办公用品的订购，有病职工的工资安排等等。

**2. 程序化决策**

这是一种重复性决策，运用常规方法就能处理面临的问题。程序化决策主要是依据以前的解决方法的相对简单的决策，决策过程中开发备选方案阶段通常在程序化决策中很少被关注。原因：一是因为结构良好问题被确定后，它的解决方案通常是不言自明的，或者是限定在几个可供选择的方案上；二是这些方案是熟悉的并被过去的实践证明是成功的。在许多情况下，程序化决策变为依据先例的决策，管理者仅须按自己或别人在以前相同情况下所做的那样去做。因为是结构良好问题，所以，管理者通常是根据系统化的程序、规则或政策来制定这类决策。

程序，是管理者能用于处理结构性问题的相互关联的一系列步骤。程序确定中唯一的真正的困难在于确定问题。一旦问题确定了，程序也就可以确定了。例如，某学校设备处处长从计算机服务中心收到一份计算机采购申请单，需要购买50台计算机。设备处处长知道，处理这类问题有着明确的程序。采购申请单填好并被批准了吗？如果没有的话，就把采购申请单退回去并注明还缺什么。如果采购程序齐备，那么就应该估计大约的开支了。如果总金额超过了30万，那么就必须有至少三家公司来投标；如果总金额等于或少于30万，则只需对一家供货商发出订单。这一决策过程，只是在执行一系列简单化有序的步骤而已。

规则，是一种清晰的描述，告诉管理者应该做什么和不应该做什么。因为规则易于遵守而且保持了一致性，所以，管理者遇到结构良好问题时常使用规则，因为他们只需要遵循和保持一致性即可。

政策，是制定决策的指南。政策引导管理者沿着特定的方向思考。与规则相比，政策为决策设立了参数，而不是具体说明应该和不应该做什么。政策通常包含一些模糊性术语，它给决策留下了解释余地。从这个意义上说，管理者的道德水平将产生作用。

### 8.3.2　结构不良问题与非程序化决策

管理者面对的问题并非都是结构良好的和可以进行程序化决策处理的问题，许多组织都存在结构不良问题和非程序化决策。

**1. 结构不良问题**

这类问题的特点是新颖的、不经常发生的，信息是模糊的和不完整的。例如，对是否在朝鲜新建一座制造工厂，就是一个结构不良问题。

当问题的结构不完整时，管理者就必须依靠非程序化决策方法以及开发专门的解决方案。

**2. 非程序化决策**

非程序化决策就是具有唯一性和不可重复性的决策。其特点：过去尚未发生过，或其确切的性质和结构尚捉摸不定或很复杂，或其作用十分重要而需要用现裁现做的方式加以处理的决策。比如，某公司决定在以前没有经营过的国家里建立盈利组织的决策，新产品的研制与发展决策等等。当管理者面临结构不良或者独特的问题时，没有现成的解决方案，它要求用非程序化决策方法，根据问题制订解决方案。

## 8.3.3 组织层次、问题类型与决策类型

居于组织不同层次的管理者，因其经常面临的问题类型不同，所以，其决策的类型也有差异，如图 8-1 所示。

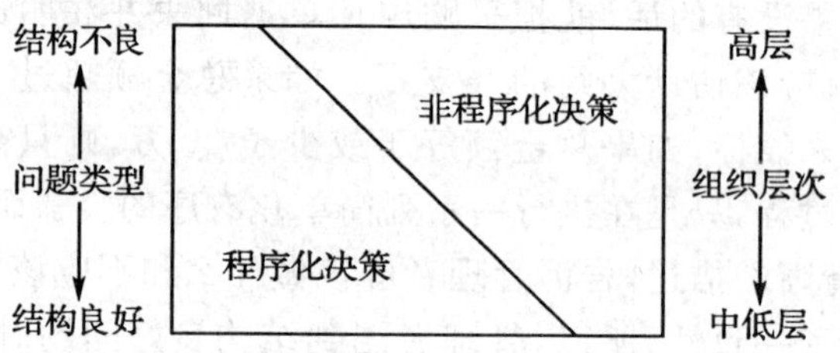


图 8-1 组织层次、问题类型与决策类型关系

因为较低层次的管理者面对的通常是熟悉的和重复性的问题，也就是结构良好问题，所以，在大多数情况下进行的是程序化决策，即依靠程序、规则或组织政策来进行决策。但随着管理者所处的组织层次的上升，他们面临的结构不良问题越来越多，因为低层次管理者通常自行处理那些程序化决策就能解决的问题，而把不寻常的和困难的决策问题提交给他们的上级来处理，同样，高层次的管理者也会把程序化决策的问题授权他们的下级来处理，而让自已集中精力来处理那些更困难的问题。

当然，现实中，几乎没有哪一个管理决策是完全程序化的或完全非程序化的，绝大多数决策居于这两个极端之间的某个位置，极少有在程序化决策中完全排除个人判断，而在非程序化决策中，也可以得到程序化决策的某些帮助。因此，若以程序化决策为主，则应辅以非程序化决策，反之亦然，这样才是恰当的。

# 8.4　决策模型

虽然组织中的每一个人都需要经常做决策，但制定决策对管理者来说尤为重要——因为决策贯穿于管理的计划、组织、领导和控制四大职能中。许多决策的制定过程都是常规的，并非都是大事、要事——犹如一个人一年中每天都要决定吃什么，这些决策都是非常简单并能很快就处理好的。那么，管理者作为决策者究竟如何在组织中制定决策呢？下面我们将了解有关管理者制定决策的两个模型。

## 8.4.1　决策的理性模型

管理者的决策制定可以被假设为是理性的，即管理者会做出符合逻辑的决策。他会认真确定问题并有一个明确的、具体的目标，还知道所有可能的备选方案和可能产生的结果，理性决策者会始终瞄准“使目标最大化的备选方案”。这些假设可以运用于个人或管理的人和决策。但是，对于制定管理决策，还需要增加一个额外的假设，那就是决策的制定是符合组织的最佳经济利益，也就是决策是为了实现组织利益最大化，而不是个人利益的最大化。

管理决策的制定通常在下述条件下会遵循理性假设，这些条件是：管理者面对的是简单的问题，在这些问题中，目标是清楚的，方案数量是有限的，时间压力不大，寻找和评估方案的成本较低；组织文化支持创新和承担风险；决策结果相对来说是具体的和可度量的。

但是，管理者在现实世界中所面临的绝大多数决策并不完全符合这些条件，因此，组织中的绝大多数决策实际上都是在有限理性条件下制定的。

## 8.4.2　有限理性模型

尽管假设不太现实，但组织希望管理者在制定决策时做出理性行为。管理者知道一个“好”的决策者应该做哪些事情，包括在识别问题、考虑备选方案、收集信息以及果断谨慎行事时展现出良好的决策行为。他们被要求做出正确的决策。他们这样做的目的，是要向其他人——他们的上级、同级以及下级——展现出自己的能力，证明他们的决策是理智的和经过周密思考的。但是，描述管理者如何更符合现实决策的是有限理性模型，即他们理性地做出决策，但同时又受到自身信息处理能力的限制：他们不可能分析所有决策方案的所有信息——他们在不完全信息条件下做出决策，因此，他们只是制定“满意”的而不是使目标最大化的决策。也就是说，他们面对需要解决的问题选择一个“足够好”的方案，是在他们所获得的有限信息的能力范围内做出理性决策的。如果有一个备选方案能较好地满足最基本要求，决策者就实现了满意标准，他就不愿意再去研究或寻找更好的备选方案了。

假设你是一个投资管理专业的大学生，大学毕业后寻找工作，你希望在离家不超过100公里的范围内找到一份起薪为8000元的证券业务分析师工作。最后，你接受的是一个起薪为6500元、离家有25公里的理财规划师工作。如果你进行范围更广一些的求职，你可以找到一个距家只有10公里、起薪为8200元的证券分析师的工作，但你并没有穷尽所有可能的选择以找到最好的目标，所以，你并不是一个完全理性的决策者。因为你选择的那家公司已经让你满意(或者你认为已经“足够好”了)，你就会根据有限理性意识来接受那家公司的工作。

因为管理者制定的绝大多数决策都不满足完全理性的假设，所以，他们实际上是在运用有限理性的方式进行决策，也就是说，他们所制定的决策是基于满意方案的。还要记住：决策制定还可能受到组织文化、内部政治、权利等因素的强烈影响。

## 8.5 直觉在决策中的作用

管理者通常也运用直觉来帮助他们进行决策，即进行直觉决策，它是决策者根据经验、感觉制定决策，被称为“无意识的推理”。研究发现，管理者直觉的五个方面会影响到他们的决策，如图8-2所示。

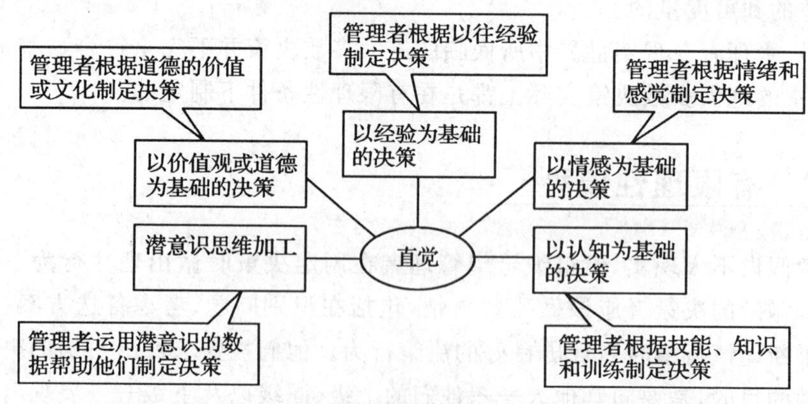

图8-2 直觉的五个方面

根据直觉来制定决策并非与理性或有限理性毫不相干，直觉弥补了理性与有限理性决策的不足。首先，与因以往经验而拥有较少信息的管理者相比，拥有处理类似问题或情景经验的管理者能够更快地付诸行动；其次，研究发现，曾在决策时经历过紧张情绪和感觉的个体实际上可以取得更高的决策绩效，这是他们明白自己制定决策时的感受。所以，以前人们误认为管理者在制定决策时应该忽略感情的说法也许并不是最好的建议。

## 8.6 决策步骤

管理者每一次对组织活动进行计划、组织、领导和控制时，都需要做出一系列决策。比如，在开办一家餐馆的过程中，管理者就要决定：餐馆向哪些消费者提供服务？提供什么样的食物与其他产品或服务？雇用哪些人来餐馆工作？餐馆的位置应该选择在哪里？等等。这里的每一个问题都需要管理者加以决策后才能解决。决策是管理者管理活动中的一项基本工作。

如本书前面相关章节中分析的那样，管理者的主要任务之一就是管理组织环境。外部环境中的许多因素都能够为管理者及其组织带来机会或威胁；而在一个组织内部，管理者还必须处理在利用组织资源过程中所产生的优势与劣势。为了应对这些来自于组织内外部的机会与威胁、优势与劣势，管理者必须进行决策。决策，甚至是决策方式，会影响到组织要做什么以及组织能够做什么。一项好的决策将给企业带来正确的目标和行动方案选择，从而提高组织绩效，甚至会让即将倒闭的企业“死而复生”，而一个较差的决策，则会降低组织绩效，甚至造成企业倒闭或破产。

组织中的每个人，不管从事什么工作，都需要决策，也就是说，他们要在两个或两个以上的方案中做出选择。组织中的高、中、低层管理者每天都需要决策。高层管理者要制定关于整个组织目标的决策，包括进入哪些市场，为哪些购买者或顾客服务，提供什么样的产品和服务，等等；同样，中层和基层管理者也需要进行决策，包括确定每个月/周的生产进度，处理日常工作中发生的问题，挑选和培训雇员，决定工资的增减，等等。但决策并不仅仅是管理者做的事情，事实上，所有的组织成员都在进行决策，这些决策会影响他们的工作和所在的组织。

当然，决策绝不是简单地从不同的方案中进行选择这样轻松，因为它是一个复杂的过程，并同时要考虑其他一些重要因素。决策制定过程，是一个包括八个步骤的过程，如图 8-3 所示。整个过程开始于对决策问题的识别和标准的确定，以及为每个标准分配权重；然后进入到开发、分析和选择备选方案，这些方案要能解决决策问题；最后，实施备选方案，以及最终评估决策结果。这个过程，既适用于个人日常决策，也适用于组织群体决策。

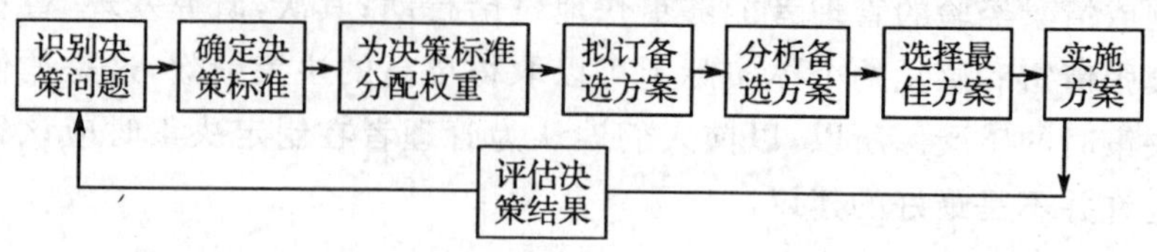


图 8-3 决策制定过程

**第一步,识别决策问题**

决策制定过程,开始于一个存在的问题。问题,就是现状与希望状态之间的差异。不过,现实中,组织的问题大多是闪烁不定的。而问题的识别本身又带有主观性:有时候某个管理者认为是问题,而别的管理者则并不一定认为是问题;而且,如果管理者解决了一个完全错误的问题,那就如同管理者没能发现正确的问题以及什么都没做一样糟糕。

那么,如何识别问题呢?如果管理者理解了问题的特征就会做得更好。问题的特征是:意识到问题的存在、迫于压力采取行动、拥有行动所需要的资源。

首先,要意识到问题的存在,管理者需要观察事情的现状及其希望的状态:如果事情没有处于它应该所处的或管理者希望的状态,问题(不一致)就产生了。

其次,这种差异的状态,要能产生迫使管理者采取措施的压力,否则,这种差异的状态的改善就会被延迟。所以,要开始一个决策过程,问题必须能够向管理者施加某种压力使之采取行动。这种压力,来自于组织的内外部两个方面:可能是组织的政策,或者是财务危机,或者是竞争对手的行动,也可能是消费者的抱怨,等等。

最后,如果管理者感到自己不具有职权、预算、信息或者其他的采取行动的资源,他们不大可能将某些事情作为问题。因为这是不切实际的。

**第二步,确认决策标准**

管理者一旦确定了他们需要关注的问题,对于解决这一问题来说,决策标准的确认就显得很重要了,也就是说,管理者必须决定与问题本身有关的事项中什么与制定决策有关。如在购买笔记本电脑中,需要确定价格、功能、电池质量、保修以及携带的方便性等,那些与购买这一笔记本电脑有关。

在这一步骤中,需要明确决策的价值准则。价值准则,就是落实目标,作为以后评价和选择方案的基本判据。面对复杂多变的决策问题,确定明确的价值准则有时也相当复杂。如果对价值准则不能提出明确的、规范性的、科学的表述,那么,不但决策目标模糊不清,甚至连科学的决策也不存在了。对于同一事物,处在不同历史时期、具有不同认识水平、站在不同角度的人,就会拿起各自不同的"尺度"去衡量它的好坏、曲直、是非。因此,需要确定衡量事物的标准即"价值准则"。

由于构成决策过程的多因素、决策者主观意识的局限性,衡量决策系统的标准也形成了一个不断变化与发展的价值准则体系。现代管理学、系统工程学、系统动力学等对价值准则都进行了大量的研究。归纳起来有如下两个方面:物质性价值准则与精神性价值准则。

物质性价值准则包括经济指标、技术指标、对环境影响指标等。其中,经济指标又可分为耗费性指标、收益性指标;技术指标又可分为性能指标、可靠性指标、安全性指标、可扩展性指标等。

精神性价值准则包括对社会的影响及对精神的影响等方面的指标,如对人的心理、伦理、审美及道德规范的影响等。

由物质性与精神性价值准则构成了价值准则体系。

一般价值准则包括三方面内容:一是将目标分解为若干层次的确定价值指标,这些指标实现的程度就是衡量达到决策目标的程度;二是规定价值指标的主次、急缓以及在相互发生矛盾时的原则。因为,大多数情况下,要同时达到整个价值系统的指标是困难的;三是明确实现这些指标的约束条件。约束条件主要有各种资源条件、决策权力的范围以及时间限制等。

在决策活动中,决策者必须把握科学的价值准则,并用其观察分析问题,才能以客观的标准与角度对决策问题作出科学的判断,从而才能明确清晰地、定性与定量地描述出决策问题。

**第三步,为决策标准分配权重**

第二步中确认的标准,并非同等重要。所以,决策者必须为每一项标准分配权重,以便正确地规定它们的优先次序。在给决策标准分配权重时,一个简单的方法就是给予最重要的标准 10 分的权重,然后,参照这一权重再给其他标准分配权重,重要性只相当于权重为 10 分的标准的一半为 5 分。也可以采用 100 或其他数字作为最高权重。

**第四步,拟订备选方案**

这一步要求决策管理者列出可供选择的方案,这些方案要能够解决问题。在列出这些方案时,不需要对它们评估,仅仅列出即可。

**第五步,分析备选方案**

一旦确认了备选方案,就必须认真地分析每一种方案。对每一种方案的评价是将这些方案与决策标准进行比较,而这些标准都是在上述第二步、第三步中建立的。通过比较,每一种方案的优缺点就会变得明显了。

需要注意的是,如果一个方案的每一项权重都是 10 分的话,就不需要考虑权重了,因为这个方案已经是最佳方案了;同样,如果权重都是一样的,那么,管理者可以通过每一个方案相同的项的权重的比较,以及相加每一个方案所得分数,就可评估出每一个方案,并可做出最佳选择了。

另外，管理者还需要对备选方案按照一定的标准进行评估。一般来说，成功的管理者通常要使用四个标准对支持或反对某一备选方案的理由进行评估。它们是：

第一，合法性。管理者必须保证可能入选的行动方案是合法的，不会违背任何国内和国际的法律以及政府法规。

第二，合乎道德。管理者必须确保可能入选的行动方案是合乎道德的，不会给任何一个利益相关群体带来不必要的伤害。实际上，管理者做出的很多的决策都可能对一部分利益相关者有利，而对另一部分利益相关者有害。所以，在对每一种备选方案进行分析时，管理者必须对各种决策可能产生的影响有一个清醒的认识。

第三，经济可行性。管理者必须确定一种备选方案在经济上是否有可行性。也就是说，在既定的组织目标下，备选方案是否能够被实施。通常，管理者都要对各种备选方案进行一个成本收益分析，以确定哪一种方案将会为组织带来最大的财务净收益。

第四，实用性。管理者必须确定自己是否拥有实施备选方案所需要的能力和资源，必须保证所选择的备选方案不会威胁到组织其他目标的实现。

**第六步，选择最佳方案**

前面已经确定了所有相关标准和各自的权重，并确认和分析了各种备选方案，现在，仅需要从备选方案中选择在第五步中得分最高的方案即可，这一步骤是从所有备选方案中选择最佳方案。

**第七步，实施方案**

决策者通过把决策传递给有关人员并获得他们对决策的承诺，将决策付诸实施。如果即将执行决策的员工参与了决策的制定过程，那么他们将更可能热情地支持决策的执行并取得成果。相对而言，对于那些仅仅是被告知要怎么做的员工来说，他们的热情要小得多。

在决策实施阶段，管理者还需要重新评估环境发生的任何变化，特别是当执行决策需要很长时间的时候。标准、方案和选择仍然是最佳的吗？环境是否发生了巨大变化以至于我们需要对它重新进行评估？

**第八步，评估决策结果**

这是决策过程的最后一步。需要看看问题是否得到了解决，选择的方案和实施的结果是否达到了期望的效果？

如果评估结果表明问题依然存在，管理者这就需要仔细地分析：哪里出现错误了？问题是否被错误地界定？在评选各备选方案时出现了哪些偏差？是方案选择得正确而在执行时做得不好？问题的答案也许会要求管理者重新回到决策过程的某个步骤，甚至可能要重新开始整个决策过程。

## 8.7 决策过程中易犯的错误

当管理者制定决策时，不但会采用自己的方式，也会运用经验原则或直觉以简化决策。直觉很有用，因为它有助于理解复杂、不确定和模糊不清的信息。但这并不能表明它们是可靠的，因为它们可能会导致信息加工和评估出现错误和偏见。图 8-4 表现的是管理者可能犯的 12 种错误和偏差。

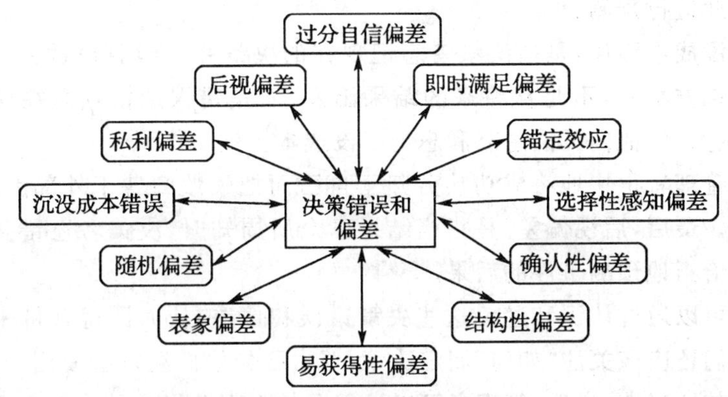


图 8-4　决策常见错误和偏差

(1)当管理者倾向于认为自己知道的事情很多，或对自己和工作绩效保持不现实的盲目乐观态度，就会产生过分自信偏差。

(2)即时满足偏差，是指决策者倾向于获得即时回报和避免即时成本。对他们来说，能迅速获得回报的决策比将来才能获得回报的决策更有吸引力。

(3)锚定效应，是指当管理者过分看重初始信息而难以考虑后续信息做出调整，即第一影响、想法、价格和估计比其后得到信息更重要。

(4)当管理者根据他们带有偏差的感知有选择地组织和阐述事件时，他们表现出的是运用选择性感知偏差，这会影响他们所关注的信息、所界定的问题，以及所制订的备选方案。

(5)当管理者寻找可以再次确认他们过去选择的信息，并低估与以往判断相悖的信息，他们表现出来的就是确认性偏差，他们倾向于接受那些可以确认他们预想中的看法的信息，而对那些挑战这些想法的信息持批评和怀疑态度。

(6)结构性偏差，是指管理者选择和强调一种情况的某些方面而排除其他方面。当他们过分关注和强调一种情境的特定方面而同时轻视或排除其他方面时，就会扭曲他们所看到的现象并产生不正确的标准。

(7)易获得性偏差，是指管理者倾向于记住那些记忆中最近发生和生动的事件。结果是，它扭曲了管理者客观地回忆事件的能力，并扭曲了判断和对可能性的估计。

(8)当管理者根据其熟悉的其他事件来推断某事发生的可能性时，就发生了表象偏差。存在这种偏差的管理者将过去和现在的情况类比，并认为情景是相同的(实际上并不是)。

(9)随机偏差，是指管理者根据随机事件进行推断。他们之所以会这样做，是因为大多数决策者难以处理可能性问题，尽管随机性事件会发生在每个人身上，但人们无法对此进行预测。

(10)沉没成本错误，是指决策者忘记现在的决策并不能更正过去的决策。他们在评选备选方案时，不是从将来的结果出发，而是错误地依据以往所投入的时间、金钱或精力，即他们无法忽略和忘记沉没成本。

(11)当管理者很快地将成功功劳归于自己而把失败归咎于外部因素时，这就是私利偏差。最后，后视偏差，是指当结果已众所周知时，决策者还错误地认为他们本来可以恰当地预测事件的后果。

管理者可以通过认识和避免这些决策错误和偏差，从而回避其带来的负面影响；此外，他们还应该关注"如何"制定决策，努力区分他们经常会使用的直觉，并批判性地评估其恰当性；最后，管理者可以让周围的人帮助指出其决策方式的不足之处并努力加以改善。

## 8.8 决策情景与决策方法

在进行决策时，管理者要面对三种情景：确定性、风险性和不确定性。下面，让我们分别了解一下这三种决策情景，及其不同的决策。需要注意的是，下面的决策方法都是定量决策条件下最后寻求决策方案的方法。

### 8.8.1 确定性决策

进行决策最理想的情景是具有确定性，即由于各种备选方案的预期结果可知，因而决策者能够做出准确的决策。比起不确定性和风险性决策，确定性决策面对的是比较容易求解的问题。实际决策中有许多问题虽然不是严格意义上的确定性问题，但如果主要因素是确定性的，也可以暂且忽略不确定因素，简化为确定性问题。

确定性决策有如下两种方法：

**1. 价值分析法**

在企业管理中，任何决策都是为了一定的耗费而达到一定的目标。能用最少的耗费使决策目标最大满足的方案就是最优方案。价值分析法有两个公式：

(1)单一目标决策

$$V = F/C$$

式中：$V$ 表示价值系数；$F$ 表示功能（可用货币单位、实物单位计量）；$C$ 表示费用（或成本）。

计算的目的，是为了给决策者提出一个不同方案之间可以进行定量分析的数值结构，方案值越大，说明该方案的价值就越大。因此，比较不同方案的值就可决定方案的优劣。

(2)多目标决策

$$F = F_1 a_1 + F_2 a_2 + F_3 a_3 + \cdots + F_n A_n$$

$$F = \sum_{i=1}^{n} F_i a_i$$

$$V = F/C = \frac{\sum_{i=1}^{n} F_i a_i}{C}$$

式中：$a_i$ 为权数，且 $a_i < 1$，$\sum_{i=1}^{n} a_i = 1$；$F$ 为子功能（可用货币单位、实物单位计量）；$C$ 为总费用（或总成本）。

通过比较各方案的综合价值，来确定方案的优劣。

**2. 线性规划**

在决策过程中，人们总是希望找到一种能达到理想目的的方案。而实际上，由于主客观条件的限制，实现理想目标的方案在一般情况下是不存在的。不过，在现有约束条件下，在实现目标的多种方案中，总存在一种能取得较好效果的方案。线性规划就是在一定约束条件下求最优方法。

一般来讲，一个经济、管理问题满足下列条件时，才好用线性规划来求解：①问题的目标能用函数值指标来反映；②存在着达到目标的多种方案；③要达到的目标是在一定约束条件下实现的。

利用线性规划求解的步骤是：首先，确定影响目标大小的变量；其次，列出目标函数；最后，找出实现目标的约束条件，列出约束条件方程组，并从中找到一组能使目标函数达到最大值或最小值的可行性，即最优可行解。

## 8.8.2 风险性决策

风险，指管理者能够对可能产生的结果估计概率的情景。决策者在这种条件下能够估计出每一种备选方案的可能性。决策者往往通过调查，根据过去的经验或主观估计等途径获得这些概率。

一般来说，风险性决策应具备如下条件：①有明确的目标，如利润最大、成本最小等；②有两个以上的可选方案；③自然状态无法控制；④不同行动方案在不同自然状态下的损益值可以计算出来；⑤对自然状态的出现事先不肯定，但概率可以知道。

此类决策问题一般采用以下方法：

**1. 期望收益决策法**

它是通过计算不同备选方案在不同自然状态下的收益期望值的综合值——期望收益值，选择期望收益值最大的方案为最佳决策方案。这一方法分两个步骤：

第一步：先确定概率。就是对未来各种自然状态的情况或自然状态出现的可能性大小做出估计。一般是根据以往的历史资料分析、预测所得的资料，有时也可根据决策值的经验估计。

设概率为 $P_i$，$0 \leqslant P_i \leqslant 1$，且 $\sum P_i = 1$。

第二步，确定风险函数，求出期望值。风险函数的一般表达式为

$$E(Si) = \sum P_i N_i$$

式中：$N_i$ 为各种自然状态。

**例 1** 有一家雪糕厂，天气的好坏对其利润影响很大。现有两种方案，它们在天气好和天气坏时的年利润，以及天气好和天气坏出现的可能性即概率值，见表8-1。试问：该厂应如何决策？

**表 8-1** 雪糕厂的损益值

| 自然状态 / 概率值 / 损益值(万元) / 行动方案 | 天气好 | 天气坏 |
| --- | --- | --- |
| | 0.8 | 0.2 |
| $S_1$ | 15 | −5 |
| $S_2$ | 5 | 2 |

根据表8-1可求出 $V_1$、$V_2$ 如下：

$V_1 = (0.8 \times 15) + [0.2 \times (-5)] = 12 - 1 = 11$(万元)

$V_2 = (0.8 \times 5) + (0.2 \times 2) = 4 + 0.4 = 4.4$(万元)

显然，方案1的期望值比方案2的期望值更大。因为决策标准是最大收益值，所以，应选择方案1。

**2. 决策树法**

因为运用树状图形来分析和选择决策而得名。它由节点和分枝组成，节点有两种，一种叫决策点，用□表示，从决策点引出的分枝叫方案枝；另一种节点叫状态点，用○表示，从状态点引出的分枝称为概率分枝。每一个概率分枝表示一种自然发生的状态，它是决策者主观难以控制的，如市场需求等；在概率分枝的末端标明相应方案在该状态下的损益值，在概率分枝上注明不同状态可能发生的概率大小，在状态点注明该方案所得的期望值。在不确定情况下，企业经营中经常要进行风险性决策。运用决策树法对分析多阶段的决策问题十分有效，它指明了未来的决策点和可能发生的偶然事件，并用记号标明各种不确定事件可能发生的概率。它把可行方案、所冒风险及可能的结果直观地表达出来，具有层次清晰、一目了然、计算简便等特点。所以在决策活动中被广泛应用。

应用决策树法一般要经过三个步骤：

第一步，绘制决策树。这实际上是拟订各种抉择方案的过程，也是对未来可能发生的各种状况进行周密思考和预测的过程。

第二步，计算期望损益值。根据图中有关数据，计算不同备选方案不同自然状态概率值下的期望损益值及其综合值，将综合值（期望损益综合值）填写在相应的方案枝末端的机会点上方，表示该方案的经济效果。

第三步，剪枝决策。比较各方案的期望收益值，从中选择收益值最大的方案作为最佳方案，其余的方案枝一律剪掉，最终剩下一条贯穿始终的方案枝，即决策方案。

**例2**　某仪器公司准备开发一种新产品，预计今后几年市场对该产品高需求出现的概率为0.3，中需求出现的概率为0.5，低需求的概率为0.2。公司现在面临三种方案选择：第一，增加技术开发投入，需投资100万元；第二，新建车间、投入设备，需投资60万元；第三，更新现有设备，需投资20万元。各方案在三种不同需求状态下的利润预测见表8-2。选择哪一个方案才能使公司收益最佳呢？

**表8-2　　某仪器公司的损益值　　单位：万元**

| 需求状态 / 方案 | 高需求 | 中需求 | 低需求 |
|---|---|---|---|
| 增加技术开发投入 | 80 | 40 | −20 |
| 新建车间、投入设备 | 60 | 30 | 0 |
| 更新现有设备 | 40 | 20 | 10 |

第一步:画出树状决策图,如图 8-5 所示。

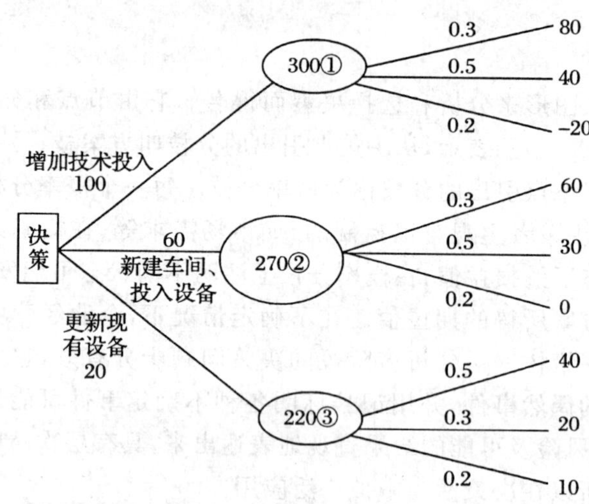


图 8-5 树状决策图

第二步,计算期望损益值。

方案 1 增加技术投入的期望值:[80×0.3+40×0.5+(-20×0.2)]×10-100=300 万元

方案 2 新建车间、投入设备的期望值:(60×0.3+30×0.5+0×0.2)×10-60=270 万元

方案 3 更新现有设备期望值:(40×0.5+20×0.3+10×0.2)×10-20=260 万元

第三步,剪枝决策。比较上述三个方案的结果,增加技术投入的期望值为 300 万元,大于其他几个方案期望值,是最佳决策方案。其他两个未被选中的方案枝剪掉,如此,决策点只留下一条决策枝,即所选择的最佳方案。

## 8.8.3 不确定性决策

管理者要制定决策,但对它的结果不能肯定并且不能对决策概率做出合理的估计,这一情况被称为不确定性决策。在不确定情况下,影响决策方案选择及其结果的因素包括,决策方案的选择受到决策者能够获得的有限信息的影响,和决策者的心理定位:乐观的决策者会遵循最大最大选择(最大化最大可能的收益),悲观的决策者将遵循最大最小选择(最大化最小可能的收益),对于期望最小化其最大"遗憾"的管理者来说,将会遵循最小最大选择。这里的"遗憾",指的是如果你选择了其他战略可能增加的收益。换句话说，当某种自然状态出现时，决策者由于采取甲方案而放弃乙方案，受到了损失。这样甲、乙两个方案的收益之间会产生一个差额，这一差额就是甲、乙两个方案的后悔值。以下用例子分别说明。

**例 3** 设某工厂按批生产，并按批销售某产品。每件产品的成本和批发价格分别为 30 元和 35 元。若每月生产的产品当月销售不完，则每件损失 1 元。工厂每投产一批是 10 件，最大月生产能力是 40 件。假设决策者对其产品的需求情况一无所知，试问这时应如何决策？

从题目可知，决策者可选择的生产方案有 0、10、20、30、40 五种，这是它的策略集合，用$\{a_k\}$表示。此外可断定可能的销售情况也有五种，分别是 0、10、20、30、40 件，但不知道它们发生的概率，这是事件集合，用$\{s_n\}$表示。每个“策略—事件”都可以计算出相应的收益值或损益值，用$\{b_{kn}\}$表示。如当选择月产量为 20 件，而销售量为 10 件时，收益额为：10×(35－30) －1×(20－10) ＝ 40(元)。将所有计算数据汇总，构造出该决策问题的决策矩阵，见表 8-3。策略代表产量，事件代表销量，在实际中，销量≤产量，销量的最大可能和产量相等，所以，产量(策略)＝20 的时候，销量(事件)只能是 0,10,20，不可能是 30 和 40。表 8-3 中，“—”表示不存在的情况。

表 8-3 例 3 的决策矩阵

| 事件 S<br>策略 A | 0 | 10 | 20 | 30 | 40 |
|---|---|---|---|---|---|
| 0 | 0 | — | — | — | — |
| 10 | －10 | 50 | — | — | — |
| 20 | －20 | 40 | 100 | — | — |
| 30 | －30 | 30 | 90 | 150 | — |
| 40 | －40 | 20 | 80 | 140 | 200 |

**1. 悲观主义(max min)决策准则**

悲观主义决策准则又称极大极小准则或保守主义决策准则。当决策者面临着各个事件的发生概率不清时，决策者谨慎考虑决策错误可能造成的重大经济损失，分析各种最坏的可能结果，然后从中选择最好者，以它对应的策略为决策策略。

应用于例 3 的问题，即是从各个“策略—事件”对的结果中选出最小值，将它们列于表的最右列，再从此列中选出最大者，以它对应的策略为决策者应选的决策策略，计算见表 8-4。

表 8-4　　悲观主义决策准则计算实例

| 策略 A \ 事件 S | 0 | 10 | 20 | 30 | 40 | Min |
|---|---|---|---|---|---|---|
| 0 | 0 | — | — | — | — | 0←max |
| 10 | −10 | 50 | — | — | — | −10 |
| 20 | −20 | 40 | 100 | — | — | −20 |
| 30 | −30 | 30 | 90 | 150 | — | −30 |
| 40 | −40 | 20 | 80 | 140 | 200 | −40 |

根据 max min 决策准则有：

$$\max(0, -10, -20, -30, -40)=0$$

它对应的策略是“什么也不生产”，在实际中表示先看看，以后再作决定。

**2. 乐观主义(max max)决策准则**

乐观主义决策准则又称极大极大准则。决策者对待风险的态度与悲观主义者不同，当他面临情况不明的策略问题时，他绝不放弃任何一个可获得最好结果的机会。决策者先考虑每个策略所引起的可能后果中的最大效益，然后再在这些效益中取一个最大值，与之相应的策略正是最后所取的决策。

应用于例 3 的问题，即是从各个“策略一事件”对的结果中选出最大值，将它们列于表的最右列，再从此列中选出最大者，以它对应的策略为决策者应选的决策策略，计算见表 8-5。

表 8-5　　乐观主义决策准则计算实例

| 策略 A \ 事件 S | 0 | 10 | 20 | 30 | 40 | Max |
|---|---|---|---|---|---|---|
| 0 | 0 | — | — | — | — | 0 |
| 10 | −10 | 50 | — | — | — | 50 |
| 20 | −20 | 40 | 100 | — | — | 100 |
| 30 | −30 | 30 | 90 | 150 | — | 150 |
| 40 | −40 | 20 | 80 | 140 | 200 | 200←max |

根据 max max 决策准则有：

$$\max(0, 50, 100, 150, 200) = 200$$

它对应的策略是“每月生产 40 件”。

**3. 折中主义准则**

该准则同时考虑各种方案的最大和最小收益。“同时考虑”的一个最简单方法就是对它们采用加权平均，即在 0 与 1 之间选择一个数 $\alpha$ 作为最大收益的权数，并用以下关系式表示收益值：

$$H_i = \alpha \times a_{i\max} + (1-\alpha) \times a_{i\min}$$

其中 $a_{i\max}$ 和 $a_{i\min}$ 分别表示第 $i$ 个策略可能得到的最大收益值与最小收益值。

$\alpha$ 体现了乐观程度的大小，称为乐观系数。$\alpha$ 越接近于 1，表明决策者对前景越乐观。假设 $\alpha = 1/3$，将计算出来的收益值列于表的最右列，再从此列中选出最大者，以它对应的策略为决策者应选的决策策略，计算见表 8-6。

**表 8-6　　折中主义准则计算实例**

| 事件 S / 策略 A | 0 | 10 | 20 | 30 | 40 | $H_i$ |
|---|---|---|---|---|---|---|
| 0 | 0 | — | — | — | — | 0 |
| 10 | −10 | 50 | — | — | — | 10 |
| 20 | −20 | 40 | 100 | — | — | 20 |
| 30 | −30 | 30 | 90 | 150 | — | 30 |
| 40 | −40 | 20 | 80 | 140 | 200 | 40←max |

根据折中主义决策准则，有：

$$\max(0,10,20,30,40)=40$$

它对应的策略是“每月生产 40 件”。

总的来说，在不确定性决策中是因人、因地、因时选择决策准则的，但在实际中当决策者面临不确定性决策问题时，他首先是获取有关事件发生的信息，使不确定性决策问题转化为风险性决策，所以，风险性决策是讨论的重点。

## 8.9　决策风格

决策者在处理问题和进行决策时，不仅在风险价值观方面有差异，在个人决策风格上也大不相同。所谓个人决策风格，是指决策者在对问题的认知和解决问题的方式方面所呈现出来的个性特点。关于决策风格的一种观点，假设人们在决策方法上的差异表现为两个不同的维度。第一个维度是每个人的思维方式。一些人趋向于理性的和逻辑性的思维方式或处理信息的方式，这种方式使用顺序的观点看待信息，在制定决策之前，必须确认信息是符合逻辑和前后一致的；另一些人趋向于创造性的和直觉类型的思维方式，不是以某种特定的次序来处理信息，而是将它们看成一个整体。

另一个维度描述了个人的模糊承受力。同样的，一些人对模糊承受力较低，这种类型的决策者试图以具有一致性和某种顺序的方式来组织信息，以使模糊性降至最低；另一些人具有较高水平的模糊承受力，他们能够同时处理许多不同的想法。

当把这两个维度分为四象限，就可得到如图 8-6 的矩阵。

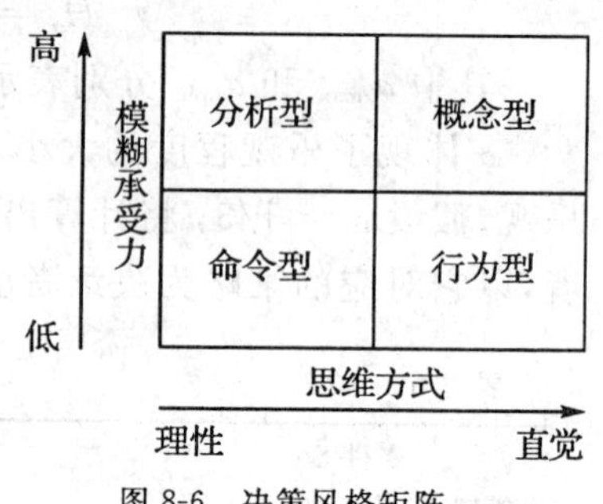

图 8-6　决策风格矩阵

命令型风格。具有命令型风格的人往往具有较低的模糊承受力，他们思考问题的方式是理性的，讲究效率和逻辑性。命令型决策的制定简洁快速，关注短期结果，制定决策方面的效率和速度通常导致他们只考虑少量的信息和评估较少的方案。

分析型风格。这一风格的决策者比命令型风格的决策者具有更强的模糊承受力，他们在制定决策之前试图得到更多的决策信息和考察更多的选择，这是他们与命令型风格的决策者的不同之处。分析型风格的决策者是以谨慎为特征的，具有适应和处理某些特殊情况的能力。

概念型风格。具有这一风格的人趋向于具有广泛的看法和意愿去考察更多的选择，他们关注决策的长期结果，非常愿意寻求解决问题的创造性方案。

行为型风格。行为型风格的人与其他人相处融洽，他们关注周围人的成就并愿意接受其他人的建议，他们通常通过会议的方式进行沟通，虽然这有可能带来冲突。被其他人所接受，对这种决策风格来说是非常重要的。

## 8.10　决策过程中的信息流动和处理

在西蒙的决策过程中，信息的高效流动是科学决策的前提条件，图 8-7 表示决策过程中的信息流动过程。

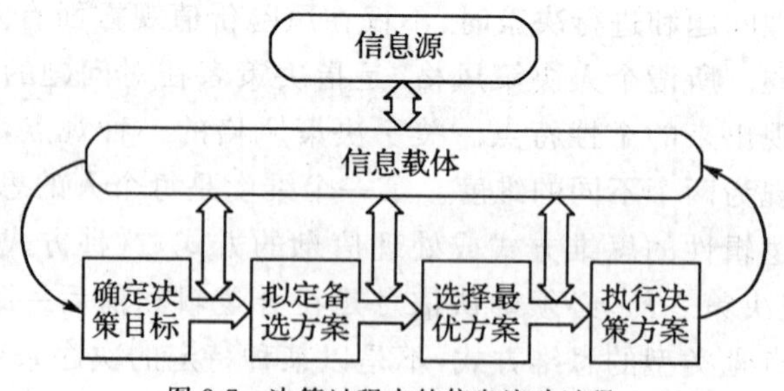

图 8-7　决策过程中的信息流动过程

信息源是信息的出处。常见信息源包括各种类型的出版物、档案资料、会议记录、传媒工具以及重要人物的讲话等。在信息时代，各种类型的计算机情报检索数据库的建立，使得远距离快速获取信息成为可能。

信息载体包括人脑、语言、文献资料和实物等。信息附着在信息载体上，并通过信息载体发挥作用。

在决策的各个阶段，信息在信息源（通过信息载体）和决策者之间交互，将知识、数据、方法等传递给决策者，影响决策的制定；同时，决策形成过程中产生的新知识、新数据、新方法又回流到信息源，经过对信息载体的整理加工生成新的信息并记录下来，同时完成对信息载体中错误的、陈旧的信息的修改更新工作。信息对决策的影响还体现在决策实施的过程中，信息流可以随时把出现的情况和问题反馈给信息载体，经过信息再生过程记录下来，用以指导新的决策工作。

显然，信息的流动过程就是一个信息处理和再生的过程，信息处理是决策的基础。信息处理含义很广，一切为了更好地利用信息而对信息本身施加的操作过程都可以称为信息处理。具体来说，大致可以分为两个层次：

**1. 信息表层处理**

从决策对象那里收集的一切信息，在未作任何处理之前，一般信息量很大而且纷繁无序，称之为原始信息。为方便分析处理，一般会对原始信息进行比较归类，分别记录、复制或存储到各种存储介质中，再编制好索引分类存放，以便使用时查找。这些都属于信息的表层处理过程，一般不会直接产生决策所需要的对象信息，只是为产生对象信息的信息深层加工过程做好准备。前面各章中讨论的信息组织、存储、检索、传输等都属于信息表层处理的范畴。可见，信息的表层处理在信息管理中具有基础性的重要地位。

**2. 信息深层加工**

信息的深层加工在一定程度上涉及信息的深层结构。

对于经过表层处理的信息，首先应进行理解，获得语法信息、语义信息和语用信息。然后按照层次分析法的原理建立信息的逻辑结构层次，并依据约定的前提条件，选择适当的推理规则和计算方法，计算得到最优方案或推理得出正确结论。

显然，信息的深层加工建立在语义信息和语用信息的概念基础之上。从语义层面上看，包括了信息的过滤和识别过程（去掉无用信息和有害信息，只留下有用信息）、信息的压缩过程（去掉信息中多余的和次要的部分，只留下主要部分）、信息的加密和解密过程、信息的抗干扰编码过程等以及与上述过程有关的技术和方法。从语用层面上看，包括了信息的预测过程、搜索过程、理解过程、推理和计算过程等以及与之相关的技术和方法。

应当注意的是，信息的表层处理和深层加工这两个层次之间并没有一个非常明确的界限，在一些表层处理过程（如信息组织、信息传输）中也包含着一些深层加工过程（如分类标引与主题标引、编码和纠错等）。而且，随着人们认识能力和在实践工作中对信息处理的要求不断提高，这两个层次会不断融合，新的信息处理理论和方法也会源源不断地产生。

## 8.11 决策影响因素

组织的决策受到以下因素的影响：

### 8.11.1 环境

环境对组织决策的影响是不言而喻的，这种影响是双重的。

1. 环境的特点影响着组织的活动选择。比如，就企业而言，需对经营方向和内容经常进行调整；位于垄断市场上的企业，通常将经营重点放在内部生产条件的改善、生产规模的扩大以及生产成本的降低上，而处在竞争市场上的企业，则需密切注视竞争对手的动向，不断推出新产品，努力改善营销宣传，建立健全销售网络。

2. 对环境的习惯反应模式也影响着组织的活动选择。即使在相同的环境背景下，不同的组织也可能作出不同的反应。而这种调整组织与环境之间关系的模式一旦形成，就会趋向固定，限制着人们对行动方案的选择。

### 8.11.2 决策的重要性因素

决策对一个组织的重要性程度会影响决策的过程。一项决策所需投入的人力、物力、财力和时间越多，对组织的影响范围越广、越深远，决策的重要性程度就越大，在决策时所花费的时间、人力、费用也就越多；相反，一项决策如果相对不重要，一般所花费的时间、人力、费用也就较少。

### 8.11.3 过去决策

今天是昨天的继续，明天是今天的延伸。历史总是要以这种或那种方式影响着未来。在大多数情况下，组织决策并不是在一张白纸上进行初始决策，而是对初始决策的完善、调整或改革。组织过去的决策是目前决策过程的起点；过去选择的方案的实施，不仅伴随着人力、物力、财力等资源的消耗，而且伴随着内部状况的改变，带来了对外部环境的影响。“非零起点”的目前决策不能不受到过去决策的影响。过去的决策对目前决策的制约程度要受到它们与现任决策者的关系的影响。如果过去的决策是由现在的决策者制定的，而决策者通常要对自己的选择及其后果负管理上的责任，因此会不愿对组织活动进行重大调整，而倾向于仍把大部分资源投入到过去方案的执行中，以证明自己的一贯正确。相反，如果现在的主要决策者与组织过去的重要决策没有很深的渊源关系，则会易于接受重大改变。

## 8.11.4 决策者的因素

在决策活动中起决定性作用的应该是决策者。虽然决策应按严格的科学程序进行，但是决策者素养的高低仍是决策成败的关键。决策者是决策活动的主体，其个人行为特征和群体成员相互影响所产生的群体行为，对决策具有重要的影响。影响决策过程的行为特征有多种，但下列三个特征似乎是最重要的：

(1)个人对问题的感知方式。人们一方面通过感觉器官去感觉现象，另一方面通过大脑对感觉到的资料进行处理，这是借助于知识、经验来进行判断、分析、处理的一种连续过程。由于人们的知识和经验不同，对相同情况的感知会得出不同的认识。例如，一个企业由于管理不善而出现亏损，不同的管理者由于其知识和经验不同，就可能产生不同的认识：一个市场营销专家可能更多地认识到营销方面的问题，如产品的包装、广告、促销渠道、企业形象等方面的问题；一个生产管理专家可能更多地认识到生产效率的问题，如产品的设计、生产设备的选择和布置、生产流程的合理性、生产效率等方面的问题；一个财务专家可能更多地认识到资金的筹集和使用的合理性、成本控制等方面的问题。由于环境的复杂性及人们认识的局限性，不同的人由于其知识和经验的不同，常常从不同的角度去观察问题，形成不同的认识。特别是人们有选择性的感觉，甚至是偏见在起作用，他们可能自觉或不自觉地选择和调整其感觉，对问题的某一方面夸大了，而对另一方面却忽视了。这就是个人对问题感知的方式不同，所认识到的问题也不同。

感知者的知识和经验，在决策过程的其他阶段中同样起作用。如在拟定可选择的方案时，由于强调某一方面的重要性就会在这方面拟订可行方案，而忽视其他的可行方案。如果在拟订方案时，过早地认为某一方案比其他方案更为理想，其他可行方案就很可能得不到充分发展。因而，就会严重影响对问题的最后解决的质量。

(2)处理信息资料的能力。人们对所搜集到的各种原始资料应进行加工、处理，形成有用的信息。由于每个人的知识结构、经验以及思维方式不同，在处理信息资料时，会有很大的差别。某些人由于知识结构不完善、或个人经验较少、或思想比较保守，对于新的、不熟悉的资料就感到无所适从，并尽量逃避，在拟订方案和评价方案的过程中就会有偏颇，甚至采取极端的态度。一个人知识结构越完善、经验越丰富、思想越开放，就越乐于接受新的观点，越容易理解新的问题。处理信息资料的能力越强，搜集到有用的资料就越多，拟订的备选方案也越多。

(3)个人价值系统。个人价值系统是一系列概念，而每一个概念都有一定程度的个人价值和意义。个人的价值观在认识问题、搜集信息、评价各备选方案和选择方案的决策过程中，都具有重要的影响。如果一个群体内，人们的个人价值观比较一致，就比较容易产生一致的看法，也较易协调。如果个人价值观差异较大，就有可能引起许多冲突。

### 8.11.5 组织文化

组织文化制约着组织及其成员的行为以及行为方式。从决策方面来说，组织文化会对决策的制定和执行都产生重大影响。

(1)组织文化制约着包括决策制定者在内的所有组织成员的思想和行为。任何组织，在其运行中总会建立或形成体现某种特定思想和行为方式的组织文化。

(2)组织文化通过影响人们对变化、变革的态度而对决策起影响和限制作用。因为任何决策的制定，都是对过去在某种程度上的否定；任何决策的实施，都会给组织带来某种程度的变化。

在决策层次上，组织文化通过影响人们对改变的态度而发生作用。任何决策的制定，都是对过去在某种程度上的否定；任何决策的实施，都会给组织带来某种程度的变化。组织成员对这种可能产生的变化会怀有抵御或欢迎两种截然不同的态度。在偏向保守、怀旧、维持的组织中，人们总是根据过去的标准来判断现在的决策，总是担心在变化中会失去什么，从而对将要发生的变化产生怀疑、害怕和抵御的心理与行为；相反，在具有开拓、创新气氛的组织中，人们总是以发展的眼光来分析决策的合理性，总是希望在可能产生的变化中得到一些东西，因此渴望变化，欢迎变化，支持变化。显然，欢迎变化的组织文化有利于新决策的实施，而抵御变化的组织文化则可能给任何新决策的实施带来灾难性的影响。在后一种情况下，为了有效实施新的决策，必须首先通过大量工作改变组织成员的态度，建立一种有利于变化的组织文化。因此，对决策方案的选择不能不考虑到改变现有组织文化而必须付出的时间和费用的代价。

### 8.11.6 时间

美国学者威廉·R.金和大卫·I.克里兰把决策类型划分为时间敏感决策和知识敏感决策。时间敏感决策是指那些必须迅速而尽量准确的决策。战争中军事指挥官的决策多属于此类，这种决策对速度的要求远甚于质量。例如，当一个人站在马路当中，一辆疾驶的汽车向他冲来时，关键是要迅速跑开，至于跑向马路的左边还是右边，相对于及时行动来说则显得比较次要。

相反，知识敏感决策，对时间的要求不是非常严格。这类决策的执行效果主要取决于其质量，而非速度。制定这类决策时，要求人们充分利用知识，做出尽可能正确的选择。组织关于活动方向与内容的决策，即前面提到的战略决策，基本属于知识敏感决策。这类决策着重运用机会，而不是避开威胁；着重未来，而不是现在。所以，选择方案时，在时间上相对宽裕，并不一定要求必须在某一日期以前完成。但是，也可能出现这样的情况，外部环境突然发生了难以预料和控制的重大变化，对组织造成了重大威胁。这时，组织如不迅速做出反应，进行重要改变，则可能引起生存危机。这种时间压力可能会限制人们能够考虑的方案数量，也可能使人们得不到足够的评价方案所需的信息，同时，还会诱使人们偏重消极因素，忽视积极因素，仓促决策。

## 8.12 决策与信息技术

信息时代的到来，从根本上改变了生产经营的环境、经营目标、经营方式和经营手段，改变了企业生产资源、组织原则和企业文化的传统概念，尤其是先进的制造技术的出现，打破了传统制造技术和工厂、车间的边界，包容了从市场需求、创新设计、工艺技术、生产过程组织与监控、市场信息反馈在内的工程系统。它是以先进的制造工艺技术、设计方法、工程技术、计算机应用技术为核心的信息、物流工程及相应的管理工程综合集成的现代制造工程，是不断更新发展的高技术体系，是迄今为止的材料器件、设计理论和方法、制造工艺、企业管理、市场营销、计算机技术、信息通讯技术发展的综合集成。由此，信息时代的信息技术对企业生产经营决策的影响十分巨大，表现在以下几个方面：

(1)企业生产经营决策变得更加频繁，生产柔性加强。以实现高质量、小批量、多品种和快速度的生产为管理决策的主要目标。由于信息技术的发展改变了人类生活的环境，通过计算机网络，信息和广告成本大幅降低，而信息、广告和新闻媒介大大影响了人们的消费观念，人们日益追求着以人为主体的个性化和多样化的产品和服务。对制造厂商而言，如何满足人们的这种要求，按订制生产高质量、多品种、小批量的产品就是其主要的决策目标。

(2)决策者和执行者更趋于统一，即从决策到实施的决策链变得更短。有时甚至决策者和执行者可能就是一个工作团队，这样制定决策的速度和决策的实施更快更及时。在工业时代，信息不充分的制约和提高信息的利用效率是人为划分决策者的主要原因之一，而且当时以大批量的规模经济作为降低成本而成为竞争的主要手段。而信息技术通过网络的发展使每个人都能及时获得所需信息，企业和消费者、供应商的距离都更为接近，且信息能得到及时的反馈。在企业内部，决策者和执行者通过网络可以随时交流，甚至可以一同讨论，他们所掌握的信息差异都不大，在一定的场合，执行者实际上就是决策者，只是在决策的对象、范围和目标方面有所差异而已。特别是程序化决策，可以实现管理者与执行者的统一。

(3)决策信息更加充分，决策者花在信息识别上的时间，会比花在搜集信息上的时间更多。网络上的信息量是呈几何级数增长的，决策者要从网络上获取其所需的信息往往不是太少，而是太多。如何从众多的信息中辨别自己所需的信息而且是可靠的信息成为决策者相当困难的事，而这对决策效率和质量却是十分重要的。因而数据挖掘的智能体是目前主要的研究方向。

(4)决策的时效性是第一位的，即如何快速决策比怎样决策更重要。信息时代决策速度的快慢在于如何快速地抓住机会，由于产品是小批量的，企业的利润只能从每一次客户的订制中取得。当客户提出新的要求，决策者必须在尽可能短的时间内做出决策，如是否满足客户要求、如何生产等，如决策时效性太差，则可能失去一个忠实的客户。因而敏捷制造、CIMS①(现代集成制造系统)、CAD/CAM(即计算机辅助设计/计算机辅助制造)都是企业柔性制造的保证。

(5)信息的可得性，改变了决策者的有限理性。管理决策的基石是有限理性假说，而不能获得完全信息则是影响人们进行理性判断和抉择的直接原因之一。信息技术的发展可逐步实现在恰当的时候，把恰当的信息，提供给适当的管理者。这样就改善了决策者的有限理性，从而提高了决策的科学性与合理性。

(6)决策更趋于团队化，即企业内群体决策，委员会决策更为普遍。由于信息量、信息复杂性的迅速增加，信息处理工作已是非少数几个人所能完成的，现代企业组织逐渐向基于知识的组织转变，即依赖各个领域的专家，他们拥有某个较窄领域的专门知识和问题处理能力，并能利用自己的知识获取、综合和传播有关的信息，而由这些专家组成的决策团队是处理具有突发性和结构不良的非程序化决策的重要保证。

(7)决策更注重借助"外脑"，即与国内或国外的专家、学者保持联系，利用他们的知识，召开网上决策会议进行决策。这也是提高决策效率和质量的一种重要方式，由于知识经济中的资本要素与知识要素的重要性发生了变化，知识的增值能力远远超过资本的增值能力，因而在企业决策中，知识结构应逐步取代资本的权力结构，这也就是为什么目前公司董事会聘请独立董事参与公司战略决策的主要原因之一。

---

① CIMS是通过计算机硬软件，并综合运用现代管理技术、制造技术、信息技术、自动化技术、系统工程技术，将企业生产全部过程中有关的人、技术、经营管理三要素及其信息与物流有机集成并优化运行的复杂的大系统。其基本出发点是：(1)企业的各种生产经营活动是不可分割的，要统一考虑；(2)整个生产制造过程实质上是信息的采集、传递和加工处理的过程。因此，企业作为一个统一的整体，必须从系统的观点、全局的观点广泛采用计算机等高新技术，加速信息的采集、传递和加工处理过程，提高工作效率和质量，从而提高企业的总体水平。

(8)多媒体决策会议将成为跨地区大公司的重要决策会议形式。它将不同会场的与会人员的活动情况、会议内容以及各种数据和信息及时传递给每个与会者，实现实时的多媒体信息交互，进行实时讨论和共同设计。决策多媒体计算机会议需要处理音频、视频、协作数据等大量信息，利用计算机强大的信息处理能力，可有效地进行协同工作，在一定程度上取代了传统的会议，是一种快速高效、经济方便且将被广泛应用的新工具。

(9)新的决策支持工具和方法将大大改善管理决策的有效性和效率，以先进的信息技术为基础的决策支持系统(DSS)、群体决策支持系统(GDSS)将成为强有力的决策支持工具。许多数学方法和分析集成在系统中，便于决策者选用，最终为复杂的决策问题提供一个集信息、过程、模型、方法的支持工具，图 8-8 是一个典型的群体决策支持系统结构。数据库、模型库、方法库构成了决策信息和推理的基础，通过通讯库和规则库，建立了一个群体决策的支持系统，通过公共显示屏幕和 PC 公共显示屏进行信息的交流和讨论，最终通过集结各决策者的偏好形成决策方案。

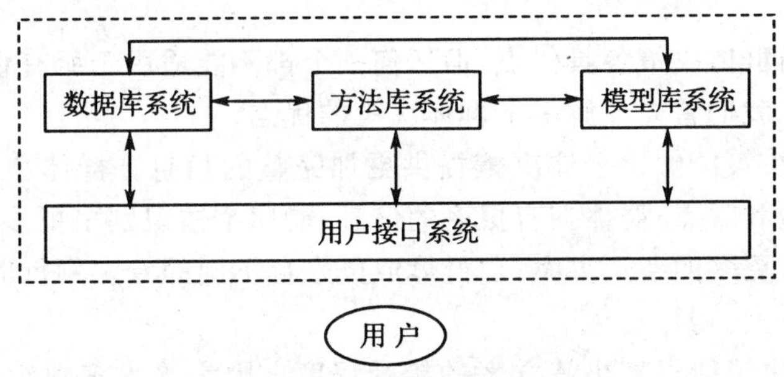


图 8-8 群体决策支持系统结构

更进一步地发展，是将 DSS 与地理信息系统集成(GIS)，通过将地理信息与非地理信息联为一体，进行空间分析(缓冲区分析\网络分析\空间时间序列分析)，达到改善组织合作和掌握更多的空间信息的目的，便于做出更好的决策。

(10)在相同的组织结构中，组织决策权向上层集中，中间管理层人员缩减。根据组织设计的原则定位组织中的信息和决策权的问题，由于企业建立管理信息系统和群体决策支持系统，使得信息从原始持有者向决策代理者传递和转换成本降低，使得决策权向上移动。由于决策权向上移动，中间管理层存在的必要性就降低了，中间管理层是大工业化生产社会的产物，它的存在既减缓了信息传递的速度，又易造成信息失真和代理成本的增加，而现代信息技术将加强执行层与高层决策的直接沟通，随着信息系统和决策系统的完善，中间管理层将逐步缩减甚至消亡。

通过以上 10 个方面的分析可见，信息时代的到来，将使决策者及其理性、决策目标、决策工具、决策方法、决策组织产生重大变革。我国目前许多企业正在向这方面转变，海尔集团和华为集团在企业决策变革方面走在了国内企业的前列，海尔集团实施了精良生产、小批量的订制生产；华为集团实现了知识型团队组织结构和企业组织流程的再造。相信在加入 WTO 的今天，更多的企业将会更快地向信息时代的决策方式转变。

## 8.13 群体决策

管理者的许多决策是由群体做出的，尤其是那些对组织和个人活动有深远影响的重要决策，往往都是由群体做出的。因为在许多情况下，群体就是那些受到所做决策影响最多的人。在组织的实际管理中，管理者大部分时间都是用于确定问题、寻找解决问题的方案，以及决定方案实施的方法。

### 8.13.1 群体决策的优缺点

个体决策与群体决策各具优点，但任何一个都不能适用于所有情况，也无法被彼此完全替代。我们首先了解一下群体决策的优点。

首先，群体决策能够比个体决策提供更加完整的信息。群体会带来个人所不具备的多种经验和观点；群体拥有更多的信息，能比个体识别出更多的方案，所以，群体决策能产生更多的备选方案；当群体成员来自不同的专业领域时，信息的数量和多样性达到最大。

其次，群体决策能提高决策方案的接受程度。因为绝大多数组织成员的不接受，而使许多决策在做出最终选择后却以失败告终。但是，如果让受到决策影响和实施决策的人都参与决策过程，他们将更有可能接受决策，并更有可能鼓励其他人也接受决策。

再次，群体决策能提高合法性。群体决策的制定过程与民主思想一致，所以，可以认为群体制定的决策比个体制定的决策更合法。独揽大权的个人决策者不与他人磋商，会使人感到决策出自于独裁和武断。

当然，群体决策也有自身的不足。

第一，耗费时间较长。组成一个群体要花费时间；群体成员之间的相互影响常导致低效。结果，造成群体决策几乎总是比个体决策花费更多的时间。

第二，群体决策会受少数人主导，即一个群体的成员永远不会是完全平等的。他们可能会因在组织中的职位、经验、问题的相关知识、影响其他成员的能力、语言技巧、自信心等因素的不同而有所不同。这种不平衡为某个或更多成员创造了支配其他人的机会。支配群体中的少数人经常会对最终的决策产生过多的影响。

第三，责任模糊。个人决策中，责任人是明确的；但在群体决策中，群体成员分担责任，但谁对最终结果实际负责，不是很清晰，任何一个成员的责任被冲淡了。

第四，组织中群体的服从压力。例如，你可能经历过这一情形：你与其他较多的人坐在一起讨论某一问题，你有一种与群体主流想法相反的意见，但却保持着沉默。之后，你惊奇地发现，其他人与你的想法一致，却又都是欲言又止。如果群体客观评价备选方案使合适决策的能力受到损害，就意味着发生了群体思维，这是一种屈从形式，它抑制了不同的批判精神、少数派的或非主流的观点，给出一致的表象。因此，个人思维的水平、判断的真实性，以及道德评判都会在组织内部恶化。结果，群体思维有可能会削弱群体中的批判精神，损害最终决策的质量。

那么，在什么情况下易于产生群体思维呢？一般的，在下述情况下易于产生群体思维。

第一，群体成员对任何假设的抵制合理化；

第二，如果有人对群体认同的某些观点提出质疑，或对多数人已认同的某些结论的有效性提出疑问，群体成员会对质疑者直接施压；

第三，某些人虽然存在疑问或有不同意见，但屈从于群体的意见；

第四，意见一致有时也是一种错误，因为如果某人不表达自己的意见就会被视为完全赞同。

群体思维对决策不利吗？答案是肯定的。很多研究表明，群体思维与不良决策结果有关。但是，如果群体团结一致，鼓励开放性讨论，并且又能有听取所有组织成员意见的领导，那么，群体思维会减至最低程度。

## 8.13.2　影响群体思维的因素

第一，是衡量有效性的标准。标准不同，结果不同。群体决策是否比个体决策更有效，取决于确定的有效性标准，如有效性、速度、创造性和可接受程度。群体决策往往更为准确。一般来说，尽管有群体思维，但群体能比个体做出更好的决策。但是，衡量的标准不同，二者比较的结果也不同。如果决策的有效性是以速度为标准来定义的，则个人决策更有优势；如果创造性是重要的，则群体决策往往比个人决策效果更好；如果有效性指的是最终解决方案的被接受程度，那么，群体决策较好。

第二，是群体规模的影响。一方面，群体越大，差异性出现的机会就越多；另一方面，大规模的群体需要更多的协调和更多的时间使所有的成员有效参与。这就意味着，群体不宜过大，有研究表明，5～7 人最为有效。在评价效果的同时必须考虑效率，群体决策与个人决策相比较，决策效率总是稍差，耗费的时间更多。在决定是否采用群体决策时，主要考虑的是有效性的提高是否足以抵消效率的损失。

### 8.13.3 怎样改进群体思维决策的质量

当群体成员面对面交流或彼此互动时，他们就形成了潜在的群体思维。他们会审查自身，并促使其他群体成员形成一致意见。有三种方法可使群体决策更具创造性：头脑风暴法、名义群体法和电子会议法。

**头脑风暴法** 头脑风暴法是为了克服遵从压力而阻碍创造性方案的一种相对简单的方法。它是一种创意产生的过程，鼓励提出任何种类的备选方案，同时禁止对这些方案的任何批评。典型的头脑风暴法的做法是举行头脑风暴会议，很多人围桌而坐。群体领导者以一种明确的方式向所有参与者阐明问题，然后，成员在一定时间内"自由地"提出尽可能多的方案，不允许任何批评，并且所有备选方案都要记录下来，留在稍后再作讨论和分析。但这一方法仅仅是产生创意的过程，而名义群体法则有助于群体取得对问题的圆满解决方案。

头脑风暴法一般按下列程序进行：

(1)由一位管理者对小组需要讨论的问题进行大致描述；

(2)群体成员分享各自的想法，提出各种备选行动方案；

(3)当某个方案被介绍时，不允许群体成员对其提出批评。在全部的备选方案被介绍完之前，每个人都要保留自己对某方案的评判。群体中的一名成员负责在活动挂图上记录各个备选方案的要点；

(4)鼓励组织成员尽可能多地提出创新和激进的想法，并且提出的想法数量越多越好。此外，还要鼓励组织成员对彼此的意见进行深入思考；

(5)当所有的备选方案都被提出来以后，小组成员需要对每一种方案的优缺点进行讨论，最后形成一个最佳备选方案的清单。

**名义群体法** 这一方法因在决策过程中禁止讨论而得名。群体成员必须出席，但要求他们独立行事。他们秘密地写下有关问题的清单或问题的潜在解决方案。这一方法的主要优点在于它能使群体正式开会但不限制每个人的独立思考，而传统会议方法往往做不到这一点。当问题存在争议，或者希望管理者提出各不相同的行动方案时，名义群体法是相当有用的。

一般来说，在运用这一方法时，要求管理者小组举行一个非公开的组内会议，会议遵照以下程序进行：

(1)由一位管理者对将要讨论的问题进行简要介绍，然后给出 30～40 分钟的时间，让每一个小组成员独立写下各自的想法和解决方案。鼓励小组成员尽可能有所创新；

(2)管理者轮流向大家说明自己的想法,由另一名管理者在旁边的活动挂图上记录这些备选方案。在所有备选方案被介绍完之前,不允许对任何一个方案进行批评或者评价;

(3)按照首次提出的先后顺序,对这些备选方案依次进行讨论。小组成员可以要求了解备选方案的详细信息,并对每一个方案进行批评式考察,以便明确它的优点和缺陷;

(4)在所有的备选方案被讨论完之前,每一位群体成员都要按照自己的偏好程度对这些方案进行排序,最后选择出综合排序最高的方案。

**电子会议法**　这是一种将名义群体法与尖端的计算机技术相结合的方法,是一种最新的群体决策方法。

会议的技术设施一旦就绪,问题就简单了。许多人围坐在一张马蹄形桌子旁边,桌子上只有一些计算机终端设备。把问题显示给决策参与者,决策者把自己的回答打在计算机屏幕上。个人评论和票数统计都投影在会议室内的大屏幕上。

电子会议法的主要优点是匿名、真实和迅速。参与者能匿名打出自己想表达的任何信息,并显示在屏幕上,让所有人都能看到。这使得人们能够诚恳地表达他们的想法而不会受到惩罚。

电子会议比传统的面对面会议要快得多,也便宜得多。

电子会议的一种延伸形式是多媒体会议。这种会议将处于不同地方的人员联系起来,即使在数千公里之外,与会人员也能面对面的接触。这提高了成员的反馈程度,节约了大量商务旅行的时间。因此,这种会议更有效,也提高了决策的效率。

## 8.13.4　决策中的创造力

理性决策者在决策中需要创造力。创造力,即提出新颖且有用的思想的能力。创造力对于决策者很重要,因为它使决策者能更全面的理解和评价问题,“看见”别人看不见的问题;其最显见的价值,在于帮助决策者识别所有可行的备选方案。

那么,组织如何激发成员的创造力呢?管理者可以参照创造力三要素模型。该模型提出,个体创造力本质上要求专长、创造性思维技能和内在的任务动机,三个要素中的任何一个水平高,创造力就高。

专长,是所有创造性工作的基础。当人们在其领域内对能力、知识、熟练程度和相关的专业技能做出努力时,其创造潜力也得到了提高。

创造性思维技能,包括与创造性相关的个性特征、使用类推的能力,以及以不同眼光观察熟悉事物的能力。人们发现,与创意开发有关的个性特征有:智力、独立自主、自信、承担风险、内在控制、容忍模糊,以及面对挫折坚定不移。有效使用类推可使决策者将创意从一处运用到另一处。

任务动机，即对从事有趣的、令人着迷的、令人兴奋的、使人满足的或富有挑战性的工作的渴望。这一动机是将创造潜力转化为实际创意的要素，它决定了个体充分利用专长和创造性技巧的程度。因此，具有创造性的人往往喜欢自己的工作，甚至达到着迷的程度。已经发现有五类因素会阻碍成员的创造力，它们是：①预期评估——焦点在于如何评价你的工作；②监督——在监视下工作；③外部促进因素——强调外在的、物质的报酬；④竞争——与同事一起面对得失；⑤受约束的选择——在如何工作方面加以限制。

## 思考题

1. 行为决策理论的代表人物是谁？该理论的主要内容是什么？
2. 何谓结构良好问题、结构不良问题？它们各自对应哪种类型的决策？
3. 管理者为何在决策时只能选择“足够好”的方案而难以做到收益最大化？
4. 试述决策的过程与步骤及其主要内容。
5. 决策中易犯哪些错误？
6. 风险性决策需要具备哪些条件？
7. 试述决策树法的基本内容。
8. 何谓不确定性决策？它包括哪些基本的方法？
9. 管理者在决策中都有哪几种决策风格表现？
10. 一般情况下，都有哪些因素会影响组织决策？
11. 信息技术在哪些方面影响决策？
12. 群体决策有哪些有缺点？在哪些情况下易于产生群体思维？
13. 简述头脑风暴法和名义群体法的一般程序。
14. 创造力三要素模型的基本内容有哪些？

## 结篇案例

### 协调

位于宾夕法尼亚州拿撒勒市的马汀吉他公司自1833年起就开始制造乐器。马汀牌传奇般的吉他一直深受音乐家的喜爱，它也是能用钱买到的最好的吉他之一。公司CEO克里斯蒂安·弗里德里克·马汀，以克里斯著称，一直对吉他制造进行投资。尽管公司2008年的销售额增长了85%(达到了9300万美元)，但它仍面临着严重的问题。

马汀吉他公司是一个有趣的新老混合物。尽管多年来设备和工具有所更新,但公司的员工仍然像以前那样坚持以制造一流的品质为原则,公司的客户也希望拥有质量卓越的吉他。而制造一把如此高标准的吉他是需要极大的耐心的,因为每把吉他都需要在60多个作坊里面经过300多道工序才能完成。音乐家埃里克·克莱普顿曾说:“如果(我)可以化身成什么东西的话,那肯定是马汀吉他。”难怪马汀吉他如此昂贵,部分用巴西玫瑰木制造的限量吉他每把售价高达10万美元甚至更多,而那些普及型的吉他每把只要2000～3000美元。

就像很多企业一样,由于消费者购买力的下降,马汀公司销售额也有所下降(自2008年秋季下降了约20%)。因为吉他不是必需品,消费者对此项支出就显得尤为谨慎。此时,公司已经积压了大量的高价位吉他。但克里斯不想解雇员工,尤其是因为他们拥有制造吉他所需要的特殊木制手艺。“公司指出,与经济复苏后需要培训新的员工比较起来,最好是能找到可以保留员工继续工作的方式”。克里斯和其他管理者找到了一个解决问题的方法:“复制许多大型零售商店的做法,公司开始生产低价格的吉他。”但公司面临大的挑战是如何在不牺牲质量或损害品牌形象的前提下生产出较低价格的吉他。

他们确实做到了,即在生产线上运用弹性工作制和缩短劳动时间,这也是公司在20世纪30年代大萧条时期采用的办法。“公司有能力快速设计不影响制作流程的新产品,这使公司不需要大量的投入就可以生产出较低价格的产品。”基于这种能力,公司已经制造出低于1000美元的吉他。当一系列吉他于2009年4月投放市场后,很快就销售一空了。

(资料来源:[美]斯蒂芬·P.罗宾斯,等.管理学.7版.北京:机械工业出版社,2010)

**思考题**

1. 你认为好的决策可以如何造就商业成功?
2. 你认为当克里斯制定有关公司前途的决策时,他认为什么标准最重要?
3. 克里斯是如何运用决策过程制定有关公司进入新市场的决策的?

# 组织结构与设计

## 第 9 章

### 开篇案例

#### 一封辞职信

尊敬的钟院长：

您好！

我叫李玲，是医院内科的护士长。我当护士长已经有半年了，但现在我再也无法忍受这种工作，实在干不下去了。我有两个上司，她们都有不同的要求，但都要求优先处理自己布置的事情。然而我只是一个凡人，没有分身术，我已经尽了自己最大的努力来适应这样的工作要求，但看来我还是失败了，让我给您举几个例子吧。

昨天早上 8:00，我刚到办公室，医院的主任护士叫住我，告诉我她下午要在董事会上作汇报，急需一份床位利用情况报告，让我在 10:00 前务必完成。而这样一份报告至少要花一个半小时的时间才能写出来。30 分钟以后，我的直接主管——基层护士监督员王华——走进来，突然质问我为什么不见我的两位护士上班。我告诉她外科李主任因急诊外科手术正缺人手，从我这将她们两位借用一下，尽管我表示反对，但李主任坚持说只能这么办。王华听完我的解释，叫我立即让这两位护士回到内科来，并告诉我一个小时以后，他会来检查我是否把这事办好了。像这样的事情举不胜举，每天都要发生好几次。

这样的工作我实在无法胜任，特向您辞职，请批准！

李玲

2005.12.20

（资料来源：余敬，刁凤琴. 管理学案例精析. 北京：中国地质大学出版社，2006）

组织结构化是管理的组织职能发挥作用的现实基础。它是根据组织目标的要求,通过选取合理的组织结构模式,制定并运用相应的组织制度,规范组织的基本活动,确定组织基本类型的一个过程。正如著名的管理学家哈罗德·孔茨所说:为了使人们能为实现目标而有效地工作,就必须设计和维持一种职务结构,这就是组织管理职能的目的。本章将主要阐述有关组织的概念、组织结构设计的原则和方法、常见的组织结构类型等内容。

## 9.1 组织与组织结构

### 9.1.1 组织的含义

组织的含义可以从实体组织和组织职能两个不同角度来解释。

**1. 实体组织**

组织是为实现某一共同目标,经由分工与合作及不同层次的权力和责任制度构成的人的集合。所以组织是作为实体本身的组织,它是人们进行合作活动的必要条件。一般泛指各种各样的社会组织,比如企事业单位、机关、学校等。

**2. 组织职能**

组织职能是指为了有效地实现共同目标和任务,合理地确定组织成员、任务及各项活动之间的关系,并对组织资源进行合理配置的过程,即组织工作的全过程。

### 9.1.2 组织结构的含义

组织结构是组织内的全体成员为实现组织目标,在管理工作中进行分工协作,通过职务、职责、职权及相互关系构成的结构体系。组织结构的本质是成员间的分工协作关系。组织结构的内涵是人们的职、责、权关系,因此,组织结构又可称为权责结构。

组织结构具体包括以下内容:

**1. 职能结构**

即完成组织目标所需的各项业务工作及其比例和关系。如一个企业有生产、技术、人力资源、营销等不同业务职能,各项工作任务都为实现企业的总体目标服务,但各部分的权责关系却不同。

**2. 层次结构**

即各管理层次的构成,又称为组织的纵向结构。例如,企业纵向层次大体可分为董事会、总经理、各职能部门、基层部门、班组等组织结构层次。

**3. 部门结构**

即各管理或业务部门的构成，又称组织的横向结构。如企业的生产部、采购部、技术研发部等。

**4. 职权结构**

即各层次、各部门在权力和责任方面的分工及相互关系，如董事会负责决策，经理负责执行和指挥，各部门相互协作等。

### 讨论题

如何理解组织具有动态和静态的含义？

## 9.2 组织结构设计

一个组织能否顺利地实现其目标，能否促使组织成员在实现组织目标的过程中做出贡献，在很大程度上取决于组织结构的完善程度。因此，组织结构的设计就成为组织工作中的关键一环，它是执行组织职能的基础性工作。组织结构设计是以组织结构安排为核心的组织系统的整体设计工作，是一项操作性很强的工作。

### 9.2.1 组织结构设计的原则

组织结构设计合理与否可以通过一定的标准来评价，这些标准就是组织结构设计时必须遵循的原则。

**1. 目标一致性原则**

组织结构的设计和组织形式的选择必须有利于组织目标的实现。任何组织都有其特定的目标，组织及其每一部分都应该与其特定的组织目标相联系，组织结构的设计与调整都应以其是否对实现组织目标有利为衡量标准。按此原则，组织结构设计要以事为中心，设计职务，建立机构，配备人员。

**2. 专业化分工与协作原则**

组织结构应能充分反映为实现组织目标所必需的各项任务和工作分工，以及相互之间的协调，所以，要做到分工合理，协作明确。一般地，分工越细，专业化水平越高，责任越明确，效率也越高，但却会带来机构增多、协作困难和协调工作量大等问题；分工太粗，机构减少，但专业化水平低。因此在组织结构设计时，要根据需要和可能合理确定分工。组织结构设计中管理层次的分工、部门的分工和职权的分工，以及各种分工之间的协调都是专业化分工与协作原则的具体体现。

**3. 统一指挥原则**

一个下级只接受一个上级的命令和指挥，同时下级只对这个上级负责。该原则要求：上下级之间要形成一条纵向连续的等级链；一个下级只有一个上级领导；一个项目只能由一个人负责；一般上级不能越级指挥。

**4. 管理幅度原则**

管理幅度是指一个上级管理者能够直接有效地管理下属的人数。由于任何管理者的时间和精力都是有限的，所以管理人员有效地监督、指挥其直接下属的人数是有限的。不同管理者，应该结合工作的性质以及被管理者的素质等具体情况来确定适合本组织的管理幅度，以便既能做到保证统一指挥，又能便于组织内部信息的沟通。

**5. 权责对等原则**

职权与职责必须对称或相等。在进行组织结构设计时，既要明确每一部门的职责范围，又要赋予完成其职责所必需的权力，二者必须协调一致。

**6. 集权与分权相结合的原则**

为了保证有效的管理，处理好集权和分权的关系，要求对组织中的重大决策及全局性的管理问题实行集权，对于局部的日常管理问题实行分权，这样才能加强组织的灵活性和适应性。

**7. 精干高效原则**

它是衡量组织结构合理与否的主要标准。在满足组织目标所要求的业务活动需要的前提下，力求减少管理层次，精简机构和人员，提高管理效率。

**8. 弹性结构原则**

组织生存的环境是不断变化的，目标也必须随之不断调整，这就要求组织结构既要有相对的稳定性，不要总是轻易变动；但又要根据组织的长远目标、组织内外部环境条件的变化做出相应的调整。也就是说要具有一定的弹性以适应变化。

## 9.2.2 组织结构设计的权变因素

根据权变的组织理论，没有所谓的普遍适用的“最佳”组织结构形式。在组织结构设计的过程中，必须考虑到各种因素对最优组织结构设计、选择的影响。在这些影响因素中，比较重要的有：

**1. 战略**

战略是关于组织长远目标、发展方向及相应的行动方案、资源配置的设想与筹划。艾尔弗雷德·钱德勒最早对战略—结构的关系做了研究，他通过对美国若干大公司长达50多年发展史的研究，得出的结论是公司战略的变化导致了组织结构的变化。组织结构必须服从于组织所选择的战略的需要。战略选择的不同，能够在两个层次上影响组织结构：不同的战略要求不同的业务活动，从而影响职务的设计；战略重点的改变，会引起组织的工作重点、各部门与职务在组织中重要程度的改变，因而要求各管理职务以及各部门间的关系作相应的调整。

**2. 环境**

一个组织的结构之所以受到环境的影响，是因为环境的不确定性。有的组织面临相对稳定和简单的环境，而有的组织则面临动态和复杂的环境。由于不确定性威胁着组织的绩效，因此必须试图减少这种不确定性。而组织结构的调整就是减少这种不确定性的有效措施。组织的外部环境对组织的内部结构形式所产生的影响主要表现在：

第一，对职务和部门设计的影响。组织是社会经济大系统中的一个子系统，它与组织外部存在的其他社会子系统之间存在着分工问题。社会分工方式的不同，决定了组织内部工作内容、所需完成的任务、所需设立的职务和部门不同。

第二，对各部门关系的影响。环境不同，组织中各项工作完成的难易程度以及对组织目标实现的影响程度亦不同，从而组织的工作重点及各部门的重要程度亦有所差别。

第三，对组织结构总体特征的影响。稳定的环境，要求设计出一种各部门权责关系相对固定、等级结构严密且稳固的组织结构，而多变的环境则要求设计出一种灵活的组织结构。

**3. 技术**

任何组织都需要采取某种技术，将投入转换成产出。对于技术—结构关系的研究最早源于英国学者琼·伍德沃德。其研究反映出组织应该根据它们的技术调整其结构。技术以及技术设备的水平不仅影响组织活动的效果和效率，而且会对组织活动的内容划分、职务设置以及工作人员的素质要求等产生很大的影响。一般来说，技术越是常规化，组织越是要采用机械式的结构；组织越是采用非常规化的技术，就越是要采用有机式的结构。

**4. 规模**

组织的规模不同，与之相适应的组织结构形式亦有很大的差别。并且，组织的规模往往与组织的发展阶段相联系，因而它们都是影响组织结构的重要因素。

## 9.2.3 组织结构设计的基本问题

组织结构设计就是对组织内的层次、部门和职权进行合理的划分。具体地说，就是把为实现组织目标而需完成的工作，不断划分为若干性质不同的业务工作，然后再把这些工作组合成若干部门，并确定各部门的职责和职权。

合理的组织结构设计就是要正确处理以下三个问题:①管理层次的划分;②部门的划分;③职权的划分。它们构成了组织设计的三大内容:纵向结构上的管理幅度和管理层次划分;横向结构上的部门化;职权体系的设计。

**1. 管理幅度与管理层次**

(1)管理幅度

①管理幅度的含义

管理幅度又称作管理跨度或管理宽度,是指一个上级管理者能够直接有效地管理下属的人数。比如,一个市场经理领导多少副经理,一个车间主任管理多少工人等。一般来说,管理层次与管理幅度成反比:主管所能直接控制的下属越多,管理层次就越少;相反,管理幅度减少,则管理层次增加。

②管理幅度的确定方法——格拉丘纳斯的上下级关系理论

法国管理顾问格拉丘纳斯在1933年首次发表的论文中,提出了分析上下级关系的数学模型,并给出了一个数学公式,公式为

$$C = N(2^{N-1} + N - 1)$$

式中,$C$为各种可能存在的联系总数,即关系数;$N$为一个管理者直接控制的下属人数,即管理幅度。

利用上面公式可以得到:$N = 1, C = 1$; $N = 2, C = 6$; $N = 3, C = 18$; $N = 10, C = 5210$。可见,随着管理幅度的增加,上下级之间的相互关系数在按几何级数增加。这说明了管理较多的下属的复杂性,因此主管人员要确定合理的管理幅度。需要指出的是:格拉丘纳斯的上下级关系数计算公式没有涉及上下级关系发生的频数和密度,这使其使用范围受到限制。

总之,管理幅度受多方面因素的影响,这也决定了管理幅度具有很大的弹性。

③影响管理幅度的因素

有效的管理幅度受到诸多因素的影响,主要有管理者与被管理者的工作能力、工作内容和性质、工作条件与工作环境等方面。

第一,工作能力。管理者的综合能力强,就可以迅速把握问题的关键,就下属的请示给出恰当的指导,并使下属明确理解,从而缩短与每一位下属接触的时间,管理幅度宜适当放宽;反之则宜窄。同理,被管理者的工作能力越强,则无需管理者事事指点,管理幅度宜适当放宽;反之则宜窄。

第二,工作内容和性质。主管人员涉及的问题复杂、困难或涉及方向性、战略性问题,其管理幅度宜窄;下属工作的相似性越大,则管理幅度宜适当放宽。

第三,工作条件。主管人员的助手配备情况越好,掌握信息的手段越先进,不同下属工作岗位的分布越接近,则主管人员的管理幅度宜宽。

第四,工作环境。环境变化越快,组织中遇到的新问题越多,下属向上级的请

示就越有必要、越经常,而上级能用于指导下属的时间与精力却越少,因为其要花费大量时间去关注环境的变化,考虑应对的措施。因此工作环境越不稳定,各层主管人员的管理幅度宜窄;反之则宜宽。

(2)管理层次

管理层次是指组织中职位等级的数目。管理层次与管理幅度有关,当一个组织的最高管理者直接管理的人数超过了管理幅度,就必须增加一个管理层次,这样可以通过委派工作给下一层管理者以减轻上层管理者的负担,如此下去就形成了有层次的结构。但是,上层管理者在减轻部分工作负担的同时,也增加了他监督下一层管理者和协调下一层管理者之间关系的工作量,而且这需要时间和精力。因此,增加管理层次节约的时间,一定要大于用于监督和协调的时间,这是衡量增加一个管理层次是否合理的重要标准。一般来说,管理层次与管理幅度成反比。

管理层次与管理幅度的反比关系决定了两种基本的组织结构形态:扁平结构与高耸结构。扁平结构是指管理层次少而管理幅度大的一种组织结构形态。高耸结构是指管理层次多而管理幅度小的一种组织结构形态。扁平结构与高耸结构各有利弊(如表9-1)。一般而言,为了管理更有效,应尽可能地减少管理层次。

**表9-1　　扁平结构与高耸结构优缺点**

| | 扁平结构 | 高耸结构 |
|---|---|---|
| 优点 | 1. 信息纵向传递速度快,密切了上下级关系<br>2. 管理费用低<br>3. 被管理者有较大的主动性、积极性和满足感 | 1. 管理严密<br>2. 分工明确<br>3. 上下级易于协调 |
| 缺点 | 1. 主管不能对下属进行充分有效的指导和监督<br>2. 上下级协调较差,同级间相互沟通困难 | 1. 影响信息传递速度,可能失真<br>2. 影响积极性<br>3. 容易使计划的控制工作复杂化 |

请看下述例子,如图9-1所示。假定有两个组织,它们的作业人员为4096人。如果一个组织的管理幅度是4,另一个是8,那么管理幅度大的组织比管理幅度小的组织可减少2个管理层次,精简780名管理人员。从成本角度看,假定管理人员的平均年薪为3万元,则加宽管理幅度后将使组织在管理人员工资上每年节省2340万元,可见宽管理幅度更有效率。但是超过了某一点,即管理幅度变得过大时,宽管理幅度会导致管理效率降低。

**2. 部门化**

(1)部门化的含义

部门是指组织中管理人员为完成规定的任务有权管辖的一个特定领域。部门化就是将若干职位组合在一起的依据和方式,它是将组织中的活动按照一定的逻

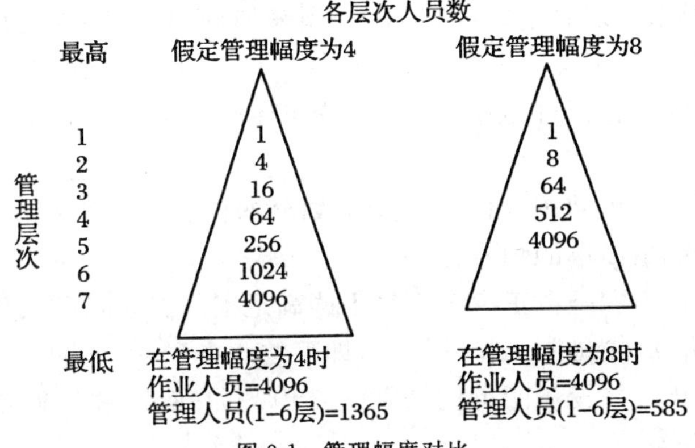

图 9-1 管理幅度对比

引自：S. P. Robbins，M. Coulter. Management 7th ed. Prentice Hall，Inc. 2002:17.

辑安排，划分为若干个管理单位。部门划分的目的是确定组织中各项任务的分配以及责任的归属，以求分工合理、职责分明，有效达到组织的目标。

(2)部门划分的方法

部门划分的标准主要有：职能、产品、顾客、地区、人数、时间、过程、设备、销售渠道、工艺、字母或数字等。下面介绍最主要的几种部门化形式。

①职能部门化。这是最普遍采用的一种划分方法。即按专业化的原则，以工作或任务的性质为基础来划分部门。按重要程度可分为：基本的职能部门和派生的职能部门。基本的职能部门一般有：生产、工程、质量、销售、财务部门等。派生的职能部门有：生产部门中的设计科、工艺科、制造车间、生产计划科、设备动力科、安全科、调度室等。职能部门化的优点是有利于专业人员的归口管理；易于监督和指导；有利于提高工作效率。缺点是容易出现部门的本位主义；决策缓慢、管理较弱、较难检查责任与组织绩效。

②产品部门化。按组织向社会提供的产品来划分部门。如：家电企业集团可能会依据其产品类别划分出彩电部、空调部、冰箱部、洗衣机部等部门。产品部门化的优点是：可提高决策的效率；便于本部门内更好地协作；易于保证产品的质量和进行核算。缺点是容易出现部门化倾向；行政管理人员过多，管理费用增加。

③地区部门化。按地理位置来划分部门。如：跨国公司依照其经营地区划分的各个分公司。地区部门化的优点是：对本地区环境的变化反应迅速灵敏；便于区域性协调；有利于管理人员的培养。缺点是与总部之间的管理职责划分较困难。

④过程部门化。按完成任务的过程所经过的阶段来划分。如：机械制造企业划分出铸工车间、锻工车间、机械加工车间、装配车间等部门。过程部门化的优点是：能取得经济优势；充分利用专业技术和技能；简化了培训。缺点是部门间的协作较困难。

⑤顾客部门化。按组织服务的对象类型来划分部门。如：银行为了向不同的顾客提供服务，设立了商业信贷部、农业信贷部和普通消费者信贷部等。顾客部门化的优点是可更加有针对性地按需生产、按需促销。缺点是只有当顾客达到一定规模时，才比较经济。

⑥人数部门化。单纯按人数的多少来划分部门。类似于军队的师、团、营、连的划分，是最原始、最简单的划分方法。

⑦时间部门化。它是在正常工作日不能满足工作需要时所采用的一种部门划分方法。如：三班制、轮班制工作的情形，即可按此来划分。

⑧设备部门化。按设备的类型来划分部门。如：医院的放射科、心电图室、脑电图室、超声波室等。

上述对部门划分方式的分析，只是为了理论研究上的方便。在实际工作中，任何组织都很少根据唯一的标准来划分部门，而是经常同时利用两个或两个以上的部门划分方式，形成综合式的组织结构。如大学里设置的教务处、科研处、财务处等部门是按照职能来划分的，而本科生部、硕士生部、博士生部等的设置又是按照产品来划分的。究竟采用何种部门化或若干种部门化的组合往往取决于组织对各种部门化方式优劣的权衡。

现代组织的部门化呈现出两种主要趋势：顾客部门化和跨职能团队。顾客部门化被认为是能更好地监测顾客的需求并能对其需求变化做出更好的反应的一种部门化方式。跨职能团队是将各专业领域的专家们组合在一起协同工作。如闻名世界的生产饮料容器和快餐盒的 Thermos Corporation 公司，它以跨专业领域的弹性化的团队取代了传统的受制于职能边界的部门化结构。

(3)部门划分的原则

部门划分应遵循的总的原则是分工与协作原则。具体原则有：力求维持最少部门；组织结构应具有弹性；确保目标的实现；各部门任务的分配应平衡，避免忙闲不均；检查职务和业务部门分设。即检查人员不应隶属于受检查的业务部门。

**3. 职权体系的设计**

(1)职权

在组织内部，最基本的信息沟通，是通过职权关系来实现的。一般存在着三种不同性质的职权：直线职权、参谋职权和职能职权。

①直线职权是某个职位、某个部门所拥有的包括发布命令、执行决策等的权力，也就是通常所指的指挥权。直线职权是组织中上级指挥下级工作的权力，表现为上下级之间的命令权力关系。直线职权与等级链相联系，在组织等级链上的管理者一般都拥有直线职权，即他们既接受上级指挥，又指挥下级。如校长对系主任拥有直线职权，系主任对教研室主任拥有直线职权。

②参谋职权是某个职位、某个部门所拥有的包括提供咨询、建议等辅助性的权力，也即指导权。参谋人员是直线人员的咨询人，协助直线人员执行职责。

直线与参谋之间的界限是模糊的。作为一个管理人员，他既可以是直线人员，也可以是参谋人员，这取决于他行使的职权。如某部门主管对其下属发号施令时，他行使的是直线职权，是直线人员；他就某方面事务向上级提出建议时，行使的是参谋职权，此时他便是参谋人员。可见，直线与参谋的概念不应该按部门或其所从事的工作来划分，而应按权力关系来理解。

③职能职权是某个职位、某个部门所拥有的原属直线主管的那部分权力。随着管理活动的日益复杂，主管人员不可能通晓所有的专业知识，为了提高管理效率，主管人员可能变动某些职权关系，把一部分本属于自己的直线职权授予参谋人员或某个部门的主管人员，这便产生了职能职权。职能职权介于直线职权和参谋职权之间，是一种有限的权力，只在被授权的职能范围内有效。如大学人事处要求各院系院长(或系主任)执行教师聘用制，就是行使职能职权的例子。

直线人员、参谋人员和职能人员的相互关系，本质上是一种职权关系。在管理工作中，应处理好三者的关系：参谋职权无限扩大，容易削弱直线人员的职权和威信；职能职权无限扩大，则容易导致多头领导，导致管理混乱、效率低下。为此，要注意发挥参谋职权的作用，同时适当限制职能职权的使用。从直线与参谋的关系来看，直线人员掌握的是命令和指挥的职权，而参谋人员拥有的则是协助和顾问的职权。参谋的职责是建议而不是指挥，他只是为直线主管提供信息，出谋划策，配合直线人员工作。由此可知，二者之间的关系是“参谋建议、直线命令”的关系。因此，发挥参谋作用时，要注意参谋人员应独立提出建议，而直线人员不为参谋所左右。适当限制职能职权的使用，这就要求限制其使用范围，职能职权的使用将限于解决如何做、何时做等方面的问题，若这一范围再扩大就会取消直线人员的工作；另外，应限制使用级别，下一级职能职权不应越过上一级直线职权。如人事处长的职能职权不应越过副总经理这一级。

(2)授权

权力是组织成员为了达到组织目标而拥有的开展活动或指挥他人行动的支配力量。任何一个组织的成员都拥有开展活动的权力，但作为管理者，他们还拥有指挥他人行动的特殊权力。

①授权的概念

由于管理者能有效监督的下属人数是有限的，因此较高层次的管理者就有必要把一部分权力授予其下一级管理者。可见，对于一个组织而言，授权十分重要。所谓授权是指上级授给下属一定的权力，使下属在一定的监督之下，有相当的自主权和行动权。授权者与被授权者的关系是：授权者对被授权者有指挥、监督权，被授权者对授权者负有报告、完成任务的责任。授权是一个过程，它包括委派任务、授予职权、明确责任和确立监控权等环节。授权并不意味着授责，授权后上级仍负有相同的责任，即授权仅将执行职责下授，而不是最终责任，授权者对组织仍负有最终的责任。换言之，对于组织来说，授权者对于被授权者的行为负有最终的责任。正因为授权者对组织负有最终的责任，因此，授权不同于放弃权力。授权者对被授权者拥有监控权，即有权对被授权者的工作情况和权力使用情况进行监督检查，并根据检查结果，调整所授权力或收回权力。

②授权应遵循的原则

正确的授权要注意：明确授权的目的，职、权、责、利相当，保持命令的统一，正确选择被授权者并加强对被授权者的监督控制。授权具体应遵循以下原则：

a. 明确授权的目的。没有明确目的的授权，会使被授权者在工作中摸不着边际，无所适从，因此，授权者在授权时必须使被授权者明确所授事项的任务目的及权责范围。

b. 职、权、责、利相当。授权必须是有职有权、有权有责且有责有利的，与此同时，授权还要做到职、权、责、利相当。即做什么事给什么权；有多大的权力就应该承担多大的责任；有多大的责任就应承诺给予多大的利益。显然，权力过多会造成被授权者对他人事务的干涉，权力太小会使被授权者无法尽责，缺乏利益驱动往往会使被授权者不愿过多承担责任。

c. 不越级授权、不交叉授权，以保证命令的统一。授权者不要越过下级去干涉下级职权范围的事务，因为这样会造成直接下级失去对其职权范围的事务的有效控制。另外，授权者不可将不属于自己权力范围的权力授予下级，以避免交叉指挥，造成管理混乱和效率低下。

d. 因事设人，视能授权。即正确选择被授权者。授权者应根据被授权者的实际能力，授予其相应的权力和对等的责任。对于既肯干又能干的，要充分授权；对于能力强但有可能滥用权力的或虽肯干但能力有所欠缺的，授权时要适当保留决策权。

e. 加强监督控制。既然授权者要对被授权者的行为负责，那么授权者就必须加强对被授权者的监督控制。因为担心失去控制，授权者常常不愿意授权或即便已授权也不信任下级，为此，应通过健全的控制制度、工作标准和适当的报告制度来加强监督，切忌事事指手画脚。

f. 相互信任。授权者如果把权力授予下级，就应该充分相信下级，也就是说要用人不疑。

(3)集权与分权

当权力的分配是在上下级组织之间进行时，授权就变成了分权。分权是一个组织向其下属各级组织进行系统授权的过程，是形成组织内部各组织单元之间权

力关系的基本手段。集权是指决策权都由某一最高层管理者或某一上级部门掌握与控制，下级部门只能依据上级的决定和指示执行，一切行动听上级指挥。

在一个组织中，集权意味着职权集中在较高的管理层次；分权则意味着职权分散在整个组织中。集权和分权对组织来讲都是不可缺少的，但集权与分权是个相对的概念。绝对的集权，即没有分权，意味着没有下级组织结构，所有事务均由高层管理者来决定；绝对的分权意味着没有高层管理者。实际上，这两种组织都是不存在的。

①集权与分权的衡量标志

衡量集权与分权的程度，关键在于决策权是保留还是下放。具体标志有：a. 决策的数目。基层决策范围广、数目越多，则分权程度越高；反之，高层决策数目越多，集权的程度越高。b. 决策的重要性及其影响面。较高管理层次做出的决策事关重大，涉及面较广，分权程度较高；反之，较低管理层次做出的决策无关紧要，则集权程度较低。c. 决策审批手续的繁简。决策审批手续越简单，分权程度越高；反之，集权程度越低。

②影响集权与分权的主要因素

在设计组织时，要确定组织的集权与分权的程度与范围，就必须搞清楚影响集权与分权的因素。这些因素包括：

a. 组织规模。组织规模大，需要决策的问题多，协调、沟通及控制不易，因此宜分权；反之，组织规模小，需要决策的问题少，宜集权。

b. 决策的重要性。所涉及的工作或决策越重要，宜集权；反之，宜分权。

c. 管理人员的能力与数量。下级管理人员数量充足，经验丰富，管理能力强，倾向于分权；反之，则倾向于集权。

d. 控制技术与手段。控制技术与手段的完善将会加强组织原有的权力分配倾向，即集权的更集权，分权的更分权。

e. 环境影响。在影响分权程度的因素中，大部分属于组织内部因素，此外还有外部因素，如政治、经济等因素，这些因素常促使集权。

### 9.2.4 机械式与有机式组织结构

莫兰德描述了两类组织形式：机械式组织与有机式组织（表 9-2）。机械式组织是一种刻板的严密控制的结构，是一种僵硬、稳定的结构，其主要特征是：高度的专门化、广泛而僵化的部门划分、窄管理幅度、高度的正规化、信息沟通有限、大多是自上而下的沟通、员工很少参与决策。与此相对的是有机式组织，它是一种灵活的具有高度适应性的结构，其分工是跨职能、跨层级的，员工所做的工作并不是标准化的，他们经过专门的训练，被授权从事各种各样的工作和处理各种各样的问题，在有机式组织中，经常使用员工团队，而不需要正式的规则和直接监督。

表 9-2　　机械式组织和有机式组织特点

| 机械式组织 | 有机式组织 |
|---|---|
| · 高度的专门化 | · 跨职能团队 |
| · 僵化的部门划分 | · 跨层次团队 |
| · 明确的指挥链 | · 信息自由流动 |
| · 窄管理跨度 | · 宽管理跨度 |
| · 集权化 | · 分权化 |
| · 高度正规化 | · 低度正规化 |

## 讨论题

1. 讨论组织结构设计的权变因素对组织选择结构类型的影响？
2. 组织的管理幅度设计需要考虑什么因素？

# 9.3 常见的组织结构设计类型

组织结构是组织内的全体成员为实现组织目标，在管理工作中进行分工协作，通过职务、职责、职权及相互关系构成的结构体系。在进行组织结构设计时，管理者可从一些常用的组织结构设计类型中进行选择。在这一节里，我们将介绍几种常见的组织结构类型。

**1. 直线型结构**

直线型组织结构是最古老、最简单的组织结构形式，适用于小型企业组织或应用于现场的作业管理。

(1)特点

组织中各种职务按垂直系统直线排列，各级主管人员对所属下属拥有直接职权，每个下属只接受一个上级的指令，并只能向一个直接上级报告。组织结构图如图 9-2 所示。

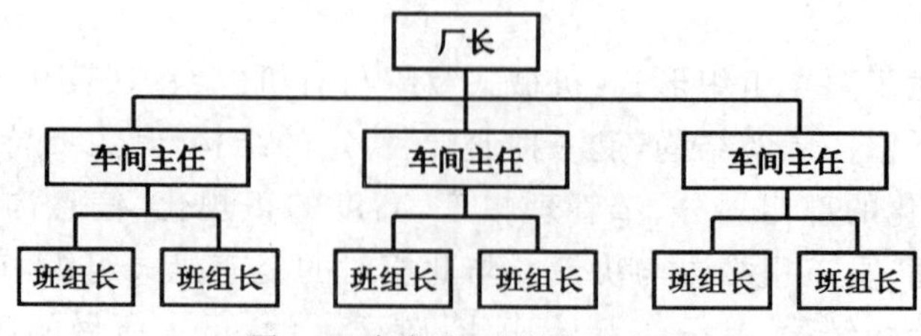


图 9-2　直线型组织结构示意图

(2)优缺点

①优点:组织结构比较简单,权力集中,责任分明,命令统一,联系快捷,决策迅速。

②缺点:要求主管人员通晓多种知识技能,亲自处理各种业务,在组织规模较大的情况下,所有的管理职能都集中并由一人承担,往往会由于个人的知识及能力有限而感到难于应付,顾此失彼,可能发生较多事故。另外,部门之间的协调能力较差。

**2. 职能型结构**

这一组织形式最早由泰勒提出。

(1)特点

在组织中设置一些职能部门,分管组织的某些职能管理业务,各职能部门在自己的业务范围内,有权向下级单位发布命令和指示,直接指挥下属。组织结构如图9-3所示。

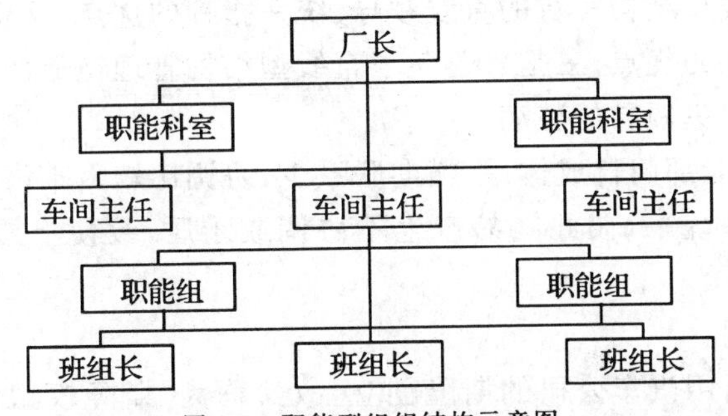


图 9-3 职能型组织结构示意图

(2)优缺点

①优点:分工较细,能够适应现代组织技术比较复杂和管理分工较细等特点;责任明确,能够充分发挥职能机构的专业管理作用,减轻上层主管的负担。

②缺点:由于各个职能部门都拥有指挥权,因而容易形成多头领导、协调困难。

**3. 直线职能型结构**

这是一种综合了直线型和职能型两种类型的组织特点而形成的组织结构形式,最早由法约尔提出。

(1)特点

设置了两套系统:一套是按命令统一原则组织的直线指挥系统;另一套是按专业化原则组织的职能系统。直线部门的管理人员担负着实现组织目标的直接责任,并拥有对下属的指挥权;职能部门的管理人员是直线指挥人员的参谋,主要负责提供建议和信息,他们只能对下级机构进行业务指导,而不能进行直接指挥和命令。这样就保证了整个组织的统一指挥和管理，避免了多头指挥和无人负责的现象（如图9-4所示）。

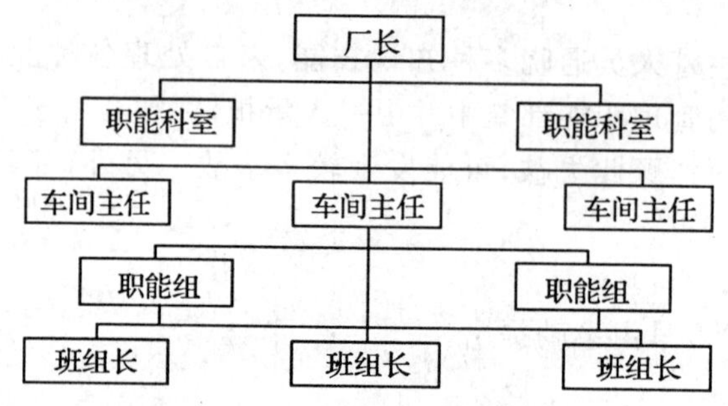


图 9-4 直线职能型组织结构示意图

（2）优缺点

①优点：一是既保证统一指挥和管理，又避免了多头领导和无人负责的现象；二是既保持了直线型结构实行的直线领导、统一指挥的优点，又保持了职能型结构的职能管理专业化的优点；三是既避免了直线型结构管理粗放的缺点，又避免了职能型结构造成的多头领导的弊病。

②缺点：各职能部门自成体系，横向联系少，协调比较困难；参谋部门与直线部门之间的目标不易统一，彼此间易产生不协调或矛盾，致使上层主管协调工作量增大。

**4. 事业部结构**

最初由美国通用汽车公司的斯隆创立，故又称为"斯隆模型"。事业部结构是现代大公司广为采用的一种重要的组织形式，它适用于产品多样化经营的组织，并尤为适用于市场环境复杂多变或所处地理位置分散的大型企业与巨型跨国公司。

（1）特点

事业部结构的管理原则是"集中决策，分散经营"。在该种组织形式中，企业按产品类别、地区或经营部门分别成立若干事业部（如图9-5所示）。该项产品或地区的全部业务，从产品设计制造一直到销售，全由事业部负责。各事业部独立经营，单独核算，具有相对独立的利益和自主权。企业的最高管理层是企业的最高决策机构，其职责是研究和制定公司的总目标、总方针、总计划以及各项政策。

（2）优缺点

①优点：组织的高层主管摆脱了具体的日常事务，有利于集中精力做好战略决策和长远规划，提高管理灵活性和适应性；有利于发挥事业部的主动性和积极性；有利于发展产品专业化；有利于培养和训练管理人才。

②缺点：机构重复，造成管理人员的浪费；协作较差，各事业部独立经营，相互

协调困难，不能有效地利用企业的全部资源；内耗大，各事业部主管人员考虑问题往往从本部门出发，忽视整个组织的利益。

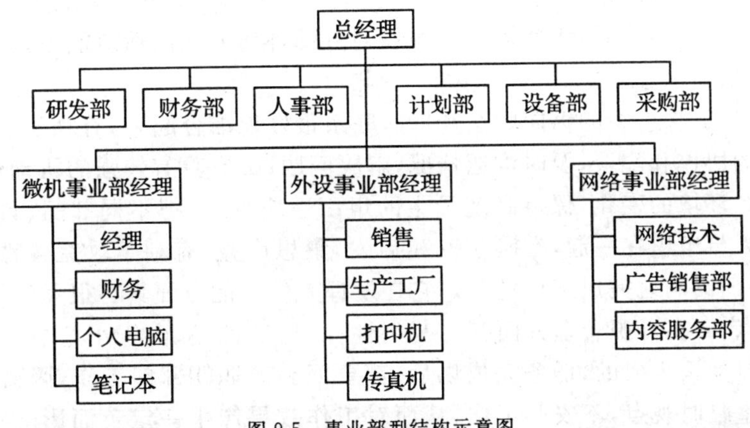


图 9-5　事业部型结构示意图

**5. 矩阵型组织结构**

(1)特点

矩阵制组织结构，是由纵横两套管理系统组成的组织结构，一套是纵向的职能领导系统，另一套是为完成某一任务而组成的横向项目系统。也就是既有按职能划分的垂直领导系统，又有按项目划分的横向领导系统的结构形式。

有的企业同时有几个项目需要完成，每个项目要求配备不同专长的技术人员或其他资源，为了加强对项目的管理，每个项目在总经理或厂长领导下由专人负责。其中，工作小组或项目小组一般是由不同背景、不同技能、不同知识、分别选自不同部门的人员所组成的。组成工作(或项目)小组后，大家为某个特定的项目任务而共同工作，其结构形式如图 9-6 所示。

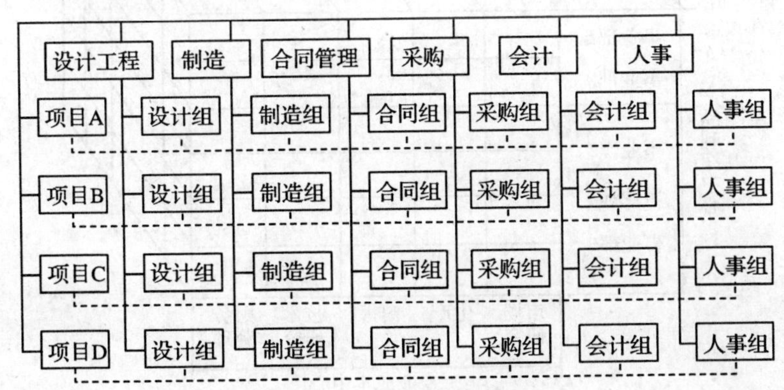


图 9-6　矩阵型结构示意图

矩阵型组织结构适合以项目为生产主体的，需要对环境变化作出迅速而一致反应的组织使用。如咨询公司和广告代理商就经常采用矩阵型组织结构，以确保每个项目按计划要求准时完成。在复杂而动荡的环境中，由于采取了人员组成灵活的产品管理小组形式，大大增强了组织对外部环境变化的适应能力。

(2)优缺点

①优点：a. 将组织的纵向联系和横向联系很好地结合起来，有利于加强各职能部门之间的协作和配合，及时沟通情况，解决问题；b. 它具有较强的机动性，能根据特定需要和环境的变化，保持高度民主的组织适应性；c. 把不同部门、具有不同专长的专业人员组织在一起，有利于互相启发，集思广益，有利于攻克各种复杂的技术难题，保证圆满地完成工作任务。它在发挥人的才能方面具有很大的灵活性。

②缺点：a. 在资源管理方面存在复杂性；b. 稳定性差，由于小组成员是由各职能部门临时抽调组成的，任务完成以后，都要回到原职能部门工作，因而容易使小组成员产生临时观点，不安心工作，从而对工作效果产生一定负面影响；c. 权责不清，由于每个成员都要接受两个或两个以上的上级领导的指挥，潜伏着职权关系的混乱和冲突等威胁，容易造成管理秩序混乱，使组织工作丧失效率性。

**6. 多维立体型组织结构**

这种组织结构是直线职能型、矩阵型、事业部型和地区、时间结合为一体的复杂组织结构形态。它从系统的观点出发，建立多维立体的组织结构(如图 9-7 所示)。

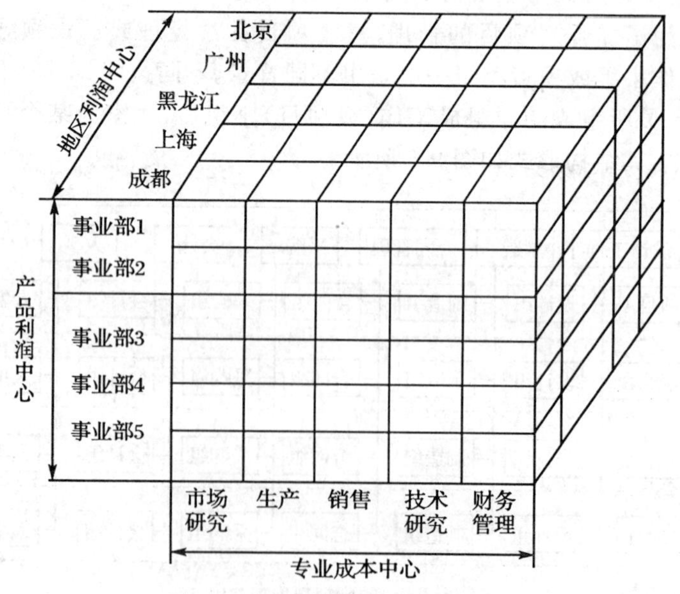


图 9-7 多维立体型组织结构示意图

多维立体型组织结构主要包括三类管理机构：一是按产品划分的事业部，是产品利润的中心；二是按职能划分的专业参谋机构，是专业成本的中心；三是按地区划分的管理机构，是地区利润的中心。

多维立体型组织结构，可使上述三个方面的机构协调一致，紧密配合，为实现组织的总体目标服务。该结构适用于多种产品开发、跨地区经营的跨国公司或跨地区公司，可以为这些企业在不同产品、不同地区增强市场竞争力提供组织保证。

**7. 委员会结构**

将多个人的经验和背景结合起来，跨越职能界限处理一些问题的另一种设计选择，就是委员会结构。

委员会可以是临时性的，也可以是永久性的。临时性委员会通常等同于任务小组；永久性委员会与任务小组一样，将各职能部门的投入聚合在一起。委员会的成员长久地隶属于某一职能部门，他们定期或不定期地聚在一起分析问题，提出建议或做出最终决策，协调有关的活动；或者监控项目的进行。例如，大型工商企业经常将委员会作为协调和控制的手段。许多公司设立酬偿委员会来审评经理人员工资奖金方案，设立审计委员会以客观地评估组织的活动；有一些公司甚至使用委员会作为其组织的中央协调结构。

**8. 其他类型的结构**

(1)团队结构

所谓工作团队，就是指一个为了实现某一目标而由相互协作的个体组成的正式群体。当管理人员动用团队作为协调组织活动的主要方式时，其组织结构即为团队结构。这种结构形式的主要特点是：打破部门界限，可以快速地组合、重组、解散，促进员工之间的合作，提高决策速度和工作绩效，使管理层有时间进行战略性的思考。

在小型公司中，可以把团队结构作为整个组织形式。例如，有一家 30 人的市场营销公司，完全按团队形式来组织工作，团队对日常的大多数操作性问题和顾客服务问题负全部责任。在大型组织中，团队结构一般作为典型的职能结构的补充，这样，组织既能得到职能结构标准化的好处，提高运行效率，又能因团队的存在而增强组织灵活性。

(2)虚拟结构

虚拟组织是一种只有很小规模的核心组织，以合同为基础，依靠其他商业职能组织进行制造、分销、营销或其他关键业务的经营活动的结构。虚拟结构是小型组织的一个可行的选择。还有一些大型组织发展了虚拟结构的变种，将某些职能活动外包出去。例如，美国国家钢铁公司把生产部转给他人经营；美国电话电报公司把信用卡制造业务出租给其他公司;美孚石油公司将其炼油厂的维修外包给别的公司;许多图书出版公司依靠外包进行编辑、设计、印刷和装订。这样做的目的是追求最大的灵活性。这些虚拟组织创造了各种关系网络,管理人员如果认为其他公司在生产、配送、营销、服务等方面比自己更好,或成本更低,就可以把自己的有关业务出租给他们。

虚拟组织并不是对所有的企业都适用。适用的是那些需要相当大的灵活性以对变化作出迅速反应的企业。从不利的方面来看,虚拟组织的管理当局对其制造活动缺乏传统组织所具有的那种严密的控制力,供应品的质量也难以预料。另外,虚拟组织所取得的在设计上的创新容易被窃取,因为创新的产品一旦交由其他组织的管理当局去组织生产,那么要对创新的内容加以严密的防卫以防外流出去是非常困难的。如今,借助于计算机网络技术,现在一个组织可以和其他组织直接进行相互联系和交流,使虚拟结构日益成为一种可行的新型设计方案。

(3)无边界组织

通用电气公司总裁杰克·韦尔奇创造了无边界组织这个词,用来描述他理想中的通用公司的形象。韦尔奇想把他的公司变成一个年销售额达 600 亿美元的家庭式杂货店。也就是说,尽管公司体积庞大,但韦尔奇还是想减少公司内部的垂直界限和水平界限,消除公司与客户及供应商之间的外部障碍。无边界组织所寻求的是减少指挥链,对控制跨度不加以限制,取消各种职能部门,代之以授权的团队。

想达到这种无边界组织状态的公司应采取哪些有效行动呢?首先,管理人员通过取消组织垂直界限而使组织扁平化,将等级秩序作用降到最低限度,个人身份与头衔地位也降低。组织看上去更像一个粮仓筒而不是金字塔,最上层的谷粒和最下层的谷粒差别不大。通用电气公司用来取消垂直界限的做法有:引入跨等级团队;让员工参与决策;360 度绩效评估。其次,消除因职能部门的存在而形成的组织水平界限,以多功能团队取代职能部门,围绕公司的工作流程来组织活动。再次,打破组织与客户之间的外在界限以及地理障碍,实行经营全球化的战略以及公司间的战略联盟,建立起顾客与组织之间的固定联系。最后,使无边界组织能够得以正常运行的技术原因之一就是计算机网络化,这种工具使人们能超越组织内外的界限进行交流。

## 讨论题

网络型结构、无边界组织、学习型组织等组织结构各自具有什么特点?

## 思考题

1. 怎样理解组织的含义?
2. 简述组织设计的任务和设计原则。
3. 如何进行部门划分、职权划分和管理层次划分?
4. 简述授权的原则、集权与分权的关系。
5. 描述常见的传统组织结构形式及其优缺点和适用范围。
6. 了解机械式与有机式组织结构的特征。
7. 了解未来组织的发展趋势。

## 结篇案例

### 比特丽公司的分权管理

比特丽公司是美国一家大型联合公司,总部设在芝加哥,下属有450个分公司,经营着9000多种产品,其中许多产品,如克拉克棒糖,乔氏中国食品等,都是名牌产品。公司每年的销售额达90多亿美元。

多年来,比特丽公司一直采用购买其他公司来发展自己的积极进取战略,因而公司得到了迅速的发展。公司的传统做法是:每当购买一家公司或厂家以后,一般都保持其原来的产品,使其成为联合公司一个新产品的市场;对下属各分公司都采用分权的形式,允许新购买的分公司或工厂保持其原来的生产管理结构,这些都不受联合公司的限制和约束。由于实行了这种战略,公司变成了由许多受总公司的限制较少、彼此没有联系的分公司组成的没有统一目标的联合公司。

1976年,负责这个发展战略的董事长退休以后,德姆被任命为董事长。新董事长德姆的意图是要使公司朝着他新制定的方向发展。根据他新制定的战略,德姆卖掉了下属56个分公司,但同时又买下了西北饮料工业公司。据德姆的说法,公司除了面临发展方向方面的问题外,还面临着另外两个主要问题:一个是下属各分公司都面临着向社会介绍并推销新产品的问题,为了刺激各分公司的工作,德姆决定采用奖金制,对干得出色的分公司经理每年奖励1万美元。但是,对于收入远远超过1万元的这些分公司经理人员来说,1万美元的奖金恐怕起不了多大的刺激作用;面临的另一个更严重的问题是,在维持原来的分权制度下,应如何提高对增派参谋人员必要性的认识,应如何发挥直线与参谋人员的作用问题。德姆决定要给下属每个部门增派参谋人员,以便更好地帮助各个小组开展工作。但是,有些管理人员认为只增派参谋人员是不够的,而有的人则认为没有必要增派参谋人员,可以采用单一联络人联系几个单位的方法,即集权管理的方法。

公司专门设有一个财务部门，但是这个财务部门根本无法控制这么多分公司的财务活动，因此造成联合公司总部无法了解并掌握下属部门支付支票的情况等。

（资料来源：赵国运，王军华. 管理学原理. 北京：中国社会出版社，2006　东北财经大学《管理学》网络课堂）

**思考题**

1. 比特丽公司可以在分权方面做得更好吗？
2. 你对德姆的方法有何看法？
3. 参谋人员有何作用？如何协调直线与参谋人员之间的关系？

## 团队练习

每个团队由3～4人自由组合而成，并指定一个主发言人，根据所给的具体情况按要求进行练习。

**练习1**　组织结构是组织设计的结果，是组织职能要解决的核心问题之一。通过组织结构图，你可以直观地了解到组织中部门的设置情况和层次结构，组织内部的分工和各部门上下隶属关系等。请每个团队上网登录你们感兴趣的公司网站，选取某一公司作为实例，画出该公司的组织结构图，简述该公司采取什么样的组织结构设计，说明你们是如何得出这一结论的，并预测未来企业部门化的趋势是怎样的，然后与其他团队一起分享你们各自的成果。

**练习2**　请每个团队在业余时间调查校（院系）学生会或你们所感兴趣的社团组织的机构设置和运作情况，运用所学知识就现有的学生会或社团组织机构设置的合理性进行分析讨论，并根据讨论结果提出相应的改进建议。

# 管理沟通

## 第 10 章

### 开篇案例

#### 失望的小王

终于到了年终，小王兴冲冲来到会计部经理宁静的办公室问道："宁经理，你说过只要我们部将今年的年终报表做好就可以加 5%工资的，是吧？"

"我是说过，小王，可是……"宁经理说道："可是你知道公司有自己的一套关于薪金、晋升的规定和程序，并不是我可以随意更改的，嗯，我向总部申请看看吧。"

"啊？宁经理，我们部的员工都是在你这句话的鼓动下才加班加点完成工作的呀，小李还带病坚持工作呢，现在这个结果让我怎么跟他们说呢……"

"好吧，别不高兴，我一定会去向总部提出申请表彰你们的辛苦工作的，一定会的，我保证。"

但是小王还是带着失望的表情离开了宁经理的办公室。

### 开篇案例

#### 朋友还是上司？

宣传部经理康文以前是一名普通员工，后来因为工作表现突出，被提拔为宣传部经理，他手下的员工，都是以前工作过的同事，因此他与他们保持着一种哥们儿关系。但最近员工晓伟为私事耽搁了工作进度，康文以上司的身份批评了他一顿。

今天他刚接近办公室，就听到晓伟在抱怨："真不知道经理这些天是怎么了。前天下班时，他还和我们一块儿出去吃饭，像以前一样有说有笑的。可昨天他把我叫到办公室里，把我训了一通，说我工作进展缓慢。一会儿把我当朋友，一会儿又要做我的老板。没想到升官后他会这样对待我们，太让人失望了。"

"算了吧，"小莉插话进来，"只有你这种傻瓜才会相信他还把我们当朋友，说不定他跟我们一起出去玩，就是想看看我们有没有说他的坏话呢！"

"哎，我也不知道该怎样面对他了，反正是不能再把他当朋友了。"晓伟说道。

在外面的康文难过起来，他自己也很迷惑，到底要怎样才能扮演好"朋友"和"上司"的双重角色呢？

## 10.1 管理沟通的内涵

沟通(communication)是指意义的传递和理解。这一定义中需记住的要点首先是，它强调了意义的传递。如果信息或想法没有被传送到，则意味着沟通没有发生。比如，说话者没有听众，或者写作者没有读者，这些就都不能构成沟通。不过，更重要的一点是，沟通包含意义的理解。要使沟通成功，意义不仅仅要得到传递，还需要被理解。如果写给某人的一封信是其一窍不通的葡萄牙语，那么不将之翻译为其能读懂并理解的语言，就不能称之为沟通。完美的沟通，如果存在的话，应是经过传递之后，接受者所认知的想法或思想恰好与发送者发出的信息完全一致。

需要注意的另一点是，良好的沟通常常被错误地理解为沟通双方达成一致的意见，而不是准确理解信息的意义。如果有人与我们意见不同，许多人会就此认为，这个人未能完全领会我们的看法。也就是说，很多人认为良好的沟通能使别人接受我们的观点，但是，很清楚地明白你的意思，却不见得同意你的观点。事实上，若一场争论持续了相当长的时间，旁观者往往断言这是由于缺乏有效的沟通而导致的。这种想当然的认识，反映了一种错误的倾向，即认为有效的沟通等同于意见一致。

沟通发生之前，必须存在一个意图，我们称之为要被传递的信息(message)。它在发送者(信息源)与接受者之间传送。信息首先被转化为信号形式(编码，encoding)，然后通过媒介(通道，channel)传送至接受者，由接受者将收到的信号再转译过来(解码，decoding)。这样，要传递的意义或信息就从一个人传给了另一个人。图10-1描述了沟通过程(communication process)，它由七个要素组成：信息源、信息、编码、通道、解码、接受者以及反馈。此外，必须注意，整个过程还受到噪声的影响。所谓噪声(noise)，就是指对信息的传送、接受或反馈造成干扰的因素。典型的噪声包括难以辨认的字迹，电话中的静电干扰，接受者的疏忽大意，以及生产现场中来自设备或同事的背景噪音。记住，所有对理解造成干扰的因素都是噪声。噪声可能在沟通过程的任何环节上造成信息的失真。让我们来考察一下发送者、信息、通道、接受者及反馈回路中是怎么造成信息失真的。

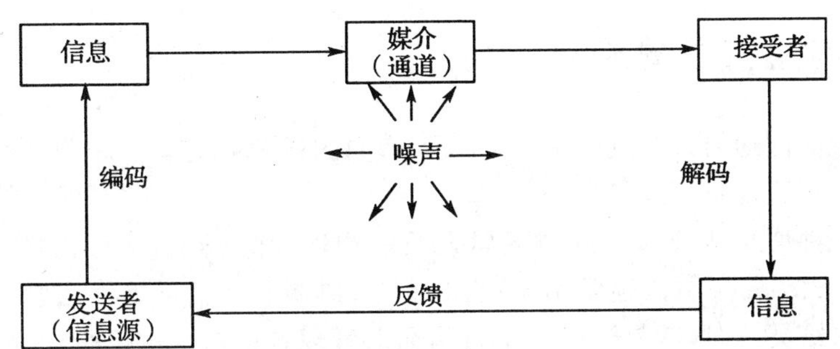


图 10-1 沟通过程

接受者是信息指向的个体。但在信息被接受之前，必须先将其中包含的符号翻译成接受者可以理解的形式，这就是对信息的解码。与发送者一样，接受者同样受到自身的技能、态度、知识和社会—文化系统的限制。如果说发送者非常擅长于写或说，那么，接受者就应该擅长于读或听。一个人的知识水平也影响着他的接受能力。另外，接受者的态度及其社会文化背景也可能导致信息的失真。

沟通过程的最后一环是反馈回路。反馈把信息返回给发送者，并对信息是否被理解进行核实。反馈信息可以沿着与原始信息类似的通道传递，因此也面临着类似的失真问题。

## 10.1.1 组织中的沟通

不对组织沟通的基本问题作考察，就不能准确地理解管理沟通。在这一部分，我们要讨论组织沟通的一些重要内容，包括：正式与非正式沟通，沟通中信息流动的方式，以及正式与非正式的沟通网络。

组织中的沟通经常被区分为正式与非正式的。

所谓正式沟通（formal communication），是指按照规定的指挥链或者作为工作的一部分而进行的沟通。例如，当管理者要求一员工完成某项任务时，他是在进行正式沟通。员工将某一问题提交和上报给他的主管时，也是正式沟通。任何发生于组织中既定的工作安排场合的沟通，都可称为正式沟通。

非正式沟通（informal communication）是指不由组织的层级结构限定的沟通。员工们在餐厅或过道里的交谈或者在公司体育锻炼场所中的沟通都属于非正式的沟通。未经管理层批准并不意味着非正式沟通不存在。员工之间建立了朋友关系后，会经常相互沟通。组织中的非正式沟通系统可发挥两方面作用：①促进员工满足社会交往的需要；②有利于改进组织的绩效，因为它提供了另一种通常更快速和有效的沟通渠道。

## 10.1.2 沟通信息的流向

组织中的沟通可以是向下的、向上的、横向的或斜向的。下面分别讨论。

**1. 下行沟通**

任何一种信息从管理者流向下属人员的沟通，都可称为下行沟通（downward communication）。下行沟通常用于通知、命令、协调和评估下属。当管理者将目标和任务分派给员工时，就是运用了下行沟通。管理者也常通过下行沟通的方式，向员工们颁发职务说明书，通告组织的政策和程序，指出需注意的问题，或者评估他们的业绩。下行沟通可以采用我们前面介绍过的各种沟通方法。

**2. 上行沟通**

管理者依靠下属人员获取的信息、有关工作的进展和出现的问题，通常需要上报给管理者。上行沟通（upward communication）就是信息从下属人员流向管理者的沟通。它使管理者能了解下属人员对他们的工作、同事及整个组织的看法。管理者也需依靠上行沟通来获得改进工作的意见。上行沟通的一些例子，如下属提交的工作绩效报告、合理化建议、员工意见调查表、投诉程序、上下级讨论和非正式的牢骚会。在牢骚会上，员工有机会提出问题，与他们的上司甚至高层管理代表一起讨论。

组织中使用上行沟通方式的程度，与该组织的文化有关。如果管理者能够创造一个相互信任和尊重以及参与式决策和向员工授权的氛围，则组织中会有许多的上行沟通，因为员工会在决策过程中提出许多意见。而在一种高度刻板、专权的环境中，上行沟通虽然仍会发生，但是在沟通的风格和内容方面却会受到很大的限制。

**3. 横向沟通**

在同一组织层次的员工之间发生的沟通，称为横向沟通（lateral communication）。在当今时常动荡多变的环境中，为节省时间和促进协调，组织常需要横向的沟通。例如，跨职能团队就急需通过这种沟通方式形成互动。不过，如果员工不向管理者通报他们所作出的决策或采取的行动，则会造成冲突。

**4. 斜向沟通**

斜向沟通（diagonal communication）是发生在同时跨工作部门和跨组织层次的员工之间的沟通。当信用部门的信用分析师，就某顾客的信用问题，直接与地区销售经理沟通时，就是斜向沟通的情形，因为这两个人既不在同一部门，也不属于同一组织层次。从效率和速度角度看，斜向沟通是有益的。电子邮件的普及使用更促进了斜向沟通。现在许多组织中,一个员工可通过电子邮件与任何其他员工进行沟通,不论他们的工作部门和组织层次是否相同。然而,与横向沟通一样,如果员工不先将情况通报给他们的管理者,斜向沟通也有可能造成问题。

## 10.1.3 组织沟通的网络

由组织沟通信息的纵向和横向流动集合而成的各种形态,称作沟通网络(communication networks)。图 10-2 显示了三种常见的网络类型。

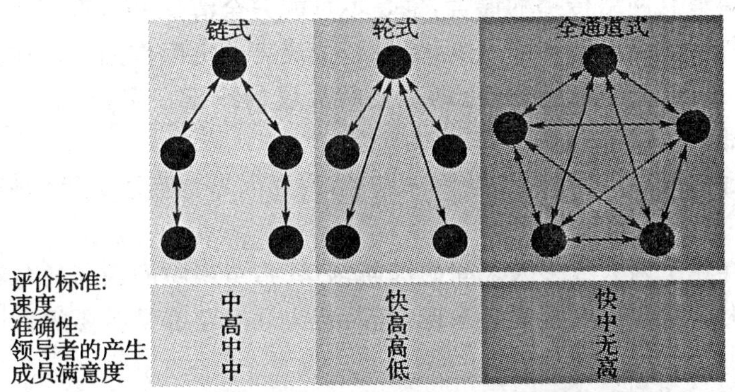


图 10-2 三种常见的组织网络类型及其沟通效果评价

**1. 沟通网络类型**

在链式网络中,沟通信息是按照正式的指挥链流动的,当然可以是上行的,也可以是下行的。轮式网络则是在明确认定的强有力的领导者与工作小组或团队其他成员之间的沟通。该领导者成为所有沟通信息通过的中心。最后,在全通道式网络中,沟通的信息会在工作团队的所有成员中自由流动。

作为一名管理者,你该选用何种沟通网络?答案取决于你的沟通目标。图 10-2 概括比较了各种沟通网络的效果。依据的标准有四个:速度、准确性、领导者的产生和成员满意度。从图上一眼就能看出,没有一个网络是在任何情况下都是最好的。如果你关注成员满意度,则全通道式最佳;如果你认为有个强有力的公认的领导人很重要,那么,轮式网络会更好;如果准确性最为重要,则链式和轮式更好。

**2. 小道消息**

在我们结束沟通网络的讨论前,还必须考察一下小道消息(grapevine)传播的非正式网络,因为几乎在任何组织中都存在着小道消息。它是信息的一个重要来源,有调查发现,75%的员工是通过小道消息网络的传播得到最新消息的。

这对管理者有什么启示呢?显然,小道消息是任何小组或组织沟通网络的重要部分,值得我们考察。小道消息会有助于管理者识别出员工普遍关注但感到疑惑的问题及由此产生的焦虑。它既是信息的过滤器,也是一个信息反馈手段,使员工们认为与其有关联的问题能凸现出来。更为重要的,从管理者的立场看,对小道消息网络传播的信息,管理者也是能够作出分析的,如正在传播什么消息,按什么样的方式传播,谁是其中的关键人物等。了解小道消息网络的信息流动及传播方式,管理者就能掌握员工们的关注点,并利用小道消息网络传播一些重要的信息。因为小道消息是不可能杜绝的,管理者应当将之作为一个重要的信息网络加以管理。

通过小道消息网络传播的谣言,也是不可能完全清除的。管理者应当做的是,通过限定其传播的范围和影响力度,尽量减少谣言的负面作用。具体办法是,与员工进行开放、全面、坦诚的沟通,特别是在所提议的或正在实施的管理决策或行动不受员工欢迎的情形下,这种沟通更为必要。

有关管理沟通,我们要说的最后一点是,沟通问题包括了人际沟通和组织沟通两大方面。

前者指存在于两人或多人之间的沟通,后者指组织中的沟通的各种方式、网络和系统等。对于组织中的管理者来说,这两个沟通问题都是重要的。

## 10.2 人际沟通

群体成员之间有三种基本方法相互传递信息:口头沟通、书面沟通和非言语沟通。

**1. 口头沟通**

最常用的信息传递方式是口头沟通。常见的口头沟通包括演说、会议、小组讨论以及非正式的小道消息传播。

口头沟通的优点在于快速传递和快速反馈,在这种方式下,信息可以在最短的时间里进行传送,并在最短的时间内得到对方的回复。如果接受者对信息不确定,迅速的反馈可以使发送者及时核查其中不够明确的地方,因此它能使我们及早更正错误。

但是,当信息经过多人传送时,口头沟通的主要缺点便会暴露出来。在此过程中,卷入的人越多,信息失真的可能性就越大。如果组织中的重要决策通过口头方式在权力金字塔中上下传送,则信息失真的可能性就相当大。

**2. 书面沟通**

书面沟通包括备忘录、信件、组织内部发行的期刊、布告栏以及其他任何传递书面文字或符号的手段。

信息的发送者选用书面沟通的原因在于，它有形而且可以核实。一般情况下，发送者与接受者双方都拥有沟通记录，沟通的信息可以无限期地保存下去。如果对信息的内容有所疑问，完全可以在以后进行查询。对于复杂或长期的沟通来说，这一点尤为重要。当用书面方式而不是口头方式传递信息时，尝尝会迫使人们进行更周全的思考。因此书面沟通更为严谨、逻辑性强，而且条理清楚。

同时，书面沟通的一个缺点是耗费时间，因为1小时口头表达的信息比书面陈述多得多；另一个缺点在于它缺乏反馈。口头沟通能使接受者对于自己听到的东西做出迅速回应，而书面沟通则不具备这种内在的反馈机制。其结果是无法确保发出的信息能够被接收到，即使被接收到，也无法保证接受者按照发送者的本意对信息进行解释。

**3. 非言语沟通**

所谓非言语沟通（nonverbal communication），就是不经由言语表达的沟通。一些极有意义的沟通既非口头形式也非书面形式。刺耳的警笛和十字路口的红灯都不是通过文字传递信息的。学校教师上课时，当看到学生们无精打采或者有人开始翻阅校报时，无需言语说明，学生们已经告诉她（他），他们厌倦了。同样，当学生们开始收拾书本和笔记时，他们传达了一个非常明确的信息就是该下课了。一个人所用的办公室和办公桌的大小，一个人的穿着打扮，都向别人传递着某种信息。这些都是非言语形式的沟通。非言语沟通中最为人熟知的，就是体态语言和语调。

体态语言（body language）指传达意义的手势、脸部表情和其他身体动作。比如，一副咆哮的面孔所表示的信息，显然与微笑不同。手部动作、脸部表情及其他姿态能够传达诸如攻击、恐惧、腼腆、傲慢、愉快、愤怒等情绪或性情（如图10-3所示）。

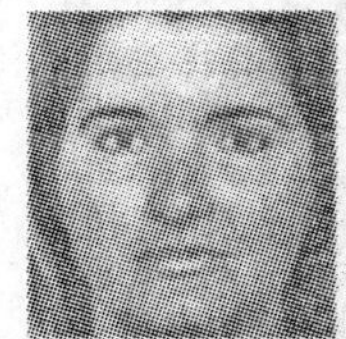 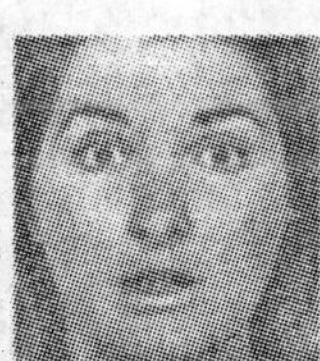  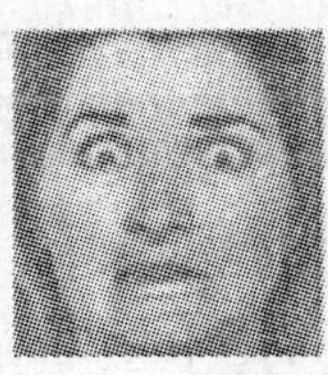 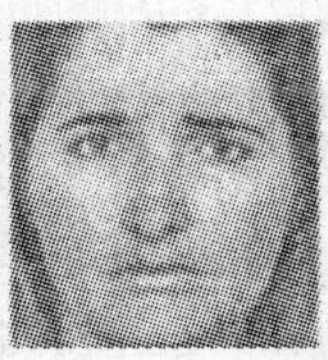 

图10-3　脸部表情传达人的情绪

说明：每一幅图片都描绘了一种不同的情绪。请在查看答案之前识别它们（从左到右依次是：中性、惊讶、快乐、恐惧、悲伤、生气）。

有人认为每一种身体动作都有意义，没有一种动作是随便表现出来的。比如，通过身体语言，我们可以说："帮帮我吧，我很孤独呢。""让我一个人待会儿，我很失落。"我们常常下意识地发出这些信息。我们使用非言语来表达我们目前的状态，比如抬抬眉毛表示不相信；揉揉鼻子表示疑问；双手抱肩以隔离自己或保护自己；

耸耸肩膀表示无所谓；眨一只眼表示亲密感；手指敲击表示不耐烦；拍拍脑门表示忘了做某事等。

身体语言补充了言语沟通，并常常使言语沟通更为复杂，身体动作本身并不带有精确的或普遍性的意义，但当它与口头语言结合起来时，就使得发送者的信息更为丰富。

语调(verbal intonation)是指一个人对传达意义的某些词汇或短语的强调。下面举例说明语调如何使一条信息的含义发生改变。如有学生向教师提了一个问题，教师反问道："你这是什么意思？"教师反问的声调不同，学生的反应也就不同。轻柔、平稳的声调会传递出感兴趣的意义，它与刺耳尖利、重音放在最后一词上的说法所产生的意义完全不同。大多数人会觉察，第一种语调表明某人在真诚地、饶有兴趣地要问明学生的意思；第二种语调则表明此人的防卫或攻击性。

任何口头沟通都包含有非言语信息，这一事实应引起极大的重视。因为非言语形式有可能会对有效沟通造成极大影响。"问题不在于你说了什么，而在于你是怎么说的。"人们既对所说的内容，也对怎么说的作出反应。管理者应该记住，这就是他们所进行的沟通。

当你的语调改变时，你要表达的意思也会改变(见表 10-1)：

**表 10-1　改变语调影响表达意思**

| 重音位置 | 句子的意思 |
|---|---|
| 为什么我今晚不能**请**你吃晚饭？ | 我要请别人吃晚饭。 |
| 为什么**我**今晚不能请你吃**晚饭**？ | 你却和别人一起吃晚饭。 |
| 为什么我今晚**不**能请你吃晚饭？ | 我要找到一个理由说明我不该请你的原因。 |
| **为什么**我今晚不能请你吃晚饭？ | 你有什么问题要找我吗？ |
| 为什么我今晚不能**请**你吃晚饭？ | 而不是你自己去。 |
| 为什么我今晚不能请你吃**晚饭**？ | 而不是明天吃午饭。 |
| 为什么我**今晚**不能请你吃晚饭？ | 而不是明天晚上。 |

**4. 人际间有效沟通的障碍**

我们在人际沟通过程的讨论中提到过信息失真的广泛潜在性。哪些因素导致了信息失真？除了沟通过程中所识别的一般类型的失真之外，管理者还面临其他一些有效沟通的障碍。

(1)过滤

过滤(filtering)指故意操纵信息，使信息显得更易被接受。比如，当有人向上级管理者陈述的都是该管理者想听到的东西，这个人就是在过滤信息。这种现象是否经常在组织中出现，答案是肯定的。当沿着组织层次向上传递信息时，为避免高层人员信息超载，发送者需要对信息加以浓缩和综合。而浓缩信息的过程受到信息发送者个人兴趣和对哪些信息更重要的认识的影响，因而也就造成了信息沟通中的过滤现象。

过滤的程度与组织的层级数目和文化两个因素有关。在组织中，纵向层次越多，过滤的可能性就越大。如果组织较少依赖刻板的层级安排，代之以更强调协作、合作的工作安排，那么信息过滤的问题就会减弱。另外，组织中越来越多地使用电子邮件的沟通方式，使沟通更加直接，避免了中间环节，从而也减少了过滤。最后，组织文化通过奖励系统，对这类过滤行为起到鼓励或抑制的作用。组织中的奖励越是注重形式和外表，管理者就越会有意识地按照对方的品位调整和改变信息。

(2)选择性知觉

选择性知觉(selective perception)是指人们根据自己的兴趣、经验和态度而有选择地去解释所看到或所听到的信息。在沟通过程中，接受者会根据自己的需要、动机、经验、背景及其他个人特质而有选择性地去看或听所传递给他的信息。解码的时候，接受者还会把自己的兴趣和期望带到信息之中。如果一名面试主考官持有女性总是重家庭甚于事业的观点，那他就可能在女性求职者中“看出”这种情况，无论该求职者是否真的认为自己是这样的人。

(3)情绪

在接收信息时、接受者的感觉也会影响到他对信息的解释，一个人在高兴或痛苦的时候，会对同一信息作出截然不同的解释，极端的情绪更可能阻碍有效的沟通。这种状态常常使我们无法进行客观而理性的思维活动，而被一种情绪性的判断所取代。因此，最好避免在很沮丧时对信息作出反应，因为此时已经无法清晰地进行思考了。

(4)信息超载

一位营销经理去西班牙出差一个星期。由于在那里无法进入他的电子邮箱，结果回来后，他竟发现有600封邮件等着他！他不可能阅读全部这些邮件，并一一回复。他面临了信息超载(information overload)问题，这也就是一个人面对的信息超过了他的处理能力。当今典型的经理人员常常抱怨信息超载。伴随着接收电子邮件、电话、传真以及参加会议和阅读专业资料的需要，形成了巨大的数据，以致人们无力处理和传送这些信息。当一个人所得到的信息超过了他能整理和使用的容量时，会出现什么情况呢？他们倾向于筛掉、轻视、忽略或遗忘某些信息，或者干脆放弃进一步处理的努力，直到超载问题得以解决。不论何种情况，结果都使信息缺失和沟通效果受到影响。

(5)防卫

当人们感到自己正受到威胁时，他们通常会以一种防卫的方式做出反应，这降低了取得相互理解的可能。这种防卫表现在对对方的言语攻击、讽刺挖苦、品头论足，以及怀疑对方的动机等行为上。当一方将另一方的意思理解为威胁性的时候，他就经常会以有碍有效沟通的方式做出反应。

(6)语言

同样的词汇，对不同的人来说，含义是不一样的。年龄、教育和文化背景是三个最明显的因素，它们影响着一个人的语言风格以及他对词汇的界定。

在一个组织中，员工常常有不同的背景，有不同的言语习惯。在同一组织的不同部门中工作的人员，甚至还会有各自的行话(jargon)——一组人员内部沟通中所用的专业术语或技术语言。

还要认识到，你我可能同说一种语言，但我们在语言的使用上却并不一致。信息发送者常常认为自己所用的词汇和短语在接受该信息的人的心中也有同样的含义。这当然是错误的假设，常会造成沟通的障碍。了解每个人在使用同一用语时含义可能发生的变化，有助于减少沟通障碍。

(7)民族文化

本章开头的"管理者困境"已经指出，沟通差异不仅可能产生于各人沟通中所用的语言不同，也可能产生于他们作为其中一分子的民族文化不同。人际沟通不可能在全世界范围内以同样的方式进行。让我们比较一下倡导个人主义的国家(如美国)和强调集体主义的国家(如日本)的差异。

在美国，沟通类型倾向于以个人为中心，而且语义明确。美国的管理者喜欢用备忘录、通报、职务报告及其他正式的沟通手段来阐明其对某一问题的看法。美国企业主管人员可能会隐瞒某些信息，为的是让自己看起来比别人懂得更多。而且将之作为说服员工接受其决策和计划的一种工具。为了保护自己，低层的员工们也如法炮制，采取类似的行为。

在强调集体主义的国家，如日本，有更多的相互间的互动关系，而且人际间的接触更倾向于非正式的。与英国管理者不同，日本管理者在有关问题上更多的是先以口头协商的方式与下属们沟通，然后再起草一份正式的文件说明已达成的共识。日本人看重协商一致的决策，因而开放式的沟通是其工作环境氛围的一个内在构成要素。而且，更多采用面对面的方式进行沟通。

文化差异会影响到管理者对沟通方式的选择。这些差异要是没有得到很好的认识和认真的考虑，就极有可能成为有效沟通的障碍。

**5. 克服人际间有效沟通的障碍**

既然存在以上沟通的障碍，那么，管理者该如何克服？以下的建议将帮助你使你的人际沟通更为有效。

(1)运用反馈

很多沟通问题是直接由于误解或理解不准确而造成的。如果管理者在沟通过程中使用反馈回路,则会减少这些问题的发生。这里的反馈可以是言语的,也可以是非言语的。

当管理者问接受者:“你明白我的话了吗?”他得到的答案就代表着一种反馈。当然,良好的反馈并不仅仅包括是或否的回答。管理者为了核实其发送的信息是否得到理想的接收和理解,可以询问有关该信息的一系列问题。但最好的办法是,让接受者用自己的话复述这一信息。如果管理者听到复述的话正如他的本意,则理解与准确性就有了保证。反馈还包括了比直接提问或让接受者概述该信息更为微妙的一些方法。如综合评论会使管理者了解到接受者对信息的反应。

当然,反馈并不一定要以言语的方式来表达,行动胜于言语。比如,有一销售主管通过电子邮件向雇员传发了月份销售报告填报的新规定,要求所有的销售代表都要按时上报。于是,当有些人没有提交报告时,这位销售主管无疑就得到了反馈。这一反馈表明,销售主管对自己当初的指令应该阐述得更清楚。同理,当你面对一群人演讲时,你在观察他们的眼神及其他非言语的线索中,就会了解到他们是否接受了你的信息。

(2)简化用语

由于语言可能成为沟通的障碍,因此,管理者应选择好措辞,并注意表达的逻辑性,使发送的信息清楚明确,易于被接受者理解。管理者不仅需要简化语言,还要考虑到信息所指向的听众,以确保所用的语言能适合于该类信息的接受者。记住,有效的沟通不仅需要信息被接受,而且需要信息被理解。通过简化用语,尽量使用与接受者一致的言语方式来发送信息,可以增进理解。比如,一家医院的院长在沟通时应尽量使用清晰易懂的词汇,并且在对医务人员传递信息时所用的语言应该和对办公室工作人员有所不同。在理解其含义的群体内使用行话,有助于促进理解,但在该群体之外使用行话则会造成诸多问题。

(3)积极倾听

在别人说话时,我们是听者。但很多情况下,我们并不是在倾听。倾听是对含义的一种积极主动的搜寻,而单纯地听则是被动的。在倾听时,接受者和发送者双方都在进行着思索。

我们中的不少人并不是好听众。因为做到这一点很困难,而且常常要在个体表现出主动性时才会取得满意的效果。事实上,听的一方比说的一方更疲劳。与单纯地听不同,积极倾听(active listening)是指不带先入为主的判断或解释的对信息完整意义的接受,因此它要求听者全神贯注。一般而言,人们说话的速度是平均每分钟 150 个单词,而倾听的速度可达到每分钟超过 400 个单词。二者之间的差值显然留给了大脑充足的时间,使其有机会神游四方。

提高积极倾听的效果,可采取的一种办法是发展对信息发送者的共情,也就是让自己处于发送者的位置。鉴于不同的发送者在态度、兴趣、需求和期望方面各有不同,因此共情使接受者更易于准确理解某一信息的真正内涵。一个共情的听者,并不急于对信息作出自己的判断,而是先认真聆听他人所说的话。这使得接受者不至因为过早不成熟的判断或解释而使听到的信息失真,从而提高了自己获得所要沟通信息完整意义的能力。积极倾听者可能表现出的其他具体行为,如图 10-4 所示。

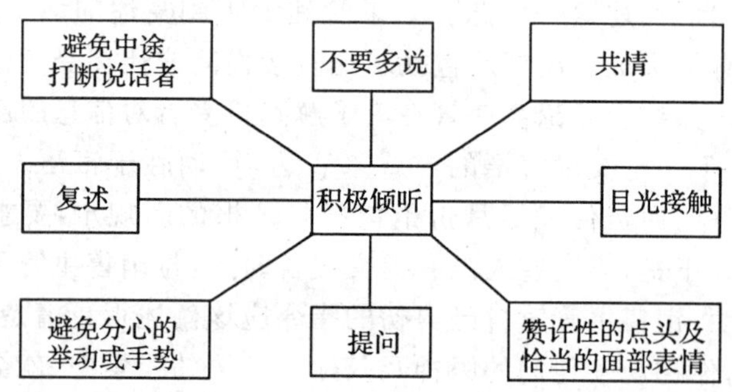


图 10-4　积极倾听的行为

资料来源:Based on P. L. Hunsaker. Training in Management Skills(Upper Saddle River, NJ: Prentice Hall, 2001).

(4)控制情绪

如果认为管理者总是以完全理性化的方式进行沟通,那就太天真了。我们知道,情绪会使信息的传递严重受阻或失真。当管理者对某件事十分失望时,很可能对所接受的信息发生误解,并在表述自己信息时不够清晰和准确。那么,管理者应该如何行事呢?最简单的办法是,暂停进一步的沟通,直至恢复平静。

注意非言语提示,俗话说,行动胜于言语。因此,很重要的一点是注意自己的行动,确保它们和你所说的语言相匹配,并起到强化语言的作用。有效的沟通者要十分注意自己非言语形式的沟通,保证它们真的在传达你所期望的信息。

**6. 有关沟通的当前问题**

(1)男性与女性之间的沟通障碍

德博拉·泰南研究发现,男性通过交谈来强调地位,女性则通过交谈来建立联系。当然,她的结论并不适用于每一位女性,或每一位男性,只是作为一个群体。

男性常常抱怨女性总在反反复复谈论自己的问题,女性则责备男性从不认真倾听。实际情况是,当男性听到一个问题时,他们常常通过提供解决方法的方式来表现出自己的独立性和控制力。相反,很多女性把提出问题作为一种加强亲密感的手段。女性提出问题是为了获得支持和联系,而不是为了获得男性的建议。相互理解是一种平等关系,但提供建议却是不平等关系——它使提供建议的人处于上位,因为他更有知识,更符合情理,也更有控制力。这导致了两性在沟通的过程中存在差异。

在交谈中,男性常常比女性更直截了当。男性可能会说:"我认为你在这一点上是错的。"女性则可能会说:"你看过市场部在这一问题上的调查报告吗?"(言下之意是,这份报告会指出你的错误所在。)

(2)沟通中的沉默

沉默即没有说话或没有出声,但不代表沟通的失败。实际上,它可以是一种十分有力的沟通形式:它可以意味着人们在思考对于一种文体要做出的反应;它可以意味着人们对于交谈的焦虑或害怕;它可以表示同意、不同意、失落或愤怒。沉默和工作行为之间有一定的联系,例如,沉默是群体思维的一个重要成分,它意味着对多数人意见的服从;当员工们在"默默忍受"时,它可以是一种表达不满的方式;如果一个平常快言快语的人突然间沉默不语,它可以是一种"很伤感"的标志。管理者也会使用"沉默"来回避或忽视某个员工,表明自己的疏远。

(3)不同文化情境的沟通

在不同的文化中,情境的重要性存在差异。文化的情境影响到个体从他人实际说或写的内容中寻求的意义。像中国、日本、韩国这样的国家,都是高情境文化,在与他人沟通时,人们十分依赖非言语的线索和细微的情境线索。他们没有说出的内容可能比说出的内容更重要。一个人的官方职位、社会地位以及名誉声望在沟通当中占有很大的权重。相反,欧洲和北美的人们则是一种低情境文化,他们主要依赖意义传递过程中使用的词汇,身体语言或正式头衔的重要性位居口头语言和书面文字之后。

高情境文化的沟通意味着双方之间有更多的信任。在外人眼里一种随意和不重要的交谈可能实际上是十分重要的,因为它反映了人们建构关系和形成信任的愿望。在高情境文化中,口头协议是一种很强的承诺;而在低情境文化中,具有实际效力的契约则更可能是书面的,它使用精确的文字,并具有高度的法律作用。同样,低情境文化看重的是指示。人们期望管理者在传递自己的意图时是清楚明白、精确无误的;而在高情境文化中却十分不同,管理者更可能"提供建议"而不是给出指示。

## 思考题

1. 沟通就是多说话吗?
2. 列举你碰到的沟通失败的例子。
3. 小道消息是不好的吗? 能够完全杜绝吗?

## 结篇案例

### 美国老板与他的希腊员工

美国老板:完成这份报告要花费多少时间?

希腊员工:我不知道完成这份报告需要多少时间。

美国老板:你是最有资格提出时间期限的人。

希腊员工:十天吧。

美国老板:你同意在十五天内完成这份报告吗?

希腊员工:没有做声。(认为是命令)

15天过后

美国老板:你的报告呢?

希腊员工:明天完成。(实际上需要30天才能完成。)

美国老板:你可是同意今天完成报告的。

第二天,希腊员工递交了辞职书。

**思考题**

请从沟通的角度分析美国老板和希腊员工的对话,说明希腊员工辞职的原因并提出建议。

# 人力资源管理

## 第 11 章

### 开篇案例

#### 人事经理的琐碎工作

1951 年，具有拉特洛斯学院心理学学士学位和赛顿·霍尔学院人际关系学硕士学位的查尔斯·比肖夫在社会上四处寻找工作。不久他在一家叫做包兰亭·索恩斯的酿造公司，做起了人员面试工作。后来又在一家糖加工公司和美国美孚有限公司工作了一段时间。最后，他于 1963 年就职于联合公司。如今，他已成为这家从事纤维、塑料生产及能源开发的联合公司人事经理。

以前当有人问起他这些年从事人事经理都干了些什么时，他微笑着并带嘲弄的口吻答道："保证每人生日时得到一张生日卡，在感恩节得到一只火鸡。"他还说，人事部对于那些不能容忍这种工作方式的人来说，简直就是一个堆破烂的地方。

确实，退回许多年去看看，人事工作除了雇用工人就再没有别的工作内容了（根据美国人事管理协会所言），这大概还是从过去的工头那里传下来的呢。以前的工头总是习惯于走出工厂，从长长的求职队伍中挑选工人，他们根本就不用什么简历表，而是凭他们的手点道："你、你，还有你。"后来这些工头也实在腾不出时间来做这类事情了，于是也就有人专门从事起人事工作来。然而不幸的是，这种人往往都是别的部门不要的人。除了干些招收新工人和发薪水之类的工作，人事部经理还负责如下诸多事情：教人如何鞠躬，如何打扫停车场等。

这确实产生了如 25 年前著名管理理论家彼得·德鲁克所指出的那样："所有做人事工作的人无不忧虑，何以证明他们也在对企业做出贡献。"

不过如今，比肖夫也不谈什么生日卡、火鸡之类的事了。"电话随时都会丁零丁零地响”,比肖夫在办公桌旁挥了一下手说道:“那准是董事会主席又叫我去他办公室了。”

(资料来源:吴照云. 管理学. 5版. 北京:中国社会科学出版社,2006)

## 11.1 人力资源管理的过程

### 11.1.1 人力资源管理的概念

人力资源管理可以分为宏观和微观两个层次。宏观人力资源管理是指一个国家或地区通过建立一系列政策、法律制度和行政法规,采取一些必要措施促使人力资源的形成,为人力资源的形成和开发利用提供条件,对人力资源的利用加以协调,使人力资源的形成和开发利用与社会协调发展。如我国的计划生育和人口规划管理、教育规划管理、职业定向指导、职业技术培训、人力资源的宏观就业与调配、劳动与社会保障等就是我国进行宏观人力资源管理的具体体现。微观人力资源管理是指一个组织对其所拥有的人力资源进行开发和利用的管理。本书所研究的是微观人力资源管理。

### 11.1.2 人力资源管理的目标

美国学者经过多年研究,认为人力资源管理包括四大目标:①建立员工招聘和选择系统,以便能够雇用到最符合组织需要的员工;②最大限度地挖掘每个员工的潜质,既服务于组织目标,也确保员工的事业发展和个人尊严;③留住那些通过自己的工作绩效帮助组织实现目标的员工,同时排除那些无法对组织提供帮助的员工;④确保组织遵守政府有关人力资源管理方面的法令和政策。

### 11.1.3 人力资源管理的过程

人力资源管理的过程大体可以分为六个步骤:

**1. 人力资源规划**

人力资源规划的目的在于结合企业发展战略,通过对企业资源状况以及人力资源管理现状的分析,找到未来人力资源工作的重点和方向,并制定具体的工作方案和计划,以保证企业目标的顺利实现。人力资源规划的重点在于对企业人力资源管理现状的信息进行收集、分析和统计,依据这些数据和结果,结合企业战略,制定未来人力资源工作的方案。

**2. 招聘与配置**

人员任用讲求的是人岗匹配，适岗适人。找到合适的人却安置到了不合适的岗位与没有找到合适的人一样会令招聘工作失去意义。招聘合适的人才并把人才配置到合适的地方才能算完成了一次有效的招聘。招聘和配置有各自的侧重点，招聘工作是由需求分析—预算制定—招聘方案的制订—招聘实施—后续评估等一系列步骤构成的，其中关键在于做好需求分析，首先明确企业到底需要什么人，需要多少人，对这些人有什么要求，以及通过什么渠道去寻找公司所需要的这些人，目标和计划明确之后，招聘工作会变得更加有的放矢。人员配置工作事实上应该在招聘需求分析之时予以考虑，这样根据岗位“量身定做”一个标准，再根据这个标准招聘企业所需的人才，这样配置工作将会简化为一个程序性的环节。招聘与配置不能被视为各自独立的过程，而是相互影响、相互依赖的两个环节，只有招聘合适的人员并进行有效的配置才能保证招聘意义的实现。

**3. 培训与开发**

培训与开发可以帮助员工胜任工作并发掘员工的最大潜能。对于新进公司的员工来说，要尽快适应并胜任工作，除了自己努力学习，还需要公司提供帮助。对于在岗的员工来说，为了适应因市场形势的变化而带来的公司战略的调整，需要不断调整和提高自己的技能。基于这两个方面，组织有效培训，以最大限度开发员工的潜能就变得非常必要。就内容而言，培训工作有企业文化培训，规章制度培训，岗位技能培训以及管理技能开发培训。培训工作必须做到具有针对性，要考虑不同受训群体的具体需求。对于新进员工来说，培训工作能够帮助他们适应并胜任工作；对于在岗员工来说，培训能够帮助他们掌握岗位所需要的新技能，并帮助他们最大限度地开发自己的潜能；而对于公司来说，培训工作会让企业工作顺利开展，业绩不断提高。培训与开发工作的重要性显而易见。

**4. 薪酬与福利**

薪酬与福利是员工激励的最有效手段之一。薪酬与福利的作用有两点：一是对员工过去业绩的肯定；二是借助有效的薪酬福利体系促进员工不断提高业绩。一个有效的薪资福利体系必须具有公平性，保证外部公平、内部公平和岗位公平。外部公平会使企业薪酬福利在市场上具有竞争力，内部公平需要体现薪酬的纵向区别，岗位公平则需要体现同岗位员工胜任能力的差异。对过去业绩公平的肯定会让员工获得成就感，对未来薪酬福利的承诺会激发员工不断提升业绩的热情。薪酬福利必须做到物质形式与非物质形式有机结合，这样才能满足员工的不同需求，发挥员工的最大潜能。

**5. 绩效管理**

绩效考核的目的在于借助一个有效的体系，通过对业绩的考核，肯定过去的业绩并期待未来绩效的不断提高。传统的绩效工作只是停留在绩效考核的层面，而现代绩效管理则更多地关注未来业绩的提高。关注点的转移使得现代绩效工作重点也开始转移，体系的有效性成为 HR 工作者关注的焦点。一个有效的绩效管理体系包括科学的考核指标，合理的考核标准以及与考核结果相对应的薪酬福利支付和奖惩措施。纯粹的业绩考核使得绩效管理局限在对过去工作的关注上，更多地关注绩效的后续作用才能把绩效管理工作的视角转移到未来绩效的不断提高。

**6. 员工关系**

良好的员工关系可以实现企业和员工的共赢。员工关系的处理在于以国家相关法规政策及公司规章制度为依据，在发生劳动关系之初，明确劳动者和用人单位的权利和义务；在合同期限之内，按照合同约定处理劳动者与用人单位之间权利和义务关系。对于劳动者来说，需要借助劳动合同来确保自己的利益得到实现，同时对企业尽到应尽的义务；对于用人单位来说，劳动合同法规更多地在于规范其用工行为，维护劳动者的基本利益。但是，在另一方面也保障了用人单位的利益，包括对劳动者供职期限的约定，依据适用条款解雇不能胜任岗位工作的劳动者，以及合法规避劳动法规政策，为企业节约人力资本支出等。总之，员工关系管理的目的在于明确双方权利和义务，为企业业务开展提供一个稳定和谐的环境，并通过公司战略目标的达成最终实现企业和员工的共赢。

人力资源管理六个环节的工作各有侧重点，但是各大模块是不可分割的，就像生物链一样，任何一个环节的缺失都会影响整个系统的失衡。人力资源管理工作是一个有机的整体，各个环节的工作都必须到位，同时要根据不同的情况，不断地调整工作重点，才能保证人力资源管理保持良性运作，并支持企业战略目标的最终实现。

### 讨论题

人力资源管理六个环节顺序是否可以颠倒。

## 11.2 人力资源管理六大模块

人力资源管理的六大模块主要是指人力资源规划、招聘与配置、培训与开发、薪酬与福利、绩效管理、员工关系这六个方面。

## 11.2.1 人力资源规划概述

**1. 人力资源规划的定义**

人力资源规划是指为了实现企业的战略目标，根据企业的人力资源现状，科学地预测企业在未来环境变化中的人力资源供求状况，并制定相应的政策和措施，从而使企业的人力资源供给和需求达到平衡，并使企业和个人都获得长期的利益。

**2. 人力资源规划的程序**

人力资源规划的制定大体可分为四个步骤。

(1)收集研究相关信息

信息资料是制定人力资源规划的依据。一般情况下，与人力资源规划有关的信息资料包括三个方面：①经营战略。弄清企业的经营战略是制定人力资源规划的前提。企业的经营战略主要包括：战略目标、产品组合、市场组合、竞争重点、经营区域、生产技术等，这些因素的不同组合会对人力资源规划提出不同的要求。因而，制定人力资源规划时，必须要了解与企业经营战略有关的信息。②经营环境。制定人力资源规划还要受到企业外部经营环境的制约。例如：相关的经济、法律、人口、交通、文化、教育等环境，劳动力市场的供求状况，劳动力的择业期望等。随着知识经济时代的到来，市场变化愈加迅速，产品生命周期越来越短，消费者的偏好日趋多元化，导致企业面临的经营环境越来越难以预测，对人力资源管理工作，特别是基础性的人力资源规划提出了更高的要求。如何使企业的人力资源规划既能适应经营环境变化导致的人力资源需求变化，又能摆脱固定的人力资源框架所造成的人力成本过高的缺陷，已成为人力资源规划所面临的核心问题。因而，必须通过制定弹性的人力资源规划来提高企业的应变能力，为企业在未来经营环境中的生存和发展奠定坚实的基础。③人力资源现状。分析企业现有的人力资源状况是制定人力资源规划的基础。要实现企业的经营战略，首先应对企业的人力资源现状进行调查研究，即对现有的人力资源的数量、素质结构、使用状况、员工潜力、流动比率等进行全面的统计和科学地分析。在此基础上，找出现有人力资源与企业发展要求的差距并通过充分挖掘现有的人力资源潜力来满足企业发展的需要。

(2)人力资源供求的预测

在收集和研究与人力资源供求有关的信息之后，就要选择合适的预测方法，对人力资源的供求进行预测。即了解企业对各类人力资源在数量和质量上的需求，以及能满足需求的企业内、外部人力资源供给情况，得出人力资源的净需求数据。在进行供给预测时，内部供给预测是重点，外部供给预测应侧重于关键人员。人力资源供求预测具有较强的技术性，是人力资源规划中的关键部分。

(3)人力资源规划的制定

这是一项具体而细致的工作,包括制定人力资源总体规划和各项业务计划,并确定时间跨度。根据供求预测的不同结果,对供大于求和供小于求的情况分别采取不同的政策和措施,使人力资源达到供求平衡。同时应注意各项业务计划的相互关系,以确保它们之间的衔接与平衡。

(4)人力资源规划的执行

执行人力资源规划是人力资源规划的最后一项工作。主要包括三个步骤:实施、审查与评价、反馈。

## 讨论题

人力资源规划有何重要意义。

## 11.2.2 招聘与配置概述

**1.员工招聘的概念**

员工招聘就是企业采取一些科学的方法寻找、吸引应聘者,并从中选出企业需要的人员予以录用的过程。它包括征召、筛选和录用三个阶段。

员工招聘作为一种科学管理活动出现的很早,在泰罗的科学管理时代,就已经创造了招聘、筛选、工作分析等工作。这些工作一直是人力资源管理的具体业务活动,是人力资源管理的基础和主要职能。不管是新企业,还是老企业都要进行员工的招聘。因为对于企业的员工来说,随着组织环境和组织结构的变化,员工的素质也在不断地变化,因此,员工要不断更换,老的退休、不合格的解雇。具体来说,员工招聘工作主要在以下几种情况下提出:第一、新组建一个企业;第二、原有企业由于业务发展而人手不够;第三、员工队伍结构不合理,在裁减多余人员的同时,需要及时补充短缺的专业人才;第四、企业内部由于原有员工的调任、离职、退休或死伤出现职位空缺。总之,人力资源部门需要不断吸收新生力量,为组织不断适应市场和发展需要,提供可靠的人力保障。

**2.员工招聘的目标**

(1)获得企业需要的人员。新补充进来的员工就像是制造产品的原材料,他的素质高低对企业今后的生产经营活动会有很大的影响。如果不能招聘到适合企业的员工,企业在时间和资金等方面的投入都会有很大的浪费,并且可能影响企业员工的士气。因而以获得企业需要的人员为目标进行招聘有利于保证企业人员的素质,提高人员的使用效率,同时为增加企业员工满意度和凝聚力创造条件。

(2)减少不必要的人员流失。企业不仅要招到人更要留住人。能否留住有用的员工，招聘工作的好坏是一个重要的因素。应该肯定的是，那些认可公司的价值观、在企业中能找到适合自己兴趣、能力的岗位的人，在短期内离开公司的可能性就比较小一些。而这就有赖于招聘过程中双方信息的有效传递和企业对应聘者的准确评价。

(3)树立企业形象。招聘过程是企业代表与应聘者直接接触的过程。负责招聘的人员的工作能力、招聘过程中对企业的介绍、面试的程序以及企业招聘、拒绝什么样的人等都会成为应聘者评价企业的依据。招聘过程既可能帮助企业树立良好的形象、吸引更多的应聘者，也可能损害企业形象、使应聘者失望。

**3. 员工招聘的原则**

(1)公开招聘的原则。招聘信息、招聘方法应公之于众。这样做，一方面可将录用工作置于公开监督之下，以防止不正之风；另一方面，可吸引大批的应聘者，从而有利于找到一流的人才。

(2)平等竞争的原则。对所有应聘者应一视同仁，不得人为地制造各种不平等的限制。要通过考核、竞争选拔人才，“赛马不相马”。以严格的标准、科学的方法对候选人进行测评，根据测评的结果确定人选，创造一个公平竞争的环境，这样既可以选出真正优秀的人才，又可以激励其他员工积极向上，减少“相马”的主观片面性。

(3)效率优先的原则。即以尽可能少的招聘成本录用到合适的人员。选择最适合的招聘渠道、考核手段，在保证任职人员质量的基础上节约招聘费用，避免因长期职位空缺造成的损失。

(4)双向选择的原则。它是指企业根据职位说明书的要求自主地选择需要的员工，同时劳动者也可根据自己的条件自主地选择职业。在招聘过程中，招聘者不能以主观意志为转移，只一味地去选择要考虑所需人员的需求，创造吸引他们的条件，使他们愿意为企业工作。

**4. 员工招聘的程序**

招聘程序是指从出现职位空缺到候选人正式进入公司工作的整个过程。这个过程通常包括识别职位空缺、确定招聘策略、征召、筛选、试用、招聘评估等一系列环节。

(1)确定职位空缺

根据企业的人力资源规划，在掌握有关各类人员的需求信息，明确哪些职位空缺的情况后，人力资源管理部门要考虑招聘是否是最好的方法。如果确实需要招聘则进行下一步。

(2)制定招聘策略

招聘策略是为了实现招聘计划而采取的具体策略，具体包括招聘地点的选择、招聘来源和方法的选择、招聘时间的确定、招聘预算、招聘的宣传策略等。

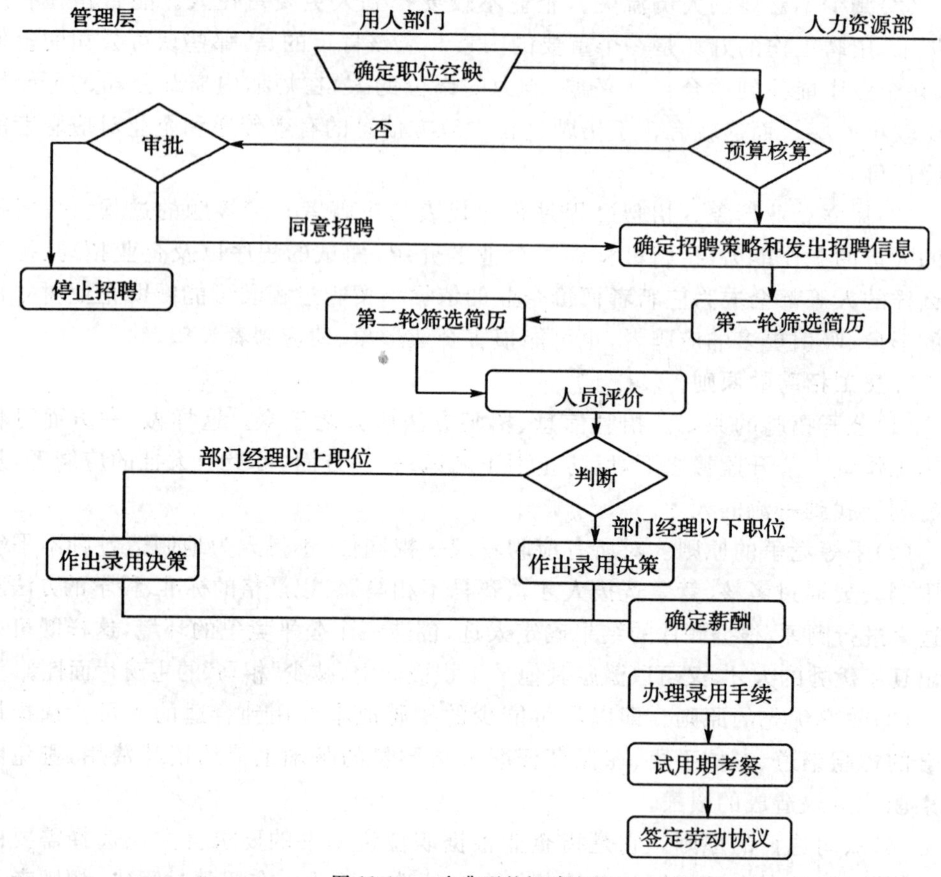


图 11-1　一个典型的招聘流程

(3)人员的筛选和评价

筛选候选人是招聘过程的一个重要组成部分，其目的是将不合乎职位要求的求职者排除掉，最终选拔出最符合企业要求的人员。职位说明书是筛选的基础，也就是说，要以职位说明书中所要求的知识、技术和能力来判断候选人的资格。如何能够测试和判断出候选人是否符合这些职位要求。

(4)录用与试用

对经过筛选合格的求职者，应作出录用决策。通知被录用者时可以通过电话或信函进行联系，联系时要讲清楚企业向被录用者提供的职位、工作职责和月薪等情况，并讲清楚报到时间、报到地点以及报到应注意的事项等。

对决定录用的人员，在签订劳动合同以后，要有 3～6 个月的试用期，如果试用合格，试用期满后便按劳动合同规定享有正式合同工的权利和责任。

(5)招聘评估

这是招聘工作的最后一个步骤。一般来说，评估工作主要从人员的数量、质量、招聘效率等方面来进行，包括招聘成本和效益评估及招聘工作评估两项内容。研究表明，通过不同的招聘渠道和方法，产生的招聘效果是大大不同的。用不同的方法招聘进来的员工也可能表现出不同的工作绩效、流失率、缺勤率。如果对招聘工作进行及时评估就可找到招聘工作中可能存在的问题，从而适时地对招聘工作进行修整，以提高下一轮招聘工作的质量。

## 讨论题

如何提高招聘的效率和效果。

### 11.2.3 培训与开发

**1. 培训与开发的含义**

在一般意义上，所谓培训与开发是指组织根据其发展和业务的需要，通过学习、训练等手段进行的旨在改变员工的价值观、工作态度和工作行为，提高员工的工作能力、知识水平、业务技能并最终改善和提高组织绩效的等有计划、有组织的培养和训练活动或过程。

**2. 员工培训的类型与方法**

(1)员工培训的类型

一般地说，员工培训根据组织的不同需要而有所差别，组织的规模、经营内容、项目经费、培训目的、参加培训的人数等都影响到培训类型的选择。员工培训类型在大体上可分为两类，即在职培训和非在职培训。也有学者认为，职前培训也属培训的一种类型，但把它作为一种培训组织形式更恰当些。

(2)员工培训的方法

员工培训的方法有很多种，不同的培训类型往往需要采用不同的培训方法。目前国内外教科书在阐述培训方法时，往往也采用不同的角度，有的是按培训采用的类型来阐述，有的是按培训的内容来阐述，有的则是按培训采用的技术或手段来阐述，等等。按培训类型来阐述的培训方法主要有：在职培训的培训方法，如工作轮换、学徒培训、自我指导培训等；非在职培训的培训方法，如讲座、视听教学、电脑辅助学习、讨论会或研讨会、案例分析与研究、商业游戏、角色扮演等。按培训内容来阐述的培训方法有：以开发技能为主的培训方法，如商业游戏、案例分析与研究、文件处理等；以传授知识为主的培训方法，如讲座、视听教学、程序化教学、电脑辅助学习等;以改变态度和行为为主的培训方法,如角色扮演、行为模仿等。按培训的技术或手段来阐述的方法有:演示法,如讲座法、远程学习、视听法等;专家传授法,如在职培训、情景模拟法、商业游戏、个案研究法、角色扮演、行为塑造、交互式视频、互联网培训等;团体建设法,如探险性学习、团队培训、行动学习等。

**3. 员工培训的系统模型**

既然员工培训对于组织绩效具有十分重要的意义,同时培训还要力求收益最大化,那么精心组织培训过程就显得十分重要。目前,在培训实践中各类组织都强调把员工培训视作一项系统工程,采用系统的方法组织培训活动,并且开发了一种员工培训系统模型。该模型把培训系统细分为若干环节,并明确界定了每个环节的基本内容,这些环节主要包括确定培训需求、设定培训目标、拟定培训方案、实施培训方案、培训效果评价与反馈等,如图 11-2 所示。

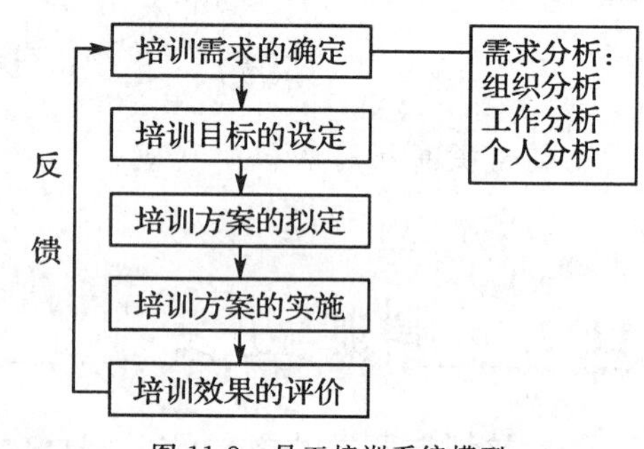


图 11-2 员工培训系统模型

## 讨论题

对新员工应如何进行培训。

## 11.2.4 薪酬与福利

**1. 含义**

薪酬是员工因向其所在单位提供劳动或劳务而获得的各种形式的酬劳或答谢。其实质是一种公平的交易或交换关系,是员工在向单位让渡其劳动或劳务使用权后获得的报酬。

**2. 薪酬设计的原则**

薪酬的支付方案依个人偏好有各种各样的设计,但在薪酬设计中有普遍适用的几项原则和要求,即公平原则、竞争原则、激励原则、合法原则、团队原则。

**3. 薪酬设计的基本流程**

制定科学合理的薪酬制度是企业人力资源管理的难点所在,基本流程主要有:

(1)制定薪酬原则和策略

企业薪酬策略是企业人力资源策略的重要组成部分,而企业人力资源策略是企业人力资源战略的落实,也就是企业基本经营战略、发展战略和文化战略的落实。因此,制定企业的薪酬设计和策略要在企业的各项战略的指导下进行,要集中反映各项战略的需求。薪酬策略作为薪酬设计的纲领性文件要对以下内容做明确规定:对员工本性的认识;对员工总体价值的认识;对管理骨干即高级管理人才、专业技术人才和营销人才的价值估计等核心价值观的认识;企业基本工资制度和分配原则的认识;企业工资分配政策与策略,如工资拉开差距的分配标准;工资、奖金、福利的分配依据及比例标准等。

(2)岗位设置与职位分析

首先要结合公司的经营目标做好岗位设置,然后,公司管理层要在业务分析和人员分析的基础上,明确部门职能和职位关系,人力资源部和各部门主管合作编写职位说明书。进行薪酬设计的第一步是确定每个工作职位的具体内容。

职位分析是薪酬体系中的重要环节,反映了公司管理者和员工对某一职位的期望。只有使用职位分析,管理者才能在市场上与其他公司进行比较。一方面明确该职位在市场的职能定位,另一方面确定市场对该职位的定价。

(3)职位评价

职位评价重在解决薪酬的对内公平性问题。它有两个目的,一是比较企业内部各个职位的相对重要性,得出职位等级序列;二是为进行薪酬调查建立统一的职位评估标准,消除不同公司间由于职位名称不同或即使职位名称相同但实际工作要求和工作内容不同所导致的职位难度差异,使不同职位之间具有可比性,为确保工资的公平性奠定基础。职位评价是职位分析的自然结果,同时又以职位说明书为依据。

(4)薪酬调查与薪酬定位

薪酬调查重在解决薪酬的对外竞争力问题。可以通过咨询公司,也可自己组织力量开展薪酬调查。要通过调查,了解和掌握本地区、本行业的薪酬水平状况,特别是竞争对手的薪酬水平,同时要参照同行业同地区其他企业的薪酬水平,及时制定和调整本企业对应工作的薪酬水平及企业的薪酬结构。

(5)薪酬结构设计

通过工作分析和薪酬调查,我们确定了公司每一项工作的理论价值。但是工作的理论工资率要转换成实际工资率还必须进行工作结构设计。

所谓工资结构,是指一个企业的组织结构中各项工作的相对价值及其与对应的实付工资之间保持何种关系。这种关系不是随意的,是以服从某种原则为依据的一定规律,这种关系的外在表现就是“工资结构线”。“工资结构线”为我们分析和控制企业的工资结构提供了更为清晰、直观的工具。对此,后文将做进一步的分析。

(6)薪酬体系的实施和修正

在制定和实施薪酬体系的过程中,及时的沟通、必要的宣传或培训是保证薪酬改革成功的因素之一。从本质意义上讲，劳动报酬是对人力资源成本与员工需求之间进行权衡的结果。世界上不存在绝对公平的薪酬方式，只存在员工是否满意的薪酬制度。人力资源部门可以利用薪酬制度问答、员工座谈会、满意度调查、内部刊物甚至BBS论坛等形式，充分介绍公司的薪酬制定依据。

薪酬设计的时效性很强，方案一旦形成就要立即实施，否则，方案中涉及的数据发生变化，市场价格也已经进行了调整，那么方案的数据也要进行相应的调整。因此，在保证薪酬方案相对稳定的前提下，要随着企业经营情况和市场薪酬水平的变化做出相应的调整。

在确定薪酬调整的比例时，要对总体薪酬水平做出准确的预算，但目前，大多数企业是财务部门在做此测算，但目前为准确起见，最好由人力资源部门和财务部门共同做此测算。因为按照外企的惯例，财务部门并不清楚具体的工资数据和人员变动情况。人力资源部门需要建好工资台账，并设计一套比较好的测算方法。

**4. 薪酬体系**

薪酬体系主要包括硬报酬和软报酬两个部分。硬报酬主要指基本工资、绩效工资、成就工资、津贴、职位消费货币化等主系统和福利等辅系统。软报酬主要指工作本身、工作环境、企业形象等方面的隐性报酬。

## 讨论题

简述薪酬体系的内容。

### 11.2.5 绩效考评

**1. 绩效考评的含义**

企业员工的绩效考评是指根据人力资源管理的需要，对员工的工作结果、履行现任职务的能力以及担任更高一级职务的潜力进行的有组织的、尽可能客观的考核和评价的过程。

**2. 绩效考评的内容**

在具体的考评过程中，绩效考评的内容及侧重点随着考评目的的不同而有所区别。但工作业绩、工作能力、工作态度、工作潜力、适应性等方面通常是绩效考评的基本内容。这些内容并不是孤立存在的，它们之间相互关联，其关系如图11-3所示。

**3. 绩效考评的程序**

在绩效考评的具体实施过程中，通常可遵循以下程序：

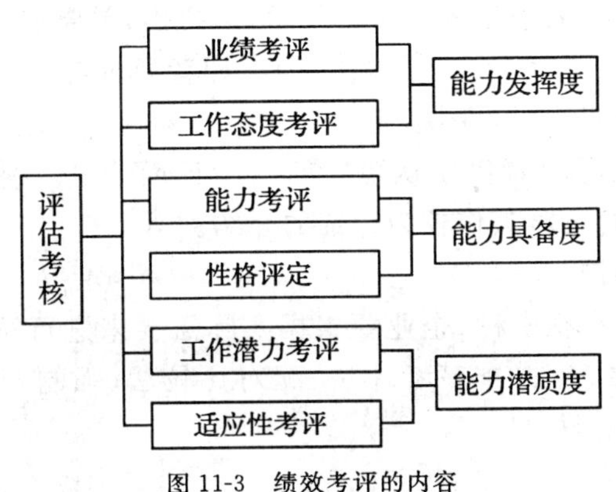


图 11-3　绩效考评的内容

(1)制定考评计划

考评计划是实施考评时的指导性文件。计划的内容通常包括:本次考评的目的、对象、内容、时间和方法。考评的目的不同,考评对象也不相同,例如,晋升考评与常规考评的对象就有所差别,前者通常只是在具备晋升资格的员工中进行,而后者则往往在企业的全体员工中进行。考评目的和考评对象又进一步决定着考评的具体内容、实施时间、实施地点以及所选择的考评方法等。

(2)确定绩效考评的标准

在考评计划确定之后,最为关键的一个程序就是要确定绩效考评的标准。考评标准的合理性直接决定着考评工作的有效性。首先,如果没有较为客观的考评标准,考评者就无法客观地对被考评者做出正确评价;其次,如果考评标准制定的不合理,则考评结果和员工的实际情况之间就会存在偏差,从而影响考评的公正与公平。因此,根据考评目标和考评内容确定考评标准是绩效考评的重要环节。一般来说,考评标准包括业绩标准、行为标准及任职资格标准等方面。

(3)实施考核评价

这一阶段是绩效考评的具体实施阶段。通常,考评人员要在考评计划的指导下,以考评标准为依据对员工各个方面的表现进行考评,得出考评意见。这一阶段的工作往往是一个从定性到定量的过程,具体包括对每一考评项目评定等级,并对其进行量化;在此基础上对照员工的实际表现为每一个考评项目评分;最后,对各项指标的分数进行汇总分析,得出考评结果。

(4)考评结果的反馈与运用

这一阶段是绩效考评工作的最后阶段。在考评工作结束后,企业有关部门要将考评结果通过一定的方式反馈给被考评者。这种反馈一般有两种形式:一是绩效考评意见认可,即考评者以书面的形式将考评意见反馈给被考评者,若被考评者同意认可,则签名盖章;若被考评者有异议,可以提出,并要求上级主管或人力资源管理部门予以裁定。二是绩效考评面谈,即考评者通过与被考评者进行面对面的交谈,将考评结果反馈给被考评者,了解其反应与看法,而绩效考评面谈记录和绩效考评意见也需要被考评者签字认可。绩效考评面谈是一种较为有效的反馈方法,本章第三节的内容将对其作较为详细的介绍。

**4. 绩效考评的方法**

绩效考评的方法有很多种,企业要根据实际需要来进行选择。主要有民意测验法、短文法、评级量表法、排序考评法、配对比较法、强制分布法、关键事件法、360°绩效反馈体系等方法。

## 讨论题

绩效考评如何和薪酬挂钩。

### 11.2.6 劳动关系

**1. 含义**

劳动关系是指劳动者和劳动力使用者之间的社会经济利益关系的统称。具体地说,劳动关系是指在实现劳动的过程中,由劳动者与其使用者双方利益引起的,表现为合作、力量和权力关系的总和。

**2. 劳动关系主体**

劳动关系主体是构成劳动关系的核心要素,而劳动关系体系是心态、期望、人际关系和行为不同的个人组成的不同群体构成的,这些群体彼此发生着联系。从一个就业组织来说,劳动关系是由管理方(资方)和雇员(劳方)两个系列群体构成的。

**3. 劳动关系的表现形式**

劳动关系的本质是劳动双方合作、冲突、力量和权力的相互交织,所以,劳动关系就具体表现为力量、权力、合作和冲突。

**4. 劳动关系的性质与类型**

(1)劳动关系的性质

劳动关系的性质是指劳动关系的双方主体之间相互关系的实质或核心内容。它主要包括三方面内容:①劳动关系具有经济利益或财产关系的性质。一方面劳动者或雇员向企业管理者或雇主让渡自己的劳动;另一方面,企业管理者或雇主向劳动者或雇员支付劳动报酬和福利,双方所体现出的经济利益关系或财产关系性

质是劳动关系的基本性质。②劳动关系具有平等关系的性质。这种平等性质突出体现在双方权利义务的表面上的对等。一方面表现在劳动关系是在平等协商的基础上建立起来的;另一方面劳动关系的建立一般是以劳动合同的签订为保证的,而且双方是在相对平等,没有外在干扰的前提下签订劳动合同的。③劳动关系也具有不平等的性质。劳动关系兼有人身让渡关系的特征。劳动者虽有权利获得劳动报酬,但又必须履行自己的义务,贡献自己的劳动,并在劳动中听从管理者的调度和支配。双方所建立的这种以支配和服从为特征的双方关系,就可被看做是一种人身让渡关系。

(2)劳动关系的类型

由于劳动关系各方力量对比程度不同,双方在利益方面的相互关系会形成不同的表现形式。一般包括:①利益冲突型,它是以劳资双方矛盾和劳动阵营对峙为基础建立的劳动关系。②利益协调型,它是以劳资双方权利对等和地位平等为基础建立起来的劳动关系。③利益一致型,它是以管理者或雇主为中心建立起来的劳动关系。以上对于劳动关系类型的三种划分,只是一种在理论上的概括,在现实中这几种类型也互有交叉和联系。一个国家或地区的劳动关系一般都是以一种类型为主,但其他类型在不同的企业中也会有不同程度的表现或影响。

**5.劳动者的地位与权利**

(1)劳动者的地位

所谓劳动者的地位是指在一定的社会经济条件下,处于一定的劳动关系之中并受其制约和决定的,以劳动者权益保障为主要内容的,劳动者自身利益的实现程度。从宏观的角度看,劳动者的地位包括:①劳动者的经济地位;②劳动者的政治地位;③劳动者的社会地位。

(2)劳动者的权利

我国的《劳动法》关于我国劳动者在劳动关系中的权利,作了明确和具体的规定。《劳动法》第一章第三条规定:①劳动者享有平等就业和选择职业的权利;②劳动者有权取得劳动报酬的权利;③劳动者享有休息休假的权利;④劳动者有获得劳动安全卫生保护的权利;⑤劳动者有接受职业技能培训的权利;⑥劳动者有享受社会保险和福利的权利;⑦劳动者有提请劳动争议处理的权利;⑧法律规定的其他劳动权利。除上述各项劳动权利外,劳动者还享有法律规定的其他权利,如参与企业民主管理的权利,妇女和未成年的要求特殊保护的权利等。

## 讨论题

如何建立良好的劳动关系。

## 思考题

1. 人力资源的含义是什么?
2. 简述人力资源规划的过程。
3. 简述员工培训的过程。
4. 简述薪酬管理的过程。
5. 简述绩效管理的过程。
6. 简述劳动者的权利和地位。

## 结篇案例

### 奖励团体,还是奖励个人

石林国际旅游公司刚刚完成农历 6 月 24 日的火把节游客接待工作,从忙碌的旅行团队下来,导游和领队们长长地松了口气,可以歇两天了!之后,还有更多的团队需要接待。

由于这次节日节目多,又逢周围景点相关游览活动密集,节日期间团队和散客的数量都超出往年的两倍以上,石林旅游公司的员工们广开门路,从住、食、行、游各方面多方努力,保证了接待任务安全、有序、高质完成。公司决定对员工进行嘉奖,闻讯的人们各自默想自己带了多少团?可能拿多少奖金?谁可能拿得最多?

两天后,公司宣布新买一辆客货两用 NISSAN 车专供员工私人借用,此外,所有员工各发 2000 元红包。大家不禁一愣,这可和以往的做法不大相同,以前总是按接待量大小发奖金,可看到新车正是大家需要的,心里也很高兴。人们互相打量时也少了些探询和躲避的眼神。在晚上观看彝族舞蹈表演的时候,有记者问公司杨经理:"为什么你们给所有的人平均发奖金,而不是按工作量或工作表现发奖金?"杨经理答道:"因为在整个旅行社中,每个人的工作都对我们的接待质量产生影响,司机、导游、领队、服务员……都很重要。"一旁的导游小朱插话说:"是呀,我们是一个团队,像一个家庭一样,大家互相协助才能完成任务。"宾馆叶经理说:"正是旅行社将饭店、交通、游览这些业务串在一起,形成一条龙服务,才取得了良好的整体效果"。杨经理接着说:"这次发奖金是个新的尝试,前几年我们强调个人表现,按接待量发奖金,很多人想争功,多带团,时常发生摩擦,行、住、游各环节也不时有脱节现象发生。以后,在奖金、工资方面我们也将尝试划成小团队包干的形式发放,强调团队,员工不仅工作时间在一起,在旅游淡季或较空闲的休息时间,还应组织员工一起玩,一起学习,彼此了解,互相弥补,强调团队精神、协同工作,奖励将给予一个团队,不再单单给一个人。"

(资料来源:余敬,刁凤琴.管理学案例精析.北京:中国地质大学出版社,2006)

**思考题**

1. 你认为奖励团体和个人哪种方式更有效?请列出理由。
2. 奖励团体会不会导致平均主义、大锅饭吗?为什么?
3. 怎样在保证团队协作的同时,体现个人按劳取酬?

## 实践环节

请同学们分组组建一家公司,进行招聘模拟。

# 变革与创新

## 第12章

### 开篇案例

#### 一家医院的兴衰

2010年5月15日，一个曾经辉煌的人民医院正式宣告挂牌歇业。曾经拥挤、喧闹的医院，如今已是一片昏暗、寂静，留下的是沉重的回忆和反思！

J省W市N区人民医院成立于1958年7月，由锡城一批著名老中医、私人诊所组建而成，在治疗疖、痈、疔疽和各类风湿性关节炎及流疽、闭塞性脉管炎、骨质增生有独特疗效，名扬J省南部地区。全国名老中医王良春之女王婉华对治疗痿风、强直性脊柱炎、类风湿性关节炎、红斑狼疮等有较深造诣，尤其对失眠症的中医治疗有深入研究；以针刺特定穴位肢体松懈按摩、成长模式强化训练、补充脑营养液为一体的综合治疗脑瘫模式，具有良好声望。

经过全院员工50多年的奋斗，N区人民医院成为一所功能齐全、设施优良、以老年病诊治为特色的二级乙等医院，属N区政府所有。医院占地5300多平方米，建筑面积13000平方米，编制床位213张，历年床位使用率均在90%以上，设有19个临床科室、7个医技科室、10个专科专病门诊和5个病区。全院拥有GE公司生产的多层螺旋CT、500mA胃肠X光机、日立全自动生化分析仪、美国贝克曼全自动化学发光仪、GE彩色多普勒超声仪、全套德国STORZ膀胱镜和电切汽化设备、德国狼牌WOLF输尿管镜、英国佳乐GYRUS等离子前列腺切割系统、德国S·钬激光碎石系统、气压弹道碎石系统、加拿大LABORIN尿流率检测仪、前列腺内生场热疗系统、利普刀等先进医疗设备，曾经与市级三甲医院标准相接近，泌尿外科设备甚至优于市级三甲医院。

全院共有300多名正式员工和200多人的外聘员工，其中，拥有副主任医师以上职称的高级卫生专业技术人才40多人。

医院下属6个社区卫生服务中心(站),分布在全区各个街道社区,承担着N区内居民和部分企事业单位员工的医疗、健康保障和公共卫生服务。

全院的业务收入曾达到5000万元,1994年在全省区级医院中第一个获得国家级的"爱婴医院"称号;1997年开始连续4年荣获"W市十佳医院";曾被评为"J省文明单位"。

20世纪90年代,在全国医疗卫生改革的浪潮中,医院坚持科教兴院,加强内部管理,不断深化改革,拓展办医思路,1996年经W市政府批准挂牌成立"W市老年病医院",作为全市唯一的老年病医院,致力于老年病的临床研究,设有老年病临床医学研究机构,在老年骨科、老年神经内科等领域都处于市内领先水平。

但是,由于区级医院在全国医疗体制改革的大环境下,面临上下夹击、内外交困的局面:一是参加医疗保险的人的住院结算费用明显低于市级综合性医院;二是取消定点医院,病人自由选择医院就诊,导致病人大量流失;三是设备陈旧,环境状况不佳,不能满足病人日益增长的就医环境需要,而医院又无力加以自我调整;四是区级财政薄弱,补偿明显不足,甚至没有补偿到位。20世纪末,医院实际上已经是"自负盈亏"、"自谋生路"、"自求发展":由于医院道路、交通不畅,导致就诊不便;设备陈旧、补偿不足,导致医疗水平停滞不前;员工福利差、资金包袱沉重,导致医院发展陷入困境。

面对如此境况,全院上下仍同甘共苦,逐步加大改革力度,大胆尝试"托管制"的改革模式。2003年,加盟上海仁济医疗集团并签约5年期托管合同,仁济专家全面主持医院的管理工作:医疗专家常年驻院,承担门诊、查房、手术及学术培训、讲座等;仁济的风湿免疫、泌尿外科、内分泌等特色专科帮助医院恢复了声誉,2003年开始,门诊量成倍增加,床位使用率超过100%,出现住院难的情况;手术难度大幅提升,开诊了部分胸腔手术及腹部高难度手术,以及介入性治疗手术等。

"托管制"为医院带来了希望,特别是在重振医院业务技术与水平,提高医务人员技术层次上起到了很大的促进作用;但同时,由于W市及医疗保险政策的制约,区级医院的社保支付额度的限制(每位住院的病人支付额度仅为市级医院的一半),导致住院的病人越多,医院的亏损就越大的怪圈,带来了沉重的经济负担。

政府领导决定:托管合同立即中止(4年左右),医院主要领导调任,规划重新调整。N区政府决定将医院移址新建,投资8000万,新院于2008年建成投入使用。

正要进行新院搬迁时,2009年元月,区政府又突然决定委托W市另一家三级甲等医院——W市人民医院——派员"托管",区政府将不承担任何经济责任。W市人民医院派出原医务科长带队的3人小组进驻医院,财务科1名会计不定期驻院。但3个多月的时间里没有开过一次领导碰头会,没有进行过一次经济情况分析报告等常规的医院管理程序,医院运行完全陷入无政府状态,2010 年 5 月正式挂牌歇业。

经历了近 20 年的奋斗,无论从国家医药卫生体制改革的层面、地方政府追求经济区域经济发展,实施医疗卫生资源充足的层面、医院自身追求发展,探索医院改革和经营管理模式的层面,还是 W 市市民,特别是 N 区辖区内的民众需求,百姓呼声的层面,都没有找到一个共同满意、利益均衡的结合点,N 区人民医院只能是“关门”的结局。

**思考题**

请分析导致 N 区人民医院衰落的因素有哪些?

## 12.1 变革的阻力

在个体和组织行为的研究中,有一项重大发现,即组织和成员抵制变革。从某种意义上说,这种阻力也有积极的意义,它使行为具有一定的稳定性和可预见性。如果没有阻力,则意味着组织的行为是混乱而随意的。变革的阻力还可能成为建设性的冲突源。例如,对组织结构重组计划或生产线改进方案的抵制会激发有关变革优缺点的讨论,并因此而得到更好的解决方案。但变革阻力的缺点也是显而易见的,它阻碍了适应和进步。

变革阻力不一定以标准化的方式表现出来,阻力可以是公开的、潜在的、直接的或延后的。公开和直接的阻力最容易处理。例如,当提议实施变革时,员工会很快做出反应,他们怨声载道,消极怠工,威胁要举行罢工。处理潜在或延后的变革阻力是管理者最大的挑战。潜在的阻力十分微妙,更难识别,它可能使员工丧失对组织的忠诚感、缺乏工作积极性,而管理者却浑然不觉。延后的变革阻力反应则使阻力源和对阻力之间的反应之间的联系变得模糊。例如,一项变革刚开始出现时可能只产生很小的反应,但在几个月甚至数年后,阻力才暴露出来。人们对于变革的反应会累积起来,最终以和原先对变革的反应完全不相称的行为爆发出来。

下面重点阐述变革的阻力源,主要包括个体阻力源和组织阻力源,在实际工作中,两个方面常常是相互交叉的。

### 12.1.1 个体阻力

变革的个体阻力源来自基本的人类特征(如知觉、个性和需要)。下面概括一下个体抵制变革的五个原因(如图 12-1 所示)。

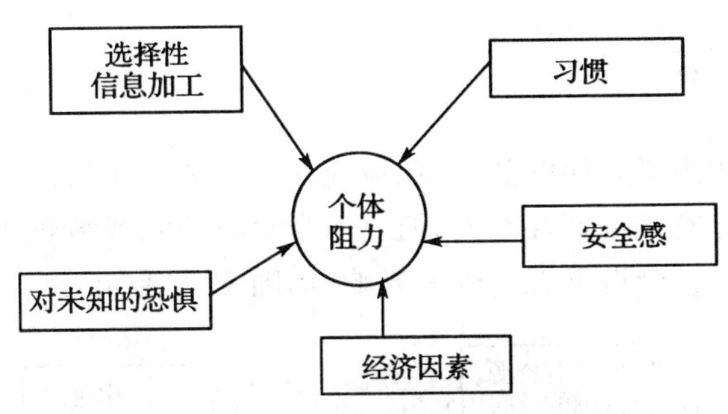


图 12-1 变革的个体阻力

**1. 习惯**

你每天上学或上班时是否总走同样的线路？你的回答很可能是肯定的。如果你像大多数人一样，那么你会找到一条路并且总是这样走。

人类是有习惯的动物。由于生活相当复杂，我们每天必须做出数百种决策，但是，我们不必对这些决策中的所有备选方案一一考察。为了应对复杂性，我们往往依赖于我们的习惯或者被称为程序化的反应。但是，当你面对变革时，以惯常方式做出反应的趋向就会成为一种阻力源。例如，当你的办公地点发生变化，你就不得不改变原来的习惯，如早起 10 分钟，寻找新的停车场，适应新办公室，形成新的早饭规律等。

**2. 安全感**

有较高安全需要的人很可能抵制变革，因为变革会威胁到他们的安全感。

**3. 经济因素**

人们担心变革会降低收入，特别是当报酬和生产率密切关联时，人们害怕自己因不能适应新的工作任务或新的工作规范而引起经济恐慌。

**4. 对未知的恐惧**

变革是用模糊性和不确定性代替已知。从高中生到大学生的转变就很好的证明了这一点。在中学时代，我们知道要做什么，你可能不喜欢高中的生活，但至少你了解这个体系。但当你进入大学时，面对着一个全新的和不确定的体系，你不得不牺牲自己的已知去交换那些未知的内容，伴随而来的是对不确定性的恐惧。

**5. 选择性信息加工**

个体在自己知觉的基础上塑造他们的世界，而且这个世界一旦形成就很难改变。为了保持知觉的完整性，个体会对信息进行选择性加工，并因而出现失误。他们可能只听自己想听的，而忽视那些对自己已建构的世界所形成挑战的信息。

## 12.1.2 组织阻力

组织就其本质来说是保守的，它积极地抵制变革。比如，教育机构原本是为了开放思想和挑战已有学说而存在的，但它本身也极端的抵制变革。

变革的组织阻力受以下五个因素影响(如图 12-2 所示)。

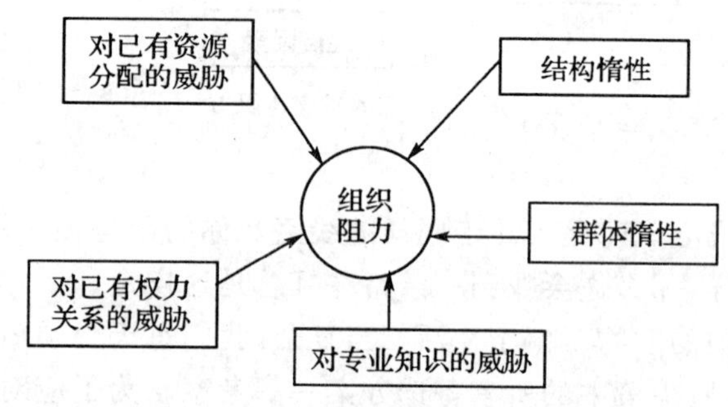


图 12-2 变革的组织阻力

**1. 结构惰性**

组织拥有内在的机制保持其稳定性。只有符合任职要求的员工才能够进入组织，同时组织又通过岗位说明书、规章制度、业务流程塑造等去指导员工的工作行为。当组织面临变革时，结构惰性就会充当反作用力，努力维持原有的稳定状态。

**2. 群体惰性**

即使个体想改变他们的行为，群体规范也会成为约束力。比如，一名绩效主管想改变整体的绩效管理流程，但很可能迫于与薪酬主管的工作相关性而放弃自己的想法。

**3. 对专业知识的威胁**

组织模式的变革可能会对特殊群体的专业知识构成威胁。

**4. 对已有权力关系的威胁**

任何决策权力的再度分配，都会威胁到组织长期以来已经形成的权力关系。在组织中引入参与决策或自我管理工作团队就属于这种变革，它常常被中低层管理人员视为一种威胁。

**5. 对已有资源分配的威胁**

在组织中控制一定数量资源的群体，常常把变革视为一种威胁，他们倾向于对事情的原本状态感到满意。比如，变革是否意味着他们的预算减少或人员减少？那些最能从现有资源分配中获利的群体，常常对可能影响到未来资源分配的变革感到忧虑。

## 12.2 减少阻力的技术

当管理者确定了有害的变革阻力以后，可以采取哪些措施予以克服呢？有六种策略供他们应对变革的阻力。如表 12-1 所示，这六种策略包括教育与沟通、参与、促进与支持、谈判、操纵与合作、强制。依据阻力的来源和类型不同，管理者可选用其中任何一种或几种策略。

表 12-1 用以减少阻力的六种管理策略

| 策略 | 内容 |
|---|---|
| 教育与沟通 | ·与员工们沟通，帮助他们了解变革的缘由<br>·通过个别会谈、备忘录、小组讨论或报告会等教育员工<br>·这种策略适合在变革阻力来源于不良的沟通或误解时使用<br>·要求劳资双方相互信任和相互依赖 |
| 参与 | ·吸收持反对意见者参与决策<br>·假定参与者能以其专长为决策作出有益的贡献<br>·参与能降低阻力、取得支持，同时提高变革决策的质量 |
| 促进与支持 | ·提供一系列支持性措施，如员工心理咨询和治疗、新技能培训以及短期的带薪休假等<br>·需要时间，花费也较大 |
| 谈判 | ·以某种有价值的东西来换取阻力的减少<br>·在阻力来自少数有影响力的人物时是必要的措施<br>·潜在的高成本，并可能面临其他变革反对者的勒索 |
| 操纵与合作 | ·操纵是将努力转换到施加影响上，如有意扭曲某些事实，隐瞒具有破坏性的消息，制造不真实的谣言<br>·合作是介于操纵和参与之间的一种形式<br>·使用成本较低，也便于争取反对派的支持<br>·如果欺骗或利用的意图被察觉，易适得其反 |
| 强制 | ·直接使用威胁或强制手段<br>·取得支持的花费低，也较容易<br>·可能是不合法的，即便是合法的强制也容易被看成是一种暴力 |

## 12.3 推动组织变革的方法

### 1. 三步模型

库尔特·卢因(Kurt Lewin)的三步骤变革过程是这种观点的最好说明。

按照卢因的观点，成功的变革是可以被策划的。它要求对现状予以解冻，然后变革到一种新的状态，并对新的变革予以再冻结，以使之保持长久（如图 12-3 所示）。现状可以看做是一种平衡状态，要打破这一平衡状态，解冻就是必要的。解冻可理解为对所需变革的准备，可以通过以下三种方式实现解冻：一是增强驱动力，这种驱动变革的力量能使行为脱离现有状态；二是减弱制约力，这种阻挠变革的力量使行为维持在现有的平衡状态；三是混合使用以上两种方法。

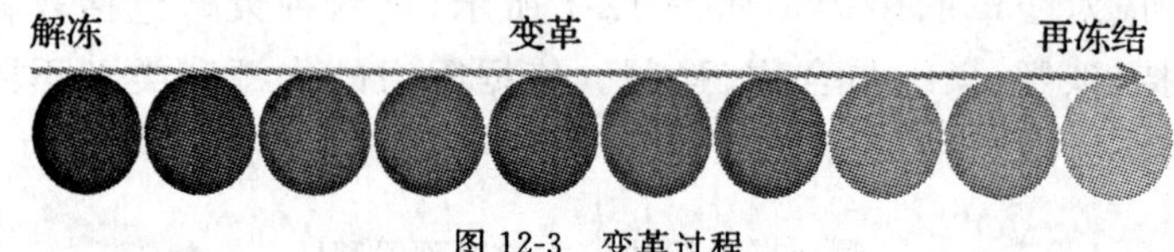


图 12-3　变革过程

解冻一旦完成，就可以推行变革。但仅仅引发变革并不能确保它持久，新的状态需要加以再冻结，这样才能使之保持一段相当长的时间。除非增加最后一个步骤，否则，变革就很可能是短暂的，员工又会返回到原有的平衡状态上，也就是做事的原有方式中。因此，再冻结的目的就是通过强化新产生的行为，使新的状态稳定下来。

值得注意的是，卢因的三步骤过程是将变革看做对组织平衡状态的一种打破。现状被破坏以后，就需要经过变革以建立起一种新的平衡状态。

**2. 行动研究**

行动研究（action research）指的是这样一种变革过程：它首先系统地收集信息，然后在信息分析的基础上选定变革行为。它的重要性在于为推行有计划的变革提供了科学的方法论。

行动研究过程包括五个阶段：诊断、分析、反馈、行动和评价。

在行动研究中，变革推动者通常是外部顾问，他们从组织成员那里收集变革需求方面的信息。这种诊断类似于医生了解病人病情。在行动研究中，变革推动者提出问题，与员工面谈，翻阅各种记录，并倾听员工所关注的问题。

诊断之后接下来的是分析。人们认为哪些问题最为关键，这些问题以什么形式出现。变革推动者把有关信息综合成以下几方面：人们主要关心的问题、问题的范围以及可能采取的行动。

行动研究还包括了变革对象的广泛参与。也就是说，任何变革方案中涉及的员工都必须积极参与对问题的界定，并主动寻求解决方法。所以，第三部反馈是让员工共同分享前两步所发现的问题。在变革推动者的帮助下，员工开发需要实施变革的行动计划。

然后就是行动研究中的行动阶段了，员工和变革推动者采取具体行动来改进他们所发现的问题。

最后一个阶段是对活动计划的有效性进行评估，把收集到的原始资料作为标杆，对尔后发生的变革进行比较和评价。

行动研究对组织有两方面益处：第一，它着眼于问题。变革推动者客观地发现问题，问题的类型又决定了变革行为的类型。虽然这好像是显而易见的过程，但事实上，大量的变革行为并不是这样的，是以解决问题的方法为中心。有时变革推动者通常先有一个好的解决方法，如弹性工作制、目标管理，然后再寻求与这种解决方法相对应的问题。第二，由于行动研究中有大量的员工参与，因此减弱了变革的阻力。实际上，只要员工在反馈阶段积极参与，变革过程通常就有了自身的动力。参与变革的员工和群体会成为带动变革的持续的内在力量源泉。

## 12.4 变革管理中的新问题

诸如组织文化变革、持续的质量改进与流程再造，以及对员工压力的处理等当今的组织变革议题，已成为管理者关注的关键问题。当组织文化不再支持组织的使命时，管理者可以做些什么来改变组织的文化？管理者如何有效地推行持续的渐进式变革，以及急剧的变革？对于当今动态环境所带来的压力问题，管理者又能做些什么来妥善地处理压力？在这一部分，我们将分别对这些议题作以考察，并讨论管理者处理这些议题时应当采取的行动方案。

### 12.4.1 组织文化变革

组织文化是由相对稳定和持久的因素构成的，这一事实往往导致文化变革面临相当大的阻力。一种文化需要很长一段时间才能形成，而一旦形成，它又常常成为牢固的和不易变更的。强文化会成为变革的一种特别的阻力，因为员工已经融入这种文化之中了。例如，宝洁公司的前任首席执行官杜克·杰格(Duck Jager)努力改变公司根深蒂固的文化，就是希望这种变革能帮助公司对市场需求的变化做出更好的反应。他没能取得成功，结果在 2000 年 6 月被 A. G. 拉夫雷(A. G. Lafley)所取代。某种特定的文化是随着时间的推移而变得对组织不适宜并成为有效管理的绊脚石，那么这时，管理者想做些什么来改变它很少能成功，尤其从短期看更是如此。即使是在最有利的条件下，组织文化的变革也常常需要经历多年的时间，而不是几周或几个月就能看出其变化的。

什么样的“有利条件”可能促进组织文化的变革？经验表明，文化变革最可能在具有如下全部或绝大部分条件的情形下发生：

(1)大规模危机出现。这可以成为动摇现状的一个震源,促使人们对现有文化的适应性产生怀疑。例如发生令人吃惊的财务亏损,丢失一个重要的顾客,或者竞争对手的一次重大的技术突破等。

(2)领导职位易人。新的高层领导可能被认为比原有的领导者对危机具有更强的反应能力。而新领导往往会给组织带来一系列不同的核心价值观。这里,高层领导既可以指首席执行官,也可以包括所有的资深经理人员。

(3)组织新而小。组织建立的时间越短,其文化的渗透力就越弱。相似地与大型组织相对比,管理者在规模较小的组织中会更容易传播其新的价值观。

(4)文化力弱。某种价值观越是广泛共享并在成员中得到高度的认同,那么它就越难改变。相反,与强文化相比,较弱的文化具有更大的可变性。

这些情境因素有助于解释为什么一个像宝洁公司这样的企业会在重塑其文化时面临很大的困难。在相当程度上,员工们喜欢以原有的方式来做事,他们并没有看到组织的问题有多严重。

## 12.4.2 如何实现组织文化变革

现在我们要提一个问题:如果情境条件是合适的,管理者如何推行组织文化变革?其挑战是,首先要展示现有文化是无效的,然后推行新的“做事方式”,最后再强化新的价值观。因此,需要有一个全面的、协调的战略来管理文化变革(见表12-2)。

表 12-2 组织文化变革的途径

| |
|---|
| ·进行组织文化分析,确定需要变革的文化因素 |
| ·向员工们明确说明,如果不马上推行变革,组织的生存就会受到致命的威胁 |
| ·任命具有新观念的新领导 |
| ·发动一次组织重组 |
| ·引入新故事来传播新观念 |
| ·改变人员甄选和社会化过程及绩效评估和奖酬,以支持新的价值观 |

也许你已经看到,上述建议是侧重于管理者变革无效文化所能采取的特定行动。然而,遵从这些建议并不一定能确保管理者的变革努力会取得成功。组织成员不可能让他们过去一直认同和遵循的价值观在转瞬之间就烟消云散。因此,管理者需要有耐心。即使能产生文化变革,那也是迟缓的。而且,管理者还必须时常警惕保护新的价值观,以免恢复到原有熟悉的做法和惯例中。

**1. 持续的质量改进与流程再造**

我们知道，质量管理是管理者的重要工作，因为在当今的全球经济中，确保产品和服务的质量对组织的成功至关重要。取得预期的质量水平时常要求人们工作方式的改变。而管理者既可以借助持续的质量改进方案，也可以通过更为急剧的流程再造方法，以形成所希望的变革。表 12-3 概括了这两种方式的主要差异。

**表 12-3　　持续的质量改进与再造的对比**

| 持续的质量改进 | 再造 |
| --- | --- |
| · 持续的、渐进的变革 | · 急剧的变革 |
| · 改良、改进 | · 再设计——推倒重来 |
| · 着重考虑"现状" | · 着重思考"能变成怎样" |
| · 从组织的底层开始 | · 从组织的高层开始 |

**2. 持续的质量改进**

许多质量管理活动依赖持续的、小规模的、渐进的变革，这些活动与风平浪静观是一致的。因为这样，组织必须持续地找到解决所出现问题的更好方式，才能求得改进。在这些类型的质量活动中，变革主要侧重于小修小改，即改进现有的工作活动。这些要持续改进的工作活动基本上是没问题的。持续的质量改进活动的目的就是使各个员工不断地寻找改进他们现有工作方式的办法。在这类质量活动中，基层人员参与决策制定无论是在质量改进活动的计划阶段还是执行阶段，都是相当重要的。

**3. 流程再造**

在当今的急流险滩环境下，只有那些具有灵活性和适应性的组织才有望在市场竞争中取得长期的成功，因此，需要另一种方式的变革。动荡的环境要求具有革命性的而不是有序的变革。流程再造就是使组织开展工作的方式产生激烈的、急剧的变革的一种方法。它通过抛弃做事的原有方式以及对工作方式进行全新的设计，实现组织的突变。具体地，就是先确定顾客的需要，然后再设计出能最好地满足这一需要的工作流程。例如，亿顿公司(Eaton corporation)对其新产品开发流程进行了再造，使公司实现了野心勃勃的增长目标。其管理者和一般员工共同参与了产品创新流程的再设计，结果使公司在 5 年时间内营业额和利润都翻了一番。瑞典的 ICA 汉德拉诺斯公司(ICA Handlarnas)也通过工作流程的再造，使全公司 3300 多家零售店都与一个大型的数据库相连，这样，存货信息就能及时传给管理者。鉴于流程再造的这种触及面广泛的特质，它通常需要由高层管理者发动。不过，由于流程再造本身明显地要求管理者和一般员工提供切实的建议意见，因此，参与式决策非常重要。

## 12.5 处理员工压力

对许多员工来说，变革造成了一种压力。动态的、不确定的环境充斥着兼并、重组、流程再造、强制退休和大规模裁员等各种浪潮，导致许多员工不仅工作过度劳累，而且还承受过度的压力。我们这一部分要探讨“压力”指什么，是什么原因造成了压力，如何识别压力，以及管理者可以采取哪些行动减缓压力，等等。

**1. 什么是压力**

所谓压力(stress)是指一个人在面临与其愿望密切相关的机会、限制或要求时的一种动态条件。因为条件的动态性，个人视为非常重要的愿望的实现就具有不确定性。这是一个颇为复杂的定义，我们要仔细考察一下该定义的几层意思。

压力本质上并不是不好的东西，有压力未必就是件坏事。虽然人们通常从反面意义上探讨压力，但压力也有其正面的价值，特别是它能给人们带来一种潜在的利益。正是由于压力，使运动员或舞台表演者在关键的场合表现出最好的水平。

然而，压力更经常是与限制和要求相伴随的。限制会妨碍你做希望做的事情，要求则意味着你要失去所希望的某种东西。你在学校参加一次测验，或者在工作单位接受年度绩效评估时，你感到有压力，就是因为你面临着机会、限制和要求。获得好的绩效评估可能给你带来职务提升和相应的更大的职责与更高的薪金；而不良的评估则会影响你得到提升；特别差的绩效评估可能导致你遭解雇。

条件会造成压力，但这并不意味着它总会形成压力。由潜在的压力转换为现实的压力，需要具备两个前提，即结果具有不确定性，而且该结果必须是相当重要的。不管环境如何，能形成压力的条件只有在人们对自己能否把握住机会、能否排除限制或者避免损失存有怀疑或不确定的情况下才可能存在。也就是说，对未来的得与失不确定的人的压力比较大，而认为得与失是确定的人的压力就较小。结果的重要性也是个关键因素。要是得失无关紧要，就不会有压力。如一个下属觉得保住现有职位或得到提升并不重要，那么他或她在绩效评估前夕就不会有很大的压力。

**2. 压力的来源**

如图 12-4 所示，压力的根源存在于与组织有关的因素及员工在自己生活中衍生的个人因素。显然，任何形式的变革都有造成压力的可能，因为变革会与机会、限制或要求相伴。而且，变革常常是在不确定的氛围下，围绕对员工有重大关系的议题展开的。毫不奇怪，变革是一个主要的压力来源。

**3. 压力的症状**

什么信号表明员工的压力可能过高？压力会通过多种方式表现出来。例如，

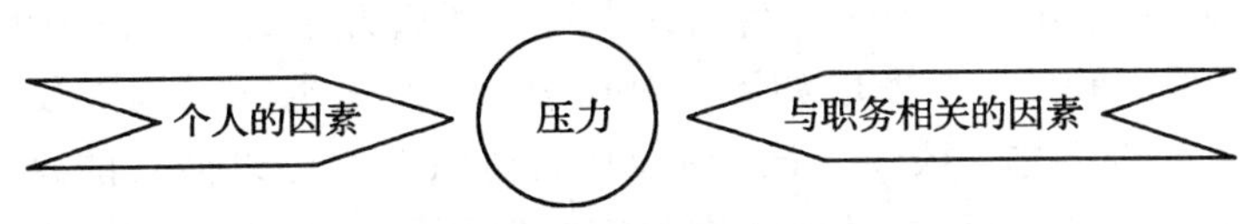


图 12-4　压力的来源

面临高度压力的员工可能心情沮丧、事故不断，或者喜爱争辩，作常规决策也会有困难，容易分心，等等。这些症状可以归纳为三个一般的类别：生理的、心理的和行为的，如图 12-5 所示。其中，生理症状与管理者的关联度最低，心理和行为症状对管理者更为重要，因为这些直接影响到员工的工作状况。

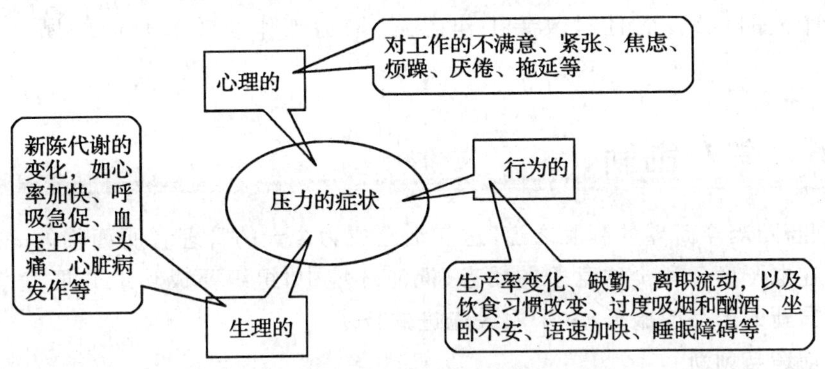


图 12-5　压力的症状

**4. 减缓压力**

前面已经指出，并不是所有的压力都是不良的。而且，从现实来说，压力并不能完全从人的生活中根除，不论是在工作外还是在工作中。管理者应该关注的是那类会导致不良行为的压力。管理者可以通过控制某些组织因素而减少与组织有关的压力，但对于与个人因素相关的压力，管理者只能有限度地提供帮助。

从组织因素方面看，管理者能做的通常始于员工的甄选。管理者应该确保选定的人员具有与职务要求相对应的能力。要是员工觉得工作超过其能力所及，那他势必要承受较大的压力。甄选过程中切合实际的工作介绍会减少因对工作期望认识的模糊而产生的压力。相似地，像目标管理这样的绩效计划方案会使工作职责、绩效目标得到明确，并通过反馈减少模糊性。职务再设计也是减缓压力的一个办法。如果压力直接来自工作厌倦或超负荷，那么应当对职务进行重新设计，以便增强挑战性或降低工作负担。增加员工参与决策及获得同伴社会支持的机会的职务再设计，也被证明对减缓压力具有积极的作用。

从员工个人生活中产生的压力来看，有两大问题值得引起注意。其一，它不易为管理者所直接控制。其二，存在着伦理方面的考虑，如管理者是否有权干涉（哪怕以最微妙的方式)员工的个人生活？如果管理者认为这是合乎伦理的，员工本人也愿意接受，那么可以考虑采取如下一些办法，一种是员工咨询能使压力得到减缓。员工们常常希望与人谈谈自己的问题，而组织完全可以使其的这一需要得到满足——通过管理者、内部的员工咨询专家或者外部的免费或低价的职业帮助等。像花旗公司、美国电话电报公司、强生公司就提供广泛的员工咨询服务。对于那些因为不善于安排而使个人生活产生问题进而造成压力的员工，提供时间管理方案将会有益于帮助他们区分自己的优先安排事项。另一种办法是由组织出面举办各种健身活动。西格纳公司(Cigna Corporation)允许员工可以在感到需要减缓压力的任何时间和地点休息 15 分钟。该公司的理念是，“几分钟的舒展或深呼吸不仅有利于个人的健康，而且对改善工作态度、增加工作绩效和全面的团队合作也有益。”

## 12.6 激发创新

“创新乃当今商界的制胜之道”这句话已成为今天的管理者所面临的一个突出现实。在电子商务和全球竞争的动态、混沌环境中，组织要成功地开展竞争，就必须创造出新的产品或服务，并采用最先进的技术。

**1. 创造与创新**

通常而言，创造(creativity)是指以独特的方式综合各种思想或在各种思想之间建立起独特联系的这样一种能力。能激发创造力的组织，可以不断地开发出做事的新方式以及解决问题的新办法。创新(innovation)则是指形成创造性思想并将其转换为有用的产品、服务或工作方法的过程，即富有创新力的组织能够不断地将创造性思想转变为某种有用的结果。当管理者说到要将组织变革成更富有创造性的时候，他们通常指的就是要激发和培育创新。我们可以贴切地把索尼公司、明尼苏达采矿制造公司和英特尔公司看做是富有创新力的组织，因为它能产生新颖的思想并转换成盈利的产品和有效的工作方法。

**2. 创新的激发与培育**

要是利用第 1 章介绍的系统模型，我们可以更好地描述组织怎么才能更富有创新力。我们从模型中可以看出，能否取得预期的产出(创造出产品和工作方法)，必须考察投入及对投入的转换过程(如图 12-6 所示)。这里，投入包括组织中具有创造性的个人和群体。不过，仅有创造性的人还不够，还需要有合适的环境使创新过程开花结果；就像花朵需要合适的土壤、养料、水分和阳光一样。那么，什么样的环境才是“合适的”？我们识别出三类因素可用来激发组织的创新力，它们就是组织的结构、文化和人力资源实践(如图 12-7 所示)。

投入
转换
产出
创造性的个人、群体和组织
创造性的过程和情境
创造性的产品和工作方法

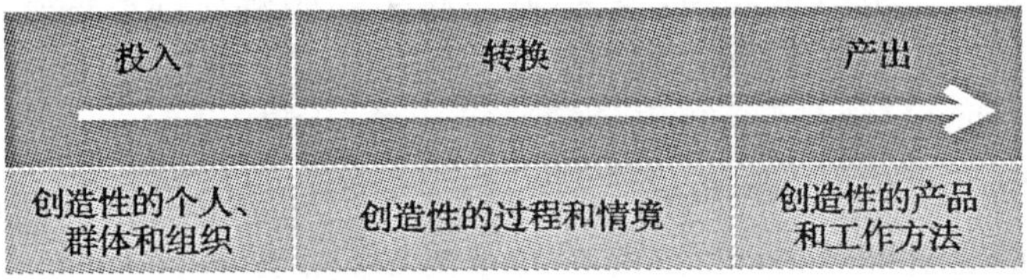

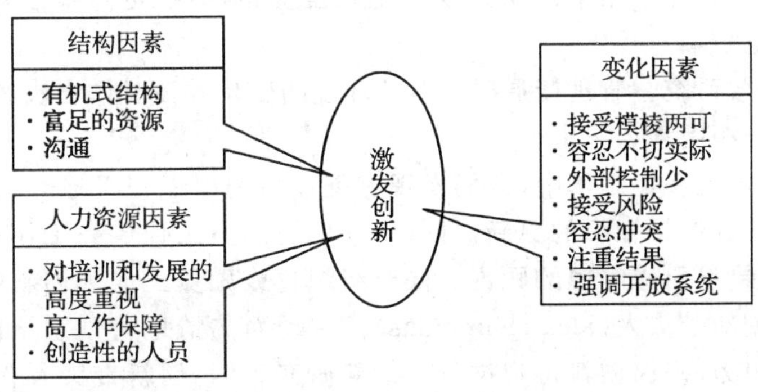

图 12-6　创新的系统观

结构因素
· 有机式结构
· 富足的资源
· 沟通
人力资源因素
· 对培训和发展的高度重视
· 高工作保障
· 创造性的人员
激发创新
变化因素
· 接受模棱两可
· 容忍不切实际
· 外部控制少
· 接受风险
· 容忍冲突
· 注重结果
.强调开放系统

图 12-7　创新的因素

(1)结构因素

有关结构因素对创新影响的研究表明了如下三点：首先，有机式结构对创新有正面的影响。因为这类组织的正规化、集权化和专业化程度都较低，因此，采用有机式结构可以提高灵活性、应变力和跨职能工作能力，这些都是创新所必备的。其次，拥有富足的资源能为创新提供另一重要基石。组织资源充裕，使管理当局有能力购买创新成果，敢于投下巨资推行创新并承受失败的损失。最后，单位间密切的沟通有利于克服创新的潜在障碍。像跨职能团队、任务小组及其他这类组织设计都可促进部门之间的相互交流，从而得到创新型组织的广泛采用。例如，明尼苏达采矿制造公司就是高度分权化的，拥有小型、有机式组织的大部分特征。这家公司还有一个“大口袋”，用以支持其鼓励科学家和工程人员将15%以上的时间用在他们自己选择的开发项目的政策上。

(2)文化因素

富有创新力的组织，通常具有某种共同的文化。如鼓励试验，不论成功还是失败都给予奖励，并赞赏失败。充满创新精神的组织文化通常有如下特征：

①接受模棱两可。过于强调目的性和专一性会限制人的创造性。

②容忍不切实际。组织不抑制员工对“如果……就……”这样的问题作出不切实际甚至是愚蠢的回答。乍看起来似乎是不可行的，但往往可能带来问题的创新性解决。

③外部控制少。组织将规则、条例、政策这类控制减少到最低限度。

④接受风险。组织鼓励员工大胆试验,不用担心可能失败的后果。错误被看做是学习的机会。

⑤容忍冲突。组织鼓励不同的意见。个人或单位之间的一致和认同并不意味着能实现很高的经营绩效。

⑥注重结果甚于手段。提出明确的目标以后,个人被鼓励积极探索实现目标的各种可行途径。注重结果意味着,对于任一给定的问题,可能存在若干种正确的解决办法。

⑦强调开放系统。管理当局时刻监控环境的变化并随时作出快速的反应。

(3)人力资源因素

在人力资源这一类因素中,我们发现有创造力的组织积极地对其员工开展培训和发展,以使其保持知识的更新。同时,它们还给员工提供高工作保障,以减少他们担心因犯错误而遭解雇的顾虑。同时组织也鼓励员工成为创新带头人,一旦产生新思想,创新带头人(idea champions)会主动而热情地将创意予以细化,并提供支持,克服阻力,确保创新得到推行。最新研究表明,创新带头人有一种共同的个性特征:高度自信、有持久力、精力旺盛、敢于冒风险。创新带头人也显示出与动态型领导相似的特征。如他们会以其对创新成功的潜在可能的认识,以及他们个人对其使命的坚信不疑精神激励和鞭策他人,并善于从他人处争取支持的力量。另外,创新带头人一般所担任的职位会有相当大的决策自主权,这使得他们能在组织中引入并推行所提倡的创新。

## 讨论题

有压力才有动力,请你阐述对这句话的理解。

## 思考题

1.有哪些因素的变化将推动组织的变革?

2.有哪些因素会使组织变革形成阻力?

3.简述库尔特·卢因三步骤变革过程的基本观点。

4.一个组织,通常会在何种情形下发生文化变革?如何实现文化变革?

5.员工的压力产生的根源是什么?有哪些表现?如何减缓这些压力?

6.何谓创新?影响创新的因素有哪些?

# 结篇案例

## 美国炼铝公司的重大变革

在匹兹堡市区一个夏日里,美国炼铝公司的首席执行官保罗·奥尼尔公布了这个原料“巨人”的宏伟计划。该计划将要对这个横跨22个国家、拥有6.3万名员工的公司进行一次全面彻底的革新。

奥尼尔提出了一个新结构,该结构主要针对于美国炼铝公司的主顾和业务单位。革新的不是匹兹堡,不是为他们服务的副总经理,也不是董事长,而是业务单位。公司集中所有的资源,并联系和支持着公司的22个业务单位进行统一的革新。

与变革有关的不仅仅是公司结构这一因素。通过引进公司的新战略,奥尼尔向普遍流行的持续改进的变革观点提出挑战。他声称,这个方法对那些已经成为市场领导者的公司或许凑效,但是,“如果你落后于世界领先水平,那么这是个糟糕的方法;如果你远远落后于世界水平,那么这可能是一个灾难性的方法。”

对美国炼铝公司来说,他们似乎是个落伍者。奥尼尔认为,公司需要做出迅速并巨大的改进,而不是缓慢渐进地变革。奥尼尔对员工提出的目标是:两年内要消除公司和世界先进水平之间差距的80%。

“等到外部事件迫使组织进行变革,这是最佳的反应式管理办法,但是也是最胆小的管理做法。”他告诉员工,领导并不是到组织绩效一团糟以至于股东强烈要求改革现状时才思考变革的强迫变革者。

(资料来源:吴照云,等. 管理学. 4版. 北京:经济管理出版社,2004. 有改动)

### 思考题

1. 你认为奥尼尔实施变革的方法如何?
2. 奥尼尔是否认为连续不断的改进不符合当时的市场状况?

# 领　导

## 第13章

### 开篇案例

#### 刘备、宋江和唐僧的“无能”之能

《三国演义》中的刘备、《水浒》中的宋江，还有《西游记》中的唐僧，文才武略都不如别人，更没有什么英雄气概，但却能让别人都追随他们，得到他们想要的东西，这不能不说他们还是很有本事的，这个本事就是领导才能。

先说刘备，他从一个卖草席的破落皇族起家，先后依附刘焉、卢植、刘表等人，在此期间不断网罗了关羽、张飞、赵云、诸葛亮等武将谋士，时机一到，自领益州牧。

再看宋江，他广交天下英雄，积累了雄厚的人际关系，后因为浔阳江头题写了反诗，在法场上被众兄弟救起，终于决心上了梁山。此时追随他的新人已超过晁盖的旧有人马。

还有唐僧，他先从五指山下救出了孙悟空，接着用悟空之力收编了八戒、沙僧，他还有观世音给的最厉害的一个东西——紧箍咒，借此才能让悟空服帖，带领这些出身各异、本领高强的徒弟跟着他去西天取经。

为什么那么多有本事的人愿意死心塌地跟着这几个没什么本事的人冒险呢？是因为这几个人具备一定的政治资源。刘备和宋江讲义气，够朋友，这在封建社会是很有号召力的。唐僧虽说不上讲义气，但他的紧箍咒同样能起作用。另外，这几个人都被披上了“合法”的外衣：刘备是皇室之后，他曾多次亮出这一身份；宋江有童谣：“耗国因家木，刀兵点水工。纵横三十六，播乱在山东”；唐僧不仅得到地上皇帝的恩准，而且还有天上观世音的帮忙。这就使得追随他们的人有底，相信跟着他将来会有好的前途。

管理中的领导职能是关于组织中人的问题的基本职能。组织是由人组成的，组织目标的实现要依靠组织全体成员的努力。而配备在组织机构各种岗位上的人员，由于各自的个人目标、需求、偏好、性格、素质、价值观及工作职责和掌握信息等方面存在着很大差异，在相互合作中必然会产生各种矛盾和冲突。因此就需要有权威的领导者进行领导，指导人们的行为，沟通人们之间的信息，增强相互的理解，统一人们的思想和行动，激励每个成员自觉地为实现组织目标共同努力。管理中的领导职能是一门非常奥妙的艺术，所谓管理的艺术性主要体现在该职能中，它贯穿在整个管理活动中。

## 13.1　领导的内涵

### 13.1.1　领导的含义

领导(leading)是个体对他人施加影响，指挥、带领、引导和鼓励他人为实现目标而努力的过程。施加这种影响的个体就是领导者(leader)。因此，这个定义包括下面几个要素：

(1)领导者必须有追随者，没有追随者的领导者谈不上是一个真正领导者。

(2)领导者拥有影响追随者的能力，这些能力包括由组织赋予领导者的职位和权力，也包括领导者个人所具有的影响力。

(3)领导的目的，是通过影响力来影响人们心甘情愿地努力达到企业的目标。

### 13.1.2　领导的作用

在带领、引导和鼓舞部下为实现组织目标而努力的过程中，领导者要发挥如下的作用：

**1. 指挥作用**

在人们的集体活动中，需要有头脑清晰、胸怀全局，能高瞻远瞩、运筹帷幄的领导者帮助人们认清所处的环境和形势，指明活动的目标和达到目标的途径。领导者只有站在群众的前面，用自己的行动带领人们为实现企业的目标而努力，才能真正起到指挥作用。

**2. 协调作用**

在集体活动中，即使有了明确的目标，但因各人的才能、理解能力、工作态度、进取精神、性格、作风、地位等不同以及外部各种因素的干扰，人们在思想上发生各种分歧、行动上偏离目标的情况是不可避免的。因此，就需要领导者来协调人们之间的关系和活动，把大家团结起来，朝着共同的目标前进。

**3. 激励作用**

伟大的领导者通过鼓舞和激励他人为共同目标的努力达到卓越的成就。当人们在学习、工作和生活中遇到困难、挫折或不幸时，或某种物质或精神的需要得不到满足时，就必然会影响工作的热情。怎样才能使每一个职工都保持旺盛的工作热情，最大限度地调动他们的工作积极性呢？这就需要有通情达理、关心群众的领导者来为他们排忧解难，激发和鼓舞他们的斗志，发掘、充实和加强他们积极进取的动力。

总之，引导员工努力朝向同一个目标，协调他们的矛盾，激发他们的工作热情，使他们在企业生产经营活动中保持高昂的斗志，这便是领导者在组织和率领员工为实现企业目标而努力工作的过程中必须发挥的具体作用。

### 13.1.3 领导者与管理者

从上述有关领导和领导者的描述中可以看到，领导和管理、领导者和管理者是有区别的。

从本质上而言，管理是建立在合法的职务权力基础上，对下属的行为进行指挥的过程，领导则更多的是通过其个人的魅力与专长来影响追随者的行为。领导是一种影响力或者说是对下属施加影响的过程，这种影响力或通过这个影响过程，可以使下属自觉地为实现组织目标而努力。

管理者不一定是领导者，因为，领导的本质就是被领导者的追随和服从，它不是由组织赋予的职位和权力所决定的，而是取决于追随者的意愿。因此，那些没有部下追随的管理者，也就不是真正意义上的领导者。一些情况下有的领导者，并不一定是管理者，非正式群体组织中最具影响力的人就是典型的例子。组织并没有赋予他们正式的管理职位和职权，他们也没有义务去负责组织的计划和组织的工作，但他们却能引导、激励甚至命令自己的追随者。

管理者和领导者是有区别的。管理者是被正式授权来管理一个组织或部门的，管理者利用职权来解决问题、做出决策和实施行动，领导者则可能是在群体活动中自发形成的，他们的影响力与其在组织中的职位无关；管理者的对象是组织中的下属，领导者的对象则是群体中的追随者；管理者通过计划、组织、控制来提高效率，完成任务和达成目标，领导者通过指导、协调和激励使追随者自觉地朝着领导者所指引的方向前进；管理者更多的是在群众的后面进行鞭策，而领导者则更多的是在群众的前面起带领作用；管理者更多的关注于正确地做事，领导者则更多地关注于做正确的事。

## 讨论题

一个组织中的领导者是否就是该组织中的各级管理者?

# 13.2 领导理论

为了提高领导的影响力及其有效性,国外许多管理学家和心理学家通过长期的调查和实验从不同角度进行了研究,提出了许多领导理论。这些理论大致可以分为三类:第一类是特质理论,集中研究领导者应有的个性特征。第二类是行为理论,集中研究领导者的工作作风和领导行为对领导有效性的影响。第三类是权变理论或情境理论,集中研究不同的情况下采用何种工作作风和领导行为效果最佳。

## 13.2.1 领导特质理论

20 世纪二三十年代有关领导的研究主要关注于领导者的特质,也就是那些能够把领导者从非领导中区分出来的个性特点。这些研究旨在分离出一种或几种领导者具备而非领导者不具备的特质。人们对各种各样的特质进行研究,如体型、外貌、社会阶层、情绪稳定性、说话流畅性、社会交往能力等。尽管研究者付出了相当大的努力,但结果表明不可能有这样一套特质能把领导者与非领导者区分开来。

而后一些研究试图找出与领导力高度相关的特质较为成功。研究者发现七项特质与有效的领导有关。它们是:内在驱动力、领导愿望、诚实与正直、自信、智慧、工作相关知识和外向性(表 13-1)。

**表 13-1　　与领导力有关的七项特质**

1. 内在驱动力。领导者非常努力,有着较高的成就愿望,它们进取心强,精力充沛,对自己所从事的活动坚持不懈、永不放弃,并有高度的主动性。
2. 领导愿望。领导者有强烈的愿望去影响和统帅别人,它们乐于承担责任。
3. 诚实和正直。领导者通过真诚无欺和言行一致在他们与下属之间建立相互信赖的关系。
4. 自信。下属觉得领导者从没有怀疑过自己,为了让下属相信自己的目标和决策的正确性,管理者必须表现出高度的自信。
5. 智慧。领导者需要具备足够的智慧来收集、整理和解释大量信息,并能够确立目标、解决问题和做出正确决策。
6. 工作相关知识。有效地领导对有关企业、行业和技术知识十分熟悉,广博的知识能够使他们做出睿智的决策,并能认识到这些决策的意义。
7. 外向性。领导者精力充沛,他们好交际、坚定而自信,很少会沉默寡言或离群的情况。

研究者进行研究后纷纷认定，仅仅依靠特质并不能充分解释有效的领导，完全基于特质的解释忽视了领导者与下属的相互关系以及情境因素。具备恰当的特质只能使个体更有可能成为有效的领导人。因此，从20世纪40年代末至60年代中叶，有关领导的研究集中在探讨领导者偏好的行为风格上。研究者想知道，有效的领导者在“做”上，也就是说在行为方面，有哪些独特之处。

### 13.2.2 领导行为理论

由于特质理论不能成功地找出有效领导者的特征，管理学家们便转而研究领导者的各种行为，希望找出成功领导者的行为特征。在管理思想发展史上，比较典型的领导行为理论有三种。

**1. 勒温理论**

艾奥瓦大学的研究由库尔特·勒温(Kurt Lewin)及其同事进行的。根据领导者如何运用职权，把领导者在领导过程中表现出来的极端的工作风格分为三种类型。

(1)独裁型风格：领导者倾向于集权管理，采用命令方式告知下属使用什么样的工作方法，作单边决策，限制员工参与。

(2)民主型风格：领导者倾向于在决策时考虑员工的利益，实施授权管理，鼓励员工参与有关工作方法与工作目标的决策，把反馈当做指导员工工作的机会。

(3)放任型风格：领导者总体来说给群体充分的自由，让他们自己作出决策，并按照他们认为合适的做法完成工作。

勒温及其同事对哪种风格最有效做了研究。最初的研究结果表明：民主性风格更有利于良好的工作质量和工作数量，是最有效的领导风格。然而在后来的研究中出现不一致的结果：有时民主型风格比专制型风格会带来更高的工作绩效，而有些时候，民主型风格导致工作绩效更低或二者之间没有差别。不过，用下属的工作满意感作为测量指标，得到的结果更趋于一致。总体来说，相比专制型领导者，民主型领导者所领导的群体中，下属有更高的满意度。

现在领导者面对着一个两难困境。他们是应该关注于取得更高的工作业绩，还是应该关心员工更高的满意度。这反映了领导者行为中的两个基本特征：关心工作的完成(任务)与关心群体成员(人)。这两个特征也是其他早期行为研究中的核心内容。

**2. 四分图理论**

1945年，美国俄亥俄州立大学商业研究所发起了对领导行为研究的热潮。起初，研究人员设计了一个领导行为描述调查表，列出了1 000多种刻画领导行为的因素；后来霍尔平(A. W. Halpin)和维纳(B. J. Winer)将冗长的原始领导行为调查表减少到130个项目，并最终将领导行为的内容归结为两个方面，即以人为重和以工作为重。

以人为重(worker-centered)是指注重建立领导者与被领导者之间的友谊、尊重和信任的关系。包括尊重下属的意见，给下属以较多的工作自主权，体察他们的思想感情，注意满足下属的需要，平易近人，平等待人，关心群众，作风民主。

以工作为重(job-centered)是指领导者注重规定他与工作群体的关系，建立明确的组织模式、意见交流渠道和工作程序。包括设计组织机构，明确职责、权利、相互关系和沟通办法，确定工作目标和要求，制定工作程序、工作方法和制度。

他们依照这两方面的内容设计了领导行为调查问卷，就这两方面各列举15个问题，发给企业，由下属来描述领导人的行为如何。调查结果表明，以人为重和以工作为重并不是一个连续带的两个端点，这两个方面常常是同时存在的，只是强调的侧重点不同，领导者的行为可以是这两个方面的任意组合，即可以用两个坐标的平面组合来表示，如图13-1所示。由这两方面可形成4种类型的领导行为，这就是所谓的领导行为四分图。

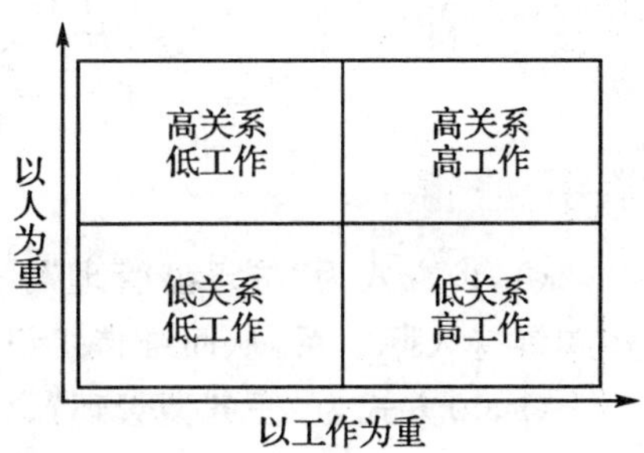

图13-1　领导行为四分图

该项调查的研究者认为，以人为重和以工作为重这两种领导方式不应是相互矛盾、相互排斥的，而应是相互联系的。一个领导者只有把以人为重和以工作为重结合起来，才能进行有效的领导。即最佳的领导行为是既要以人为重，又要以工作为重。

## 讨论题

为什么说只有把以人为重和以工作为重结合起来才能实现有效的领导？

**3. 管理方格图理论**

在俄亥俄州立大学提出的四分图理论的基础上，美国心理学家罗伯特·布莱克(Robert Rogers Blake)和莫顿(Jane Srygley Mouton)在1964年提出了管理方格图(managerial grid)理论。图中横坐标与纵坐标分别表示领导者对生产和对人的关心程度，各划分为9个等分，形成81个方格，从而将领导者的领导行为划分成许多不同的类型，如图13-2所示。尽管方格中有81个小格，而且领导者的行为风格可能落在任意一格上，不过这里只对其中的五种类型重点说明。

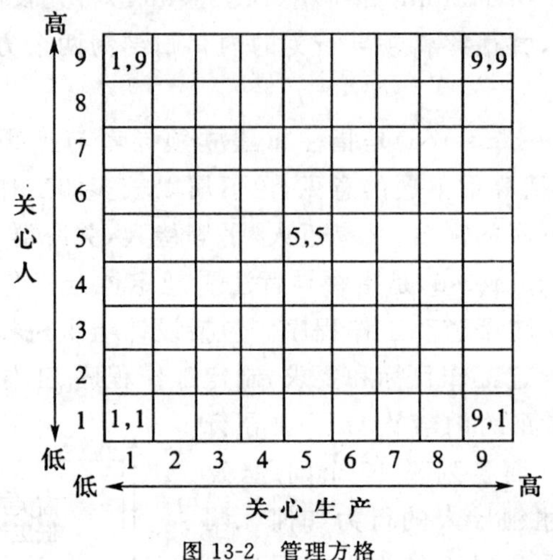


图 13-2　管理方格

(1,1)方式为“贫乏型管理”。领导者只以最低限度的努力来完成必须做的工作和维持人际关系,从而维持组织成员的身份,对员工、对生产都不关心。

(9,1)方式为“任务型管理”。领导者只重视任务的完成,而不重视下属的发展和士气。在安排工作时,力图把人为因素的干扰降到最低程度。只关心生产,不关心人。

(1,9)方式为“俱乐部型管理”。领导者极少甚至完全不关心生产而只关心人。领导者只注重支持和关怀下属,搞好人际关系,以创造一个舒适友好的组织氛围,而不关心任务和效率。

(5,5)方式为“中间型管理”。领导者对人与生产都有适度的关心,既有正常的效率完成生产任务,又保持一定的士气,都过得去但又不突出,实行的是中间式管理。

(9,9)方式为“团队型管理”。领导者对生产和人都极为关心,努力协调各项活动,使它们一体化,从而提高士气,促进生产。

## 讨论题

你认为上述领导方式哪一种最好?为什么?

在这五种风格中,研究者得出结论,9,9 型管理者工作效果最佳。但管理方格只是对领导风格这一概念提供了框架,并未回答如何使管理者成为有效地领导者这一问题。并且,也没有研究证据支持 9,9 型风格在所有情境中都是最有效的。这五种典型的领导行为,都仅仅是理论上的描述,也是极端的情况。在实际生活中,很难见到该种类型的范例。在实际中,到底哪种方式更有效,要看实际工作的效果,要依情况而定。

人们越来越明确认识到,对领导成功与否的预测要比仅仅分离出一些领导特质和行为偏好更复杂。由于这些方面的研究缺乏一致性的结果,使得人们开始注意情境因素的影响。领导风格与有效性之间的关系表明,x 风格在 a 条件下恰当可行,y 风格则更适合于条件 b,z 风格适合于条件 c。但是,这些情境到底是什么呢? 知道领导的有效性取决于情境因素只是问题的一个方面,问题的另一方面是,我们还要能分离出这些情境条件或权变变量。

## 13.2.3 领导权变理论

要想成为一名有效的领导者,不仅要了解特质和行为,还要了解其实施领导的情境。这一节我们介绍三种权变理论:费德勒模型,赫塞和布兰查德的情境领导理论,路径一目标模型。在每一个模型中,首先考察领导风格与情境的界定,然后试图回答"如果…那么"之间的相依关系。

**1. 费德勒的模型**

弗雷德·费德勒(Fred Fiedler)提出了有关领导的第一个综合的权变模型。费德勒的权变模型(fiedler contingency model)指出,有效的群体绩效取决于两个方面的恰当匹配:其一是与下属发生相互作用的领导者风格;其二是领导者能够控制和影响情境的程度。该模型基于这样的前提假设:在不同类型的情境中,总有某种领导风格最为有效。这一理论的关键在于首先界定领导风格以及不同的情境类型,然后建立领导风格与情境的恰当组合。

费德勒认为,影响领导成功与否的关键因素之一是个体的基本领导风格。他进一步指出个体风格属于两类之一:任务取向或关系取向。为了测量领导者的风格,费德勒开发了"最难共事者"问卷(least-preferred co-worker (LPC) questionnaire)。这一问卷包括 18 组对照形容词,例如快乐-不快乐、冷漠-热心、枯燥-有趣、友爱-不友爱。费德勒让作答者回想一下自己共过事的所有同事,并找出一个最难共事者,在 18 组形容词中按 1~8 级(8 代表积极一端,1 指向消极一端)对其进行评估。费德勒相信,在 LPC 问卷的回答基础上,可以判断出人们最基本的领导风格。

费德勒相信如果领导者能以相对积极的词汇来描述最难共事者(换句话说,LPC 得分高),说明回答者乐于与同事形成友好的人际关系。也就是说,如果你对最难共事的同事用一些较为接纳和喜欢的词来描述,那么你属于关系取向型。相反,如果你对最难共事者都用贬义词描述(LPC 得分低),你的领导风格可能以关心生产为主，也就是说，你是任务取向型。费德勒承认有一小部分人介于二者之间，因而很难勾勒出这些人的人格特点。另一点需要我们注意，费德勒认为一个人的领导风格是固定不变的，也就是说，如果你是关系型领导者，你永远如此；任务型领导者也是同样。

用 LPC 问卷评估了个体的基本领导风格之后，接下来需要评估情境，并将领导者与情境进行匹配。费德勒的研究揭示了确定情境因素的三项权变维度，它们是：

・领导者-成员关系：领导者对下属信任、信赖和尊重的程度。评价为好或差。

・任务结构：工作任务的规范化和程序化程度。评价为高或低。

・职位权力：领导者运用权力活动（诸如雇用、解雇、处分、晋升和加薪）施加影响的程度。评价为强或弱。

费德勒根据这三项权变变量对每一种领导情境进行评估。把三项变量汇总起来得到 8 种可能的情境，每个领导者都可以从中找到自己所在的情境。（见图 13-3 的下半部分）其中Ⅰ、Ⅱ和Ⅲ类情境对领导者非常有利；Ⅳ、Ⅴ与 VI 类情境在一定程度上对领导者有利；Ⅶ与Ⅷ情境对领导者十分不利。

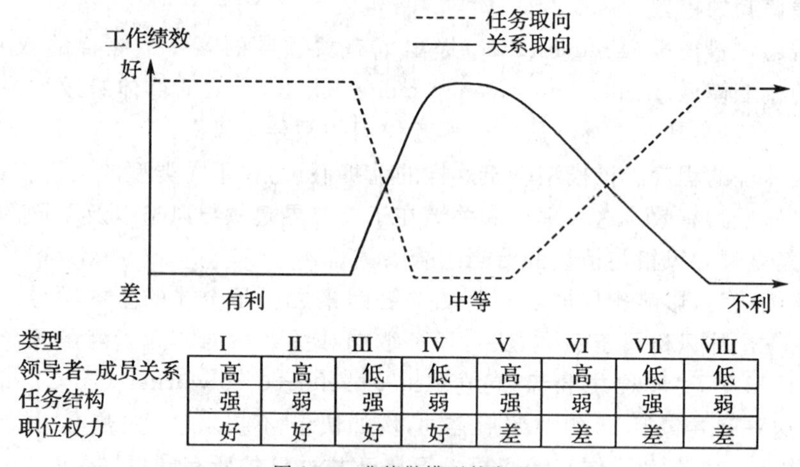


| 类型 | I | II | III | IV | V | VI | VII | VIII |
|---|---|---|---|---|---|---|---|---|
| 领导者-成员关系 | 高 | 高 | 低 | 低 | 高 | 高 | 低 | 低 |
| 任务结构 | 强 | 弱 | 强 | 弱 | 强 | 弱 | 强 | 弱 |
| 职位权力 | 好 | 好 | 好 | 好 | 差 | 差 | 差 | 差 |

图 13-3　费德勒模型的发现

为了确定领导效果的具体权变情况，费德勒研究了 1200 个工作群体，针对 8 种情境类型中的每一种，均对比了关系取向和任务取向两种领导风格。他得出结论：任务取向的领导者在非常有利的情境下和非常不利的情境下的领导效果更好，关系取向的领导者则在中间情境下的领导效果更好，即在Ⅳ、Ⅴ、VI 型的情境下干得更好。

费德勒认为个体的领导风格是稳定不变的，因此，提高领导的有效性实际上只有两种途径。第一种方法，可以选择领导者以适应情境。例如，如果群体所处的情境被评估为十分不利，而目前又是一个关系取向的领导者进行领导，那么替换成一个任务取向的领导者则能提高群体绩效。第二种方法是改变情境以适应领导者。这可以通过重新建构任务或提高/降低领导者可控制的权利来实现。

已有大量研究对费德勒模型的总体效度进行了考察，并得到了十分积极的结果，也就是说，有相当多的证据支持这一模型。不过，该模型目前还存在一些缺欠，尚需再增加一些变量加以改进和弥补。其次，该模型假定"个体可能改变自己的领导风格以适应情境"并不符合实际情况，有效的领导者完全能够改变自己的风格以适应具体环境的需要。

**2. 情境领导理论**

情境领导理论亦称领导生命周期理论，是由俄亥俄州立大学心理学家科曼(A. K. Korman)首先提出，其后由保罗·赫塞(Paul Hersey)和肯·布兰查德(K. Blanchard)予以发展的。情境领导理论（situational leadership theory，SLT），是一个关注下属成熟度的权变理论。赫塞和布兰查德认为，成功的领导是通过选择恰当的领导方式实现的，选择的过程根据下属的成熟度水平而定。根据赫塞和布兰查德的看法，成熟度(readiness)指的是：个体能够并愿意完成某项具体任务的程度。成熟度的四个阶段如图 13-4 所示：

M1：对于承担某种工作任务既无能力又不情愿。他们既不胜任工作又不能被信任。

M2：缺乏能力，但却愿意从事必要的工作任务。他们有积极性，但目前尚缺乏足够的技能。

M3：有能力却不愿意做领导者希望他们做的工作。

M4：既有能力又愿意做领导者希望他们做的工作。

情境领导理论使用的两个领导维度与费德勒的分类相同：任务行为和关系行为。不过，赫塞和布莱查德更向前迈进了一步，他们认为每一维度有低和高两个水平，从而组合成四种领导风格，具体描述如下：

命令/告知(高任务低关系)：领导者界定角色，明确告诉下属具体该干什么、怎么干以及何时何地去干。

说明/推销(高任务高关系)：领导者同时提供指示性行为和支持性行为。

参与(低任务高关系)：领导者与下属共同决策，领导者的主要角色是提供便利条件与沟通渠道。

授权(低任务低关系)：领导者提供极少的指示性行为或支持行为。

情境领导理论着重强调的是领导者与下属的关系就如同家长与孩子的关系。当孩子越来越成熟并能承担责任时，家长需要逐渐放松控制。领导者也是如此，当

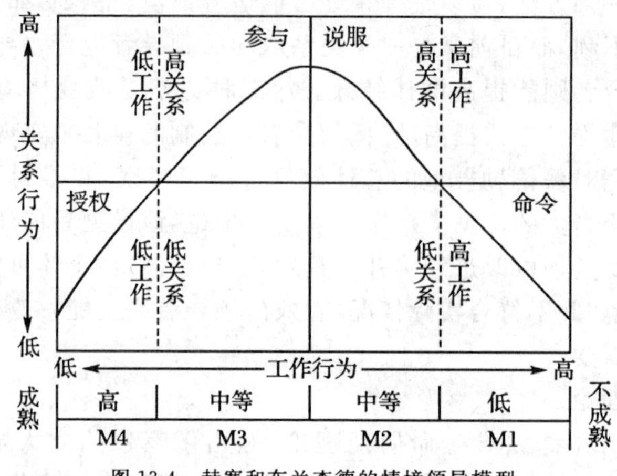


图 13-4 赫塞和布兰查德的情境领导模型

下属的成熟度越来越高时，领导者不但要不断降低对他们活动的控制，还要不断减少关系行为。情境领导理论指出，如下属既无能力又不愿意承担一项任务，领导者需要提供清晰和具体的指令（告知）；如果下属没有能力但有意愿，则领导者既要表现出高任务取向以弥补下属能力的缺乏，又要表现出高关系取向以使下属领会领导者的意图（推销）；如果下属有能力但无意愿，则领导者需要运用支持与参与风格（参与）；如果下属既有意愿又有能力，则领导者不需要做太多的工作（授权）。

与费德勒的权变理论相比，领导生命周期理论更直观和容易理解。但它只针对了下属的特征，而没有包括领导行为的其他情景特征。因此，这种领导方式情境理论算不上完善，但它对于深化领导者与下属之间的研究，具有重要的基础作用。

## 讨论题

在实际工作中，下属是否只有上述 4 种情况？

**3. 路径-目标理论**

路径-目标理论（path-goal theory）由罗伯特·豪斯（Robert House）提出的如图 13-5 所示。该理论指出，领导者的工作是帮助下属达到他们的目标。领导者要提供必要的指导和支持，确保下属各自的目标与群体或组织的总体目标保持一致。"路径-目标"的概念来自于这样的理念，即相信有效的领导者通过指明道路与途径可以帮助下属实现他们的工作目标，为下属清理路程中的各项障碍和危险，从而使下属的相关工作能够顺利进行。

路径-目标理论认为，如果下属在某种程度上将领导者的行为视为获得当前满足的源泉或是获得未来满足的手段时，则领导者的行为就是可接受的。在以下条件下，领导者的行为具有激励作用：①它使得下属需要的满足取决于有效的工作绩效；②它提供了获得有效业绩所必需的辅助、指导、支持和奖励。

为了检验这些观点，豪斯确定了四种领导行为：

指示型领导者：他们让下属知道领导对他的期望是什么，以及完成工作的时间安排，并对如何完成任务给予具体指令。

支持型领导者：他们十分友善，表现出对下属的各种需要的关怀。

参与型领导者：他们与下属共同磋商，并在决策之前充分考虑他们的建议。

成就取向型领导者：他们设置富有挑战性的任务目标，并期望下属达到自己的最佳水平。

与费德勒的领导权变有所不同的是，费德勒认为领导者无法改变自己的行为，然而，豪斯则认为领导者是弹性灵活的，同一领导者可以根据不同的情境表现出任何一种领导风格。

路径-目标理论提出了两大类情境（或权变）变量作为影响领导行为结果之间关系的中间变量：其一是下属可控范围之外的环境（包括任务结构、正式职权系统、工作群体等因素）；其二是下属个人特点中的一部分内容（包括控制点、过去的经验、知觉能力等）。要使下属的产出最大化，环境因素决定了需要什么样的领导行为类型，下属的个人特点决定了环境和领导者行为如何解释。这一理论指出，当环境内容与领导者行为彼此重复时，或领导者行为与下属特点不一致时，效果均不佳。在路径-目标基础上可以引申出以下一些假设：

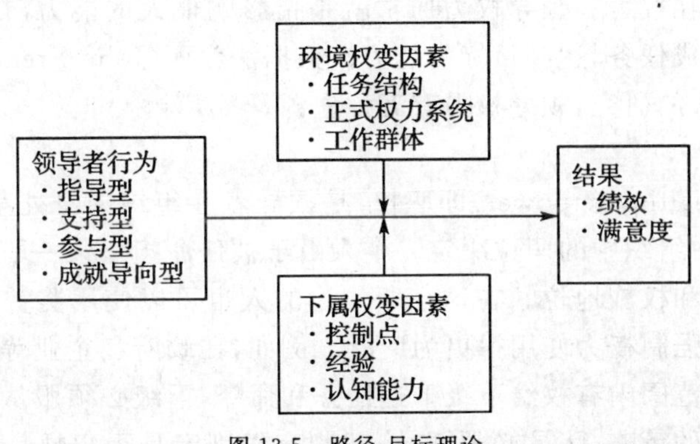


图 13-5 路径-目标理论

· 与高结构化和设计规范的任务相比，当任务不明或压力过大时，指示型领导会带来更高的满意度。

· 当下属从事结构化任务时，支持型领导会导致高工作绩效和满意度。

· 对高智力或经验丰富的下属来说，指示型领导可能被视为累赘多余。

·组织中的正式职权关系越明确、越官僚化,领导者越应展现支持型行为,降低指示型行为。

·当工作群体内部存在着实质的冲突时,指示型领导会带来更高的员工满意度。

·内控型下属对参与型风格更为满意。

·外控型下属对指示型风格更为满意。

·当任务结构不明时,成就取向型领导的风格将会提高下属的预期水平,使他们相信通过努力可以提高绩效水平。

对这些假设进行检验的研究总体来说得到了令人振奋的结果,尽管不是每一项研究均得到支持性结果,但大多数研究证据支持了该理论背后的逻辑基础。也就是说,当领导者可以弥补员工或工作环境方面的不足时,会对员工的工作绩效和满意度产生积极的影响。但是,如果任务本身已经十分明确或员工已经具备能力和经验处理它们时,若领导者还要花时间进行解释和说明,则下属会把这种指示性行为视为累赘甚至是侵犯。

## 13.3 权力和影响力应用

### 13.3.1 领导者权力的来源

领导的核心在权力。领导权力通常就是指影响他人的能力,在组织中就是指排除各种障碍完成任务,达到目标的能力。根据法兰西(John French)和雷温(Bertram Raven)等人的研究,领导权力有五种来源。

**1.法定权力**

法定权力(legitimate power)即职权,是领导者在组织中身处某一职位而获得的权力,由个人在组织中的职位决定。个人由于被任命担任某一职位,因而获得了相应的法定权力和权威地位。在这个职位上的人也可以使用奖赏权力,但法定权力比奖赏权力与强制权力使用得更为广泛。例如,在政府和企业等层级组织中,上级在自己的职责范围内有权给下级下达任务和命令,下级必须服从;教练有权决定谁上场以及比赛的策略,队员必须服从;裁判有权判定是否犯规是否得分,并有权用出示黄牌或红牌提出对某一队员的警告或处罚,队员必须服从;老师有权布置作业,出试题和给分,学生必须服从等等。

但拥有法定权的权威,并不等于就是领导,虽然我们通常把层级机构中担任各级职位的官员都称为领导。其实这些负责人可能是有效的领导者,也可能不是。有些官员根本没有自愿的追随者,只是凭借手中的权力去领导他人而已,这样的人并不是真正的领导者。

同时，应当充分认识到下层甚至普通员工也拥有宪法、劳动法、合同法、工会法等法律和规章制度赋予他们的法定权力，他们凭借这种权力，也可以有效地影响和抵制领导者的领导行为。

**2. 强制权力**

强制权力(coercive power) 又称惩罚性权力，指通过强制性的处罚或剥夺而影响他人的能力。这种权力依赖于领导者是否拥有惩罚或控制的能力。下属出于对不利后果的惧怕(如果不遵守则会导致不利后果)，而对强制权力作出反应。强制权力有：批评、罚款、降职、降薪、撤职、除名、辞退、开除、起诉等，或者分派给他们不喜欢或不满意的工作，调离到偏远、劳苦、无权的岗位上去。这实际上是利用人们对惩罚和失去既得利益的恐慌心理而影响和改变他人的态度和行为。

应当注意，强制权虽然十分必要，见效也很快，但毕竟是一种消极性的权力，更不是万能的，因此务必慎用。如果使用不当，可能产生严重的消极后果。例如下属在合法范围内拥有消极怠工、抗议、上访、静坐、游行、示威、罢工等权利，员工可以利用这种合法权利对领导者的不当行为进行惩罚，甚至引发不应有的暴力事件。

**3. 奖赏权力**

奖赏权力(reward power)是一种可以带来积极效益或奖赏的权力 。这些奖赏可以是对方看重的任何东西。在组织环境中，它可能包括：金钱、有利的绩效评估成绩、晋升、有趣的工作任务、友好的同事、三班倒工作中比较好的值班安排、有利的销售分区，或给予下属所希望得到的其他物质资源或精神上的安抚、亲近、信任、友谊等，从而有效地影响他人的态度和行为。

奖赏性权力是否有效，关键在于领导者要确切地了解对方的真实需要。人们的需要是多方面的，也可能各不相同，不一定都是金钱或官位，所以必须采用适当方式针对性地雪中送炭才能取得好的效果。

被领导者也拥有某种奖赏权，例如对领导者的忠诚、顺从，更加积极地工作，为了组织利益不计个人安危的英雄行为，甚至对领导者的热情招呼、演讲后的热烈鼓掌等等，都可以看做是被领导者对领导者的奖赏。这种奖赏权也能有效地影响领导行为。

**4. 专家权力**

专家权力(expert power)即专长权。是基于专业技术、特殊技能或知识的影响力，是因为在某一领域所特有的专长而影响他人。一位医术精湛的医生在医院中具有巨大的影响力；一位资深的大牌教授、著名学者可能没有任何行政职位，但在教师和学生中具有巨大的影响力；企业中的财务专家、营销专家、工程师等都可能拥有某种专长权力，而在一定领域内发挥巨大的影响。

任何领导者绝对不可能在所有领域内都具有专长权，所以对组织中正式职位的领导者而言只要在他的工作职责范围内具有一定的专长权就可，而不必要求一定是某一领域的专家。例如大学校长只要具有正确的办学理念，能充分尊重和依靠各领域的专家教授，能筹集到足够的办学经费就行，不一定非要院士不可。实践证明，许多院士在本领域有专长权、有追随者、有无可厚非的权威地位，但面对全校错综复杂的局面往往一筹莫展。这样既耽误了组织的发展机遇，又浪费了专家的宝贵精力，荒废了专长业务的长进，给组织和个人都带来无可挽回的损失。

**5. 感召权力**

最后，感召权力(referent power)是由于领导者拥有吸引别人的个性、品德、作风而引起人们的认同、赞赏、钦佩、羡慕而自愿地追随和服从他。例如无私工作、刚正不阿、主持正义、清正廉洁，思路敏捷、开拓创新、不畏艰险、有魄力、关心群众疾苦、保护下属利益、倾听不同意见、结交下层朋友等等模范行为，都会引来大批追随者，形成巨大的模范权力。感召权力就来自于我们对另一个人的敬重，以及我们希望自己成为那样的人。如果你敬重某人，以至于你的行为以他为榜样，你的态度追随着他的态度，那么这个人对你就有感召权力。

感召性权力的大小与职位高低无关，只取决于个人的行为。不过具有高职位的人，其模范行为会有一种放大的乘数效应。一些行为对普通人来说可能是很平常的事，但对某些高层领导者就会变成非常感人的模范行为，产生巨大的感召性权力。但是任何组织中，总是有许多没有任何职位的人，也往往会有巨大的感召性权力，成为非正式的群众领袖，他们对人们的影响力可能远远大于拥有正式职位的领导者。对组织有利的做法是后者应对前者有更多的尊重和争取更好的合作。

领导是一个通过使用各类权力来影响下属的过程。绝大多数有效的领导者依赖于一些不同的权力类型来影响下属的行为和工作绩效。组织中的各级领导者只有正确地理解领导权力的来源，精心地营造和运用这些权力，才能成为真正有效的领导者。

在现实生活中，处于层级组织各级职位的领导者在不同情况下，往往要扮演多种角色。在上级领导者面前，他是顺从的追随者，精明的管理者，在下层面前，他又是令人敬畏的领导者。从最低层的领导者，到最高层的领导者，概莫能外。即便是国家元首，也不是绝对的领导者，他必须成为民众意愿的积极追随者，成为广大人民群众利益的忠实代言人，否则就可能动摇领导者的权威地位。这就是中国古语中所说的“水能载舟，亦能覆舟”的道理。

## 讨论题

职权的影响力与威信的影响力有何异同？

## 13.3.2 如何提高领导者的影响力

对于一个领导者来说，提高自身的影响力应从如下几个方面着手。

**1. 正确认识权力，公正使用权力**

作为领导者，要树立正确的权力观。领导者首先要明白自己肩负的重任，明白自己既对完成组织任务负有责任，又对组织内部员工的利益及发展负有责任。领导者肩负的责任要求领导者树立正确的权力观，正确对待权力。

(1)正确认识权力来源。领导者应当正确认识权力的来源。表面上看，有些领导者的权力似乎来自于上级的任命，但归根到底是来自于其所领导的下属的信任，来自于组织的员工。

(2)正确对待权力的作用。权力是用来为实现组织的目标而存在的，不是为了实现领导者个人的利益而存在的。因此，领导者应当利用权力为实现组织的目标而工作，为组织员工的利益而努力，而不是以权谋私，或培养自己的私人小圈子。领导要破除对职位权力的迷信，不要以为自己有了职位，有了权力，就一定会有威信。靠行政权力导致的服从往往是表面的，甚至是虚假的，一旦失去权力，往往是"树倒猢狲散"，甚至于"墙倒众人推"。

(3)正确使用权力。权力的正确使用是任何一个领导者都必须面对的问题。作为领导者，要有高度的责任感和良好的敬业精神，要全身心地投入工作；在工作需要的正确的时间与正确的地点正确地使用权力。在使用权力前要虚心听取下级与各个方面的意见和建议，以便提高权力的使用效率。权力按其属性亦可分为两种：第一种是消极的权力。它是以个人的需要和目标为导向，一般会产生消极的后果。消极的权力来源于个人的权力欲。权力欲膨胀的人，会不择手段地争权夺利。这种人多的话，组织会陷入无穷无尽的争夺权力的旋涡中，影响组织的正常流畅运转。以消极的权力为目标的人一旦掌权，还会为一己私利，肆无忌惮地损害组织和集体的利益。第二种是积极的权力。它是以组织或群体进步为导向的，一般会产生积极的后果，它能在组织中把个人的长处组合起来，创造一种民主的氛围，促使组织飞速发展。一个领导者必须意识到，权力只是管理活动中的一种工具，为实现组织目标服务，而不是为个人利益服务的私人财富。领导者追求权力的动机和使用权力的目的是否正确，衡量的标准就在于他追求和使用的是积极的，还是消极的权力。

**2. 加强品德修养，端正领导作风**

在领导者的非权力影响力形成的过程中，品格是第一位的因素。一个领导者只有具备了优秀的品格才能为下属所敬仰，为下级所尊敬。这就要求领导者严格要求自己，时时处处带头示范，以身作则。一些领导干部在实践中体会到：要当好一个领导者，就应做到“要群众做到的自己先做到，要群众不做的自己绝不做”。这可以说是领导者树立非权力影响力的座右铭。作为领导要为人正派，办事公道，具有献身精神。

**3. 拓宽知识领域，提高管理能力**

在现代社会中，管理者必须具备丰富的知识和高超的能力，否则就完不成管理任务。从领导非权力影响力的形成来看，领导者必须具备丰富的知识和卓越的能力，这样才能为下级所佩服和依赖，才会相信指挥的正确性，自觉地服从其领导。所以，领导者必须努力学习，不断地汲取新知识，增长才干，提高能力。

**4. 维护员工利益，密切联系员工**

一个人权力再大，能力再强，如果高高在上，脱离群众，也会成为孤家寡人，得不到员工的支持和拥戴，这样就难以带领大家一起奋斗，难以形成强大的非权力影响力，提高影响力。因此，领导者必须重视联系群众，主动地与群众、与下级交流感情，想群众所想，急群众所急，和他们打成一片，权为民所用，利为民所谋，情为民所系。只有这样，才会得到员工诚心诚意地拥护和支持，上下齐心地实现组织的目标。

## 思考题

1. 为什么管理者应当成为领导者？

2. 如果你问别人为什么某人是一名领导者，他们可能会从这个人的能力、坚持性、自信、激发人们追求共同的愿景目标方面来描述这个人。这些描述符合本章中的哪些领导概念？

3. 你认为信任是来自个体的人格特点，还是来自具体的情境？请论述之。

4. 简述研究发现的领导特质。

5. 在现实生活中管理者是否最常使用权变观点来增强领导的有效性？请论述之。

6. 费德勒权变理论的主要观点是什么？

7. 情境领导理论的具体内容有哪些？

8. 详述路径-目标模型如何对领导进行解释。

9. 说明领导者权力的五个来源。对你来说可以使用哪些权力类型？你最常使用的是哪一种？为什么？

## 结篇案例

### 三位领导者

ABC公司是一家中等规模的汽车配件生产集团。最近，对该公司的三个重要部门的经理进行了一次有关领导类型的调查。

**一、安西尔**

安西尔对他本部门的产出感到自豪。他总是强调对生产过程、出产量控制的必要性，坚持下属人员必须很好地了解生产指令，以得到迅速、完整、准确的反馈。安西尔遇到小问题时，会放手交给下级去处理，当问题很严重时，他则委派几个有能力的下属人员去解决问题。通常情况下，他只是大致规定下属人员的工作方针、完成怎样的报告及完成期限。安西尔认为只有这样才能得到更好的合作，避免重复工作。

安西尔认为对下属人员采取敬而远之的态度对一个经理来说是最好的行为方式，所谓的“亲密无间”会使纪律松懈。

安西尔说，在管理中的最大问题是下级不愿意接受责任。他讲到，他的下属人员可以有机会做许多事情，但他们并不是很努力地去做。

他表示不能理解以前他的下属人员如何能与一个毫无能力的前任经理相处，他说，他的上司对他们现在的工作运转情况非常满意。

**二、鲍勃**

鲍勃认为每个员工都有人权，他偏重于管理者有义务和责任去满足员工需要的学说，他说，他常为他的员工做一些小事，如给员工两张下月在伽利略城举行的艺术展览的入场券。他认为，每张门票才15美元，但对员工和他的妻子来说却远远超过15美元。通过这种方式，也是对员工过去几个月工作的肯定。

鲍勃说，他每天都要到工厂去一趟，与至少25%的员工交谈。鲍勃不愿意为难别人，他认为安西尔的管理方式过去死板，安西尔的员工也许并不那么满意，但除了忍耐别无他法。

鲍勃说，他已经意识到在管理中有不利因素，但大都是由于生产压力造成的。他的想法是以一个友好、粗线条的管理方式对待员工。他承认尽管在生产率上不如其他单位，但他相信他的雇员有高度的忠诚与士气，并坚持他们会因他的开明领导而努力工作。

**三、查里**

查里说他面临的基本问题是与其他部门的职责分工不清。他认为不论是否属于他们的任务都安排在他的部门，似乎上级并不清楚这些工作应该谁做。

查里承认他没有提出异议，他说这样做会使其他部门的经理产生反感。他们把查里看成是朋友，而查里却不这样认为。

查里说过去在不平等的分工会议上，他感到很窘迫，但现在适应了，其他部门的领导也不以为然了。

查里认为纪律就是使每个员工不停地工作，预测各种问题的发生。他认为作为一个好的管理者，没有时间像鲍勃那样握紧每一个员工的手，告诉他们正在从事一项伟大的工作。他相信如果一个经理声称为了决定将来的提薪与晋职而对员工的工作进行考核，那么，员工则会更多地考虑他们自己，由此会产生很多问题。

他主张，一旦给一个员工分配了工作，就让他以自己的方式去做，取消工作检查。他相信大多数员工知道自己把工作做得怎么样。

如果说存在问题，那就是他的工作范围和职责在生产过程中发生的混淆。查理的确想过，希望公司领导叫他到办公室听听他对某些工作的意见。然而，他并不能保证这样做不会引起风波而使情况有所改变。他说他正在考虑这些问题。

**思考题**

1. 你认为这三个部门经理各采取的是什么领导方式？试预测这些模式将产生什么结果？

2. 是否每一种领导方式在特定的环境下都有效？为什么？

## 实践环节 可通过角色扮演展示案例，学生进行讨论。

**为葛多特当餐厅服务员**

放暑假了，大学生丹妮没有回家和父母一起度假，而是留在波士顿，在一家高档的法国饭店当餐厅服务员。丹妮非常幸运能找到这样的工作，在这里，每小时工资为2.35美元，还有小费。每天她的客人在两顿正餐中所点的菜和酒平均起来达90美元，如果能好好干，争取拿到15%～20%的小费，那么一天下来，她能挣得一笔可观的收入。

饭店老板葛多特在雇用丹妮时，强调他希望他的员工表现出色，并且谈到公司的将来和大家齐心协力像团队一样工作的重要性。丹妮受到鼓舞，下定决心要竭尽全力做好自己的工作。

葛多特工作非常投入和勤奋，但也容易大发雷霆。当餐厅变得拥挤起来、客人等着上菜的时候，葛多特会冲着厨房对厨师们用法语大声叫喊："快点，慢吞吞的活像蜗牛一样，连我的老祖母也比你们做得快！"

前几周，葛多特从来没有注意到丹妮的存在。听到他对厨师们那样的训话，丹妮倒是庆幸自己不被老板注意。不过，她还是有点纳闷：为什么几周过去了，他还是没有跟自己讲过一句话？丹妮的确干得很出色，她的小费不断地增加，平均达到20％。客人们称赞她的服务快速和高效，因为她已经学会了一手托起好几个盘子的本领，这样做可以使她减少在厨房内来回跑动的次数，确保服务质量。她非常明白，提供真正的优质服务意味着要比常人付出更多的努力。

丹妮的热情服务，帮助餐厅从每个客人那里挣了不少钱。通过学习，丹妮掌握了向客人推荐佐餐酒的技巧。她总是不停地穿梭在餐厅之中，看看客人是否需要添加各种饮料，她还能绘声绘色地向客人描述各种高档点心，邀请客人购买品尝。偶尔有法国人或法裔加拿大人光顾该店的时候，她能用娴熟的法语与他们交谈。她的记忆力非常好，总是能记住谁点了什么菜，并且能及时送到。客人们走的时候，她总是不忘记与他们道别，并欢迎他们再来。

尽管这样，葛多特还是很少注意到她，每天当她主动与他打招呼时，他只是喃喃地敷衍了事。然而，有一天晚上，他终于和她说话了。更确切地说，当她把手中的一碗浓味炖鱼掉在地毯上时，他开始向她咆哮。丹妮感到非常抱歉，并立刻拿来海绵擦拭，但葛多特还是怒气冲冲地用法语向她叫嚷，并且告诉她，要从她的工资中扣除8.95美元，这包括浓味炖鱼的鱼加上5美元清洗地毯的钱。那天晚上，在回家的路上，丹妮感到非常愤怒和不解。当然，也许她不应该试着一次端四盘菜，但这不过只是一个临时工的偶然失误而已。她为客人做的那些热情的服务，老板到底注意到了吗？葛多特似乎从来没注意过这样的事。期待葛多特的赞扬比等待天上掉下百万美元还要难呀！丹妮决定第二天晚上谨小慎微地悠着劲干，以免再一次招致老板的狂怒。这是一个星期五的晚上，餐厅非常拥护，丹妮每次上菜不超过两盘，不过她的小费也随之降到15％，比她上个晚上得到的23％还要低许多。虽然她没有摔坏什么东西，但葛多特对她和其他员工仍然感到不耐烦。他的餐厅服务员几乎是用小跑代替走路从厨房进出，葛多特还是在不停地嘟囔："快！快！难道你们鞋里有铅吗？"

后半个晚上，丹妮对他的牢骚十分反感，她的速度明显地降下来了，不幸的是她的小费也跟着往下降。她的确很需要钱，接济下一学期的费用。丹尼迫使自己恢复原来的速度，否则挣不到足够的钱，下学期就只好用米饭和面条来充饥了。丹妮祈祷千万别再打破什么东西，她盼望9月份的来临，她等待着葛多特能从只知道工作和冷酷无情的状态中摆脱出来。

1. 葛多特所采取的领导方式有什么特点？你认为它是否有效？为什么？

2. 如果你是葛多特，你将如何管理这家餐厅？

3. 如果你是丹妮，面对葛多特这样的老板，你将如何表现？

4. 管理者应如何通过有效地激励争取员工们做出最佳的表现？

# 激 励

## 第14章

### 开篇案例

#### 鸭子只有一条腿

某王爷手下有个著名的厨师，他的拿手好菜是烤鸭，深受王府里的人喜爱。不过这个王爷从来没有给予过厨师任何鼓励，使得厨师整天闷闷不乐。

有一天，王爷有客从远方来，在家设宴招待贵宾，点了数道菜，其中一道是王爷最喜爱吃的烤鸭。厨师奉命行事，然而，当王爷夹了一鸭腿给客人时，却找不到另一条鸭腿，他便问身后的厨师说："另一条腿到哪里去了？"

厨师说："禀王爷，我们府里养的鸭子都只有一条腿！"王爷感到诧异，但碍于客人在场，不便问个究竟。

饭后，王爷便跟着厨师到鸭笼去查个究竟。时值夜晚，鸭子正在睡觉。每只鸭子都只露出一条腿。厨师指着鸭子说："王爷你看，我们府里的鸭子不全都是只有一条腿吗？"王爷听后，便大声拍掌，吵醒鸭子，鸭子当场被惊醒，都站了起来。王爷说："鸭子不全是两条腿吗？"厨师说："对！对！不过，只有鼓掌拍手，才会有两条腿呀！"

这个故事给我们的启示是：要使人们始终处于施展才干的最佳状态，唯一有效的方法，就是表扬和奖励，没有比受到上司批评更能扼杀人们积极性的了。尤其是在下属情绪低落时，激励和奖赏更加重要。

（资料来源：中华工商时报）

## 14.1 激励的概念

组织是人的集合体,任何组织都是由人创建和管理的,组织内的一切物流、资金流、信息流都是由人在运作的,只有使参与组织活动的人始终保持旺盛的士气、满腔的热情,组织目标才能得以实现。因此管理者需要通过适当的激励方式充分调动下属的工作积极性,释放员工的潜在内驱力,为实现组织和个人目标而努力。

### 14.1.1 激励的含义

“激励”从字面上看是激发和鼓励的意思,通过创设各种条件,对员工的需要给予适当的满足,激发员工的动机,使之产生实现组织目标的特定行为的过程。它含有满足需要、激发动机、引导行为的意义。

这里有几点需要特别加以强调。

**1. 激励的目的性**

任何激励行为都具有其目的性,这个目的可能是一个结果,也可能是一个过程,但必须是一个现实的、明确的目的。所以从这个意义上讲,虽然一般来说激励是管理者的工作,但任何希望达到某个目的的人都可以将激励作为手段。

**2. 激励通过强化人们的需要或动机来引导或改变人们的行为**

人的行为来自动机,而动机源于需要,激励活动正是对人的需要或动机施加影响,从而强化、引导或改变人们的行为,因此,从本质上说,激励所产生的人们的行为是其主动、自觉的行为,而不是被动的、强迫的行为。

**3. 激励是一个持续反复的过程**

激励是一个由多种复杂的内在、外在因素交织起来持续作用和影响的复杂过程,而不是一个互动的即时过程。

### 14.1.2 激励的过程

心理学研究表明,人的行为具有目的性,而目的源于一定的动机,动机又产生于需要。由需要引起动机,动机支配行为并指向预定的目标,是人类行为的一般模式。

需要是指人对某种事物的渴求或欲望。当人们由于缺乏所需要的事物而引起生理或心理紧张时,就会产生需要,并为满足需要会采取行动。因此,需要是一切行为的原动力。在管理中运用激励的方法,就是利用需要对行为的原动力作用,通过提供外部诱因，满足员工需要，进而调动员工的积极性。

动机是在需要的基础上产生的。动机是人们行为产生的直接动因，它引起行为、维持行为并指引行为去满足某种需要。当人们产生了某种需要，但一时又不能得到满足时，心理上会产生一种不安和紧张的状态，这会成为一种内在的驱动力，促使个体采取某种行动。心理学上把这种内在的驱动力称为动机。动机的产生依赖于两个条件：一是个体的生理或心理需要；二是能够满足需要的客观事物，即外部诱因。运用激励手段调动积极性，就是利用动机对行为的这种驱动作用，通过外部诱因激发动机，直接引导员工产生积极行为。

行为是人的主观对客观做出的可以观察到的反应，泛指人的各种活动，如学习、运动、工作等。行为是有目标的，当目标达到之后，原有的需要和动机也就消失了，这时又会产生新的需要和动机，为满足这种新的需要又会产生新的行为。如此周而复始地进行下去，激励所利用的正是这一过程，如图 14-1 所示。

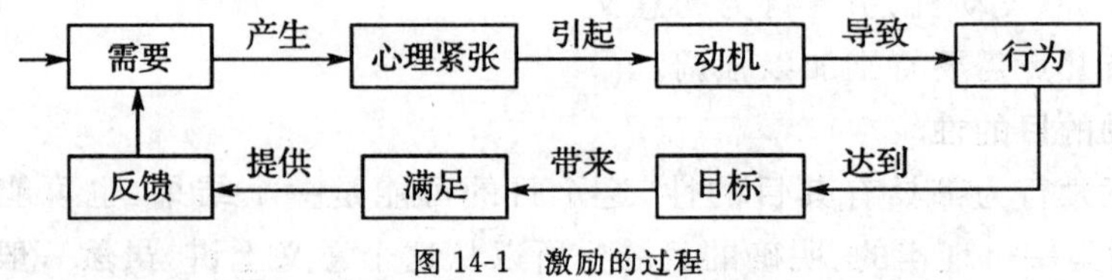


图 14-1　激励的过程

从上面关于需要、动机和行为的分析中可知，需要产生动机，动机决定行为，三者彼此独立，又相互依存。一个人的行为取决于其动机的强弱，而动机的形成又取决于人的内在需要和外界的刺激。因此，管理者可以通过外在的刺激在一程度上影响人们的动机，从而使其产生组织所希望的行为。

## 讨论题

动机是否越强越好？

### 14.1.3　激励的作用

激励的主要作用在于激发调动人的积极性，从而使人们能够富有成效地努力工作，以实现组织目标。研究表明，个人工作绩效取决于个人的能力和工作的积极性。如果通过有效的管理，使个人能够胜任工作，那么决定工作绩效的关键因素就是工作的积极性。一般说来，个人的能力变化是比较缓慢的，而工作态度、积极性的高低则常常可能在短期内发生变化，从而对工作成效产生重大的影响。激励就是要使人保持旺盛的精力和工作热情。

具体来说,激励的作用主要表现在如下方面。

**1. 激励有利于充分发挥员工的潜在能力**

心理学家经过实地调查发现,按时计酬的员工一般只发挥了20%～30%的能力,如果通过激励能充分调动其积极性,那么人的潜力可以发挥到80%～90%。可见,一个人平常的工作能力水平与激发后可以达到的工作能力水平之间存在着较大差距,而激励是发掘这部分潜力的重要途径。通过科学有效的激励方法可以充分发挥员工的聪明才智,最大限度地调动员工的革新精神和创造力。

**2. 激励有利于为组织广泛吸引人才和留住人才**

人才队伍关系到组织的长远利益和根本利益。有效的激励制度不仅可以充分调动组织内现有的人力资源,使他们扎根企业、贡献企业,而且还有助于吸引组织外部的人才流向组织内部。这是因为人们都希望自己的需要得到充分满足,自己的才能得到充分发挥。管理大师德鲁克认为,每一个组织都需要三个方面的绩效:直接的成果,价值的实现和未来的人力发展。缺少任何一方面的绩效,组织注定会被瓦解。因此,每一位管理者都必须在这三个方面均有贡献。在三方面的贡献中,对“未来的人力发展”的贡献就来自激励。

**3. 激励有利于实现组织目标,增强组织的凝聚力**

组织是由员工个体、工作群体组成的有机整体。为保证组织的正常协调运转和既定目标的顺利实现,除用严密的组织结构和严格的规章制度加以规范外,还需要用激励的方法,满足员工在尊重、社交等多方面的需要,鼓舞员工士气,协调人际关系,增强组织的向心力和凝聚力,使员工的努力方向和组织目标趋于一致,从而更好地促进组织的发展和目标的实现。

**4. 激励有利于营造良性的竞争环境**

科学的激励制度包含一种竞争精神,它的运行能够创造出一种良性的竞争环境,进而形成良性的竞争机制。在具有竞争性的环境中,组织成员会受到竞争的压力,这种压力将转变为员工努力工作的动力。正如麦格雷戈所说:“个人与个人之间的竞争,才是激励的主要来源之一。”在这里,员工的工作动力和积极性成了激励工作的间接结果。

## 14.2 激励理论

要懂得如何激励员工,必须先掌握激励理论。1924年开始的霍桑实验,开创了人的行为研究的先河。自此,人的行为研究成为了管理学研究的重要内容。人的行为研究的发展也引起了以研究人的行为为主的激励理论的发展。从20世纪50年代以来,有代表性的激励理论主要有:需求层次理论、双因素理论、期望理论、公平理论和强化理论等。这些理论从不同的侧面研究了人的行为动因，但每一种理论都具有其局限性，不可能用一种理论去解释所有行为的激励问题。各种理论可以相互补充，使激励理论得以完善。组织的管理者要想有效激励员工，必须较全面地掌握各种激励理论。

### 14.2.1 需求层次理论

这一理论是由美国心理学家亚伯拉罕·马斯洛(Abraham Harold Maslow)提出来的，因而也称为马斯洛需求层次论(hierarchy of needs theory)。

马斯洛认为，每个人其实都有五个层次的需求：生理的需求、安全的需求、社交的需求、尊重的需求、自我实现的需求。

**1. 生理的需求**

这是人类维持生存所必需的最基本的需求，包括对食物、水、衣着、住所、睡眠的满足等。马斯洛认为，如果这些需求得不到充分的满足，以致生命都难以维持，那么，其他的需求都不能起到激励人的作用。所以，在经济欠发达的社会，必须首先研究并满足这方面的需求。

**2. 安全的需求**

这是有关人类免受危险和威胁的需求。人的安全需求是多方面的，除了最基本的身体、生命安全外，还包括职业安全、心理安全、财产安全等，例如要求摆脱失业的威胁、要求在生病及年老时生活有保障、要求工作安全并免除职业病的危害、希望解除严格的监督及不公正的待遇等。也就是说，一方面要求自己现在生活的各个方面均能有所保证；另一方面就是希望未来生活能有所保障。

**3. 社交的需求**

包括友谊、爱情、归属及接纳方面的需求，这主要产生于人的社会性。因为人是有感情的社会动物，希望与其他人进行交往，在社会生活中受到别人的注意、关心、接纳、支持，在感情上有所归属，属于某一个群体，避免孤独。社交需求比生理和安全需求更加细腻，不同人之间差别较大，它和一个人的性格、经历、教育及信仰等都有关系。

**4. 尊重的需求**

包括自尊和受人尊重。自尊是指在自己取得成功时有一股自豪感，它是驱使人们奋发向上的推动力。受人尊重是指希望别人尊重自己的人格，对自己的工作、人品、能力给予承认；希望自己在组织中有较高的地位和威望，能够得到别人的认可等。

**5. 自我实现的需求**

包括成长与发展、发挥自身潜能、实现理想的需求。这是一种追求个人能力极限的内趋力，是最高层次的需求。这种需求往往是通过胜任感和成就感来满足的。所谓胜任感，是指希望自己担当的工作与自己的知识能力相适应，工作带有挑战性，负有更多的责任，工作能取得好的结果，自己的知识与能力在工作中也能得到提高。成就感则表现为进行创造性的活动并取得成功，具有这种特点的人一般给自己设立相当困难但可以达到的目标，而且往往把工作中取得的成就本身看得比成功后所得到的报酬更为重要。

马斯洛的需求层次理论有两个基本论点。一是人是有需求的动物，其需求取决于他已经得到了什么，还缺少什么，只有尚未满足的需求才能够影响行为。换言之，已经得到满足的需求不再起激励作用。二是人的需求都有轻重层次，某一层需求得到满足后，另一层需求才出现。

在这两个论点的基础上，马斯洛认为，在特定的时刻，人的一切需求如果都未能得到满足，那么满足最主要的需求就比满足其他需求更迫切。只有前面的需求得到充分的满足后，后面的需求才能显示出其激励作用。

马斯洛还将这五种需求划分为高低两级。生理的需求和安全的需求称为较低级的需求，而社会需求、尊重需求与自我实现需求称为较高级的需求。高级需求是从内部使人得到满足，低级需求则主要是从外部使人得到满足。马斯洛的需求层次理论会自然得到这样的结论，在物质丰富的条件下，几乎所有员工的低级需求都得到了满足。

马斯洛的需求层次理论得到了普遍认可，特别是在20世纪六七十年代很受一线管理者的欢迎。其主要贡献是对人类的基本需求层次进行了分类，并对各种需求之间的关系做了表述，如图14-2所示。这对管理者进行激励是有启发意义的。管理者如果能根据下属各自的需求层次，用下属正在追求的那一层次主导需求来激励他们，就会取得较好的激励效果。

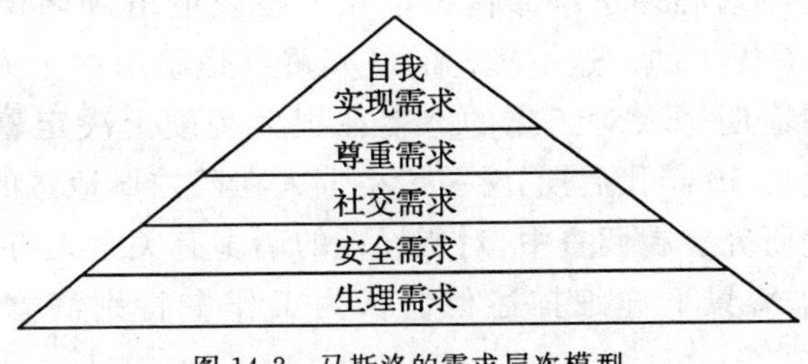


图14-2 马斯洛的需求层次模型

该理论为研究人的行为提供了一个比较科学的理论框架,成为激励理论的基础,对管理实践起到了积极的推动作用。但这一理论又过于机械和简单,它对人的信仰和精神的作用估计不足。该理论中关于人的需求是阶梯状由低向高递进的原理,但不能说明人们复杂的需求和行为过程。因此,这一理论可以借鉴,但不能生搬硬套。

### 14.2.2 麦格雷戈的X理论与Y理论

道格拉斯·麦格雷戈(Douglas M. McGregor)以他所提出的有关人性的两类假设而著名:X理论与Y理论。很简单,X理论(theory X)主要代表了一种对人的消极观念,它认为工人没有雄心大志,不喜欢工作,只要有可能就会逃避责任,为了保证工作效果必须要对其严格控制。Y理论(theory Y)则提供了一种积极的人性观点,它认为工人可以自我指导,他们接受甚至主动寻求工作责任,他们把工作视为一项自然而然的活动。麦格雷戈相信Y理论更能抓住人的实质特点,认为应该以此指导管理活动。

麦格雷戈的分析在马斯洛的框架下进行解释效果最佳:X理论假定较低层级的需要支配着个人行为,Y理论则假设较高层级的需要支配着个人行为。麦格雷戈本人坚信Y理论假设比X理论假设更有效果。因此,他倡导实行员工参与决策,为员工提供富有挑战性和责任感的工作,建立良好的群体关系,认为通过这些手段可以极大地调动员工的工作积极性。

遗憾的是,并无研究证据证实哪一种假设更为有效,也无证据表明接受Y理论假设并相应改变行为的做法能更有效地调动员工的积极性。

### 14.2.3 赫茨伯格的双因素理论

双因素理论是美国心理学家弗雷德里克·赫兹伯格(Frederick Herzberg)于20世纪50年代后期提出的。这一理论的研究重点是组织中个人与工作的关系问题。赫兹伯格试图证明个人对工作的态度在很大程度上决定着任务的成功与失败。为此,在20世纪50年代后期,赫兹伯格等人在匹兹堡地区的一些企业进行了一次大规模的调查研究。在调查中,对所设计的诸多有关个人与工作关系的问题,要求受访者在具体情景下详细描述他们认为工作中特别满意或特别不满意的方面。

最后,通过对调查结果的综合分析,赫兹伯格发现,对工作感觉满意的员工和对工作感觉不满意的员工的回答完全不同。一些因素总是稳定地与工作满意度有关(表 14-1 中左侧列出的因素),另一些因素则与工作不满意度有关(表 14-1 中右侧列出的因素)。那些能给人们带来满意的因素,通常都是工作内在的因素,是由工作本身和工作内容所决定的,如成就、认可、责任,当人们对工作感到满意时,他们倾向归因于这些因素;引起人们不满意的因素往往是一些工作的外在因素,大多同他们的工作条件和环境有关,如公司政策、管理和监督、人际关系、工作条件等。

表 14-1 激励因素与保健因素

| 激励因素 | 保健因素 |
| --- | --- |
| 成就 | 监督 |
| 认可 | 公司政策 |
| 工作本身 | 与上级的关系 |
| 责任 | 工作条件 |
| 晋升 | 工资 |
| 成长 | 同事关系 |
| | 个人生活 |
| | 地位 |
| | 稳定与保障 |
| | 与下属的关系 |

赫茨伯格还指出,与传统看法不同,调查数据表明满意的对立面不是不满意。也就是说,消除了工作中的不满意因素并不一定能让工作令人满意。赫茨伯格提出了二维连续体的存在:“满意”的对立面是“没有满意”,“不满意”的对立面是“没有不满意”,如图 14-3 所示。

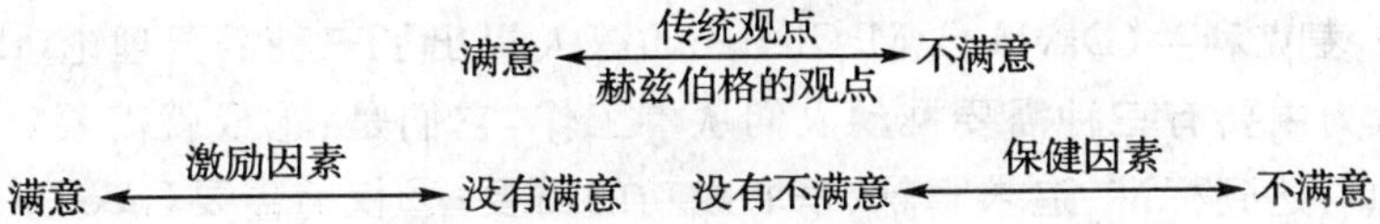

图 14-3 满意—不满意观点的对比

按照赫茨伯格的观点,导致工作满意的因素与导致工作不满意的因素是相互独立的,而且差异很大,因此,试图在工作中消除不满意因素的管理者只能给工作场所带来和平,而未必具有动机作用。这些因素只能安抚员工,不能激励员工。赫茨伯格称这些导致工作不满意感的外部因素为保健因素(hygiene factors)。保健因素处理不好,会引发对工作不满情绪的产生;处理得好,可以预防或消除这种不满情绪。但这类因素并不能对员工起激励的作用,只能起到保持人的积极性,维持工作现状的作用,它就像卫生保健一样,只能预防疾病,而不能提高健康水平。所以保健因素又可称为“维持因素”。

激励因素是指那些与人们的满意情绪有关的因素。如工作富有成就感、工作成绩得到认可、工作本身有挑战性、负有重大的责任和在职业上能够得到发展等。这类因素的改善，能够激发员工的积极性和热情，使人们产生满意情绪，从而提高生产效率。这类因素如果处理不当，其不利影响顶多只是没有满意情绪，而不会导致不满。

## 讨论题

奖金是激励因素还是保健因素？为什么？

双因素理论对于实际管理工作有一定的指导意义。它为我们认识不同因素对人的作用提供了一个新的视角，提醒我们要注意对激励因素的运用。利用激励因素去激发员工的工作热情，创造奋发向上的氛围，因为只有激励因素才会增加员工的工作满意感。同时还要注意保健因素，以防止不满情绪的产生。以奖金为例，奖金本来是职工超额劳动的报酬和由于良好的工作成绩而得到的奖励，它属于激励因素。但在我国许多企事业单位中，奖金上的平均主义倾向以及奖金的“工资化”，使它从原来意义上的激励因素变为保健因素，钱多花了却并未收到激励的效果。

也有人对双因素理论提出了批评，认为赫兹伯格调查的对象缺乏全面性和代表性，调查分析工作过于简单化等。这些不同的看法指出了双因素理论的不足，但对于其的合理成分，我们还是要学习和应用的。

### 14.2.4 麦克利兰的三种需要理论

大卫·麦克利兰(David C. McClelland)等人提出了三种需要理论(three-needs theory)，认为主要有三种需要推动人们从事工作，它们是：①成就需要(need for achievement)：达到标准、追求卓越、争取成功的需要；②权力需要(need for authority and power)：左右他人某种方式行为的需要；③归属需要(need for affiliation)：建立友好和亲密的人际关系的愿望，即寻求被他人喜爱和接纳的一种愿望。这三种需要中，成就需要被研究的最多。

人们需要归属，需要得到别人的接纳与认可，这是大家所公认的；除此之外，人们还希望获得一定的支配权，并希望能获得成功。不同的人对这三种基本需要的先后次序和重视程度是不同的。追求事业的人，一般更重视成就需要和权力需要，而对友谊需要的追求则相对较弱。

高成就需要者追求的是个人成就感，而不是成功之后得到的荣耀与奖赏。他们总是渴望把事情做得比以前更完美、更有效。他们喜欢这样的工作：自己有权寻找解决问题的办法；能够及时且准确地得到有关自己工作业绩的反馈信息，从中了解自己是否有所进步;工作目标具有适度挑战性。高成就需要者不是赌徒,他们不喜欢靠撞大运获得成功。他们喜欢接受困难的挑战,并为自己的成败承担责任。他们回避那些他们觉得特别容易或者特别困难的工作任务,这一点很重要。另外,高成就需要者未必就是一个优秀的管理者,尤其是对规模较大的组织而言。比如,默克公司(Merck)的一名高成就需要的销售人员未必是一位出色的经理。同理,很多大型组织中,如 AT&T 公司、沃尔玛公司、微软公司等,优秀的管理人员也未必非要有高成就需要。原因在于,高成就需要者关注自己的成就,而作为一名优秀的管理者,应该重视的是帮助他人实现目标。另外,通过培训可以激发员工的成就需要。

另两种需要不像成就需要那样得到广泛的研究。但现在我们知道,归属需要与权力需要与管理的成功密切与否相关。最优秀的管理者是那些权力需要较高而归属需要较低的人。

## 14.2.5 公平理论

公平理论(equity theory)是由斯达西·亚当斯(J. Stacey Adams)发展起来的,这一理论认为员工首先把自己在工作情境中得到的结果与自己的努力进行比较,然后再将自己的所得-付出比与相关的他人的所得-付出比进行比较(表 14-2)。如果员工感觉到自己的比率与他人的比率是等同的,则为公平状态,也就是说,他觉得自己处在公平的环境中;如果感觉到二者的比率不相同,则会产生不公平感,也就是说,他认为自己的报酬过低或过高。不公平感出现之后,员工会试图采取行动来改变它。当他们感到不公平时会做什么呢?让我们进一步来看看员工可能出现的反应。

表 14-2 公平理论

| 感知观察家的比率比较 | 员工的评价 |
| --- | --- |
| A所得/A付出<B所得/B付出 | 不公平(报酬过低) |
| A所得/A付出=B所得/B付出 | 公平 |
| A所得/A付出>B所得/B付出 | 不公平(报酬过高) |

基于公平理论,当员工感到不公平时,可能会采取以下几种做法:①曲解自己或他人的付出或所得;②采取某种行动使他们的付出和所得发生改变;③采取某种行动改变自己的付出或所得;④选择其他的参照对象进行比较;⑤离职。员工的这些反应方式都得到了研究证据的支持。一篇研究综述再次有力地证实了公平性这一主题,它指出:员工的工作积极性显著地受到相对报酬和绝对报酬的影响。无论

任何时候，只要他们感觉到不公平，就会采取行动调整这种状态，其结果可能会提高也可能会降低生产率、产品质量、缺勤率、主动离职率。

在公平理论中，我们需要考察的另一个问题是，个体与自己进行比较的“其他人”是谁？参照对象(referent)是公平理论中十分重要的变量，它可以划分为三种类型：他人、系统和自我。他人包括同一组中从事类似工作的其他个体，也包括朋友、邻居及同行。人们通过在工作中听到的消息、在报纸杂志上看到的消息，将自己的收入与他人的收入进行比较。系统指组织中的薪酬政策和程序，以及这些制度的运作与管理等。组织在薪酬分配方面的所有规定，都构成了这一范畴中的主要内容。自我指的是每个员工自己付出与所得的比率，它反映了员工过去的经历与交往活动，并受到员工过去的工作标准及家庭负担程度的影响。至于具体选择哪一种参照对象，与员工能得到的有关参照对象的信息以及他们感到自己与参照对象的关系有关。

公平理论在理解员工激励问题上十分有效，但也并不是说毫无缺陷，这一理论中还有一些问题不够明了。例如，员工怎样界定自己的付出与所得，他们又是怎样把付出与所得的各个因素进行累加和分配权重的，这些因素是否随时间而变化，个体如何选择参照对象。不过，尽管存在诸多问题，但公平理论仍不失为一个颇具影响力且被众多研究证据所支持的理论，它为我们了解员工的激励问题提供了很多真知灼见。

### 14.2.6 期望理论

这一理论是由美国心理学家维克托·弗鲁姆(Victor H. Vroom)在20世纪60年代中期提出的。该理论认为当人们预期到某种行为能带给个人某种特定的结果，而且这种结果对个人具有吸引力时，个人就会倾向于采取这种行为。根据这一理论的研究，员工对待工作的态度依赖于对下列三种联系的判断。

(1)努力-绩效的联系。指员工感觉到通过一定程度的努力可以达到某种工作绩效的可能性。如需要付出多大努力才能达到某一绩效水平？我是否真能达到这一绩效水平？达到的概率有多大？

(2)绩效-奖赏的联系。指员工对于达到一定绩效水平后即可获得理想的奖赏结果的信任程度。如当我达到这一绩效水平后，会得到什么奖赏？

(3)奖赏-个人目标的联系。如果工作完成，员工所获得的潜在结果或奖赏的重要性程度。如这一奖赏能否满足个人的目标？吸引力有多大？

让我们总结一下有关期望理论的核心内容。这一理论的关键在于要弄清个人目标以及三种联系，即努力与绩效的联系、绩效与奖赏的联系、奖赏与个人目标满足的联系。它提醒我们注意四个方面:第一,期望理论强调报酬或奖赏,我们需要确信组织给个体提供的奖赏正是他们所需要的。第二,期望理论认为没有一种普遍适用的原理能解释员工的激励问题,因此,作为管理者面对的压力是,他们必须知道为什么员工会对某种结果感兴趣,而对另一种结果了然无趣。总之,我们希望给员工的奖励是他们认为很有价值的东西。第三,期望理论注重被期望的行为。可是员工知道对他们的期望是什么吗?如何评估这些期望行为。第四,期望理论关心的是人们的知觉,而与客户的实际情况无关,个体对工作绩效、奖赏、目标满足的知觉(而不是客观情况本身),决定了他们的动机水平(努力程度)。

在这三种关系的基础上,弗鲁姆指出,某一活动对一个人的激发力量取决于他所能得到的成果的全部预期价值与他认为达到该成果的期望概率的乘积,用公式表示就是:

$$M = V \times E \times I$$

式中:$M$ 表示激励力,是调动人的积极性,激发人的内部潜力的强度。

$V$ 表示效价,是指一个人对这项工作及其结果(可实现的目标)能够给自己带来满足程度的评价,即对工作目标有用性(价值)的评价。它既可以是精神的,也可以是物质的;它不是指某一单向效价,而是指各种效价的总和。

$E$ 表示期望值,是指人们对自己能够顺利完成某项工作的可能性,即对工作目标能够实现的概率的估计。

$I$ 表示关联性,达到绩效后取得理想奖励的可信程度。

这个公式是期望理论的核心内容。它指出了影响激励力的两个关键因素,即效价和期望值。这表明,组织管理要收到预期的激励效果,要以激励手段的效价(能给激励对象带来的满足)和激励对象获得这种满足的期望值都同时足够高为前提。只要效价和期望值中有一项的值较低,就难以使激励对象在工作岗位上表现出足够的积极性。

### 14.2.7 强化理论

强化理论是由美国心理学家斯金纳(B. F. Skinner)首先提出的。该理论认为人的行为是其所获刺激的函数。如果这种刺激对他有利,则这种行为就会重复出现;若对他不利,这种行为就会减弱直至消失。因此管理要采取各种强化方式,以使人们的行为符合组织的目标。主要有以下几种行为改造策略:

**1. 正强化**

所谓正强化,就是奖励那些符合组织目标的行为,以便使这些行为得到进一步加强,从而有利于组织目标的实现。正强化的刺激物不仅包含奖金等物质奖励,还包含对成绩的认可、表扬、改善工作条件、提升、安排担任挑战性工作、给予学习和成长的机会等精神奖励。为了使强化达到预期的效果，还必须注意实施不同的强化方式。有的正强化是连续的、固定的，譬如对每一次符合组织目标的行为都给予强化，或每隔一个固定的时间都给予一定数量的强化。尽管这种强化有及时刺激、立竿见影的效果，但久而久之，人们就会对这种正强化有越来越高的期望，或者认为这种正强化是理所应当的。管理者只能不断地加强这种正强化，否则其作用会减弱甚至不再起到刺激行为的作用。另一种正强化的方式是间断的、时间和数量都不固定，管理者根据组织的需要和个人行为在工作中的反映，不定期、不定量实施强化，使每次强化都能起到较大的效果。实践证明，后一种正强化更有利于组织目标的实现。

**2. 负强化**

负强化是通过避免人们不希望的结果而使行为得以强化。例如，下级努力按时完成任务，可以避免上级的批评，于是人们应一直努力完成任务；上课迟到的学生都会受到老师的批评，不想受到批评的学生就会努力做到不迟到。负强化可增加某种组织所期望的行为的发生概率。

**3. 消退或不强化**

消退是指对某种行为不采取任何措施，既不奖励也不惩罚。这是一种消除不合理行为的策略，因为倘若一种行为得不到强化，那么这种行为的重复率就会下降。例如，当一个人老是抱怨分配给他的工作，但却没人理睬他，也不给他调换工作，也许过一段时间他就不再抱怨了。

**4. 惩罚**

惩罚是对不良行为给予批评或处分。惩罚那些不符合组织目标的行为，以使这些行为削弱甚至消失，从而保证组织目标的实现不受干扰。实施惩罚的方式与正强化有所差异，应以连续负强化为主，即对每一次不符合组织的行为都应及时予以负强化，消除人们的侥幸心理，减少这种行为重复出现的可能性。但惩罚一方面可能会引起怨恨和敌意，另一方面随着时间的推移，惩罚的效果会减弱。因此，在采用惩罚策略时，要因人而异，注意方式方法。

## 讨论题

负强化和惩罚的区别是什么？

强化理论的应用原则主要有以下三条。

(1)要针对强化对象的不同需要采取不同的强化措施，奖惩结合，以奖为主。

(2)小步子前进，分阶段设立目标，及时给予强化。如果目标一次定得太高，就难以发挥强化的作用，也很难充分调动强化对象的积极性。

(3)及时反馈。即要通过一定形式和途径，及时将工作结果告诉行动者。结果无论好坏，对行为都具有强化的作用。对好的结果及时反馈，能够更有力地激励行动者继续努力；对不好的结果及时反馈，可以促使行动者分析原因，及时纠正。

总之，强化理论强调行为是其结果的函数，通过适当及时的运用奖惩手段，集中改变或修正员工的工作行为。强化理论的不足之处在于它忽视了诸如目标、期望、需要等个体要素，而仅仅注重当人们采取某种行动时会带来什么样的后果。但强化并不是员工工作积极性存在差异的唯一解释。

## 14.2.8　当代动机理论的整合

我们在这里已经介绍了七种理论，但是孤立地看待各个理论是错误的。实际上，这些理论里的很多思想都是互为补充的，只有将各种理论融会贯通，才可以更深刻地理解如何激励个体。

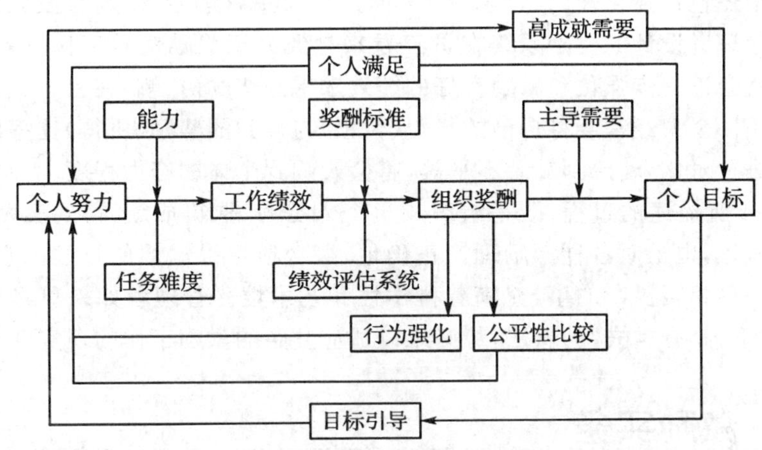


图 14-4　激励工作总体框架模型

从图 14-4 中可以看出，个人的努力首先受个人目标的影响，这表明管理者需要帮助个体设置适当的目标来引导其行为。而个人的努力能否取得预期的成绩并实现预期的目标，有赖于个人能力的培养和组织绩效评估系统的公正性、客观性。因此，知人善任和分配难度适合的工作任务对于引导组织成员行为有重要的影响。就绩效与奖酬之间的关系而言，若个人感到自己所得的奖酬来自于自己工作的努力和绩效，则会取得更好的效果。在奖酬和个人目标之间，若组织提供的奖酬满足了个人的目标，那么个人的积极性将会大大提高。

期望理论认为，如果个体感到在努力与绩效之间、绩效与奖赏之间、奖赏与个人目标的满足之间存在密切联系，那么他就会非常努力地工作。反过来，每一种联系又受到一些因素的影响。从模型中可以看到，个人的绩效水平不仅取决于个人的努力，而且取决于个人完成工作的能力水平，以及组织中有没有一个公正、客观的绩效评估系统。对于绩效-奖赏之间的关系，如果个人感到自己因为绩效因素而不是其他因素（如资历、个人爱好或其他标准）而受到奖励，那么这种联系最强。期望理论中的最后一个联系是奖赏-目标之间的关系。在这个联系中需要理论起着重要作用。当个人由于工作业绩而获得的奖赏，满足了指向个人目标的主导需要时，就会表现出极高的工作积极性。

仔细观察这个模型，不难发现它还包含成就需要理论、强化理论、公平理论。高成就需要者不会因为组织对他的绩效评估或组织提供的奖赏而受到激励，对他们来说，努力与个体目标直接相关。对于高成就需要者而言，只要他们所从事的工作能提供责任感、信息反馈、中等程度的冒险，他们就会产生完成工作的内部驱动力。这些人并不关心努力-绩效、绩效-奖赏以及奖赏-目标之间的关系。

模型中还包括强化理论，它通过组织提供的奖励对个人绩效的强化而体现出来。如果管理者设计的奖励系统在员工看来是致力于奖励优异工作绩效的，那么这种奖励就会进一步强化和激励良好的绩效水平。奖励（报酬）在公平理论中也具有重要作用。个人经常会将自己的努力（付出）与得到的奖励（所得）比率同相关他人的比率进行对比，若感到二者不平等，将会影响到个体的努力程度。

图 14-4 所描述的过程，既是组织成员个人努力、取得成绩、得到奖励、达到个人目标的过程，也是对各种激励理论正确地、综合地加以运用的过程。它表明，激励工作是一件相当复杂的事，充满着科学性和艺术性。管理者如果只是简单地采用“重赏之下，必有勇夫”的做法，势必难以适应复杂的激励工作的现实。

## 14.3 激励实务

上述关于激励的各种理论，分别从不同的侧面反映了对激励对象的重视程度。在管理实践中，孤立地看待和应用它们都不会产生好的效果。实践中激励和绩效之间并不是简单的因果关系。要使激励能产生预期的效果，就必须考虑到激励内容、激励制度、组织分工、目标设置和公平考核等一系列综合因素，并注重个人满意程度在努力中的反馈。另外，需要注意的是，所有的激励理论都是就一般而言的，而每个员工都有自己的特性，他们的需求、个性、期望及目标等个体变量各不相同。因而领导者在根据激励理论处理激励实务时，应该针对员工的不同特点采用不同的方法。

在激励实践中，常用的主要有四种激励方式：工作激励、成果激励、批评激励以及培训教育激励。工作激励是指通过配置适当的工作来激发员工内在的工作热情；成果激励是指在正确评估工作成果的基础上给员工以合理的奖惩，以保证员工行为的良性循环；批评激励是指通过批评教育来激发员工改正错误行为的信心和决心；培训教育激励则是通过灌输组织文化和开展技术知识培训，提高员工的素质，增强其更新知识、适应岗位的能力，共同完成组织目标的热情。

进入20世纪90年代以来，西方企业在多种激励理论的基础上，提出了一些形式新颖的激励方式，竭力改善企业员工的满意度和绩效水平。这些方式主要包括工作设计、员工持股计划、薪酬制度和灵活的工作日程安排等。

## 14.3.1　工作设计

工作设计这一概念指的是将各种任务组合起来构成全部工作的方法。在组织中人们承担的工作不应该是随意产生的，管理者应该仔细考虑对工作的设计，反映出环境变化、组织技术、技术能力及员工偏好的要求等。如果在工作设计时能够牢记这些因素，则会激发员工充分发挥其生产潜能。

**1. 合并任务**

管理者应该把现有的任务碎块重新组合起来，构成新的、更大的工作模块（工作扩大化）以增加技能的多样性和任务的完整性。

**2. 形成自然的工作单元**

管理者应该把工作设计成为完整的、具有意义的整体，以提高员工对工作的"拥有感"鼓励员工感觉到自己的工作意义重大，而不是无关紧要的和枯燥乏味的。

**3. 建立客户关系**

客户是员工提供的产品或服务的外在或内在使用者。只要有可能，管理者就应该让员工与客户建立直接联系，以提高技能多样性、工作自主性，并增加反馈信息。例如，位于洛杉矶的柏宁（Park Lane）希尔顿酒店中，顾客可以提名给自己最喜欢的员工授予奖励，奖项包括索尼电视、免费住店一晚等。

**4. 纵向拓展工作**

工作的垂直拓展（工作丰富化）把过去只有管理者才有的责任与控制权交给了员工。它缩小了工作中"做"与"控制"方面的差距，增强了员工的自主性。

**5. 开通反馈渠道**

通过反馈可以使员工不仅了解到工作的完成状况，而且了解到自己的工作业绩是进步了、退步了，还是停止不前。从理论上说，员工应该在他们工作的同时直接获得绩效反馈，而不是偶尔从管理者那里得到反馈信息。例如，大陆航空公司频繁地给员工发放一种绩效奖励卡，作为对在工作中表现出色的员工的奖励凭证，员工可以积攒这些卡片并用此来兑换有价值的商品。

## 14.3.2 员工持股计划

实施员工持股计划是给予员工部分企业的股权，允许他们分享改进的利润绩效。相对而言，员工持股计划在小企业的管理中比较流行，但也有像宝洁公司(P&G)这样的大企业在采用这种激励计划。员工持股计划实际上是公司以放弃股权的代价来提高生产率水平，绝大多数企业主管发现这种激励形式的效果很不错。员工持股计划使得员工们更加努力地工作，因为他们是所有者，要分担企业的盈亏。但要使这种激励计划有效地进行，管理人员必须向员工提供全面的公司财务资料，赋予他们参加主要决策的权力，以及给予他们包括选举董事会成员在内的投票权。

## 14.3.3 薪酬制度

获得薪酬是许多员工参与组织活动的基本目的。薪酬制度的建立和完善是管理激励的基本工作内容之一。除与基本工作相应的基本工资外，员工的薪酬制度还应注意以下几个方面的内容。

**1. 绩效工资**

企业突出绩效工资意味着员工是根据他的绩效贡献而得到奖励的，因此这种工资一般又称为奖励工资。它实际上是激励的期望理论和强化理论的逻辑结果，因为增加工资是和工作行为挂钩的。通用汽车公司就曾大力推行这种激励计划。公司管理层在取消员工的年度生活补贴后，建立了一种绩效工资制度，通过涨工资刺激员工努力工作。公司管理层分别对员工人数的上限10%、上中部25%、中部55%和下限10%强化工资差别。

**2. 分红**

这是员工和管理人员在特定的单位中，当单位绩效打破预先确定的绩效目标时，接受奖金的一项激励计划。这些绩效目标可以是细化了的劳动生产率、成本、质量、顾客服务或者利润。和绩效工资不同的是，分红鼓励协调和团队工作，因为全体员工都对经营单位的利益在做贡献。绝大多数公司都采用了某种精确指定的绩效目标和奖金的核算方法。

**3. 总奖金**

总奖金是以绩效为基础的一次性现金支付计划。单独的现金支付旨在提高激励的效价。这种计划在员工感到他们的奖金真正反映了公司的繁荣时才有效，不然效果适得其反。

**4. 知识工资**

知识工资是指一个员工的工资随着他能够完成的任务的数量的增加而增加。知识工资增加了公司的灵活性和效率，因为公司需要做工作的人会越来越少。但要贯彻这项计划，公司必须有一套高度发达的员工评估程序，必须明确工作岗位，这样工资才可能随着新工作的增加而增加。

## 14.3.4 灵活的工作日程安排

灵活的工作日程安排主要包括以下几种形式。

**1. 压缩工作周**

指的是员工每周的工作日较少，但每天的工作时间相对较长，最典型的是每天10小时4个工作日的方式(4～40个方案)。如果组织想适应员工的需要也可以设计其他各种时间安排。例如，谢夫隆—德士古石油公司(Chevron Texaco)在总部工作的员工，可以周一至周四每天工作9个小时，其中一个周五工作8个小时，另一个周五不必工作。这种压缩工作周的方式使员工有更多的时间出门办自己的事情，享受自己的业余爱好，或照顾自己的家庭。

**2. 弹性工作制**

这种时间安排系统要求员工每周工作一定数量的时间，并且要遵守一些限制条件，至于什么时候工作可以自己灵活安排。在弹性工作制中，有一些时间为公共核心时间，这时要求所有员工必须工作，不过工作什么时候开始、什么时候结束以及午餐时间都可以灵活掌握。弹性工作制是员工最希望从老板那里得到的福利之一。

**3. 工作分担**

即由两名或多名员工共同承担一个全日制的工作任务。对于还在上学的年轻人或退休的老人来说，这种工作安排会很诱人，因为他们很想工作，但又不想受到全日制岗位的要求和限制。

**4. 远距离办公**

员工可以待在家里，通过电脑和调制解调器与工作单位保持联系。很多工作都可以在家中完成，并且这种做法与很多人的工作理想十分接近。这样做没有上下班面对的交通问题，工作时间灵活掌握，穿着自由随便，不受或几乎不受同事的打扰。这样不仅可以满足他们的社交需要，而且是激发他们产生灵感的源泉。

上述这些激励方式，一个最明显的优势是组织增强了对员工的吸引力，最终有效地降低了对员工的市场搜寻成本和培训成本。

## 思考题

1.什么是激励?简述激励的过程。激励在管理中有哪些重要作用?

2.简述马斯洛的需求层次理论。

3.麦格雷戈的X理论和Y理论中的人性假设是什么?

4.描述赫茨伯格的双因素理论。

5.描述麦克利兰的三种需要理论。

6.简述公平理论的基本观点。

7.简述期望理论的基本含义。

8.简述何为正强化?何为负强化?

9.谈谈最近你花费了很大努力从事的一项任务。用本章中介绍的三种激励观来解释你的行为。

10.一家以小麦和玉米为原料生产面包的小型公司,大多数员工是缺乏技能的工人。如果现在请你为这家公司开发一个员工激励方案,你会选择哪些激励理论里的哪些要素?如果这是一家软件设计公司,大多数员工是专业技术人员,你的选择还会一样吗?

## 结篇案例

### 黄工程师为什么要走?

助理工程师黄大佑,是一个名牌大学的高材生,毕业后工作已8年,于4年前应聘调到一家大厂的工程部负责技术工作,工作诚恳负责,技术能力强,很快就成为厂里有口皆碑的“四大金刚”之一,名字仅排在厂技术部主管陈工之后。然而,工资却同仓管人员不相上下,夫妻小孩三口尚住在来时住的那间平房。对此,他心中时常有些不平。

黄厂长,是一个有名的识才的老厂长,“人能尽其才,物能尽其用,货能畅其流”的孙中山先生的名言,在各种公开场合不知被他引述了多少遍,实际上他也是这样做的。4年前,黄大佑调来报到时,门口用红纸写的“热烈欢迎黄大佑工程师到我厂工作”几个不凡的颜体大字,是黄厂长亲自吩咐秘书部主任落实的,并且交代要把“助理工程师”的“助理”两字去掉。这确实使黄大佑当时工作更卖劲。

两年前,厂里有指标申报工程师,黄大佑属于有条件申报之列,但名额却让给一个没有文凭、工作平平的若同志。他想问一下厂长,谁知,他未去找厂长,厂长却先来找他了:“黄工,你年轻,机会有的是”。去年,他想反映一下工资问题,这问题确实重要,来这里其中一个目的不就是想得高一点的工资,提高一下生活待遇吗?

但是几次想开口，都没有勇气讲出来。因为厂长不仅在生产会上大夸他的成绩，而且，曾记得，有几次外地人来取经，黄厂长当着客人的面赞扬他："黄工是我们厂的技术骨干，是一个有创新的……"哪怕厂长再忙，路上相见时，总会拍拍黄工的肩膀说两句，诸如"黄工，干得不错"，"黄工，你很有前途"。这的确让黄大佑兴奋，"黄厂长确实是一个伯乐"。此言不假，前段时间，他还把一项开发新产品的重任交给他呢，大胆任用年轻人，然而……

最近，厂里新建好了一批职工宿舍，听说数量比较多，黄大佑决心要反映一下住房问题，谁知这次黄厂长又先找他，还是像以前一样，笑着拍拍他的肩膀："黄工，厂里有意培养你入党，我当你的介绍人。"他又不好开口了，结果家没有搬成。

深夜，黄大佑对着一张报纸的招聘栏出神。第二天一早，黄厂长办公台面上放着一张小纸条：

黄厂长：

您是一个懂得使用人才的好领导，我十分敬佩您，但我决定走了。

（资料来源：姜仁良. 管理学习题与案例. 北京：中国时代经济出版社，2006）

**思考题**

请结合本案例，运用公平理论、双因素理论和需要层次理论分析此案例所描述的现象，并提出相应的对策。

# 群体与团队

## 第15章

### 开篇案例

#### 短四寸的裤子

小宏明天就要参加小学毕业典礼了,怎么也得打扮得精神点,把这一美好时光留在记忆之中,于是他高高兴兴地上街买了条新裤子,可回家穿上后发现裤子长了两寸。

吃晚饭的时候,趁奶奶、妈妈和嫂子都在场时,小宏把裤子长两寸的问题说了一下,饭桌上大家都没有反应。饭后大家都去忙自己的事情,这件事情就没有再被提起。

妈妈睡得比较晚,临睡前想起儿子明天要穿的裤子还长两寸,于是就悄悄地一个人把裤子剪好叠好放回原处。

半夜里,狂风大作,窗户"哐"的一声关上把嫂子惊醒,嫂子猛然想到小叔子的裤子长两寸,自己辈分最小,怎么着也是自己去做,于是披衣起床将裤子处理好才又安然入睡。

老奶奶觉轻,每天一大早醒来给小孙子做早饭上学,水未开的时候也想起孙子的裤子长两寸,又马上把裤子剪好。

最后小宏只好穿着短四寸的裤子去参加毕业典礼了。

管理启示:

一个团队仅有良好的愿望和热情是不够的,要积极引导并按明确的规则来分工协作,这样才能使大家的力量形成合力,管理一个项目如此,管理一个部门也是如此。

(资料来源:叶建华. 品贤文谈管理. 北京:经济管理出版社, 2008)

# 15.1 理解群体

领导者的管理对象是为了实现组织目标而聚集在一起的人——群体。群体中的成员并不是以独立的个体发挥作用的，他是以集体中的一员的身份在组织中开展工作的。由于个体在群体中的行为不同于其作为单独个体时的行为，因此管理者要对组织行为有更全面的了解，就需要进一步研究群体及其群体行为的影响因素。

## 15.1.1 群体

群体(group)可以界定为：两个或两个以上相互作用、相互依赖的个体，为了实现特定的目标而组合在一起的集合体。群体可以是正式的，也可以是非正式的。正式群体是由组织建立的工作群体，它有着明确的工作分工和具体的工作任务。在正式群体中，什么是恰当的行为取决于组织的目标，这些行为直接指向组织目标(见表 15-1)。

表 15-1 正式群体的例子

| | |
|---|---|
| 命令群体 | 这是一种基础的和传统的工作群体，由正式权力关系所决定，并在组织章程中有明确的描述。典型的命令群体包括一名管理者以及一些直接向其汇报工作的下属。 |
| 特别行动小组 | 它是为了完成某一具体任务而临时组建起来的群体，它们的存在往往是暂时的，因为一旦任务完成，这个小组也就解散了。 |
| 跨职能团队 | 汇集了来自不同工作领域和群体的个人的知识和技能，可以共同解决工作中出现的各种问题。这个群体中的成员受过培训，因而能够相互替代工作。 |
| 自我管理团队 | 这是一种基本上独立的群体。除了完成本职工作之外，还承担着一些传统意义上的管理职责，如人员招聘、计划安排、绩效评估等工作。 |

与正式群体相对应，非正式群体则是社会性的。这些群体自然而然地出现，反映了人们对于社会交往与接触的需要。非正式群体往往在友谊和共同爱好的基础上形成。

### 讨论题

人们为什么要加入群体?

## 15.1.2 群体的功能

群体之所以产生和存在，是因为群体具有特殊的社会功能，这也是人们愿意加入群体的原因。

**1. 安全**

“人多力量大”，加入群体可以减轻“孤立无援”时的不安全感，人们会感到更为强大，更有自信，也多了一份对外来威胁的抵抗力。不论是什么样的人，很少有人喜欢独来独往，人们通过与他人交往和成为群体中的一员而感到安全。

**2. 地位**

一个人能够被一个群体接纳，尤其是能被他人看重的群体接纳，将会有一种被承认、受重视和有地位的感觉。

**3. 自尊**

群体能增强人们的自我价值感，也就是说，加入一个群体，除了提供不同于圈外个体的地位之外，还增强了个体的自尊。尤其是被一个受到高度好评的群体所接纳，则会极大地增强自尊感。

**4. 归属**

群体可以满足我们的社会需要。人们喜欢与群体的其他成员定期进行相互交流，这种工作中的相互作用是满足人们归属需要的主要手段。

**5. 权力**

群体的功能之一就是它象征着权力。个人力量难以达到的目标往往可以通过集体行动来实现。非正式群体还能为个体提供额外的机会以行使权力并管理他人。对于那些希望影响他人的高权力需要者来说，群体是满足这一需要的有力工具。

**6. 实现目标**

群体的一个重要功能就是它可能被用来完成靠个人力量无法达到的目标。一些任务常常需要大家的共同参与，需要汇集多方面的才干、知识和权力，才能完成工作。在这种情况下，管理层就需要依靠正式的群体进行运作。

### 15.1.3 群体的发展阶段

群体的发展是一个动态过程，大多数群体都处于不断变化的状态下。虽然群体可能永远也达不到彻底稳定的状态，但我们依然可以用一个一般模式来描述大多数群体的发展历程。研究表明，群体发展经过了五个标准的阶段，如图 15-1 所示，这五个阶段是：形成阶段、震荡阶段、规范阶段、执行阶段及解体阶段。

形成阶段(forming)为阶段Ⅰ，它包括两个部分。首先，人们加入群体可能是由于组织的工作分配，如在正式群体中的情况；也可能是希望得到其他效益(如地位、自尊、权利、归属感、安全性)，如在非正式群体中的情况。

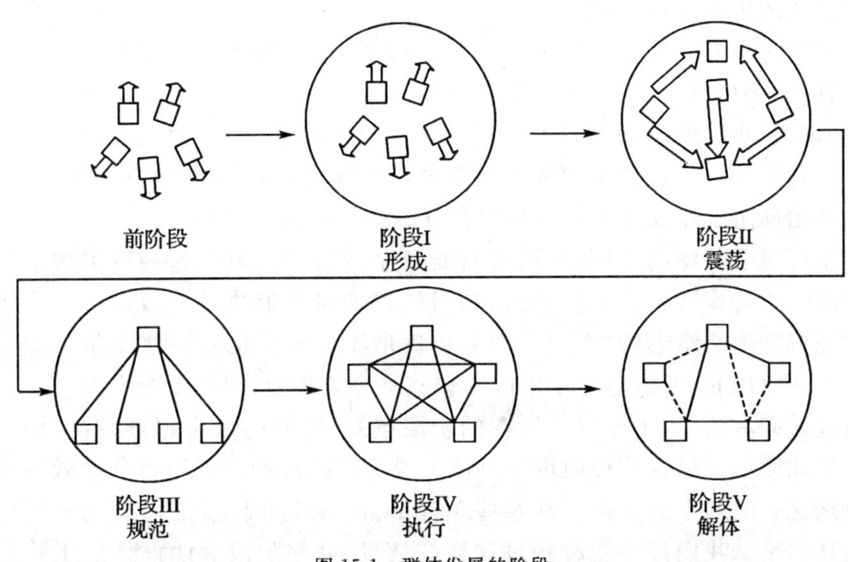

图 15-1 群体发展的阶段

一旦确定了群体成员，形成阶段的第二部分就开始了，即界定群体的目标、结构、领导层等工作。这一阶段以极大的不确定性为特点。成员们常常是“摸着石头过河”，以了解以哪种类型为方式能够被群体所接受。当群体成员开始把自己视为群体的一分子思考问题时，这一阶段就算结束了。

震荡阶段(storming)是一个突显内部冲突的阶段。此时群体成员虽然接受了群体的存在，但却抵制着群体对个体所施加的控制。进一步，在由谁控制群体的问题上出现了冲突。这一阶段结束时，群体内部出现了比较明朗的领导层级，群体成员在发展方向上也达成了共识。

阶段Ⅲ为规范阶段，此时密切的群内关系得以发展，同时群体也表现出了内聚力。这使成员有一种强烈的群体认同感和志同道合感。当群体结构比较稳固，群体成员也对什么是正确的成员行为达成共识时，规范阶段(norming)就结束了。

阶段Ⅳ是执行阶段(performing)，此时群体的结构发挥着最大作用，并得到广泛认同。群体的主要精力从相互认识和了解进入完成当前的工作任务上。

对长期工作群体来说，执行阶段是其发展历程的最后一个阶段。但对于临时群体，比如临时委员会、特别行动小组或其他类似团队，它们是为完成某种具体任务而建立的，因此还存在阶段Ⅴ，即解体阶段(adjourning)，这一阶段中，群体为解散做好准备。高工作业绩不再是群体关注的头等大事，取而代之的是，人们关注于如何做好善后工作，在此阶段群体成员的反应各不相同：一些人为群体所取得的成就而兴奋不已，心满意足；也有一些人则可能为即将失去在群体生活中所获得的和谐与友谊而闷闷不乐，郁郁寡欢。

大多数人都有在课堂上参加小组活动的经历，也都经历过群体发展的每一个阶段。首先，小组成员被选定之后，他们就有了第一次碰面。这个时期人们都在“揣摩和试探”小组要做什么以及如何去做。接下来通常是一场控制权的争夺战，即谁将统帅群体。一旦这个问题得到解决，小组内部的权力等级达成了共识，小组成员就开始确定工作任务的具体内容是什么，谁来完成它们，什么时间完成。此时在小组里形成了总体的期望水平，并得到每个成员的认可。这些决策构成了人们所希望的一个合作群体努力的基础，并最终使项目能够成功完成。一旦小组的工作项目完成并上交给老师，小组也就宣告解散了。淡然也有一些小组一直未能走出阶段Ⅰ或阶段Ⅱ，通常这些小组的工作水平令人失望，成绩不会太好。

有些研究者认为，工作群体所在的阶段越高，它们的效率也会越高，但实际情况并非如此简单。尽管这种假设从总体上说可能是对的，可是，群体的效率由哪些因素决定这一问题十分复杂。在某些条件下，高冲突的特点反而有助于群体业绩达到更高水平。我们都可能看到过这样的情景，处在阶段Ⅱ的群体的工作成绩超过了处于阶段Ⅲ或阶段Ⅳ的群体的工作成绩。另外，群体的各个发展阶段之间也并非泾渭分明，有时几个阶段还会同时并存。例如，一方面群体正处于震荡和调整之中，另一方面它又在执行任务。甚至偶尔一些群体还会倒退回先前的发展阶段中。因此，我们不应该想当然地认为，所有群体都精确无疑地顺着这一发展历程向前发展，或者认为群体的阶段Ⅳ总是效益最好的。而是应该把这一模式视为一个总体框架，它提醒我们记住群体是一个动态发展的实体，它帮助我们更好地理解在群体发展过程中经常出现的一些现象和问题。

## 15.2 群体的特征

为了更好地理解群体，在这里介绍一些群体的基本特征，它们是：角色、规范、地位系统、群体规模、群体内聚力，以及冲突管理。

### 15.2.1 角色

角色(role)指的是在一个社会单元中，人们对于占据特定位置的个体所期望的一套行为模式。在群体中，个体由于自己所处的位置而被期望承担某种社会角色。这些角色或者指向任务的完成，或者指向维持群体成员的满意感。想一想你所在的群体以及你在群体中所扮演的角色：你是否不断地作出努力促使群体把工作做好？如果是这样，你就是在承担任务完成的角色。你是否更关心群体成员有机会

各抒己见，让他们对自己的工作经历感到满意？如果是这样，你就是在承担维持群体成员满意感的角色。两种角色对于群体有效且高效地行使职能都十分重要。

对于角色行为的理解通常有一个困难，个体要扮演多种角色，并需要调整他们的角色以适应他们此时此刻所属的群体。当一个人不知道自己在群体中应该充当什么角色时，我们把它称之为角色模糊（role ambiguity），如果一个人在群体中角色模糊，他可能在群体中不知所措。当一个人的实际角色与群体对他的期望角色不一致甚至相互排斥时，我们称之为角色冲突（role conflict）。角色冲突会导致员工紧张、绩效下降和离职率提高。当群体对个体的角色期待超过了个体的能力时，会发生角色过载（role overload）。

### 15.2.2 规范

所有群体都会建立规范（norm），即群体成员共同认可的标准或期望。群体规范中规定了许多内容，诸如该工作的产出水平、缺勤率、工作节奏的快慢以及工作中相互帮助的程度。例如，在一家公司（Trust and Realty）的办公室职员中有一项"上班程序"的规范。上班时间是早上八点，大多数员工一般都提前几分钟到达，他们把自己的外套、皮包、午餐饭盒和其他可以证明本人已到的物品搁在各自的桌椅上，让所人看到自己"开始工作了"。然后，就到楼下的公司咖啡馆里一边喝咖啡，一边聊天。要是哪个员工破坏了这条规矩，八点整准点上班，则必定受到嘲讽和压力，从而促使其行为服从群体的标准。

虽然每个群体中都有一套自己独特的规范，但在大多数组织中都存在着一些类似的内容，这些规范主要关注于员工的努力与业绩、服饰、忠诚度。可能最常见的群体规范都与工作的努力程度和业绩水平有关。通常工作群体会提供一些明确的线索告诉成员：在工作中应该多努力，产出水平应该多高，什么时候要显得忙碌，什么时候可以懒散些，等等。这些规范极大地影响着每个员工的工作绩效。其影响之大，使得仅仅基于员工个人的能力和动机水平上进行的业绩预测结果往往不准确。另外，很多团体都有着装规范，它规定了员工在工作中应该穿着什么样的衣服。当然被一个组织认可的着装可能与被另一组织认可的着装十分不同。最后，忠诚规范影响到个体是否可以工作迟到，是否需要周末加班，或是否搬到他们不喜欢的地方去住。个体都希望被自己所属的群体接纳，所以他们对遵从规范的压力非常敏感。

#### 讨论题

为什么群体规范既能帮助一个组织又能伤害一个组织？

## 15.2.3 地位系统

地位(status)指群体内部的威望、等级、位置或是头衔。在迄今为止研究者所了解的最古老的人类群体中,就已经发现地位分层的存在。地位系统是理解行为的一个重要因素。当个体认为自己应该处于的地位与别人认为应该处于的地位之间存在分歧和差距时,地位这一因素就会成为显著的激励因素并会引发行为结果。

在教育程度、年龄、技能、经验等特点的基础上,人们能够获得群体中的非正式地位。任何受到群体内其他人重视的东西,都具有地位的价值。不过,群体内地位的非正式性并不意味着这种地位不重要,或者由于非正式性而难以确定谁拥有地位谁没有地位。通常,群体成员可以毫不困难地将人们归入不同的地位类别中,并且,他们对于谁的地位高、谁的地位中等、谁的地位低的看法一般会相当一致。

地位还可以通过正式的方式授予,并且,对员工来说相信组织中正式地位系统的稳定一致十分重要。也就是说,个体所感知到的地位等级与组织所授予的地位象征之间应该是等价的。如果上司的收入还不如他的下属,如果一间各方面条件都不错的办公室却被一个地位层级更低的人占据,如果公司出资提供的乡村俱乐部会员资格给了部门经理却不是副总经理,就属于这种不一致现象。员工会预期他们所拥有和所获得的"实物"与他们处于的地位相匹配。假如二者之间出现不一致,员工就可能质疑管理者的权威。另外,晋升的潜在激励作用会受到阻碍,组织中总体的秩序与统一也会受到干扰。

## 15.2.4 群体规模

群体的规模是否会影响到整个群体的行为呢?回答是肯定的。但这种影响效果还依赖于人们所关注的结果是什么。研究证据表明,就完成任务而言,小群体要比大群体速度更快。但是,就解决复杂和困难的任务而言,大群体总是比小群体做得更好。用具体的数字来表明这些发现比较困难,但我们可以给大家提供一些指导原则。大群体(成员超过 12 人的群体)有利于获取各种不同方面的信息。因此,如果群体的目标是搜寻和发现事实,则规模较大的群体更有效率;另一方面,较小群体在利用这些信息从事生产方面做得更好。一般来说,7 人左右的群体在采取行动上效率最高。

一项有关群体规模的发现令人颇感失望:随着群体中人数的增加,每个个体的贡献水平却往往倾向于下降。我们用"搭便车效应"(free rider tendency)可以最好地解释这种努力削弱的现象。群体内的责任扩散鼓励了个体的懒散。当群体结果无法归因于任何单独个体时，个人的投入与整体的产出之间的关系就不那么明朗了。这种情况下，个体倾向于成为一个“搭便车者”——乘机搭上群体努力的大车而不费自己吹灰之力。换句话说，当个体发现自己对群体的贡献无法衡量时，活动的效率也往往随之降低。这些研究结果明确地告诉我们，管理者在运用工作团队方式时，应当同时提供可以测量个人努力程度的方法。

### 15.2.5 群体内聚力

凭直觉，一般人都会认为内部意见分歧、缺乏合作的群体，办事效率肯定要低于意见统一、互帮互助的群体。有关这一领域的研究关注于群体内聚力(group cohesiveness)，即群体成员相互吸引和共同参与群体目标的程度。

研究表明，一般情况下高内聚力群体的工作效率胜过低内聚力群体。但内聚力与工作效率之间的关系相当复杂，其中一个关键的中间变量是群体的态度与群体正式目标(或组织的目标)之间的一致性程度。群体的内聚力越高，成员越会遵从群体的目标。如果这些群体目标组织有利(比如高产出、高工作质量、与组外人士保持良好的协作关系)，这个高内聚力群体的生产率就会高于低内聚力的群体；如果群体内聚力高，但其目标对组织的正式目标不利，则群体生产率便会降低；如果群体内聚力低，但群体目标是有利于组织的，群体生产率也会提高，但不如内聚力高且目标有利于组织时那么高；如果群体内聚力低，而且它的目标也不支持组织，则内聚力对生产率的影响不显著。从图 15-2 中可以清楚地看到这些结果。

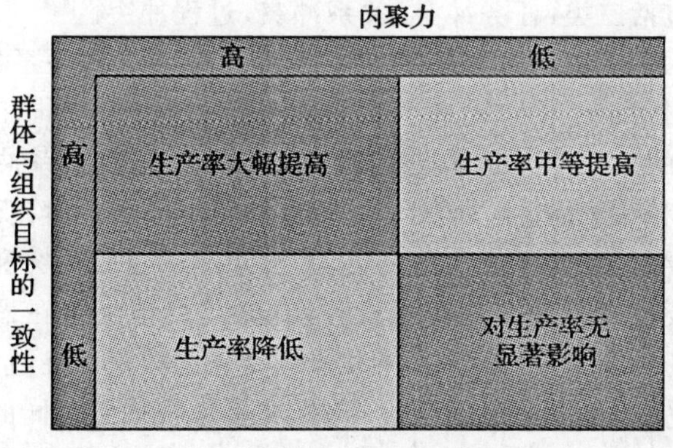


图 15-2　群体内聚力与生产率之间的关系

### 15.2.6 冲突管理

群体在执行分配给它的任务时，会不可避免地出现分歧和冲突。在这里，冲突(conflict)一词指的是由于某种不一致或对立状况而使人们感知到彼此不相融合的差异。差异本身是否客观存在并不重要，只要群体成员感觉到差异的存在，就处于一种冲突的状态。另外，冲突的定义是一个连续体，它包含两个端点——一端是微妙、间接、高度克制的抵触状态；另一端则是公开明显的活动，如罢工、骚乱和战争。

近年来，在冲突领域中逐渐发展出三种不同的观点。第一种观点认为必须避免冲突，因为它意味着在群体内部出现了问题。我们把这种观点称为冲突的传统观点(traditional view of conflict)。第二种观点是冲突的人际关系观点(human relations view of conflict)，认为冲突是一种自然而然出现的现象，任何群体都无法避免，但它未必一定是消极有害的，也可能成为一种潜在的有利于群体绩效的积极动力。第三种观点是新近发展起来的，认为冲突不仅可以成为群体中的一种积极推动力，而且有些冲突对群体的有效运作是绝对必要的，我们称之为冲突的交互作用观点(interactionist view of conflict)。

交互作用的观点并不是说所有的冲突都是好的，有一些冲突被认为是可以支持工作群体的目标，提高群体的业绩水平，这些是具有建设性特点的积极冲突(或称功能正常的冲突，functional conflict)。另一些冲突则会妨碍工作群体实现目标，他们具有破坏性，称为消极冲突(dysfunctional conflict)。图 15-3 描述了管理者所面对的挑战。

积极的冲突与消极的冲突之间有什么差异？研究证据表明，你需要首先分析冲突的类型。它包括三类：任务冲突、关系冲突、过程冲突。

任务冲突(task conflict)，与工作的内容和目标有关，关系冲突(relationship conflict)着重于人际间的关系，过程冲突(process conflict)指向工作如何完成。研究表明，绝大多数的关系冲突是功能失调的。原因在于在关系冲突中表现为人与人之间的敌对、不和与摩擦。它加剧了人们人格之间的差异，降低了相互之间的理解，因而阻碍了组织任务的完成。另一方面，低水平的过程冲突和中等水平的任务冲突是积极的。要使过程冲突具有积极作用，必须使他保持在最低水平上。如果在群体中建立的任务角色不够清晰，在谁应该做什么方面存在过多争论，则会导致冲突的功能失调，完成任务的时间会被拖延，成员也会按照不同的目标工作。低至中等水平的任务冲突会对群体的工作业绩产生积极影响，因为它激发了人们对不同观点进行讨论，而这一点有助于使群体的工作水平提高。由于我们尚没有一种成熟的测量工具来评估具体的任务冲突、关系冲突、过程冲突是否最为恰当、是否

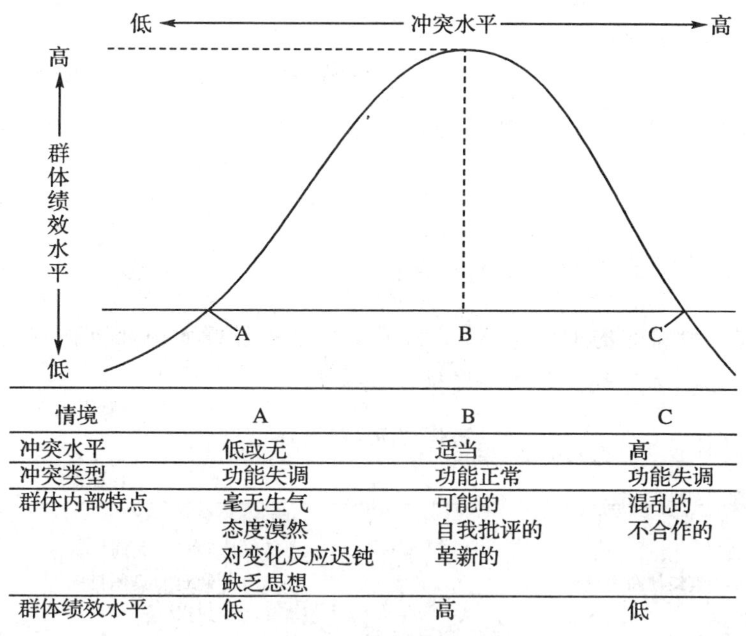


| 情境 | A | B | C |
|---|---|---|---|
| 冲突水平 | 低或无 | 适当 | 高 |
| 冲突类型 | 功能失调 | 功能正常 | 功能失调 |
| 群体内部特点 | 毫无生气<br>态度漠然<br>对变化反应迟钝<br>缺乏思想 | 可能的<br>自我批评的<br>革新的 | 混乱的<br>不合作的 |
| 群体绩效水平 | 低 | 高 | 低 |

图 15-3　冲突与群体绩效

过高或过低，因此管理者只好依靠自己的智慧作出判断。

当冲突水平过高时，管理者使用什么技术来降低它？他们可以从五种冲突处理方案中选择一种：回避、迁就、强制、妥协、合作（图 15-4）。请记住，没有哪一个方案是任何时候都有效的，使用哪种方案取决于管理者本身对于合作和自我肯定的意愿。

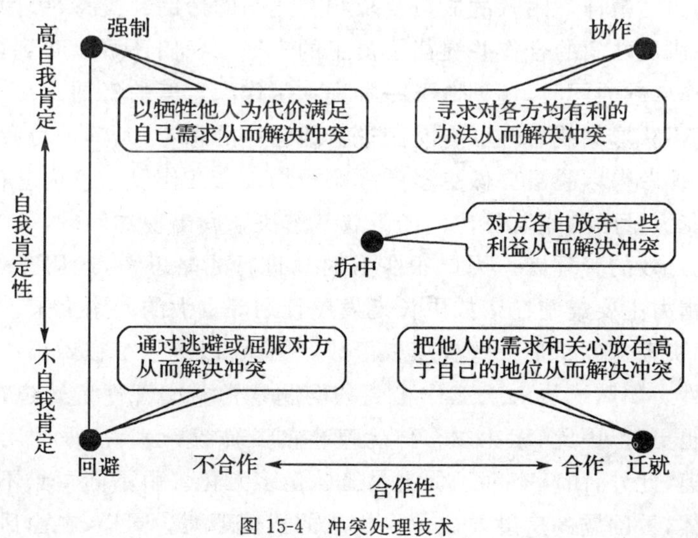


图 15-4　冲突处理技术

# 15.3 团队管理

管理实践证明，在工作中加强团队合作，使群体成为高效率的工作团队，已成为现代组织的一个主要趋势。

## 15.3.1 团队的概念

团队是一种特殊的工作群体，是为了实现某一目标而由相互协作的个体组成的正式群体。团队与群体的不同之处见表15-2。

表 15-2　群体与团队的比较

| 工作群体 | 工作团队 |
| --- | --- |
| 强势的，受到关注的领导者 | 共同分担领导角色 |
| 个体责任 | 个体和团队成员共同的责任 |
| 群体的目标比组织使命更宽泛 | 团队本身制定的具体目标 |
| 个体工作成果 | 集体工作成果 |
| 主持有效的会议 | 鼓励漫谈和活跃的解决问题的会议 |
| 通过它对其他方面（像公司的财务业绩）的影响间接测量其有效性 | 通过评估集体工作成果直接测量绩效 |
| 一起讨论、制定决策并授权 | 讨论、制定决策、开展实质性的工作 |

将群体转化为团队可以拥有以下的优势：

(1)创造团结精神。团队的成员要求相互之间的帮助和支持，以团队的方式展开工作，促进成员之间的合作并提高了员工的士气。我们还可以看到，团队规范在鼓励成员工作卓越的同时，还创造了一种增加工作满意度的氛围。

(2)采用团队形式使管理层有时间进行战略性的思考，尤其是自我管理工作团队形式，使管理者得以脱身去做更多的战略规划。当工作以个体为基础设计时，管理者往往要花大量的时间监督他们的下属和解决下属出现的问题，他们成了“救火队长”而不是有效的管理者。因此很少有时间进行战略思考，运用工作团队，则能让管理者把精力主要集中在诸如中长期发展计划等重大的问题上来。

(3)提高决策速度。把一些决策权下放给团队，以使组织在做出决策方面具有更大的灵活性。团队成员对于工作相关的问题常常要比管理者知道得更多，并且离这些问题也更近，因此，相比以个体为基本的工作设计来说，采用团队形式的决策常常更迅速，此外，团队有助于促进员工队伍多元化。由不同背景不用经历的个人组成的群体，看问题的广度要比单一构成的群体更大。同样，在由风格各异的个体组成的团队所做出的决策，要比单个个体的决策更有创意。

(4)提高工作绩效。这也许是群体采用团队形式最主要的原因。很多研究和实践表明团队的工作绩效要明显高于单个个体的工作绩效。一些公司，如联邦捷运公司、克莱斯勒汽车公司、美国钢铁公司等都已发现，相比传统的以个体为中心的工作设计，工作团队方式可以减少浪费、减轻官僚主义作风、工作积极性提高并能使产量提高。

最常见的团队类型有问题解决团队、自我管理团队、虚拟团队、跨职能团队。

(1)问题解决团队(problem-solving teams)。回顾工作团队刚刚盛行的时候，大多数都是我们所说的问题解决团队。它们由来自同一部门或职能领域的员工组成，其目的是努力改进工作活动或解决具体的问题。在问题解决团队中，成员针对如何改进工作程序和工作方法互相交流看法或提出建议。但是，这些团队几乎无权根据这些建议单方面采取行动。

(2)自我管理团队(self-managed work teams)。问题解决团队的做法行之有效，但在调动员工参与与工作有关的决策和过程方面尚显不足。这导致了另一种团队类型的发展，它们不仅要解决问题，还要实施解决问题的方案，并对工作结果承担全部责任。这些团队就是自我管理团队，在这种正式群体中，员工在没有管理者监督的情况下进行操作，并对整个工作流程或部门负责。自我管理团队负责完成工作，并进行自我管理。具体而言包括：进行工作计划与日程安排，给各成员分派任务，共同监控工作进度，作出操作性决策，针对问题采取行动。例如，康宁公司的工作团队没有轮班主管，他们与其他生产分支机构密切合作，解决生产线上出现的问题，并协调交货期限与交通运输等问题。这些团队拥有作出和实施决策、完成项目、处理问题的权限。其他组织，如施乐公司、波音公司、百事可乐公司、惠普公司、工业光魔公司等，都采用自我管理团队方式。据估计，大约30%的美国企业主采用了这种团队形式。在大型企业中，这一比例可能接近50%。自我管理团队的效果如何？大多数采用它的组织认为这种方式是成功的，而且准备在未来几年里继续推广使用。

(3)跨职能团队(cross-functional team)。它是由来自不同领域的专家组成的一个混合体，很多组织都在使用跨职能团队。例如，在位于苏格兰法夫的一家工厂中，跨职能团队生产用于军事程序的印制电路板。跨职能团队甚至还被应用于医疗保健行业。例如，在位于马里兰州贝赛斯达的郊区医院中，重点护理组团队每天都与病人的临床护士会面，讨论最好的治疗方案。这些护理组团队由接受过重点护理药物培训的医生、药剂师、社工、营养学家、首席重点护理组护士、呼吸疾病治疗专家和牧师组成。医院相信团队的护理方法可以减少失误，缩短病人在重点护理组的时间，并改进家属与医疗人员之间的沟通。

(4)虚拟团队(virtual team)。虚拟团队指的是那些利用计算机技术把实际上分散的成员联系起来以实现共同目标的工作团队。例如，一家小型的广告代理公司，它在阿姆斯特丹和纽约的两个主要办事处只有100名左右的员工，它依靠的工作团队基于一个来自全球22个国家的100多名自由职业者的全球网络。针对不同项目的要求，公司随时根据需要组建成员共同工作。通过依靠虚拟团队，避免了由于工作安排而带来的管理费用和复杂程序，成功地开发了一个全球的人才网络。在虚拟团队中，成员通过宽带网、可视电话会议系统、传真、电子邮件，甚至互联网上的在线会议进行沟通与联系。虚拟团队可以完成其他团队能够完成的所有工作——分享信息、作出决策、完成任务，但是，他们缺少了通常面对面进行的"说与听的互换式"讨论。正因为这种缺失，虚拟团队更倾向于任务取向，尤其是当团队成员素未谋面时。

## 15.3.2 高效团队的特征

**1. 清晰的目标**

高效的团队对要达到的目标有清楚的理解，并坚信这一目标包含的重大的意义和价值。而且，这种目标的重要性还激励着团队成员把个人目标升华到群体目标。在有效的团队中，成员愿意为团队目标做出承诺，并清楚地知道团队希望他们做什么工作，以及他们怎样共同工作才能实现目标。

**2. 相关的技能**

高效的团队是由一群有能力的成员组成的。他们具备实现目标所必需的技术和能力，而且相互之间有良好合作的个人品质，从而能出色完成任务。后者尤为重要，但却常常被人们忽视。有精湛技术能力的人并不一定就有处理群体内关系的高超技巧，而高效团队的成员则往往兼而有之。

**3. 相互的信任**

成员间相互信任是有效团队的显著特征，也就是说，每个成员对其他人的品行和能力都确信不疑。我们在日常的人际关系中都能够体会到，信任是相当脆弱的。它需要花大量的时间去培养却又很容易被破坏。而且，只有信任他人才能换来被他人的信任，不信任只能导致不信任。所以，维持群体内的相互信任，还需要引起管理层足够的重视。

**4. 一致的承诺**

高效的团队成员对团队表现出高度的忠诚和承诺，为了能使群体获得成功，他们愿意去做任何事情，我们把这种忠诚和奉献称为一致承诺。对成功团队的研究发现，团队成员对他们的群体具有认同感，他们把自己属于该群体的身份看做是自我的一个重要方面。因此，承诺一致的特征表现为对群体目标的奉献精神，愿意为实现这一目标而调动和发挥自己的最大潜能。

**5. 良好的沟通**

毋庸置疑，良好的沟通是高效团队一个必不可少的特点。群体成员通过畅通的渠道交流信息，包括各种言语和非言语交流，此外，管理层与团队成员之间健康的信息反馈也是良好沟通的重要特征，它有助于管理者指导团队成员的行动，消除误解。就像一对已经共同生活多年、感情深厚的夫妇那样，高效团队中的成员能迅速而准确地了解彼此的想法和情感。

**6. 谈判技能**

以个体为基础进行工作设计时，员工的角色有工作说明、工作纪律、工作程序及其他一些正式或非正式的文件明确规定。但对高效的团队来说，其成员角色具有灵活多变性，总在不断进行调整。这就需要成员具备充分的谈判技能。由于团队中的问题和关系时常变换，成员必须能面对和应付这种情况。

**7. 恰当的领导**

有效的领导者能够让团队跟随自己共同度过最艰难的时期，因为他能为团队指明前途所在，他们向成员阐明变革的可能性，鼓舞团队成员的自信心，帮助他们更充分地了解自己的潜力。优秀的领导者不一定非得指示或控制，高效团队的领导者往往担任的是教练和后盾的角色，他们对团队提供指导和支持，但并不试图去控制它。这不仅适用于自我管理团队，当授权给小组成员时，也适用于任务小组、交叉职能型的团队。对于那些习惯于传统方式的管理者来说，这种从上司到后盾的角色变换，即从发号施令到为团队服务实在是一种困难的转变。当前很多管理者已开始发现这种新型的权力共享方式的好处，或通过领导培训逐渐意识到它的益处。但现实中仍然有些脑筋死板、习惯于专制方式的管理者无法接受这种新观念，这些人应当尽快转换自己的老观念，否则就将被取而代之。

**8. 内部和外部的支持**

要成为高效团队的最后一个必需条件就是它的支持环境。从内部条件来看，团队应拥有一个合理的基础结构。这包括适当的培训、一套易于理解并用以评估员工总体绩效的测量系统以及一个起支持作用的人力资源系统。恰当的基础结构应能够支持并强化成员行为以取得高绩效水平。从外部条件来看，管理层应给团队提供完成工作所必需的各种资源。

## 15.3.3 促进团队合作的管理行为

团队管理的重要一点是促进团队合作，促进团队合作的方法有很多。

(1)树立高水平的团队目标和绩效标准是促进团队合作的有效途径。整个团队必须在获得成功的认识上达成共识，使团队合作有一个良好的开端。

(2)树立一个共同的竞争对手是建立团队精神的最好方法。这种竞争对手最好是来自企业外部的。明确了目标可以促进团队更加有效地合作。

(3)建立团队合作的企业文化。团队领导者可以通过经常说一些鼓励的话来促进团队合作，如称团队成员为队友而避免称下级和雇员等。表 15-3 总结了为了团队合作获得成功，在企业文化上应进行的改变。

**表 15-3　　发展团队合作的企业文化**

| 个人文化 | 团队文化 |
| --- | --- |
| 员工为了得到认可、升职和资源而互相竞争 | 员工学会相互合作 |
| 按照每个人的努力给予报酬 | 根据员工和其他团队成员的努力给予报酬 |
| 监督者使用专制的领导或管理方式 | 监督者更加平易近人，他们与员工协商而不是仅仅下达命令 |

(4)实行民主化决策是一种可以增强团队合作的方式。如：为团队成员提供有用的事实和信息、鼓励提合理化建议、避免细节管理等。

(5)建立团队奖励制度。这是一种更有效的团队激励机制，即把团队的绩效作为计算报酬的主要因素，重点奖励为团队合作作出贡献的人。

(6)鼓励团队成员进行沟通与合作。

(7)组织户外的拓展训练，让团队成员在恶劣的物质条件下锻炼一些领导和团队合作的能力。通过攀梯、越野训练、钻电网等项目的练习，使得团队成员能够更好地理解：无论是在训练中还是在工作上，要获得更好的成绩，就要进行团队合作。

有效的管理者会从上述方式中选择最适当的方式组织团队合作。过于强调一种方式，可能会限制团队合作的进一步发展。

## 思考题

1. 区分正式群体与非正式群体。
2. 简述群体发展的五个阶段。
3. 简述角色和规范对员工的行为有什么影响。
4. 描述群体内聚力与生产率之间的关系。

5. 冲突管理对群体行为有什么影响?

6. 为什么管理者可能会希望激发某个群体或团队中的冲突?如何激发冲突?

7. 解释工作团队在组织中日益盛行的原因。

8. 简述在组织中运用最广泛的四种团队类型。

9. 列出高效工作团队的特点。

10. 试析如何促进团队合作。

## 结篇案例

### 装配线上的团队

Square D是美国的一个主要的电器设备制造商。1988年,该公司决定在肯塔基州的列克星敦工厂采用工作团队来改善产品质量,加速对顾客订货的响应,提高生产率。

每天都从团队会议开始。共有800名雇员,每20~30个人分成一个自我管理的团队。在工厂里,每个团队就像一个小型工厂一样运作。团队成员控制他们自己的工作,他们有权做出决策,不必请示管理者。从头至尾,雇员团队全权负责他们的产品。一个雇员描述了团队成员的作用:现在如果我看到不满意的事情,我就能停止装配线的生产。但是过去不能这样做,老板告诉你怎样做,你就得怎样做,现在如果我不喜欢,我就可以停止生产线。Square D的管理者引进团队的决策不是轻率地做出的决定。管理者意识到,过去工人在装配线上从事的是一项专门的任务,他们从来看不到他们制造的成品。现在工人要在装配线上从头到尾管理自己的产品。为了有效地完成这一转化,必须对工人进行培训。培训内容包括帮助雇员了解作为团队成员应如何工作,学习如何解决问题,如何掌握新技术,学习如何更好地为顾客服务。

Lexington工厂花了工资的4%用于雇员的训练,取得了令人满意的结果。当机器发生故障时工人不再等维修人员进行维修,自己就能修理,他们在工作中表现出了一种自豪感和做好工作的更大的承诺。管理者非常高兴,产品不合格率降低了75%,对顾客订货的响应从过去的6周提升到了3天。

#### 思考题

1. 你认为雇员为什么需要被培训才能在团队里有效地工作?

2. 在Square D的案例中,你能看出有效团队有什么特征?

3. 说明在Square D的案例中是什么使得引进团队的计划如此成功?

# 控制

## 第16章

### 开篇案例

#### 哈勃望远镜的研制

经过长达15年的精心准备，耗资超过15亿美元的哈勃(Hubble)太空望远镜于1990年4月发射升空。但是，美国国家航天管理局(NASA)仍然发现望远镜的主镜片存在缺陷。由于直径达94.5英寸的主镜片的中心过于平坦，导致成像模糊。因此望远镜对遥远的星体无法像预期的那样清晰地聚焦，结果造成一半以上的实验和许多观察项目无法进行。

更让人觉得可悲的是，如果能够稍加控制，这些是完全可以避免的。镜片的生产商是Perkings-Elmer公司，使用了一个有缺陷的光学模板来生产如此精密的镜片。具体原因是，在镜片生产过程中，进行检验的一种无反射校正装置没有设置好。校正装置上1.3毫米的误差导致镜片研磨、抛光成了错误的形状。但是没有人发现这个缺陷。

具有讽刺意义的是，与许多NASA项目所不同的是，这次并没有时间上的压力，而是有足够充足的时间来发现望远镜上的缺陷。实际上，镜片的粗磨在1978年就开始了，直到1981年才抛光完毕，此后，由于“挑战者号”航天飞机的失事，完工后的望远镜又在地面上待了2年。

美国国家航天管理局(NASA)负责哈勃项目的官员，对望远镜制造过程中的细节根本就不关心。事后航天管理局中一个由6人组成的调查委员会的负责人说：“至少有3次有明显的证据说明问题的存在，但这3次机会都失去了。”

(资料来源：张英奎，孙军．现状管理．北京：清华大学出版社，2004)

# 16.1 控制的含义

控制是管理工作的最重要职能之一，它是保证组织的计划与实际活动动态相一致的管理职能。控制工作的主要内容包括确立标准、衡量绩效和纠正偏差。通过控制过程来监督计划、组织、领导等管理活动的效果。有效的控制可以保证各项活动朝着达到组织目标的方向进行，有效的控制系统是适当调整目标，纠正偏差，应对危机的发生，提高效率的基础。

## 16.1.1 控制的含义

控制(control)就是检查和监督组织各方面的活动，保证组织实际运行状况与计划保持动态适应的过程。既包括按照既定的计划标准来衡量和纠正计划执行中的偏差，同时还包括在必要时修改计划标准，以使计划更加适合于实际情况。没有好的控制，实际工作就可能偏离计划，组织目标就可能无法实现。因此，控制是一项重要的管理职能。所有的管理者都应当承担控制的职责，即便他的部门是完全按照计划行动的。管理者在对已经完成的工作与计划所应达到的标准进行比较之前，他并不知道他的部门的工作是否进行得正常。一个有效的控制系统可以保证各项行动完成的方向是朝着达到组织的目标。确定控制系统的有效性的准则就是看它在促进组织目标实现时做得如何。不同组织可采用三种不同的方法来设计控制系统：市场、官僚和小集团控制系统，其特征见表 16-1。

**表 16-1　　三种控制系统的特征**

| 控制类型 | 特征 |
|---|---|
| 市场 | 使用外在市场机制，如价格竞争和相对市场份额，在系统中建立使用标准。适用于产品或服务非常明确或确定，及市场竞争激烈的公司 |
| 官僚 | 强调组织的权威。依靠管理及等级森严的制度如规章、制度、过程、政策、行为规范、良好的工作描述和预算等来保证员工举止适当并且符合行为标准 |
| 小集团 | 依靠共同的价值、规范、传统、仪式、信念及其他组织文化方面的东西来调节员工的行为。适用于团体合作频繁且技术变化剧烈的公司 |

市场控制(market control)是一种强调使用外在市场机制，如价格竞争和相对市场份额，在系统中建立使用标准来达到控制的方法。这种方法常用于产品或服务非常明确或确定，及市场竞争激烈的公司。在这种情况下，公司的部门常常调整为利润中心，评价的标准是各自对公司利润贡献的百分比。例如，在三菱公司，各

个部门(消费产品、工业产品、工业设备及部件)依据其产生的利润来进行评价。在这样的评价基础上,公司管理者可以对诸如资源分配、战略变更及其他需要他们注意的工作活动进行决策。

另一种实现控制系统的方法是官僚控制(bureaucratic control),它强调组织的权威,依靠管理规章、制度、过程及政策来保证员工举止适当并且符合行为标准。公司的各个部门可享有较大的自主和自由来做它们认为合适的事,在公司的指导下严格按照预算执行。

在小集团控制(clan control)下,员工的行为靠共同的价值、规范、传统、仪式、信念及其他组织文化方面的东西来调节,如企业仪式,像周年员工颁奖晚餐或假日奖金发放等在控制行为方面具有重要作用。官僚控制是基于森严的等级制度,而小集团控制个体和群体(或小集团)来辨别适当的和期望的行为及其衡量方法。由于小集团控制来源于团体共同的价值和规范,因此这种类型的控制系统经常在团体合作频繁且技术变化剧烈的公司中出现。例如,在SAS研究院中,个人对于预期的适当的行为及行为准则具有良好的意识。组织文化通过共同的价值、规范及关于公司缔造者的故事——传达给员工个人"这里什么是最重要的"及"什么是不重要的"。SAS的员工不是依赖上述管理控制,而是靠小集团的文化进行指导和控制。

许多组织并不是单纯依靠上述三种方法中的一种来设计一个合适的控制系统。取而代之的是选择强调官僚或小集团控制,并辅之以市场控制方法。设计一个合适的控制系统的关键是帮助组织高效率且有效地达到它的目标。

## 讨论题

一个组织应该做些什么才能使其主要的控制方法从官僚控制变为小集团控制?

### 16.1.2 控制的重要性

为什么控制如此重要?尽管计划可以制定出来,组织结构可以调整到使其达到目标非常有效,员工的积极性也可以有效的领导调动起来,但是这仍然不能保证所有的行动都按计划执行,不能保证管理者追求的目标一定能达到。管理者进行控制的根本目的在于保证组织活动的过程和实际的计划目标及计划内在相一致,最终保证组织目标的实现。控制本身不是目的,它仅仅是保证目标实现的手段之一。控制可以说既是一个管理工作过程的终结,又是一个新的管理工作过程的开始。控制过程在管理中具有重要的作用,主要体现在以下几个方面。

**1. 控制是完成计划的重要保障**

计划是对未来的设想，是组织要执行的行动规划。由于受各种因素的制约，制定一项行动计划，无论花费多大的代价，也难以达到十全十美的境界。一些意想不到的因素往往会出现在计划的执行过程中，影响计划目标的实现。此外，计划能否得以实现，除了计划本身要科学、可行之外，还要赖以计划执行人员的努力，计划执行者在执行过程中偏离既定的路线或目标是常见的现象。这些缺陷和偏差，都要靠控制来弥补和纠正。

控制对计划的保证作用主要表现在这样两个方面：其一，通过控制纠正执行过程中出现的各种偏差，督促计划执行者按计划办事。其二，对计划中不符合实际情况的内容，根据执行过程中的实际情况，进行必要的修正、调整，使计划更符合实际。

**2. 控制有利于促进管理者向员工授权**

许多管理者不愿意向员工授权，其中主要的原因是害怕下属犯错误而由他来承担。从而许多管理者试图靠自己亲力亲为来避免委派给他人。但是，如果形成一种有效的控制系统，这种不愿委派的事情就可以大大减少。这种控制系统可以提供信息并反馈员工的工作表现。一个有效的控制系统是非常重要的，因为管理者需要委派任务并向员工授予决策权力。但由于管理者要对最终结果负责，因此他们需要反馈机制，而这可以由控制系统提供。

**3. 控制是提高组织效率的有效手段**

有效的控制能提高组织的效率。其主要表现是：第一，控制过程是一个纠正偏差的过程，这一过程不仅仅能够使计划执行者回到计划确定的路线和目标上来，而且还有助于提高人们的责任心，防止再出现类似的偏差。使计划既可以更加符合实际情况，又可以发现和分析制定的计划所存在的缺陷以及产生缺陷的原因，发现计划制定工作中的不足，从而使计划工作得以不断改进。第二，控制过程中，施控者通过反馈所了解的不仅仅是受控者执行决策的水平和效率，同时他也可了解到自己的决策能力和水平，管理控制的能力和水平，这都有助于决策者不断提高自己的决策，控制管理活动的水平。

## 16.2 控制的过程

控制是根据计划的要求，设立衡量绩效的标准，然后把实际工作结果与预定的标准相比较，以确定组织活动中出现的偏差及其严重程度，在此基础上有针对性地采取必要的纠正措施，以确保组织资源的有效利用和组织目标的圆满实现。无论控制的对象是新技术的研究与开发还是产品的加工制造、市场营销宣传、企业的人力资源、物质要素、财务资源,也无论采取什么样的控制手段和方法,完整的管理控制工作可以划分为四个步骤:制定标准;衡量实际绩效;将实际绩效与标准进行比较;采取管理行动来纠正偏差或不足(如图 16-1 所示)。

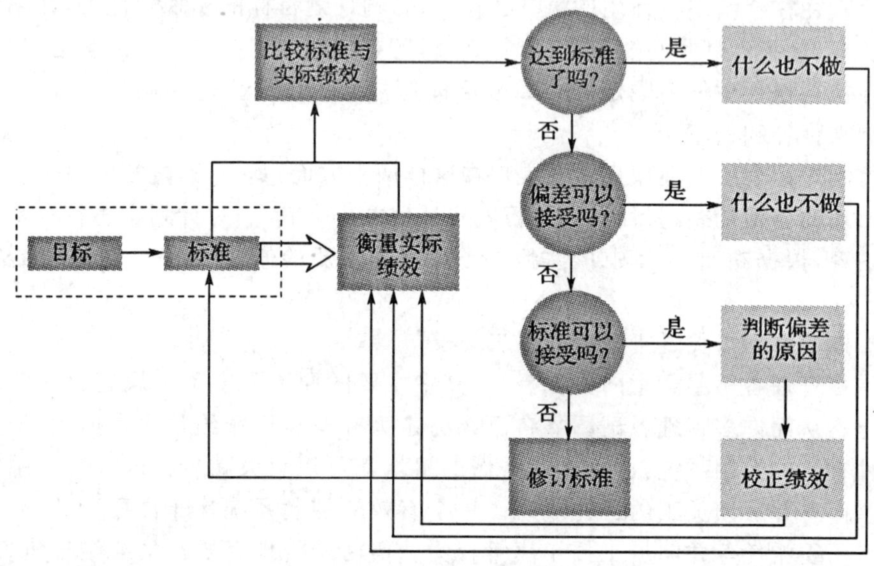


图 16-1　控制工作过程示意图

## 16.2.1　制定标准

标准是人们检查和衡量工作及其结果(包括阶段结果和最终结果)的规范。制定标准是进行控制的基础,没有一套完整的控制标准,衡量绩效和纠正偏差就会失去客观的依据。因此,制定控制标准是控制工作的起点,并且确定合理的控制标准是进行控制的基础,没有科学合理的控制标准,就无法对管理活动进行控制。在实际工作中,组织中有效的控制标准一般需要具有简明性、一致性、可行性、相对稳定性和前瞻性等。控制标准的制定是从确定控制对象、选择关键控制点到制定控制标准的科学决策过程。

**1. 确定控制对象**

标准的具体内容涉及需要控制的对象。那么,组织经营与管理中哪些事或物需要加以控制呢?这是在建立标准之前首先要分析的。

在现实中,由于人力、物力、财力和知识与信息的限制,管理者不可能对全部影响组织实现目标成果的因素都进行控制。因此,管理者必须对影响组织目标成果实现的各种要素进行科学的分析研究,从中选择出重点的要素作为控制对象,这些因素有时也被称为关键绩效区域，它们通常涉及组织的主要活动。如：对资源投入进行控制，使之在数量、质量及价格等方面符合经营成果的要求；对组织活动过程进行控制，必须使员工的活动符合计划和预期结果的要求。为此，必须建立员工的工作规范、各部门和各员工在各个时期阶段成果的标准，以便对他们的活动进行控制。

对于哪些因素应成为控制的重点，需要根据具体的情况加以选择。在工作成果较难衡量而工作过程也难以标准化、程序化的高层管理和创新性活动中，工作者的素质和技能是主要的控制对象。而在工作方法或程序与预期工作成果之间有比较明确或固定关系的常规活动中，工作过程本身就是主要的控制对象。

**2. 选择关键控制点**

企业无力也没有必要对所有成员的所有活动进行控制，只能在影响经营成果的众多因素中选择若干关键环节作为重点控制对象。关键控制点有时也被称为战略控制点，是指在活动中受限制的因素，或是最能体现计划是否得以有效实施的因素。事实上，企业控住了关键点也就控制了全局。找出关键点，必须以计划、组织目标为依据。比如在酿酒企业中，酒的质量是控制的一个重点对象。尽管影响酒的质量的因素有很多，但只要抓住了水的质量、酿造温度和酿造时间，就能保证酒的质量。

在选择关键控制点的过程中，管理人员可以对自己提出下列问题：什么是最好的反映本组织的指标？在计划目标未实现前，什么信息能让我最快、最准确地了解工作的进展情况？什么信息能让我最好地确定关键的偏差？什么信息能告诉我谁对成功或失败负的全部责任？什么样的标准在控制工作中成本最低？什么样的标准在控制信息的收集中更为合算？

**3. 制定控制标准**

组织在选择了关键控制点后，就可以依据关键控制点制定出明确的控制标准。控制标准可分为定量标准和定性标准两大类。定量标准主要分为实物标准（如产品质量、废品数量）、价值标准（如单位产品成本、销售收入，利润等）、时间标准（如工时定额、交货期）。定性标准也是组织中经常使用的一种标准，如有关产品和服务质量、组织形象等方面的衡量一般都是定性的，产品等级、合格率、顾客满意程度等指标就是对产品质量的一种间接衡量。

奉行“质量优良、服务周到、清洁卫生、价格合理”宗旨的美国著名的麦当劳公司，为确保其经营宗旨得到落实，制定了可度量的工作标准：95%以上的顾客进餐馆后三分钟内，服务员必须迎上前去接待顾客；事先准备好的汉堡包必须在五分钟内热好并供应给顾客；服务员必须在就餐人离开后五分钟内把餐桌打扫干净。这就是对定性标准量化处理的实例，以此达到很好的控制效果。

### 16.2.2 衡量实际绩效

衡量实际绩效的目的是为了取得控制对象的有关信息。管理者在着手进行衡量前,应该对需要衡量什么、如何衡量、间隔多长时间进行衡量和由谁来衡量等做出合理的安排。

**1. 衡量的项目**

在控制过程中衡量什么是衡量工作中最为重要的方面。如果错误地选择了标准,将会导致严重的不良后果。此外,我们衡量什么将会在很大程度上决定组织中的员工追求什么。

有一些控制标准是在任何管理环境中都可运用的。比如,根据定义可知,所有的管理者都是指导他人行动的,因此像员工的满意程度或营业额,以及出勤率等标准是可以衡量的。许多管理者通常都有他职权范围内的费用预算,因此将支出费用控制在预算之内是一种常用的衡量手段。但是任何内容广泛的控制系统都必须承认管理者之间的多样性。例如,一个政府管理部门的负责人可用每天起草的文件页数、每小时处理的客户请求数量,或处理文书工作的平均时间等作为衡量标准。销售部门的经理常常可用市场占有率、每笔销售的销售额、每位销售人员拜访的顾客数、每次媒介广告影响的顾客数等来作为衡量标准。

正如你可能想到的,有些活动的结果是难以用数量标准来衡量的。例如,上级领导在衡量一个化学研究员或一个小学教师的工作时,显然比衡量一个人寿保险推销员的工作困难得多。但是许多活动是可以分解成能够用目标去衡量的工作。这时管理者需要首先确定某个人、某个部门或某个单位对整个组织所贡献的价值,然后将贡献转换成可衡量的标准。

许多工作或活动是可以用确定的或可度量的措辞来表达的。当一种衡量成绩的指标不能用定量方式表达时,管理者应该寻求一种主观衡量方法。当然,主观方法具有很大的局限性,但这总比什么标准都没有要好,比没有控制机制要好。以难以度量为借口来避免对重要的活动进行衡量是不可取的。当然,任何建立在主观标准上的分析和决策都应该意识到其根据的局限性。

管理者应该针对决定实际工作成效好坏的重要特征项进行衡量。但实际中容易出现一种趋向,即侧重于衡量那些易衡量的项目,而忽视那些不易衡量、较不明显但实际上相当重要的项目。实绩衡量应该围绕构成绩效的重要特征项来进行,而不能够偏向那些易衡量的项目。

**2. 衡量的方法**

四种信息常常被管理者用来衡量实际工作绩效,它们分别是:个人的观察、统计报告、口头汇报和书面报告。

为了获得关于实际工作最深入的第一手资料，管理者可以使用个人观察。这种方法提供的信息不是过滤后的信息。这种观察可以包含非常广泛的内容。因为细微的或重大的绩效活动都可以观察得到，而且它还为管理者提供了查看实际工作进展的机会。走动管理(management by walking around，MBWA)描述的是管理者到达工作现场，直接与员工交流，交换关于工作如何进展的信息。走动管理可以获取遗漏的事实、面部表情、语调以及懈怠等这些可能被其他来源所忽略的信息。不幸的是，当定量信息显示出某种客观现实时，个人观察常常被认为是不可靠的信息来源。当然，个人观察确实存在一些缺点，它受个人偏见的局限。一位管理者看到的问题，在另一位管理者眼中可能不是问题。此外个人观察需要耗费大量时间。随着公司不断地再造和管理者控制范围的持续增大，这种缺陷越来越显著。最后，这种方法还需承受贸然闯入的嫌疑，员工可能将管理者的公然观察解释成对他们缺乏信心或不信任的迹象。

计算机的广泛使用使管理者越来越多地依靠统计报告来衡量实际工作绩效。这种报告不仅有计算机输出的文字，还包括多种图形、直方图、数值展示等其他管理者可以用来衡量绩效的任何形式。尽管统计数据可以清楚有效地显示各种数据之间的关系，但它对工作活动提供的信息是有限的。统计报告只能在少数可以用数值衡量的地方提供数据，它忽略了其他许多重要因素，通常是主观方面的。

信息也可以通过口头汇报的形式获得，如各种会议、聚会、一对一的谈话或电话交谈等。对于员工在虚拟环境中工作的组织来说，这种方法可能是保持对工作绩效进行监视的最好方法。例如加州的肯·布兰查德公司(Ken Blachard Companies)，管理者每两周至少与下属员工进行一次一对一的交谈。这种方式衡量绩效的优缺点与个人观察的方式相似。尽管这种信息是经过过滤了的，但它是一种快捷的、有反馈的，同时可以通过语言语调和词汇本身来传达各种信息。过去，这种口头收集信息的一个主要缺点是不便于存档和以后重新使用。但信息技术使口头汇报很容易被录制下来，并像书面文字一样能够保存。

实际工作绩效也可以通过书面报告来衡量。与统计报告相比，它显得要慢一些；与一手或二手报告相比，它显得要正式一些。这种正式形式常常比口头汇报的形式更加精确和全面。此外，书面报告更易于分类存档和查找。

这四种形式各有其优缺点，但是，将它们结合起来之后，可以大大增加信息的来源并提高信息的可信程度。因此管理者在控制活动中必须综合地使用这四种信息。

**3. 衡量的频度**

衡量的频度即衡量实际绩效的次数或频率，通俗地说就是间隔多长时间衡量一次实际绩效。是每时、每日、每周，还是每月、每季度或是每年？是定期的衡量，还是不定期的衡量？当然，对不同的衡量项目，衡量的频度可能不一样。有效的控制要求确定适宜的衡量频度。对控制对象或要素的衡量频度过高，不仅会增加控制的费用，而且还会引起有关人员的不满，影响他们的工作态度，从而对组织目标的实现产生负面影响；但是衡量和检查的次数过少，则有可能造成许多重大的偏差不能被及时发现，不能及时采取纠正措施，从而影响组织目标和计划的完成。适宜的衡量频度取决于被控制活动的性质、控制活动的要求。例如，对产品质量的控制常常需要以件或小时、日等较小的时间单位来进行，而对新产品开发活动的成绩则可能需要以月或更长的时间单位来衡量。

**4. 衡量的主体**

衡量实际工作成效的人是工作者本人，还是同一层级的其他人员，抑或是上级主管人员或职能部门的人员？衡量实绩的主体不一样，控制工作的类型也就形成差别。例如，目标管理之所以被称为是一种"自我控制"方法，就是因为工作的执行者同时成为了工作成果的衡量者和控制者。相比之下，由上级主管或职能人员进行的衡量和控制则是一种强加的、非自主的控制。衡量的主体不同，会对控制效果和控制方式都产生影响。

## 16.2.3 实际绩效与标准进行比较

比较(comparing)，这一步骤用来确定实际工作绩效与标准之间的偏差。在所有活动中，偏差是在所难免的。因此确定可以接受的偏差范围是非常重要的。如果偏差显著地超出这个范围，就应该引起管理者的注意。在比较阶段，管理者应该特别注意偏差的大小和方向。过高或过低的偏差都应引起管理人员的注意。

## 16.2.4 采取管理行动

控制过程的最后一个步骤就是采取管理行动。管理者应该在下列三种行动方案中进行选择：什么也不做；改进实际工作；修订标准。显然什么都不做很容易理解，所以我们着重讨论后两种行动。

**1. 改进实际工作**

如果偏差是由于工作的不足所产生的，管理者就应该采取纠正行动。这种纠正行动的具体方式包括管理策略、组织结构、补救措施或培训计划上的调整，也可以是重新分配员工的工作，或解雇员工。

管理者在采取纠正行动之前，首先要决定应该采取直接纠正行动还是彻底纠正行动。所谓直接纠正行动是指立即将出现问题的工作纠正到正确的轨道上，而彻底纠正则首先要弄清工作中的偏差是如何产生的，为什么会产生，然后再从产生偏差的地方开始进行纠正行动。许多管理者常常以没有时间为借口，不采取彻底纠正行动，并因此而满足于不断的救火式的直接纠正行动。然而事实证明作为一个有效的管理者，对偏差进行认真的分析，并花一些时间永久性地纠正实际工作表现与标准之间的偏差是非常有益的。日本丰田汽车公司在流水生产线组织中实行在制品“零”安全储备的精益生产方式，加大“生产过程因某道工序出现废品或设备故障而全线中断”的可能性，从而促使企业员工对生产过程的隐患采取根本性的解决措施。这种“治本”重于“治标”的管理控制思想，使丰田汽车公司赢得了长足的市场竞争力。

**2. 修订标准**

工作中的偏差也有可能来自不现实的标准，也就是说指标定得太高或太低。如企业中有大部分的员工没有完成劳动定额，这如果不是出现了全体员工的抵制现象，则很可能是定额水平定得太高了；承包后企业经理兑现得到的收入高达数十万，可能不单是由于经营者的努力数倍或数十倍于工人，而且可能是由于承包基数不恰当或确定经营者收入的挂钩方法不合理；企业产品销量急剧下降，可能并不是由于质量劣化或价格不合理，而是由于市场需求的饱和或周期性的经济萧条等导致。所以，矫正措施的实施对象可能是组织所进行的活动，也可能是衡量的标准，甚至是指导活动的计划。

导致计划目标或标准调整的原因可以归纳为两方面：一是原先的计划或标准制定的不科学，在执行中发现了问题；二是由于客观环境发生了预料不到的变化，原来被认为是正确的计划不再适应新形势的需要。负有控制责任的管理者应该认识到，外界环境发生变化以后，如果不对预先制定的计划和行动标准进行及时的调整，那么，即使内部活动实施得很完美，企业也不可能实现预定的目标。

修订标准时把标准降低，可能会引起更多麻烦。如果某个员工、团队或某个部门的实际工作与目标之间的差距非常大时，对偏差的抱怨自然就会转到标准上。比如，学生常常抱怨是扣分过严才导致他们的低分，因此他们不愿意承认是他们不够努力而是争辩说是打分标准太不合理。与此相似，销售人员将没有完成月度销售额归咎于不现实的定额标准。也许确实是因为定额太高才导致工作中的显著偏差，并促使员工反对这个标准。但是应该记住，不论是普通员工还是经理，当他们没有达到标准时，首先应想到的是责备标准本身。如果你认为标准是现实的，那么就应该坚持。向员工、团队或部门解释你的观点，并保证将来的工作是会得到改进的，然后采取一些必要的行动使期望变为现实。

## 讨论题

我们在前面讨论了激流险滩的变革观点，在这样的环境中建立并维持有效的标准和控制你认为是否可行？请说明原因。

## 16.3 控制的类型

管理控制按照分类标准的不同，可以有各种各样的分类法。其中最常见的一种分类是，根据控制信息获取的方式和时间点的不同而将管理控制划分为前馈控制、同期控制和反馈控制三类（如图 16-2）。

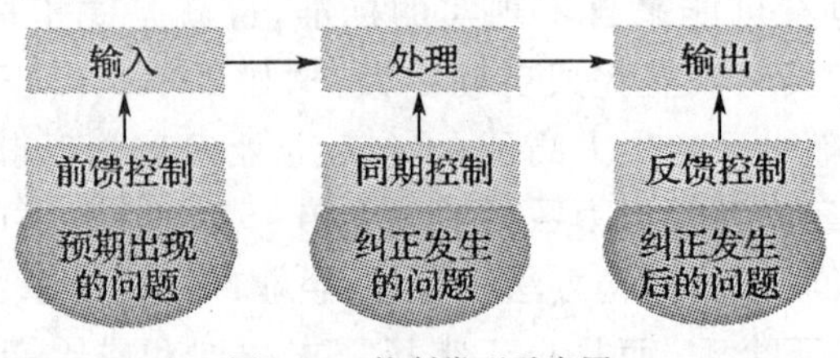


图 16-2 控制类型示意图

### 16.3.1 前馈控制

前馈控制是在工作正式开始前对工作中可能产生的偏差进行预测和估计并采取防范措施，将可能的偏差消除于产生之前。如组织总要制定一系列规章制度让员工遵守，以这种事前对基本行为的规范保证工作的顺利进行。再如，企业为了生产出高质量的产品而对进厂原材料进行检验，对员工进行上岗前培训等，这些都属于前馈控制。前馈控制是一种防患于未然的控制，所以通常亦称做事前控制或者预先控制。

前馈控制是最渴望采取的控制类型，因为它能避免预期出现的问题。之所以称为前馈控制是因为它发生在实际工作开始之前，它是未来的导向。让我们看一些前馈控制的例子。

当麦当劳在莫斯科开第一家餐馆时，它将公司的质量控制专家送去帮助俄罗斯农民学习种植高质量的土豆，让面包师讲授如何烘烤高质量的面包。原因在于麦当劳极力强调产品质量，不论地理位置在何处。他们希望在莫斯科的奶油汉堡与在奥马哈的一样。另一个前馈的例子是一些著名的美国会计公司放弃潜在客户的举动。对诉讼成本太高和对公司名声有所损害的担忧度最大的五家会计师事务所的高层管理者决定放弃一些公共公司作为它们审计的客户。此外,另一个前馈的例子是一些主要的航空公司制定的预防性飞机维护计划,这些计划用来发现和阻止可能导致发生意外的结构性损伤。

前馈控制的相对优点表现在:首先,前馈控制是在工作开始之前进行的,可以防患于未然,以避免事后控制对已铸成的差错无能为力的弊端;其次,前馈控制是在工作开始之前针对某项计划行动所依赖的条件进行控制,不针对具体人员,因而不易造成面对面的冲突,易于被员工接受并付诸实施。但是,前馈控制需要及时和准确的信息,并要求管理人员能充分了解前馈控制的因素与计划工作的影响关系。从现实看,要做到这些是十分困难的,因此管理者必须借助于另外两种类型的控制。

## 16.3.2 同期控制

同期控制,从它的名称就可以看出,它是发生在活动进行之中的控制。在活动进行之中予以控制,管理者可以在发生重大损失之前及时纠正问题。也称现场控制或同步控制。同期控制主要有监督和指导两项职能。监督是按照预定的标准检查正在进行的工作,以保证目标的实现;指导是管理者亲临现场,针对工作中出现的问题,根据自己的经验指导下属改进工作,或与下属共同商讨,使他们能正确地完成所规定的任务。

最常见的同期控制方式是直接视察。当管理者直接视察下属的行动时,管理者可以同时监督雇员的实际工作,并在发生问题时马上进行纠正。虽然在实际行动与管理者作出反应之间肯定会有一段延迟时间,但这种延迟是非常小的。问题通常可以在出现大量资源浪费或重大损失造成之前就得以解决。技术设备(计算机、数控机床等)可以设计成具有同期控制的功能。例如,你可能有这样的同期控制经历,当你使用一些计算机软件如文字处理软件时,如果出现拼写错误或语法错误就会出现一个提示警告。此外,许多组织的质量控制程序依赖同期控制来通知工人他们所做的工作质量不高,未达到要求。

现场控制具有指导的职能,有助于提高工作人员的工作能力和自我控制能力。但是,现场控制也有很多弊端。首先,运用这种控制方式容易受到管理者的时间、精力和业务水平的制约。管理者不能时时事事都进行现场控制,只能偶尔或在关键项目上使用这种控制方式;其次,现场控制的应用范围较窄,一般来说,对于便于计量的工作较易进行现场控制,而对一些难以计量的工作,就很难进行现场控制;再次,现场控制容易在控制者与被控制者之间形成对立情绪,伤害被控制者的工作积极性。

### 16.3.3 反馈控制

反馈控制则是在工作结束或行为发生之后进行的控制,常称事后控制。这种控制把注意力主要集中于工作或行为的结果上,通过对已形成的结果进行测量、比较和分析,发现偏差情况,依此采取措施,对今后的活动进行纠正。比如,企业发现不合格产品后追究当事人的责任且制定防范再次出现质量事故的新规章,发现产品销路不畅而相应做出减产、转产或加强促销的决定,以及学校对违纪学生进行处罚等,这些都属于反馈控制。

反馈控制的主要弊端是,在矫正措施实施之前,偏差、损失已经产生,只能"亡羊补牢"。但是在许多情况下,反馈控制是唯一可用的控制手段。例如财务报表就是一种反馈控制的例子。如果收入表中显示销售收入下降,则下降已经发生了。因此管理者这时唯一的选择就是找出销售下降的原因并改变目前的状况。

但反馈控制可在如下四方面发挥作用:一是在周期性重复活动中,可以避免下一次活动发生类似的问题;二是可以消除偏差对后续活动过程的影响,如产品在出厂前进行最终的质量检验,剔除不合格品,可避免这些产品流入市场后对品牌信誉和顾客使用所造成的不利影响;三是人们可以总结经验教训,了解工作失误的原因,为下一轮工作的正确开展提供依据;最后是反馈控制可以提供员工奖惩的依据。因此,在实际工作中,反馈控制得到了相当广泛的应用。

表16-2所示为这三种控制类型在啤酒厂运用的实例。大多数组织在其运营过程中会综合运用事前、事中、事后控制,以加强控制的有效性。

**表16-2　　三种控制类型在啤酒厂的运用实例**

| 控制类型 | 核心问题 | 啤酒生产例子 |
|---|---|---|
| 事前控制 | 在工作正式开始前应做哪些必要的事情 | 为保证质量,对所有啤酒生产所需的配料进行筛选,并制定出质量控制计划和标准 |
| 事中控制 | 在工作进行过程中应做什么以改进绩效 | 对整个发酵过程进行控制,以保证达到适当的发酵比 |
| 事后控制 | 工作完成了,但做得如何 | 批量酿造出来的啤酒在最终装瓶前应进行检测以确保质量 |

## 讨论题

你认为三种控制类型哪种最有效?

# 16.4　常见的控制方式

经营控制是指管理者对组织中的人、财、物等各方面资源运用状况和成效的控制。在经营控制中，最常用的控制方式包括：财务控制、时间控制、数量和质量控制、安全控制、人员控制和信息控制。

## 16.4.1　财务控制

**1. 预算控制**

企业组织的各项业务活动，几乎都是伴随着资金运动进行的。因此，预算是一种应用很广泛的控制方法。通过预算，就可使计划具体化，从而更易于控制。

运用预算方法对企业组织进行控制，要特别注意以下两个问题：

(1)预算不能过细、过死，要有一定的弹性。对于主要的活动及其费用的支出，应严格控制。但对一些细小的活动，则不能也不必面面俱到。

(2)预算目标不能取代企业目标。预算是为实现企业目标服务的。有些管理者热衷于使自己部门的费用支出不超预算，而忘记了自己的首要职责是努力地去实现企业目标，这是不可取的。

**2. 财务审计**

根据审计机构和人员的不同，财务审计可分为外部财务审计和内部财务审计两大类。外部财务审计是由组织外部的专门审计机构和人员来进行，内部财务审计则是由本组织系统的财务人员进行。

**3. 财务分析**

这包括财务比率分析及财务损益分析。

财务比率分析即通过计算实际的财务比率并将其与目标值相比较，来发现问题，及时采取提高或降低比率的措施。财务比率分析常用的指标见表16-3。

表16-3　常用财务比率指标

| 目的 | 比率 | 计算公式 | 含义 |
|---|---|---|---|
| 流动性检验 | 流动比率 | 流动资产/流动负债 | 检验组织偿付短期债务的能力 |
| | 速动比率 | (流动资产－存货)/流动负债 | 对流动性的一种更精确的检验 |
| 财务杠杆检验 | 资产负债比 | 全部负债/全部资产 | 比值越高，组织的杠杆作用越明显 |
| | 利息收益倍比 | | |
| 运营检验 | 存货周转率 | 销售收入/存货 | 比值越高，存货资产的利用率越高 |

（续表）

| 目的 | 比率 | 计算公式 | 含义 |
| --- | --- | --- | --- |
| | 总资产周转率 | 销售收入/总资产 | 比值越高，组织利用全部资产的效率越高 |
| 盈利性检验 | 销售利润率 | 税后净利润/销售收入 | 说明各种产品产生的利润 |
| | 投资收益率 | 税后净利润/总资产 | 度量资产创造利润的效率 |

## 16.4.2 时间控制

时间是一种重要的资源，从某种意义上来说，时间是比人、财、物等更加重要的资源。任何组织的活动都是在一定的时间内进行的，对时间进行控制的目的是使组织对其实现目标过程中的各项工作做出合理的安排，以求按期实现组织目标。

时间控制的关键是确定各项活动的进行是否符合预定时间表的时间安排。在时间控制中，甘特图和网络技术是常用的工具，它们都有助于物资、设备、人力在指定的时间到达预定的地点，使之紧密地配合以完成任务。

## 16.4.3 数量控制和质量控制

控制数量以满足生产和服务的需要，是每一个管理者都十分重视的问题。管理人员只有心中有“数”，才能纵观全局。控制数量，关键是要确定控制的数量标准。标准是衡量实际业绩的尺度，应合理并且能为大家所接受。数量控制标准的制定可通过动作分析和时间研究、过去的经验、同业的资料比较等来确定。

质量和数量是一个问题的两个方面，对数量的控制很重要，但其前提是要有一定的质量水平。质量不合格的次品，是不能计入产品数量的。没有质量也就没有数量，没有质量也就没有效益，粗制滥造，必然废品成堆，造成产品积压、经济亏损。因此，数量和质量相比较，质量更为重要。

加强质量控制是一项非常费时、费力的工作。随着影响质量的因素的复杂化，提高质量需要组织中每一个成员、每一项工作的配合。因此在质量控制过程中，努力提高全体人员的责任心和工作能力，树立认真负责、严谨细致、用户至上、质量第一的风气，建立质量经济分析制度，开展质量管理小组活动等，保证本企业所生产的产品所提供的服务达到一定的质量水平，以满足顾客需要，维持并争取提高自己的市场占有率。质量控制的方法很多，一种最重要的现代质量控制方法是全面质量管理，或简称为 TQM。详见表 16-4。

表 16-4 什么是质量管理

| |
|---|
| 1. 高度关注顾客。这里顾客的含义不仅包括购买企业产品或服务的外部个人或机构，还包括企业内部相互提供服务的部门。 |
| 2. 坚持持续改进。质量管理是一种永不满足的承诺。即使已经是“非常好了”还不够，质量总是还能改进。 |
| 3. 关注过程。产品和服务质量的不断改进要求关注工作过程。 |
| 4. 改进组织各项工作的质量。质量管理采用广泛的质量定义，它不仅涉及最终产品的质量，而且涉及企业如何进行产品运输，如何对顾客抱怨作出迅速回应。 |
| 5. 精确测量。质量管理采用统计技术度量组织运营的每一个关键变量，并与标准或业界最佳基准进行比较。 |
| 6. 向雇员授权。质量管理涉及一线工人参与改进过程，团队作为授权的载体以及发现和解决问题的有效的组织形式被广泛采用。 |

## 16.4.4 安全控制

安全控制包括人身安全、财产安全、资料安全等方面的内容，由于直接关系到组织内人心的稳定、财产的保障、组织的前途，因此安全控制也是经营控制的一个重要方面。

**1. 人身安全控制**

人身安全控制的核心是控制各种工伤事故和职业病的发生。在我们的社会财富中，人是最宝贵的，作为管理者有责任保证组织成员的人身安全。为此要努力营造安全的工作环境，建立定期体检制度。设置安全控制保护系统，采取措施消除可能产生不安全的各种隐患。要加强对全体人员的安全教育，使之遵守安全操作方法；对于已发生的事故，应做好调查和记录工作，深入分析原因，防止重犯。

### 讨论题

定期对员工进行体检对组织有什么好处？

**2. 财产安全控制**

组织中的各种财产是组织各项工作得以开展的物质保证，对于组织中的各种物资要进行妥善的保管。要建立适当的保管制度，根据不同物资的特性确定不同的保存要求，防止变质、丢失、火灾等事故的发生；要建立警卫制度，对保存有重要物资的部门设置安全门、警灯等系统及其他警备设施；要建立检查制度，定期或不定期地清点各类物资，做到账物相符，并检查各种设备是否保持在正常状态，以便在需要时能及时投入使用。

**3. 资料安全控制**

各种文件、资料、档案、数据库，都是组织的历史、商业情报和组织知识的记录，对于组织工作和各类问题的处理极为有用。有些资料在不同的时期对不同的组织成员具有一定的机密性，或因为时机不成熟不宜公开，或因可能产生副作用而需加以保密，或因竞争需要而需实施消息封锁。因此，对于各种文件档案资料，均应建立制度力求妥善地加以保管。有些资料对知道的人来讲似乎微不足道，而对想了解的人来讲则可能是举足轻重的，由于思想麻痹、言行随便而泄露机密，会造成许多意想不到的损失。因此，组织中的各级人员都要加强资料的安全控制。

## 16.4.5 人员行为控制

控制工作从根本上来说是对人的控制，因为任何组织活动的开展都有赖于员工的努力，其他几方面的控制也都要靠人来实行和推行。怎样选择员工和怎样使员工的行为更有效地趋向于组织目标，涉及到对员工行为的控制问题。由于人的行为是由人的价值观、性格、能力、社会背景等多种因素综合作用的结果，而这些因素本身又很难用精确的方法加以描述，这就使得对员工行为的控制成了控制中最复杂和困难的部分。

在员工行为控制中经常用到的控制方法是理念引导、规章约束和工作表现鉴定。

文化理念表明了一个组织对组织运作过程中所涉及的各个方面的主张和组织的共同价值观，通过明晰和强化企业文化理念，有助于引导员工的思想趋向于组织所期望的方向。

规章制度规定了在一个组织中员工必须遵守的行为准则。无论是上班迟到还是工作不尽力，都会给组织目标的实现带来麻烦，正因为如此，绝大多数组织都有一整套的规章制度，表明组织可以接受的行为限度和组织倡导与鼓励的行为，并认真地考核员工遵守规章制度的情况，以规范员工的行为。

对员工的工作表现制定评价标准，定期鉴定，并根据鉴定结果进行奖惩，是最重要的组织控制手段之一。常用的绩效评价方法有鉴定式评价法和指标考核法。

鉴定式评价法是最简单、最常用的人员绩效评价法，其具体做法是：由评价者写出一份针对被评价者长处和短处的鉴定，管理者根据这种鉴定给予被鉴定者一个初步的估计。采用这种方法的基本条件是评价者确切地知道被评价者的优缺点，对其有全面的了解，并能客观地撰写鉴定。由于在实际工作中，这一基本条件较难满足，因此这种方法只能作为一种初步的估计，完全依赖这种方法往往会造成评价的失误。

为了克服偏见和主观臆断，就必须建立比较客观的评价标准。指标考核法就是通过事先建立一系列评价指标，由管理者列出每一指标的评价标准，然后由评价者在评价标准中选择最适合被评价者的条目并打上标记，最后由管理者据此加权评分，根据得分的高低评定员工的表现。这种评价方法比较准确客观，但它只适用于从事类似或标准化工作的员工，超出这个范围，其准确性将大为下降。

### 16.4.6 信息控制

信息是进行管理的基础，也是实行有效控制的基础。有效的控制要求对与组织活动及其组织环境有关的信息进行全面的收集、正确地处理和及时地利用。在市场经济条件下，信息作为组织的一项至关重要的资源要素，对组织活动的影响日益加剧。组织要及时了解外部环境，在激烈的市场竞争中得以生存和发展，就应当善于收集、处理和利用信息，建立完善的信息控制系统，为组织的各项活动服务。管理的本质在于处理信息，管理的艺术在于驾驭信息。

任何组织的活动在现实中一般表现为三种运动方式：物流、资金流和信息流。物流是指组织中物质形态的输入(资源)变成为物质形态的输出(成品)的过程。物流反映组织活动的基本运动过程，由于物流运动纷繁复杂，通过直接控制物流的方式来加强管理，有可能使管理者陷入日常事务中而无法脱身。资金流是组织中物流的反映，通过资金流来控制物流，有助于摆脱物流中具体形态的纠葛，从而提高管理的效能。但资金流的控制并不能完全代替物流的控制，能够综合反映物流和资金流的是信息流。信息流可以表现为各种文件、指示、合同、制度及报告等。信息流一方面伴随着物流和资金流的运动而产生，另一方面又对物流和资金流的方向、速度、目标起着规划和调节的作用，使之按一定的目的和规则运动。通过掌握和控制信息，就可以掌握和控制物流和资金流的情况，分析物流和资金流的运动规律，从而实现对物流和资金流的控制。

在组织活动过程中，总是贯穿着信息流，管理者正是通过驾驭信息流来进行控制的。现代组织中常用的信息流控制方法是管理信息系统的建立。

以上是最常见的几种经营控制方式，在一个组织中，管理者正是通过这些经营控制方式，对整个组织的活动实行控制的。

## 思考题

1. 什么是控制？控制的必要性体现在哪些方面？

2. 结合实际阐述管理控制的基本过程。

3. 如何选择控制的重点？

4. 简述制定控制标准的方法。

5. 简述纠偏措施应满足的要求。

6. 按控制的时间可以把控制分为哪些类型，它们各自有什么优缺点？

7. 常见的控制方式有哪些？

## 结篇案例

### 浦江集团的管理

江先生是前身为浦江造船厂的浦江集团的总裁。该集团以造船业起家，后来因全球航运业不景气，造船也受影响，遂全力推行多元化，广招人才，开发不同的经营领域，包括房地产、电子、建筑等行业。正因为实行多元化，江先生也同时推行权力下放政策，让各分公司经理有较大的自由去制定政策。各分公司因权力下放，能够进行较灵活的投资，业务蒸蒸日上。经过 10 多年的发展，江先生发觉部分业务的业绩出现停滞，而表现最差的是浦江电子产品公司。

该公司名为浦江电子，主要负责生产影音电子配件，有多家影音名牌都使用浦江电子的产品。

江先生的浦江集团总部只有 50 多名员工，大部分是负责财务和法律分析工作的。江先生主要以财务报告和财务预算对各分公司进行监督和控制。最近全球消费放缓，影音产品需求减少，电子业也受到打击，因而利润下降。江先生与各分公司每月都有例会，在例会上，浦江电子的管理层已做出利润放缓的预测，但在乐观地分析公司的存货及成本问题上，预计公司未来不会出现大量亏损。

江先生从朋友口中得知浦江电子的品质管理不足、生产系统老化，可能不能满足欧美商家的要求，在未来可能不敌其他竞争对手。但他没有资料了解浦江电子的内部情况，只能根据财务资料分析。然而，他对浦江电子的管理层有信心，认为浦江电子以往的成就，管理层的功劳最大。江先生也相信权力下放能发挥的力量，若过分收回管理层的决策权或实施过分控制，会显得对管理层的不信任并打击士气。

江先生打算在总部对浦江电子的客户进行一项非正式的产品品质调查，并以非正式沟通途径把总公司引进产品质量审查的消息发送给浦江电子的管理层。

江先生在下一次每月例会上，要求各属下分公司除提供财务报告外，也提供品质控制报告给总公司。江先生认为这样做可能增加总部对各分公司的控制，也可解决浦江电子面临的问题。但最终浦江电子的管理层却认为总公司对其产品质量不满，致使士气受到重大打击。浦江电子的经营情况也因竞争加剧而出现亏损。

（资料来源：陈胜权. 管理学名校考研真题与习题解析. 北京：对外经济贸易大学出版社，2005）

## 思考题

江先生的浦江集团总部对下属分公司是否实行了有效的控制？存在哪些问题？

# 参考文献

[1] 罗宾斯,库尔特. 管理学. 9 版. 孙健敏,等,译. 北京:中国人民大学出版社,2008

[2] 周三多,陈传明,鲁明泓. 管理学——原理与方法. 5 版. 上海:复旦大学出版社,2009

[3] (美)斯蒂芬·P. 罗宾斯(Stephen P. Robbins)等. 管理学原理. 5 版. 毛蕴诗,主译. 大连:东北财经大学出版社,2005

[4] 周三多,等. 管理学原理. 南京:南京大学出版社,2009

[5] 汪克夷,等. 管理学. 5 版. 大连:大连理工大学出版社,2011

[6] (美)韦里克,等. 管理学——全球化与创业视角. 13 版. 马春光,译. 北京:经济科学出版社,2011

[7] 刘俊生. 管理学. 北京:中国政法大学出版社,2009

[8] 孙元欣. 管理学:原理·方法·案例. 2 版. 北京:科学出版社,2011

[9] 邢以群. 管理学. 北京:高等教育出版社,2007

[10] (美)威廉姆斯. MGMT 乐读:管理学. 谢永珍,等,译. 北京:机械工业出版社,2011

[11] 罗哲. 管理学. 北京,电子工业出版社,2010

[12] 汪洁,丁皓副. 管理学基础. 北京:清华大学出版社,2009

[13] 鲁克德. 笑话中的管理学. 北京:电子工业出版社,2010

[14] 方振邦. 管理学基础. 北京:中国人民大学出版社,2008

[15] 张德. 现代管理学. 北京:清华大学出版社,2007

[16] (美)琼斯,乔治. 当代管理学. 3 版. 郑风田,赵淑芳,译. 北京:人民邮电出版社,2005

[17] 汪克夷,刘荣,齐丽编. 管理学. 北京:清华大学出版社,2010

[18] (美)杜伯林. 管理学精要. 8 版. 北京:清华大学出版社,2010

[19] 冯国珍. 管理学. 2 版. 上海:复旦大学出版社,2011

[20] 刘志坚. 管理学:原理与案例. 2 版. 广州:华南理工大学出版社,2006

[21] 李品媛. 管理学教学案例. 大连:东北财经大学出版社,2007

[22] 张英奎,孙军. 现代管理学. 北京:机械工业出版社,2007

[23] 郑健壮. 管理学原理. 北京:清华大学出版社,2007

[24] (美)格里芬. 管理学. 8 版. 刘伟,译. 北京:中国物价出版社，2006

[25] 余敬,刁凤琴,成中梅. 管理学. 北京:中国地质大学出版社，2006

[26] 王俊柳,邓二林. 管理学教程. 北京:清华大学出版社，2007

[27] 徐国华,张德,赵平. 管理学. 北京:清华大学出版社，2009

[28] 余敬,刁凤琴. 管理学案例精析. 北京:中国地质大学出版社，2006

[29] 吴照云. 管理学. 5 版. 北京:中国社会科学出版社，2006

[30] 徐海华. 比尔·盖茨给青少年的 9 个人生哲理. 北京:群言出版社，2004

[31] 哈罗德·孔茨,海因茨·韦里克. 管理学. 10 版. 北京:经济科学出版社，1998